アメリカ金融仲介システムの動態

神野光指郎 著

文眞堂

はしがき

　国際通貨論の分野において，国際金融・資本市場や為替相場の混乱は，ドル体制の矛盾が表出したものとして語られることが多い。1990年代の円高局面において，日米間の経常収支不均衡の問題しか見えていなかった当時の筆者にとって，グローバル経済内部の非対称的な各国関係に注目する国際通貨論は新鮮であった。

　しかし大学院での勉強を進めるにつれ，次第に不満が募るようになった。種々の取引がドルで表示されているということに，どのような意味があるのか理解できなかったからである。金融機関による国際的なマネーフローを実現するチャネルの形成に注目し，「アメリカの対外資本取引と金融仲介の発達」として学位論文を仕上げる頃には，自分は国際通貨論と無関係な研究をしていると考えるようになっていた。

　その後，各国大手金融機関の競争・分業構造についての考察を深めていく中で，楊枝嗣朗先生（当時佐賀大学）のイギリス金融史に関するご報告を拝聴する機会があった。「信用創造とは何か」という研究会への参加者からの質問に対して，「民間の負債が貨幣になることだ」と先生が返されたのを聞いて，目から鱗が落ちた。

　自分なりの解釈では，貨幣に注目するのではなく，何らかのものを貨幣として機能させるシステムに注目しなければならないということである。そうすれば，アメリカがドルを垂れ流しているなどという説明に頼ることなく，国際金融システムが果たす機能とその安定性をもっと具体的に解明していくことにつながるはずである。自分のやっていることの延長線上にこそ，真の国際通貨論があるのではないか。不遜にもそう考えるようになった。

　その頃，外国為替市場における各国銀行の活動に関する資料と格闘していたこともあり，その作業をもとに為替媒介通貨論を批判する論文を仕上げた。さらに国際資本市場の発行市場および流通市場それぞれにおける各国金融機関の

競争・分業構造を分析した論文を発表し，外国為替市場に関する論文と合わせて「1980 年代における金融革新とドル体制の展開」（岡本惠也，楊枝嗣朗編『なぜドル本位制は終わらないのか』文眞堂，2011 年，第 3 章）にまとめた。

　しかし，金融システムの機能が重要としながらも，金融機関の競争に目が行きすぎて，あまりシステムとしての機能を論じることはできなかった。元になった一連の論文を書いている間に，サブプライム問題が顕在化し，リーマンショックが起こった。それらに関する興味深い文献をいくつも見つけた。対象をアメリカの金融システムに限定してでも，その性格の長期的な変化を主要な金融機関の業務展開と結びつけて考察するという作業に，自然と向かってしまった。

　基本データや業界雑誌の記述による実態把握は 1980 年代までしか行っておらず，特に証券業界については初歩的な知識を欠くことも多かった。それでも，突貫工事のような作業によって，記念日を少し過ぎてしまったが，なんとかリーマンショックから 10 年という節目の年に本書の原稿を仕上げることができた。リーマンショック以降の状況には全く触れることができなかったが，それ以前のバブルに至る過程を長い目線で振り返ってこそ，その後に何が変わったのかを考察するための出発点となるであろう。

　ただ，本書のタイトルを『アメリカ金融システムの動態』とすることができなかったことには悔いが残る。金融仲介と支払い・決済を包括的に理解する理論的な枠組みを構築する上で，必要となる情報を未だに持ち合わせていない。リーマンショック後の分析と併せ，今後の課題としたい。

　ここに至るまで，多くの方々からご支援を賜った。片岡尹先生には大阪市立大学の学部時代からお世話になった。何をしだすか分からない筆者を大学院に受け入れ，暖かく見守って下さった。「何でもいいから，とにかく書け」という先生のご指導には今でも忠実に従うよう努力している。西倉高明先生にもよく励ましのお言葉を頂戴した。大学院の初めてのゼミで報告準備が間に合わず遅刻してしまった。西倉先生はそんな筆者を責めず，ゼミの後に昼食に連れて行って下さった。その時ご馳走になったラーメンを今でも忘れられない。

　大学院時代には先輩や同期，そして後輩からも大いに刺激を受けた。初めてコミュニティとはどのようなものかについて具体的なイメージを得ることがで

きた。書き始めると終わらなくなるため，全員の名前を挙げることはできないが，先輩の河邑肇氏（中央大学）と田口直樹氏（大阪市立大学），および後期博士課程への進学時期では同期となる由里宗之氏（中京大学）には特にお世話になったとだけ記しておきたい。

　大学院を修了してから，福岡大学に奉職した。19年間に渡り，同大学の先生方にはご迷惑をおかけした。何ら実績の無い筆者を採用していただき，その後も世間に注目されないような研究を続けさせていただいた。先生方の懐の深さに感謝の限りである。また，信用理論研究学会西日本部会の先生方を中心に，他大学の先生からもお心遣いいただいた。今では福岡が筆者にとっての故郷となっている。

　福岡大学で知り合った佐藤隆広氏（神戸大学）には，いつも研究上の愚痴を聞いてもらっている。また佐藤氏とは不定期に私的な研究会を開催している。そこに参加していただいている先生方にも被害を及ぼしてしまっており，申し訳ない。特に掛下達郎先生（松山大学）は，筆者の整理の行き届かない報告に対して，いつも懇切丁寧にコメントして下さる。おかげで研究のペースを維持し，考えを整理することができた。先生方にお礼申し上げたい。

　本書の出版を快くお引き受けいただいた文眞堂，ならびに原稿の膨大な注の細部にまでわたって校閲していただいた同社の前野弘太氏には感謝の念に堪えない。

　本書の出版にあたっては大阪市立大学経営学研究科の「特色ある研究に対する助成制度」から助成を受けた。研究科の先生方のご理解とご協力にお礼申し上げる。

　2018年9月

　　　　　　　　　　　　　　　　　　　　　　神野　光指郎

v

目　　次

はしがき ………………………………………………………………… i

課題と視角 ……………………………………………………………… xiii

　　市場型システムのリスク ………………………………………… xiii

　　システム進化の視点 ……………………………………………… xvii

　　銀行業と証券業の進化に関する論点 …………………………… xxi

第1章　「伝統的銀行業」衰退論に見る銀行業界の変化 …………… 1

　1-1　銀行過剰説 ……………………………………………………… 1

　　マネーセンター銀行の制約 ………………………………………… 3

　　地域間コンパクトとスーパーリージョナルの台頭 …………… 4

　　州際規制撤廃とさらなる集中の進行 …………………………… 6

　1-2　規制重荷説 …………………………………………………… 12

　　リスク調整自己資本比率規制の成立 …………………………… 13

　　制度改革における自己資本比率規制の位置づけ …………… 15

　　銀行の補助金と業態間の競争条件 …………………………… 16

　　バーゼル合意改革の継続 ……………………………………… 19

　1-3　銀行特殊説 …………………………………………………… 21

　　長期関係成立の可能性 ………………………………………… 24

　　競争状態と長期関係 …………………………………………… 28

第2章　銀行貸出の多様性と競争の構図 ……………………… 40

　2-1　大口貸出の流動化 …………………………………………… 40

　　ローン売却の規格化 …………………………………………… 40

　　資産の性格と買い手の変化 …………………………………… 42

　　シンジケートローンの一般化と機関投資家によるローン購入 ………… 45

vi　目　次

ローンのトレーディング ……………………………………… 47

2-2　事業貸出の証券化とその限界 …………………………… 50

　ABCP ………………………………………………………… 51

　CMBS ……………………………………………………… 54

　小規模事業向けローンの証券化 ………………………… 56

2-3　リテール分野における業態間競争と証券化の役割 ……… 58

　リテール貸出と小規模事業向け貸出の融合 …………… 58

　証券化市場確立と発行業務における規模の経済 ……… 62

　ノンバンクの証券化利用 ………………………………… 65

　証券化商品の信用力 ……………………………………… 67

第3章　銀行業界と大手銀行グループの収益動向 …………… 82

3-1　貸出市場における規模別の重点シフト ………………… 82

　ネット金利収入と非金利収入 …………………………… 82

　貸出収入と預金費用 ……………………………………… 86

　規模別の貸出構成 ………………………………………… 92

　大手銀行グループの貸出分野 …………………………… 97

　大手銀行グループの貸出における中核銀行の位置づけ ……… 100

3-2　大手銀行グループの業務展開と非金利収入 …………… 108

　大手銀行グループの市場関連収入 ……………………… 108

　大手銀行グループの資本市場関連の非市場非金利収入 ……… 113

　リテール関連非金利収入と銀行の規模 ………………… 117

　リテール関連非金利収入の内実 ………………………… 118

第4章　投資銀行業界における主体取引の定着 …………… 128

4-1　トレーディングによる新興勢力台頭 …………………… 128

　コミッション業務と引受業務のトレーディング化 …… 129

　トレーディング化による業界秩序の変化 ……………… 132

4-2　1980年代におけるトレーディングの複雑化と裁定取引 ……… 134

　市場の流動性と投資銀行の収益性 ……………………… 134

目　次　vii

トレーディング手法の質的な変化 …………………………… 137

トレーディングによる収益の獲得 ………………………… 141

対顧客取引と自己勘定トレーディング …………………… 144

4-3　業界集中と異業種参入による大手の資本増強 …………… 146

公開化と金融スーパーマーケットの誕生 ………………… 146

投資銀行業界の寡占化と収益性 …………………………… 150

4-4　M&A の活発化と主体取引 ………………………………… 156

M&A における投資銀行の優位性 ………………………… 156

LBO の収益性 ………………………………………………… 159

LBO ブームの終焉による業界のリストラ ……………… 161

第 5 章　投資銀行の収益性低下と収益変動拡大 ……………… 171

5-1　MGM 体制から大手銀行グループとの競合激化へ ……… 171

MGM 体制 …………………………………………………… 171

M&A 助言業務をめぐる変化 ……………………………… 176

商業銀行の投資銀行業務に対する攻勢 …………………… 177

個別案件の低収益化 ………………………………………… 182

総合力活用の追求 …………………………………………… 183

5-2　規模拡大とポジショニング模索をめぐる証券業界再編 …… 186

銀行持株会社による証券会社の買収 ……………………… 186

リテール業務の位置づけ …………………………………… 188

資産管理とその支援業務 …………………………………… 191

5-3　トレーディング収入の不安定性とマーケットメイクの困難 …… 195

1994 年のボンド危機 ………………………………………… 195

1998 年の金融危機 …………………………………………… 197

マーケットメイクをめぐる環境 …………………………… 199

証券業界および大手投資銀行のトレーディング活動と収益動向 …… 201

第 6 章　投資銀行のセルサイドとしての効率性追求とバブル …… 217

6-1　金融スポンサー業務とプリンシパル投資への注力 ……… 217

viii　目　次

　　　プライベートエクイティ・ファームの影響力拡大 ……………… 217
　　　金融スポンサー取引と主体投資 ……………………………………… 221
　6-2　トレーディング業務の手数料化とヘッジファンド取引 …………… 223
　　　LTCM 危機 …………………………………………………………… 223
　　　ヘッジファンドの増殖と金融市場における役割 ………………… 225
　　　ディーラーのヘッジファンド向けサービス ……………………… 227
　　　ヘッジファンドの証券化利用 ……………………………………… 229
　　　ディーラーによる自社ファンドの運営とトレーディングの外部化 …… 231
　6-3　証券化業務の抵当依存 ………………………………………………… 235
　　　ABS 部門の固定化 ………………………………………………… 235
　　　独立系投資銀行の MBS への注力 ………………………………… 238
　　　MBS 業務の垂直統合の動き ……………………………………… 241
　6-4　投資銀行の仲介活動とファンドの投資活動の相互作用 …………… 242
　　　プライベートエクイティ・ファームへの投資回転率引き上げ圧力 …… 242
　　　LBO 関連負債の拡大と条件の弛緩 ……………………………… 243
　　　LBO 金融におけるヘッジファンドの役割 ……………………… 246
　　　CDO 担保に占める抵当関連のシェア拡大 ……………………… 248
　　　CDO 市場におけるヘッジファンドと仲介機関 ………………… 251

結語 ………………………………………………………………………… 265

参考文献 …………………………………………………………………… 270

索引 ………………………………………………………………………… 294

略語一覧

ABA ················ American Bankers Association
ABCP ·············· Asset Backed Commercial Paper
ABS ················ Asset Backed Securities
bp ··················· basis point
BCBS ·············· Basle Committee on Banking Supervision
BIS ················· Bank for International Settlements
CD ··················· Certificate of Deposit
CDS ················ Credit Default Swap
CFO ················ Chief Financial Officer
                    Collateralized Fund Obligation
CFTC ·············· Commodity Futures Trading Commission
CLO ················ Collaterarized Loan Obligation
CMA ··············· Cash Management Account
CMBS ············· Commercial Mortgage Backed Securities
CMO ··············· Collateralized Mortgage Obligation
CP ··················· Commercial Paper
CRA ················ Community Reinvestment Act
FCIC ··············· Financial Crisis Inquiry Commission
FDIC ··············· Federal Deposit Insurance Corporation
FFIEC ············· Federal Financial Institutions Examination Council
FHLBB ············ Federal Home Loan Bank Board
FRB ················ Board of Governors of the Federal Reserve System
GAO ················ Government Accountability Office
                    （2004 年以前は General Accounting Office）
HEL ················ Home Equity Loan

x　略語一覧

HELOC ············· Home Equity Line of Credit
ICBA ················ Independent Community Bankers of America
IPO ·················· Initial Public Offering
ISDA ················ International Swaps and Derivatives Association
　　　　　　　　　（1992 年以前は International Swap Dealers' Association）
IMF ················· International Monetary Fund
IOSCO ·············· International Organization of Securities Commissions
LBO ················· Leveraged Buyout
LSTA ··············· Loan Syndications & Trading Association
LTV ················· Loan To Value
MBS ················· Mortgage Backed Securities
MMMF ············· Money Market Mutual Fund
NY ··················· New York
NYSE ··············· New York Stock Exchange
OCC ················· Office of the Comptroller of the Currency
OECD ·············· Organisation for Economic Co-operation and Development
OTD ················· Originate To Distribute
REMIC ·············· Real Estate Mortgage Investment Conduit
RMBS ··············· Residential Mortgage Backed Securities
ROE ················· Return On Equity
RTC ················· Resolution Trust Corporation
S&L ················· Savings & Loan Association
S&P ················· Standard & Poor's
SBA ················· Small Business Administration
SEC ················· Securities and Exchange Commission
SIA ·················· Securities Industry Association
SIFMA ·············· Securities Industry and Financial Markets Association
SIV ·················· Structured Investment Vehicle
SPV ················· Special Purpose Vehicle
VaR ················· Value at Risk

引用について

II ·····················Institutional Investor

IDD ·················Investment Dealers' Digest

NYT ················The New York Times

　インターネットで公開されているものや，EBSCOhost，ProQuest で入手したもので，ページ数が特定できないものについてはページ数を記載していない。

課題と視角

市場型システムのリスク

今日，金融産業が肥大化しているという感覚が広く共有されるようになっている。世界的に金融の規制緩和が本格化した1980年代からそれが広がってきたように思える。FRBのデータによると，負債のGDPに対する比率は1980年の4倍強からほぼ一貫した上昇傾向を見せ，2009年には8.5倍程度になった。負債に占める金融部門の比率は1980年の43％が1999年には55％に上昇し，2007年までその水準を維持している。一方，非金融事業の負債に占める預金機関借入の比率は1980年の12.4％から2004年の8.0％まで循環しながらも低下傾向をたどっている[1]。

金融資本市場の規模や金融機関の活動が経済の中であまりに大きな比重を占めることに対しては批判的な見方が多い[2]。2008年のリーマンショックが世界経済に与えた影響を考えれば，それもやむを得ない。しかし，金融部門が存在しなければ，我々の日々の生活はほとんど成立しない。それほど経済と一体化している「金融」が，「実体経済」とは無関係に膨張するものであろうか。

本書は「金融」と「実体経済」の関係を考察するものではないが，金融部門の「肥大化」という見方を相対化するため，その中で活動する中心的なプレーヤーに注目することで，「肥大化」が実現してきたメカニズムを考察することにしたい。

対象とする時期は主に1980年代からリーマンショック前までである。危機そのものの原因では無く，その背景となる金融仲介システムの構造的な変化を描き出したい。とはいえ，危機の原因分析で参考にすべき内容も多いため，本書の課題と関連する議論を以下で紹介したい。それが本書のアプローチの説明にもなる。

まずリーマンショックに至る危機のプロセスを要約しておく[3]。2000年代半ばに急増したサブプライムローンとLBO金融に関連する証券化商品で担保価

値の劣化が生じ，2007年には多額の投資や保証を行っていた金融機関の損失が明らかになった。特に BNP Paribas が運営する SIV の３本で一時償還が停止されたことは，ABCP や SIV への懸念が広がることにつながった。

　これを受けてカウンターパーティーへの不安が広がり，影響が店頭デリバティブ市場とレポ市場に及んだ。ヘッジファンド相手にプライム・ブローカー業務を行う金融機関は，顧客からの追加証拠金請求や取引先変更に伴う担保流出圧力に直面し，資金繰りが行き詰まった。Lehman Brothers の場合はトライパーティー・レポのクリアリング銀行から日中信用の供給を停止されたことで万事休すとなった。そして，同社破綻の影響が MMMF や企業 CP にも拡散し，危機が経済全体を巻き込んだ。

　以上のように危機が展開する中で，早い段階から様々な原因分析および解決策の提案が発表されている。初期の代表的なものには各国の規制当局によって構成される FSF（Financial Stability Forum）による報告，および ASF（American Securitization Forum）などいくつかの業界団体が共同で作成した報告書がある。

　FSF の報告書では，危機を引き起こした背景となる脆弱性として，引受基準の劣化，リスク管理慣行の不備，投資家による評価の弱さ，格付け会社の仕組み商品に対する甘い格付け，インセンティブの歪み，情報公開の不足，価格評価とリスクテイクのフィードバック効果，規制の枠組みなど不十分な政策対応が挙げられている[4]。一方の ASF 等による共同報告書では引受基準の低下，格付け会社への過度の依存，複雑な仕組み商品を利用した危険なリスクテイク，流動性の過大評価，システム参加者としての責任感欠如，伝染効果を指摘している[5]。

　立場の違いはあるものの，両報告書の内容はかなり似通っている。やや異なるのは ASF 等が抵当市場における規制の格差から生じた詐欺的行為を取り上げているのに対して，FSF は抵当市場への多様な参加者間で生じる利害対立の問題に焦点を当てていることくらいであろう。他に挙げられているリスク管理慣行の不備，流動性の過大評価，リスク管理モデルの不完全性，格付け会社への過度の依存などはこれまで生じた金融危機の中で何度も指摘されてきた。

　これらの指摘が的外れという訳では無い。リーマンショックは一般的に「市

場型のシステミックリスク」の例とされており，類似のものとしては1987年の
ブラックマンデーや1998年のロシア危機，LTCM危機が挙げられる[6]。これら
「市場型システミックリスク」の高まりは，1980年代以降に金融資本市場が拡
大してきたことに対応している。リーマンショックの原因を挙げるとすれば，
これまで繰り返し指摘されてきたことと基本的に同じにならざるを得ない。

　例えばOECDはすでに1991年の時点で証券価格の下落によって生じるシス
テミックリスクについての報告書を発表していた。それによると，証券会社は
短期資金を市場性資金に依存しており，リテール預金基盤と中央銀行窓口への
アクセスを持つ銀行よりも信用不安に弱い。なぜなら証券価格が下落すると，
貸し手からの追証請求や与信停止に直面したディーラーは資産の処分を迫ら
れ，場合によっては流動的な資産でも流動性を喪失するからである。こうした
状況で資金繰りに行き詰まった大手ディーラーが破綻すると，証券価格の下落
に拍車がかかり，他のディーラーにも影響が広がる[7]。

　このフィードバック効果で鍵となるのは短期の資金繰りである。IMFの報告
書によると，市場化の度合いが小さいシステムほど，流動性危機の起こるリス
クが小さい。なぜなら短期の流動性が銀行のバランスシートによって提供され
るからである。短期資金の証券市場がなければ，銀行貸出の時価評価は困難で
あり，レバレッジが効いていても，証券市場における突然の価格変化によって
銀行の資金繰りが苦しくなることはない。これに対して英米のように市場化の
進んだシステムでは，中央銀行が頻繁に流動性の支援に乗り出すことになる[8]。

　さらに同報告書では，市場化が進んだシステムの特徴として，非金融部門を
含む短期負債のネットワークの存在を指摘している。証券会社は資金繰りをレ
ポに，企業は短期資金をCPに，先物取引所参加者はマージン要求を銀行借入
に，銀行は決済資金を銀行間やCDに，そしてノンバンクは緊急時の資金を銀
行からの信用枠にそれぞれ依存するといった複雑な相互依存関係である[9]。証
券価格の下落が，それを担保にレポ調達を行うディーラーの資金繰りを超えた
影響を持つ可能性があるのは，こうした依存関係のためである。

　1980年代から拡大したデリバティブ市場が問題に拍車をかけた。デリバティ
ブがあればこそ，流動性のない金融資産でも擬似的に取引可能になり，市場化
の範囲を広げることができる。しかし，BISは，デリバティブの存在により複

数の市場で資金調達とポジション取りを行うことが容易になり，結果として潜在的に流動性の枯渇をあらゆる市場に広げるような複雑な信用関係が形成されることに警鐘を鳴らしている[10]。

デリバティブの中でも店頭取引ではカウンターパーティーリスクが常に大きな課題となってきた。そこでは取引が一部の大手に集中しやすい。加えて，特殊なニーズに対応した商品は複数の要素を組み合わせて創出されることが多く，取り扱いには広範な市場へのアクセスが求められる。GAO の報告書によると，1990 年代初頭に発表されたデリバティブに関する報告書は全て一部ディーラーに取引が集中していることを明らかにしており，長期でリスクが高くなるほど集中度が上昇するとしている[11]。

以上の 1980 年代から 1990 年代初頭の展開を念頭に作成された種々の報告書は，リーマンショックの分析としても全く違和感なく読める。金融資本市場の役割が増大するにつれ，短期資金とデリバティブ取引の複雑な相互依存関係が形成される。そして市場価格の変動に応じて資金繰りの環境が大きく変化する。市場化は本質的に脆弱性を抱えているといえるであろう。

それにも関わらず市場化のプロセスは「発達」として評価されることが多い。特に 1980 年代における市場化の推進は強いアメリカの回復策であった。1990 年代にその目標が大きく進展したことで，多くのアメリカ人は自信を取り戻していた。金融制度改革に関する 1999 年の議会公聴会における当時 FRB 議長の Greenspan による証言にそれが典型的に見られる。以下がその証言である。

「アメリカではロシアのデフォルトの後，大きな影響を感じなかった。その理由は，一部の仲介が凍り付いて，質の高いボンドが売れなくなっても，銀行が取って代わったためである。我々は仲介に二つの手段を持っている。同じことが1990年にも起こった。預金機関が凍り付いて，その代わりに証券市場が問題を解決した。東アジアはユニバーサル銀行が唯一の手段で，経済が成長している限りそれが機能する。問題が発生すると，すぐに困難に直面する。まるで健康保険を持たない人間のようだ。それは日本でも起こった。貯蓄と投資を仲介する膨大な商業銀行がある。商業銀行の比重が我々よりもはるかに大きい。その銀行が混乱に突入すると，経済全体が混乱に陥った。欧州のユニバーサル銀行にある相互扶助も，日本の系列も，危機では機能しない。我々の方が柔軟

性がある」[12]。

　この証言は，銀行中心のシステムが市場化の進展したシステムより頑強という訳ではないことを思い起こさせてくれる。脆弱性を抱え，比較的短いサイクルで深刻な市場の混乱に直面しながらも，それらを乗り切ってきたことは，システムが柔軟性を発揮してきた証と言えなくもない。しかしリーマンショックの時に，その柔軟性が発揮されることはなかった。

システム進化の視点

　Crane らは，金融システムの動態を参加者の行動が生み出す進化のプロセスとして描き出すための理論的枠組みを機能的アプローチとして提唱した[13]。彼らによると，決済手段の提供，資金のプール化，異時点および異地点間の資源移転，リスク管理手段の提供，価格情報の生産，誘因問題（情報の非対称性）への対処といった金融システムの基本的な機能は時代や地域によって変化しない。変化するのはそれらの機能が提供される方法である。その方法はシステム参加者間の競争・分業関係に規定される。

　システムを構成する市場や仲介機関は静態的に見ると互いに競争しながら，動態的には相互に補完し合っている。それが原動力となって，上記の基本的な機能は変化しないものの，その提供方法が経済効率を高めるよう進化していく。この進化は革新のスパイラルであり，仲介機関が新商品を生み出すと，認知度の向上と誘因問題の解消によってそれらが市場取引に移行する。そして市場取引が拡大すると仲介機関にとって市場を補完する特別仕様の商品創出が容易になる。

　彼らは，革新のプロセスにおいて寡占化と分散化の圧力が同時に働くと主張する。寡占化は，情報処理の中核機能には規模の経済が働くこと，幅広い商品展開でリスクのネッティングや分散が容易になること，特別仕様サービスの提供には資金力が必要になることからである。一方で，組織化された市場が拡大すると，新規参入が容易になる。そうすると，革新プロセスにおいて，競争が持続すると想定することができる。

　システム参加者による競争・分業構造を単なる金融業界の勢力分析ではなく，システムの機能に結びつける視点は，システムの動態と変化の推進力を明

らかにするために不可欠である。個別のプレーヤーの行動は制度的枠組みに規定されるが，それらの相互作用は制度自体を動態的に変化させていく。この進化のプロセスに合わせて，そのシステムが発揮する金融の基本的な機能のあり方が変化するということである。

しかし，Crane らの論調は，市場化の進展に楽観的である。先ほどのGreenspan と同じく，1990 年代におけるアメリカの金融仲介システムは，世界で最も豊富な手段を効率的に提供しているとの自信に支えられているのであろう[14]。彼ら自身が列挙したそれぞれの基本機能がどの程度果たされているのか，相互のトレードオフ関係はないのか，あるいはそれら以外の重要な機能は存在しないのかといった考察は見られない。

参加者の行動から，金融仲介システムの変質を論じ，しかも効率性だけでなくリスクにも目を向けたものとして Rajan の業績を挙げることができる[15]。Rajan が注目したのは，伝統的銀行業務の衰退と運用専門機関の台頭という，金融機関の役割分担の変化である。その構図を利用し，金融仲介部門で過剰なリスクテイクが行われやすくなり，かつショックに対するシステムの耐性が低下することになったメカニズムを極めてシンプルに描き出している。以下がその概要である。

まず，銀行は情報優位を持たない資産をバランスシートから切り離していき，結果として最も複雑な資産だけを手元に残すようになった。その一方で，複雑な資産保有のヘッジや保証業務のために，短期市場への依存を高めた。バランスシートの健全性低下と，短期市場への依存は，市場の逼迫に際して，銀行自身の資金繰りも困難にする。したがって，流動性危機に対して短期の流動性を市場に供給するというかつて果たしていた役割を，銀行はもはや果たせなくなる。

銀行に代わって金融仲介の中核を担うようになった運用機関は激しい競争にさらされており，短期の運用成績に応じて顧客から委託される運用資金が増減する。そして運用成績は同業他社との比較によって評価される。効率的な市場であれば，平均を上回るリターンを得るためにはそれだけリスクテイクの程度を高めなければならない。そうすると顧客に逃げられる恐れがあるため，外部には見えにくいテールリスクが好まれる。しかし，同業他社との比較に基づく

評価は，同調行動を生みやすく，それはテールリスクが実現する可能性を高める。

　以上のように市場化の進展を単純に銀行の仲介活動が市場取引によって代替される過程と見るのではなく，運用専門機関が市場取引を主導していく現象として捉えることで，市場参加者によるリスクテイクや流動性提供のあり方が市場化とともにどのように変化するのかを説明することができる。それはプール化や資源移転の方法によって，価格情報や誘因問題の性質が変わってくることを意味する。

　また上記の説明だけを見ると，市場化の進展によってシステムが脆弱化するという話にしかならないが，Rajan は金融システムが安定していればそれで良いと考えている訳ではない。彼によると 1950–60 年代の金融システムでは，競争制限規制の存在と，監督機関と預金者からの健全化を求める圧力により，銀行の経営が著しく保守的であった。それは仲介にかかるコストを引き上げていた。これに比較すると，新たなシステムは問題を抱えているものの，効率性と利便性が高いということである。

　Rajan の提示した構図は銀行中心型と市場型の二分法的な比較であるものの，移行の推進力に対する説明が可能になった。単純にいえば，システムの脆弱性が高まった主たる要因は効率性を追求した結果である。そして恐らくその効率性は，銀行が不得手な仲介を外部化し，専門機関が得意分野で専門性を発揮するようになったことによって高まった。

　しかし，二分法的な比較では，市場化を連続的なプロセスとして理解する視点が失われてしまう。それでは「銀行」中心であれば，とりあえず安定性の維持が可能であるとの認識に陥りかねない。またリーマンショックをそれ以前の市場型システム危機の事例と全く区別できなくなってしまう。

　Rajan の構図はシンプルであるが故に，プロセスが簡略化され過ぎている。また同論文はリーマンショックを事前に予想するかのようなタイミングで発表されていたために話題となったが，逆に言えば危機の経験によって得られた知見を全く反映していない。そこで Rajan の構図を拡張していかなければならないし，少なくとも以下の点についてはそれが可能であろう。

　すぐに気がつくのは，Rajan の構図に投資銀行が登場しないことである。ア

メリカでは伝統的に投資銀行が金融仲介で重要な位置を占めてきた。また，リーマンショックはもちろん市場型危機においては常に大手投資銀行がそれらと深く関わっていた。それは彼らがレポ市場や店頭デリバティブ市場などにおいて核となるプレーヤーであることが一因となっている。投資銀行の活動に関する記述なしに金融仲介システムの動態を描くと，それら重要な市場の位置づけを見失いかねない。

　一方，銀行については「伝統的銀行業」を変化させる推進力が分からない。銀行が資産を簿外化するのは情報優位を持たないからというのは通説といえる。それでは，なぜそうした資産の仲介に銀行は携わることができるのであろうか。Crane らの議論は業態に注目した伝統的なアプローチの否定に基づいているが，その彼らですら観念的な銀行業態の姿に囚われているように見える。「伝統的銀行業」衰退論については，銀行業の変質という視点から見直す必要がある。

　銀行業の変質では制度にも目を向けなければならない。例えば Rajan は銀行が不透明な資産をヘッジするために短期市場への依存を強めたと主張するが，大手銀行は 1980 年代の預金金利自由化で市場性資金への依存を低下させ，1990 年代の州際規制緩和によって広範な預金基盤を構築した。こうした資金調達構造の変化は，資産の簿外化に関する選択にも影響するはずである。

　また OTD と呼ばれるビジネスモデルは，大手銀行の投資銀行業務強化であると同時に，資本要求により促された側面がある。資本要求の強化は業際規制緩和の議論と密接に関連している。それらは銀行と投資銀行の競争，および結合のあり方を規定する大きな要因となってきた。制度に目を向けることは，変化をプロセスとして見ることにもつながるのである。

　Rajan の構図で重要な位置づけを占める運用専門機関についても，より詳細な観察が求められる。運用専門機関といっても，性格は多様である。一般的にはヘッジファンドが高いリスクを取っていると考えられるが，情報公開の程度は低く，見えないようにテールリスクを取る必要があるとは思えない。また仮に運用専門機関が大きな損失を被ったとしても，仲介機関がその巻き添えになる必然性はない[16]。リーマンショックで実際に危機を決定づけたのは同社を含む大手仲介機関自身の巨額損失であった。それが果たして仲介活動における運

用専門機関の台頭とどのような関係を持つのかは，危機に至る当時の経験から学ぶことが多いはずである。

銀行業と証券業の進化に関する論点

本書の課題は金融仲介システムが変化していく過程を描き出すことである。その上で，商業銀行および投資銀行の変質に注目する。以下でそれらに関するいくつかの議論を紹介し，本書の狙いをもう少し具体化しておきたい。

本書の前半では，銀行業界における競争の構造変化を歴史的にたどることで，「伝統的銀行業」と様々に描かれる新たなビジネスモデルに対する一貫した解釈を試みる。

「伝統的銀行業」衰退を論じた研究は多い。この現象は預金金利規制下の預金流出という形で始まり，徐々に資産側に広がっていった。Edwards and Mishkin によると，CP 市場やジャンク債市場の発達とともに，銀行は取引先を維持するのが困難になった。ノンバンクや外銀からの競争圧力がそれに拍車をかけ，大手行ほど，収益性の低下から，簿外業務などリスクの高い取引を積極的に手がけるようになった[17]。

一方，Boyd and Gertler は，銀行産業は信用枠の提供，デリバティブのディーリング，ローン売却など，簿外での仲介活動を含めると，その重要性はむしろ高まっていると主張する[18]。これは銀行衰退論に反駁しているように見えるが，同じことを言っているに過ぎない。これら 1990 年代までの「伝統的銀行業」衰退を巡る議論は，簿外化を利用するようになった大手銀行のホールセール活動から銀行業の変質を捉えようとしていた。

ところが 2000 年代には，同様の議論で主たる関心がリテールの証券化活動に移っている[19]。金融危機後にはリテール証券化は銀行の活動を分解するものであるが，銀行は持ち株会社の傘下にそれらを再統合することで生き残ったとする議論が登場した[20]。なぜ一度専門化によって分解された仲介過程が，持ち株会社を通じて大手銀行グループ内部に収まるのかについて，Cetorelli らは，仲介過程に複数の独立機関が関与することで生じる摩擦が，内部化によって緩和できるという説を展開している[21]。

それでは，ホールセールの簿外業務に注力する銀行と，分解されたリテール

xxii　課題と視角

活動を再統合する銀行グループはどのような接点を持っているのであろうか。本書では，銀行業界内部でのマネーセンター銀行とスーパーリージョナルの競争と統合の中に，その接点を求めることによって，銀行業の変質をそれぞれの銀行が置かれた状況によって異なる立体的なものとして捉えている。

　後半では投資銀行がどのように変質してきたのかを考察することで，銀行業界の構造変化に関する分析を金融仲介システム全体の中に位置づける。

　上記のCetorelliらによる一連の論文は，リーマンショック前後によく見られた危機の原因分析を下敷きにしている。それらは証券化に関与するプレーヤー間で誘因が整合的でないことに注目している。特にオリジネーターや証券化プログラムのスポンサーが売却を前提とすることで，引受の質が劣化する可能性に警鐘を鳴らしている[22]。Cetorelliらは，内部化すればこの問題を緩和できると考えたのであろう。

　しかし，危機から時間がたつにつれ，誘因の問題は危機の根本的な原因ではないとの理解が深まってきた[23]。それとともに大手銀行グループや投資銀行が証券化を利用して，過剰なリスクを取っていたことに関心が向かっていった。

　例えばGorton and Metrickは，証券化商品がレポの担保にも利用されており，証券化を行う銀行がオリジネートから発行までの過程を回転させ続けなければならない点に注目している[24]。またBlundell-Wignallらは，資本市場業務中心の銀行が，手数料目的で証券化業務に参入し，証券化目的でより限界的な借り手向けのローン獲得競争を推進したと主張する[25]。

　さらに，Pozsarらは，連続的ではあるが多段階の仲介過程を経ることで，高リスクの長期資産から，表面上は低リスクの短期商品を生み出すことができると指摘している[26]。これは「金融肥大化」とも表現される金融機関相互での債権債務関係拡大が，低リスクで高利回りな商品への需要に対応したものであることを示唆している。そして，Adrian and Hyunは，その債権債務関係の中心にディーラー銀行が存在し，主にレポを利用してレバレッジを伸縮し，循環を増幅させたと論じている[27]。

　ここまでくれば，証券化，短期金融取引の拡大，ディーラーの資金繰り問題が一つの線で結ばれていることが分かる。しかし，以上のような説明は証券化に注意が向かいすぎて，それが業務全体の中でどのような役割を果たしている

のか分からない。

　一方で，投資銀行に対しては全く異なる見方がある。それは大手投資銀行が本業の投資銀行業務を疎かにして，自己勘定トレーディング（Proprietary Trading）と主体投資（Principal Investments）からなる主体取引（Principal Transactions）にのめり込んでいたというものである。それが危機の原因になったと考えられたことで，Dodd＝Frank法によって純粋な主体取引を制限しようとしていることは周知の通りである。

　こうした認識の正当性について，次の二点を考察しなければならない。一つはちょうどアメリカ人が自国のシステムに対する自信を深めた1990年代に，投資銀行がリスクを取る存在として称揚されていたことである。例えば制度改革に関する下院公聴会でSchumer議員がSEC長官Levittに対して「あなたの証言で最も気になるのは，証券産業と銀行産業の文化が根本的に違うということ。それが米金融産業を他の工業国のはるか先を行く存在にしているのではないか」と質問していた[28]。

　投資銀行にリスクテイクが奨励される前提は，投資銀行の破綻がシステムを危機に陥れないことである。同じ公聴会で証券会社もTBTF（Too Big To Fail）になり得るのかとのLazio議員の質問に対し，Goldman SachsのThainは「証券会社は資本市場に悪影響を与えず，秩序だった方法で清算できる。一つの重要な要素は値洗いしていること。時価会計を利用しているため，清算によって大きなマイナス資本が発生することは無い」と答えている[29]。

　投資銀行の破綻が大手であっても本当に影響が小さかったのかどうかは疑問の余地もあるが，少なくともなぜ2008年にはそれが制御できないほどの影響をシステム全体に及ぼすようになったのかを明らかにしなければならない。

　もう一つは，上述の業務全体における証券化の位置づけとも関連するが，大手投資銀行の主体取引は，顧客取引とは無関係に行われていたのかということである。証券化やレポ，店頭デリバティブ，そしてプライム・ブローカレッジと，これまで危機との関係で注目すべきものとして挙げてきた投資銀行の業務でも，顧客の存在無しには成立しない。

　重要な顧客の中には運用会社も含まれている。さらには大手銀行グループを含めて，多くの仲介機関が傘下に資産管理部門を抱えている。ここからも，大

xxiv 課題と視角

手投資銀行の業務内容がどのように変化し，その中で主体取引や証券化といったそれぞれの業務がどのような位置づけにあったのか考察しなければならないことが分かるであろう。

【注】

1) Board of Governors of the Federal Reserve System, *Financial Accounts of the United States* より計算。

2) 例えば池尾は次のように述べている。「1999 年を境に，日本は別にして，欧米の金融産業は肥大化しました。しかし，それは一夜にして起こった訳ではなく，30-40 年かけて金融の拡大が続いてきました。金融拡大の約 30 年間を振り返ると，最初の 20 年ほどは有意義な面が強かったと考えています。しかし，最後の 10 年は弊害が目立つようになり，肥大化したといわれても仕方がない状態になったのだと思います」。21 世紀研究所（2013 年 1 月），2 ページ。

3) 危機のプロセスについては Acharya and Richardson eds（邦訳 2011 年），2-9 ページおよび宮内（2015 年），7-9 ページを参考にしている。またカウンターパーティー不安から，デリバティブ契約の移転，レポ取引の行き詰まりへと続く大手投資銀行の破綻プロセスについては，Duffie（邦訳 2011 年），第 3 章に詳しい。

4) FSF（2008），pp.6-8.

5) ASF et al.（2008），pp.19-25.

6) 小立（2009 年），60 ページ。

7) OECD（1991），p.16.

8) Goldstein et al.（1992），p.6.

9) Goldstein et al.（1992），p.5.

10) BIS（邦訳 1993 年），56-57 ページ。

11) U.S. GAO（1994），pp.36-37. そして標準化度合いの高い商品しか扱わない業者を含め，ディーラーは相互に大規模なエクスポージャーを持っている。

12) U.S. House（Feb. 1999），p.115.

13) Crane et al.（邦訳，2000 年），第 1 章。

14) ここでは便宜的に「アメリカの金融仲介システム」といった書き方をしているが，システムの境界線は必ずしも国境で区切られている訳ではない。表示通貨との関係も明確ではない。

15) Rajan（2005）.

16) BCBS 報告書には次のような指摘がある。サブプライム関連の期待損失が高まるにつれ，そのリスクを引き受ける ABS-CDO の価格が低下したが，その中で問題となったのはシニアやスーパーシニアのエクスポージャーであり，それは当該リスクが比較的少数の大手銀行，証券会社，モノラインに集中していたからである。メザニンやエクイティについてはリスクが分散していたと見られる。BCBS（2008），pp.10-11.

17) Edwards and Mishkin（1995），p.34.

18) Boyd and Gertler（1994），pp.85-88.

19) 例えば Samolyk は，1980 年代から証券化を中心に負債をファイナンスするための負債発行が拡大しており，それを除くと銀行仲介の比重は一般的に考えられているほど低下していないことを明らかにしている。Samolyk（2004），p49.

20) Cetorelli et al.（2012），p.8. 証券化では仲介過程でオリジネート，サービシング，発行業務，受託業務といった役割分担が生じる。この議論は，その全てで銀行グループが高いシェアを維持していることに注目したものである。Cetorelli and Peristiani は，資金仲介の役割はいくつかの専門機関に

課題と視角　xxv

分割され，一見より複雑になったように見えるが，基本的な機能は同じで，大手の銀行組織が未だにそれら全てで中心的な役割を果たしていると主張する。Cetorelli and Peristiani（2012），p.60.

21)　Cetorelli et al.（2014），p.88.

22)　初期の代表的なものとして，Aschcraft and Schuermann（2008），ECB（2008）を挙げることができる。同様の議論はリテール資産の証券化に限定されない。Acharya et al.（2007）は，LBO 金融でも OTD モデルのため，審査とモニタリングが弛緩したと主張している。

23)　例えば宮内（2015 年），27 ページを参照されたい。宮内は危機の根本的な原因として，バーゼル Ⅱが豊富な規制裁定の機会を提供したことを挙げている。

24)　Gorton and Metrick（2009），p.3.

25)　Blundell-Wignall et al.（2014），p.9.

26)　Pozsar, et al.（2013），p.7.

27)　Adrian and Hyun（2010），p.18.

28)　U.S. House（Mar. 1995），pp.76-77. 続きのやりとりは次の通りである。Schumer 議員「文化の融合ができない会社を持ち株会社構造で統合すると，リスク志向が高いまま預金保険とそぐわないか，起業家精神が損なわれてしまうことを懸念する」。Levitt「銀行規制当局が銀行を規制し，証券規制当局が証券会社を規制する方法を維持する。証券会社は破綻する自由を失うべきでは無い」。

29)　U.S. House（Mar.-Apr. 1995），p.48. 付言するなら，時価会計を採用しているということは，資産のほとんどを時価評価できる流動性の高い資産で保有しているということである。そのため，清算時に資産を処分しても，その影響が比較的小さいと考えられている。

第1章
「伝統的銀行業」衰退論に見る銀行業界の変化

1-1　銀行過剰説

　「伝統的銀行業」の衰退原因を巡っては様々な議論が展開されてきたが，Edwardsはそれらを過剰能力説，規制重荷説，独自性衰退説の三つに整理している[1]。いずれの説にも誤解はあるが，同じ現象をそれぞれ別の角度から眺めている。したがって，これらを批判的に検討すれば，銀行業界の変化について包括的に理解する助けとなる。

　最初の過剰能力説というのは，競争制限的な規制によって過剰能力を持つようになった銀行業界が，規制緩和とともに淘汰のプロセスに入ったとする考え方である。図表1-1を参照されたい。被保険銀行数は1930年代に減少が続くものの，1940年代には安定化し，1960年代から1970年代の前半にかけて増加も

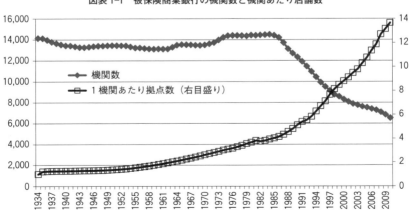

図表1-1　被保険商業銀行の機関数と機関あたり店舗数

（出所）　FDIC, Historical Statistics on Bankingより作成。

見られた。ところが 1986 年以降は急激な減少を続けている。

1980 年代の半ばに銀行数を減少させるようになった要因として，金利自由化および州際規制の緩和が考えられる。

金利規制は，1933 年の GS 法（Glass＝Steagall Act）が要求払い預金への付利を禁止し，FRB に定期預金金利の上限を設定する権限を与えたことに始まる。それが 1970 年代には大口定期に対する上限規制が段階的に廃止されるようになり，1980 年の DIDMCA（Depository Institutions Deregulation and Monetary Control Act）と 1982 年の預金機関法に基づいて 1986 年にはリテール預金についても制限の廃止が完了した[2]。金利自由化は預金金利の上昇に加え，新種預金開発と金利リスク管理のコストを銀行に課すことになる。このコスト上昇圧力が銀行数を減少させる要因になったことは疑いない。

州際規制は，基本的に州法に基づくものである。多くの州ではその内部でも支店展開に地理的制約を設けており，一部の州では支店の設立自体を禁止していた。連邦免許の国法銀行については，単店制度から出発し，1927 年の McFadden 法により州法の範囲で支店開設が認められるようになった。しかし，それは本拠州以外への進出が制限されることも意味した。また，支店以外での展開については，1956 年銀行持株会社法で，進出先の州が明示的に許可している場合を除き，他州での新設を含む銀行取得が禁止された[3]。

こうした規制が合併による銀行数の減少を阻んできたが，1970 年代における金利上昇と預金獲得競争から 1980 年代初頭には S&L 危機が顕在化しており，救済目的での州際合併に道が開かれた。そして 1982 年預金機関法がそれを法的に追認した[4]。この後に貯蓄機関だけではなく，銀行も含めて預金機関の経営危機が拡大した。それも重要な契機となって後述するように州レベルで店舗規制や州際規制が緩和されていった。

図表 1-2 を見ると，1980 年代に入って救済合併が増加し，銀行数の減少に寄与していることが分かる。そして，それをはるかに上回る勢いで通常の合併が増加している。1990 年代に入って銀行危機が沈静化していっても，合併の勢いは衰えず，ようやく 1990 年代の後半から徐々に激しい淘汰の波が収まっていったように見えるが，銀行数の純減は継続しており，危機まではもっぱら合併がその要因となっていた。

図表1-2　被保険商業銀行機関数の増減要因

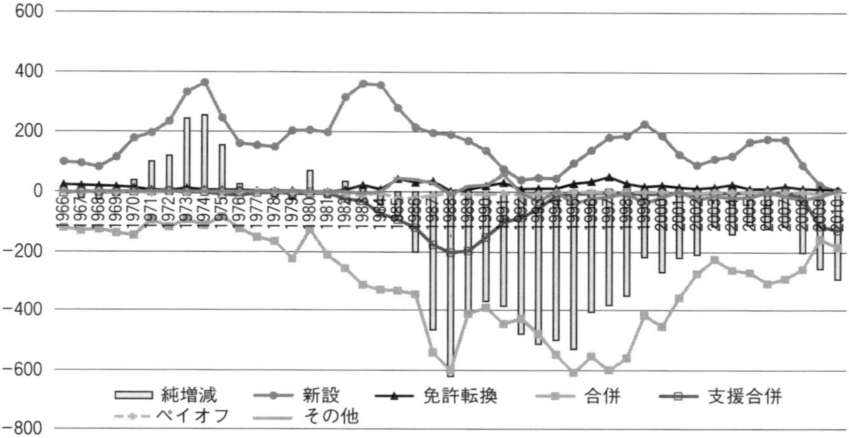

（出所）　FDIC, Historical Statistics on Banking より作成。

　「伝統的銀行業」の衰退を銀行業界における淘汰と捉えるなら，銀行過剰説はあながち間違いと言えない。しかし，銀行数の変化自体は業務の内容と関係ない。ここで注目しなければならないのは，銀行業界で集中が進み，大手銀行が大規模な支店網を持つようになったことである。図表1-1にそれがはっきりと表れている。問題はこの支店網拡大がどのような過程を経て実現したかである。

マネーセンター銀行の制約

　かつてアメリカの大手銀行といえば，主にNY本拠のマネーセンター銀行を指した。初期の脱仲介圧力はそれらの銀行に最も強く働いた[5]。1970年代に新たな収益源を求めて彼らが向かっていったのは，豊富な貸出機会に恵まれた国際業務であった。それは州内の支店展開に制限がなかったカリフォルニア州の大手銀行にも当てはまる[6]。しかし，1980年代に入ると途上国の債務問題が発生し，外銀との競争激化も相まって，国際業務の魅力が低下した[7]。

　大手銀行が国内展開に対する障害の撤廃を強く訴えるようになったのは，1980年代に入ってからと言えるであろう。同じ時期から大手銀行は業際規制の

4　第1章　「伝統的銀行業」衰退論に見る銀行業界の変化

撤廃に対する要求を強めており，銀行危機や外銀の米国内におけるプレゼンス拡大もあって，議会での規制緩和をめぐる議論が白熱していった。大手銀行が規制撤廃を強く求めるようになったことは，国内市場に対する関心の高まりを示唆している[8]。

　大手銀行は国際市場における競争激化や国内市場における外銀の台頭を業際規制緩和が必要な論拠にしていた。しかし，1980年代に国際市場や米国内市場での存在感を高めていたのは日本の金融機関であり，当時の日本ではアメリカの制度を倣って銀証分離を維持していた。そこで，国内における支店展開や合併が制限されていることを，米銀の国際競争力を低下させる要因として強調するようになった[9]。

　NYの大手マネーセンター銀行は，国際業務の低迷に加え，本拠地における成長の鈍化という問題を抱えており，法の抜け穴を見つけては州外展開に乗り出していた[10]。その努力が効果を発揮していた部分はある。NYのマネーセンター銀行は，国際業務や現金管理などの技術開発で他の銀行に先行していることが多く，新たなサービスによって進出地の顧客を獲得することもあった[11]。しかし，成長機会と利鞘を追い求めるのであれば，開拓すべきは現地の大企業というよりも，中小企業であろう。域外を本拠とし，現地に支店網を持たない大手の銀行にとって，それは容易なことではない[12]。

　それでは幅広く支店網を展開すれば良いのかというと，さほど単純ではない。ChaseのWeissは「全ての銀行が州際業務を許可されるべきだ。しかし支店網という1960年代の流通経路を全国規模で購入したいのか。インフレに見舞われ，労働コストと資金調達コストは高いのに」と証言している[13]。広範な地域に展開する最も現実的な選択肢は，州際規制が撤廃されるのに備えて，合併で有利になるように財務指標を改善しておくことだったようである[14]。

　以上から分かるように，1980年代には合併によって銀行数が急速に減少し始めたが，NYのマネーセンター銀行はそれを主導できる状況にはなかった。

地域間コンパクトとスーパーリージョナルの台頭
　1980年代において地理的規制の緩和を推進したのは州政府であった。銀行持株会社法は州政府に州外銀行持株会社による州内銀行買収と州内活動を許可す

る権限を認めていたが，最初の州際買収を認める立法はメーン州による 1975 年であり，1980 年代に入るまで他州はそれに続かなかった。そのため 1980 年代に入る前に複数の州で銀行子会社を保有していたのは，銀行持株会社法ダグラス修正時に既得権が認められた数社と 1978 年の国際銀行法成立時に既得権が認められた外銀数社であった[15]。

1980 年代に入ると銀行危機の問題もあって，各州が州際業務自由化に向けて動き始めた。結果として，多くの州で市場の集中度が高まった。大手行のシェア上昇が州際銀行の自由度と全く関係ないとする研究結果もあるようであるが，Hanweck はそうした研究が州内の合併を見逃していると指摘する。州内での合併は州外銀行による買収からの防衛策という側面を持ち，州当局からも合併を承認されやすい[16]。つまり集中の動きは，まず各州内で始まった。

また州を超える合併についても，近接する州の間で行われるものが多かった。各州における当初の州際規制緩和は，地域間コンパクトと呼ばれる近隣州での互恵的な関係に基づくものがほとんどであった。しかもその中には NY のマネーセンター銀行を排除する意図も込められていたと言われる。最初の地域間コンパクトの事例であるコネチカット州とマサチューセッツ州に対しては，Northeast Bancorp と Citicorp がその合法性を司法に問うた。しかし 1985 年 6 月に最高裁が地域間コンパクトを認める決定を下した[17]。

こうした規制緩和のあり方が，集中の進行に影響した。銀行持株会社の国内銀行資産を 1980 年末と，1990 年 6 月で比較すると，上位 5 社は 13.5％が 13.1％に低下しているのに対して，上位 100 社は 51.4％が 64.2％に上昇している。Hanweck はこのデータから，集中はスーパーリージョナルのレベルで最も大きく進行し，それは地域の銀行が伝統的なマネーセンター銀行と競い合う健全な集中の進行であると結論づけている[18]。

健全かどうかは別にして，近接する広大な地域に展開する巨大地銀が誕生したことは重要である。マネーセンター銀行の例からも明らかなように，遠隔地への進出は容易ではない。現地への浸透が困難なだけでなく，管理コストが高まる。これに対して特定の地域内部でのシェアを高めると，価格支配力が強まる[19]。州内から始まり，近隣州へと続く合併の道は，特定地域で強い地盤を持った大規模銀行が誕生することを意味する。

それらの銀行の事業モデルはホールセールで投資銀行に真っ向から対抗するNYのマネーセンター銀行，中でもリテールを放棄したJP MorganやBankers Trustのそれとは全く異なる。そして中でも優良なスーパーリージョナルは1990年代初頭に特に注目を集め，不良債権問題に苦しむマネーセンター銀行を尻目に，好調な業績を上げていた[20]。既存の大手には脅威となっていたであろう[21]。

州際規制撤廃とさらなる集中の進行

しかし，このマネーセンター銀行とスーパーリージョナルの関係が長く続いた訳ではない。図表1-3を参照されたい。FRB報告銀行の資産に占める上位10行のシェアは1990年代の初頭まで低下した後，上昇に転じている。特にRiegle＝Neal法で支店形式の州際業務解禁が始まった1997年以降は上昇の勢いが加速している[22]。一方，上位11-100行のシェアは1990年代を通じて緩やかな上昇傾向を続けるものの，1998年には上位10行にシェアで抜かれ，2000年代にはシェアが低下傾向に入った。

次に図表1-4によって，上位行の顔ぶれを確認しておきたい。1987年時点で

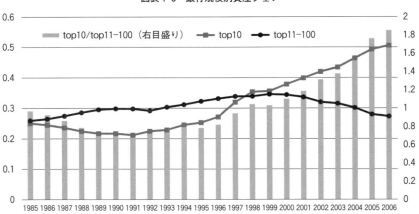

図表1-3 銀行規模別資産シェア

（注）top10，top11-100は報告銀行合計に対する比率。top10/top11-100はtop10資産のtop11-100資産に対する比率。
（出所）*Federal Reserve Bulletin* 各号より作成。

1-1 銀行過剰説　7

図表 1-4　米銀資産上位 20 行

(100万ドル)

	1987		1992		1995
Citibank	154,574	Citibank	163,846	Citibank	220,110
Chase Manhattan	82,598	Bank of America	133,449	Bank of America	163,398
Bank of America	81,314	Chemical	108,994	Chemical	147,120
Morgan Guaranty	67,003	Morgan Guaranty	76,718	Morgan Guaranty	143,397
MHT	59,406	Chase Manhattan	74,454	Chase Manhattan	100,352
Chemical	59,311	Bankers Trust	55,803	NationsBank（NC）	79,179
Bankers Trust	54,419	Wells Fargo	50,833	Bankers Trust	79,100
Security Pacific	44,403	BONY	36,529	FNB Chicago	49,360
Wells Fargo	41,363	NationsBank（Texas）	35,188	Wells Fargo	49,092
FNB Chicago	36,476	FNB Chicago	31,846	NationsBank（Texas）	48,368
Continental Illinois	31,826	Republic National（NY）	29,866	BONY	42,712
FNB Boston	25,158	Mellon	29,592	PNC	41,905
BONY	21,180	First Union（Florida）	27,777	FNB Boston	40,274
Mellon	21,050	FNB Boston	25,547	NationsBank（Atlanta）	37,610
Marine Midland	20,972	NBD	24,270	First Union（Florida）	36,591
Irving Trust	20,493	Comerica	22,364	Mellon	35,565
First Interstate	19,603	Continental	22,177	Republic National（NY）	34,580
First Republic（Dallas）	19,479	NationsBank（Florida）	22,058	First Fidelity	32,687
Republic National（NY）	18,840	NationsBank（NC）	21,939	NBD	29,462
First Bank（Minn.）	17,866	Pittsburgh National	21,885	NatWest（NJ）	28,489

	1999		2002		2006
BoA（NC）	571,732	JPMC	622,388	BoA	1,196,124
Chase Manhattan	332,198	BoA	565,382	JPMC	1,179,390
Citibank	327,899	Citibank	498,676	Citibank	1,019,497
First Union（NC）	229,272	Wachovia	318,870	Wachovia	518,123
Morgan Guaranty	167,666	Bank One（IL）	217,537	Wells Fargo	398,671
Wells Fargo	96,316	Wells Fargo	183,712	US Bank	217,802
Bank One（IL）	93,894	Fleet	179,362	SunTrust	182,628
Fleet NB	87,741	US Bank	176,050	HSBC Bank	165,673
HSBC USA	79,619	SunTrust	115,149	FIA Card（BoA）	147,840
BankBoston	78,335	HSBC Bank	86,416	Regions	138,668
US Bank（MN）	75,385	State Street	79,621	National City	134,345
Keybank（OH）	75,032	Keybank	75,319	Branch BKG	117,134
BONY	71,795	BONY	74,948	State Street	96,296
PNC	68,187	Branch BKG	65,630	Countrywide	92,837
Wachovia（NC）	63,558	PNC	59,636	PNC	90,142
State Street	56,226	LaSalle	57,442	Keybank	88,081
Bankers Trust	51,156	Bank One（OH）	53,001	BONY	85,952
Southtrust（AL）	43,203	Wells Fargo	52,843	Chase（USA）	83,974
Amsouth（AL）	43,190	SouthTrust	50,569	Citibank（SD）	79,761
Regions（AL）	42,238	MBNA	50,342	LaSalle	72,967

（出所）　*American Banker* 各号および *Large Commercial Banks*（Federal Reserve Statistical Release）各号より作成。

は，上位20行まで見てもほとんどが伝統的な大手行と言って差し支えない。ところが2006年にはその多くが姿を消し，新顔が多く登場している。

Wachovia は 2001 年に First Union が主導する形で同社と合併しており，その First Union は 1995 年に First Fidelity，1997 年に Core States（1996 年の資産 426 億ドルで 15 位）を買収している。そして新生 Wachovia になってからも 2004 年に South Trust を買収した。同行は金融危機後は Wells Fargo に買収される。その Wells Fargo にしても，1996 年に First Interstate を買収した後，2000 年には Norwest（1999 年には Minneapolis の子会社銀行が 23 位の 365 億ドル）と統合している。これだけ見ても，上位行は互いに合併を重ねることで規模を拡大してきたことが分かる[23]。

同じことはマネーセンター銀行にも当てはまる[24]。Citibank については例外的に他の大手行との合併は見られない。これに対して 2006 年の首位である Bank of America は，1992 年に Security Pacific と合併し，1994 年には Continental Bank を獲得した。そして 1997 年に NationsBank と統合し，名前は残しているが持株会社の組織としては NationsBank を継承し，BankAmerica は消滅した。NationsBank は合併によって規模を拡大してきた典型的なスーパーリージョナルであり，図表 1-4 の範囲だけでも複数の傘下銀行の存在を確認することができる。

新生 BoA になってからも，1999 年と 2006 年の比較で中核銀行がさらに資産を倍増させている。この間，2004 年には BankBoston（First National Bank of Boston）を含む北東部拠点の銀行が統合した Fleet Boston と合併し，拠点網を全国規模に拡大した。これにより Riegle＝Neal 法で定められた全国預金シェア 10％の上限に近づくと，2006 年にカード銀行大手である MBNA を傘下に収めた。表では 2002 年の 20 位に入る MBNA が，2006 年には FIA Card になっている。

BoA の場合は，カリフォルニア拠点の前身が NY のマネーセンター銀行に対抗していたとはいえ，元々スーパーリージョナル的性格を持っていた。したがって新生 BoA を超巨大化したスーパーリージョナルと見ることができる。しかし，2006 年の 2 位である JPMorgan Chase の場合はやや複雑である。

まず 1991 年に Chemical と Manufacturers Hanover が合併し，1996 年には

そこに Chase Manhattan が合流した。名前こそ Chase を引き継いでいるが，持株会社の存続組織は Chemical である。そして，2000 年に新生 Chase と JP Morgan が統合し，JPMC が誕生した。ここまでは，NY のマネーセンター銀行からなる集合体と見なすことができる。

　その JPMC も，やはり 1999 年の Chase と Morgan Guaranty の中核銀行 2 行を合算した 5000 億ドル弱から 2006 年には資産を倍増させている。最大の要因は 2004 年に Bank One と合併したことである。Bank One は 1998 年に Chicago 拠点の旧マネーセンター銀行であった First Chicago NBD（1995 年に First National Bank of Chicago が NBD と合併）と統合しているが，NationsBank と並ぶ典型的なスーパーリージョナルである。つまり，ここに至って，もはやマネーセンター銀行とスーパーリージョナルを区別することがほとんど不可能になった。

　ただし，2006 年時点の上位 3 行は規模が突出している。上位 20 行の範囲のみでシェアを計算すると，1987 年時点で 35% だった上位 3 行のシェアは 1999 年に 46% まで上昇し，さらに 2006 年には 55% と半分以上を占めるようになった。その上，20 位の範囲だけを見ても，それぞれ他に同じグループの銀行が存在する。

　図表 1-5 は持株会社レベルのランキングである。基本的には銀行単体で見た状況から大きく変わらないが，持株会社レベルの方が，スーパーリージョナルの台頭を早期に確認することができる。銀行単体で相対的に順位が低かったのは，州際規制で傘下銀行の統合が制約されていたことが要因である。持株会社レベルでは 1992 年に早くも NationsBank が 4 位に食い込んでいる。JPMC を構成する前身各社に典型的に見られるように，既存の大手各社は合併によって下落したランキングを回復してきた[25]。

　そして，1997 年以降は既存の大手を含めて，状況が許すに従って持株会社傘下の銀行群を集約していった。そのため，図表に登場するような銀行グループの多くは広範な店舗網を持つようになった[26]。上位 3 社の中核銀行を見ると，2006 年末の支店数は Citibank が国内 1005 店（国外 375 店）で，国内支店数では 10 位になっている。JPMC は国内 2852 店（国外 46 店）を持ち，国内 4 位，そして BoA は国内 5826 店（国外 138 店）と首位になっている[27]。これほどの

10 　第 1 章　「伝統的銀行業」衰退論に見る銀行業界の変化

図表 1-5　米銀行持株会社資産上位 20 社

(100 万ドル)

	1987		1992		1995
Citicorp	203,607	Citicorp	213,701	Citicorp	256,853
Chase Manhattan	99,133	BankAmerica	180,646	BankAmerica	232,446
BankAmerica	92,833	Chemical Banking	139,655	NationsBank Corp.	187,298
Chemical	78,189	NationsBank Corp.	118,059	J.P. Morgan	184,879
J.P. Morgan	75,414	J.P. Morgan	102,941	Chemical Banking	182,926
Manufacuturers H.	73,348	Chase Manhattan	95,862	First Union	131,880
Security Pacific	72,838	Bankers Trust	72,448	First Chicago NBD	122,002
Bankers Trust	56,521	Banc One Corp.	61,417	Chase Manhattan	121,173
First Interstate	50,927	Wells Fargo	52,537	Bankers Trust	104,002
First Chicago	44,209	PNC Financial	51,380	Banc One Corp.	90,454
Wells Fargo	44,183	First Union	51,327	Fleet F.G.	84,432
Bank of Boston	34,117	First Interstate	50,863	PNC Bank Corp.	73,404
First Republic (Texas)	33,211	First Chicago	49,281	Norwest Corp.	72,134
Continental Illinois	32,391	Fleet F.G.	46,939	Keycorp.	66,339
PNC Financial	31,433	Norwest Corp.	44,557	First Interstate	58,071
Mellon	30,525	Bank of NY Co.	41,023	Bank of NY Co.	53,720
Bank of N.E. Corp.	29,475	NBD Bancorp.	40,937	Wells Fargo	50,316
NCNB	28,915	Barnett Banks	39,465	Bank of Boston	47,397
First Union	27,629	Republic NY Corp.	37,146	Sun Trust Banks	46,471
Sun Trust Banks	27,188	Sun Trust Banks	36,649	Wachovia Corp.	44,981

	1999		2002		2006
Citigroup, Inc.	667,400	Citigroup	1,097,190	Citigroup	1,884,318
BankAmerica	617,679	JPMorgan Chase	758,800	Bank of America	1,463,685
Chase Manhattan	365,875	Bank of America	660,458	JPMorgan Chase	1,351,520
Bank One Corp.	261,496	Wells Fargo	349,259	Wachovia Corp.	707,121
J.P. Morgan	261,067	Wachovia Corp.	341,839	Wells Fargo	481,996
First Union	237,363	Bank One Corp.	277,383	HSBC N.America	478,159
Wells Fargo	202,475	Taunus	224,278	Taunus	430,398
Bankers Trust	133,115	FleetBoston	190,589	U.S. Bancorp.	219,232
Fleet F.G.	104,382	U.S. Bancorp.	180,027	Sun Trust Banks	182,162
Sun Trust Banks	93,170	ABN Amro N.America	139,605	Citizens Financial	160,901
National City Corp.	88,246	National City Corp.	118,256	ABN Amro N.America	156,294
Keycorp.	80,020	Sun Trust Banks	117,323	Capital One	149,739
PNC Bank Corp.	77,207	HSBC N.America	113,371	Regions Financial	143,370
U.S. Bancorp.	76,438	State Street Corp.	85,794	National City Corp.	140,203
BankBoston Corp.	73,513	Keycorp.	84,710	BB&T Corporation	121,351
Wachovia Corp.	64,123	Fifth Third Bancorp.	80,899	State Street	107,385
Bank of NY Co.	63,579	BB&T Corporation	80,217	Bank of NY Co.	103,455
Mellon Bank Corp.	50,777	Bank of NY Co.	77,564	Fifth Third Bancorp.	100,669
Republic NY Corp.	50,424	PNC Financial Services	66,410	Keycorp.	92,061
State Street Corp.	47,082	Citizens Financial	62,354	Utrecht-America	75,246

（出所）　*American Banker* 各号および FFIEC, BHC Peer Reports 各号より作成。

店舗網は，もはや本拠を中心とする近隣州に収まるものではない。

1980年代に台頭したスーパーリージョナルは未だ地方色が強かった。また1990年代初頭において広範な支店網の展開はコストがかさんで割に合わないと考えられていた。当時から支店運営コストの削減が試みられており，規模拡大を実現したスーパーリージョナルはそれにある程度は成功したところである[28]。それでも当時は効率化への障害が大きかった。

一つの障害は，多くの顧客が銀行側の効率的な販売手法にあまり慣れていなかったことであろう。Citicorpのリテール責任者だったBraddlockは「銀行業は慣性が大きい。地に足のついている人間が有利だ」と語っている[29]。もう一つには，コスト管理技術が十分に発達していなかったことがある。州際業務が近隣州の範囲を超えると，とたんにハードルが上がる。1980年代に合併によって規模を拡大してきたスーパーリージョナルでも，それ以上の規模拡大には慎重であることが多かった[30]。

一つには支店化の解禁がスタートするまで，州際合併を行ってもグループはそれぞれの州で別子会社を持たなければならなかったことがある[31]。それでも各社は規模の拡大を追求し，支店化解禁後は全国的な支店網を持つグループが登場した。そうすると，支店運営やコスト管理の技術が，2000年代に入るまでに別次元となるまで発達したと考えざるを得ない。IT革命と呼ばれる技術発達がそれを可能にしたのであろう。1990年代に各銀行はスコアリング，顧客対応センター，データベース向けに多額の投資を行い，サービス提供と顧客対応の自動化を進めた[32]。そして，顧客毎の収益性分析に基づいて対応を差別化できるよう，効率的なチャネルミックスを構築していった[33]。

銀行業務の効率化には顧客側の変化も作用している。Radeckiは，1990年代において銀行が州内の各都市で同じ金利を提供するようになったことを明らかにしている[34]。それは銀行の組織管理が地域毎から事業毎に変化したことを反映したものであると同時に，州内部での市場が単一化したことを示唆している。人の移動や企業の活動が広域化しなければ，銀行だけが広域展開を行っても意味をなさない。銀行の店舗展開が近隣州を越えて広がったことは，それだけ経済的な結びつき自体がローカル色を薄めたことの反映である。そして顧客は銀行側の効率的な対応を自ら求めたか，それに慣れていった。

12 第1章 「伝統的銀行業」衰退論に見る銀行業界の変化

　以上のように銀行数の減少とそれに伴う大手銀行の規模拡大は，まずローカルな集中から始まり，そこで地域の地盤を固めた銀行同士がさらに統合し，最後にはかつてのマネーセンター銀行とも融合していった。ここまで集中が進展するのは，かつて信じられていた一定の規模を超えても，銀行が規模の経済を発揮できるようになったことが前提になっている[35]。それを可能にしたのは，銀行が低コストで販売チャネルと組織を運営できるように業務内容や販売商品を変えてきたことに加え，規制の枠組みや，顧客の銀行サービス利用のあり方が銀行の効率化に向けた動きと適合的になったことである。

1-2　規制重荷説

　次に Edwards が紹介する規制重荷説は，必要準備，預金保険料，地理的規制，地域再投資法（CRA）などによって銀行が他業態との競争で不利になっているという主張である。しかし，伊東は「銀行業」の衰退現象が 1930 年代に至る 20 世紀初頭にも進行しており，ニューディール期から終戦にかけて一時的なトレンドの逆転現象が生じただけであると指摘する[36]。そうすると，「銀行業」衰退要因としてニューディール期に成立した規制を挙げるのは的外れということになる。

　もう少しこの問題を包括的に論じたのが Baer and Pavel である。彼らによると，銀行はオリジネートで強みを持つが，バランスシートで貸出を保有することには強みを持たない。理由は要求準備，保険料，資本要求など規制課税である。しかし，要求準備には連銀の窓口利用，預金保険料には信用補完という利点もある。この受益と負担のバランスが，信用力の高い借り手向けで負担超過に傾いたということである[37]。つまり，規制による負担は，受益とのバランスで評価しなければならない。

　そして彼らの議論は次のように続く。早い段階から銀行業界には負担回避の動きがあり，その一つが連邦準備制度からの脱退であった。これに議会が DIDMCA で対応し，要求準備が大幅に引き下げられた。それでも大手企業向けで銀行貸出の競争力は高まらなかったが，同時期に銀行の簿外取引が拡大し

た。考えられる理由は規制課税の力点が，要求準備から資本要求にシフトしたことである[38]。

　彼らのこの議論は，銀行業界の規制環境について，重要な二つの点を取り上げている。一つは，受益と負担のバランスについて，多様な選択肢が存在することである。アメリカには国法銀行と州法銀行があり，州法銀行には連邦準備制度加盟の自由がある。また貯蓄機関を含め，他の業態には異なる規制の枠組みがある。銀行業界の内部はもちろん，他業態との競合が強まってくると，それぞれの規制の枠組みについて受益と負担のバランスが重みを増してくる。規制の重荷とは，規制の免許間，業態間格差の問題と換言できる。

　もう一つは，規制の力点が資本要求にシフトしたことである。資本要求はそれ自体に受益が思い当たらない。したがって，いかに規制を遵守させるかに加え，負担を免許間，業態間で均衡させることが他の規制にもまして重要にならざるを得ない。

　規制の枠組みは継続的に変化する上，当初の資本要求が簿外取引の拡大を後押しするなど業務に与える影響も大きい[39]。この節では資本要求に関する議論を概観することで，銀行業界をめぐる競争環境を理解する一助としたい。

リスク調整自己資本比率規制の成立

　OCC が 1914 年に導入した資本要求は，預金に対する株主資本の比率で定義されたが，1934 年の FDIC 設立によって預金取り付けへの脅威が和らぎ，適正資本が資産に対する比率で考えられるようになった[40]。

　1950 年代に入ると，FRB が資産の種類毎に厳密な算出に基づいて資本を求める一種のリスク調整資本要求を開始した。この中で，資産の分散が困難な小規模銀行に比較的高めの資本比率を求める考え方が採用された。ただ，徐々にシステムが複雑になり，運営が困難になったため 1970 年代半ばにはリスク調整の取り組みは一度挫折した。1981 年に銀行監督機関がそろって最低の一次資本要求を導入した時は，資産のリスクが考慮されておらず，大手17行は例外扱いで個別に適正資本水準を決定するとの内容であった[41]。

　1980 年代は銀行危機が顕在化した時期である。1982 年には途上国債務問題が発生し，特に大手銀行が打撃を受けた。議会は 1983 年に ILSA（International

14 第1章 「伝統的銀行業」衰退論に見る銀行業界の変化

Lending Supervision Act）を成立させ，銀行監督機関に最低資本水準を設定し，その維持を義務化する権限を付与した。これを受け，FRB，FDIC，OCCは，銀行規模に関わらず，調整後資産に対する一次資本の比率5.5%，総資産に対する総資本の比率6%という統一基準を設定した。ただし，FDICとOCCはこの数値を厳格なルールと見なしたが，FRBは監督上の柔軟性を重視して，これをあくまでガイドラインと考えた[42]。また見ての通り，リスク調整資本要求でもない[43]。

これが厳格なリスク調整資本要求になったのは，バーゼル合意のプロセスを経た上でのことである[44]。ILSAは米監督当局に自己資本比率規制の国際的な調和に向けた交渉を他国の当局と行うよう求めていた。当時すでにベルギー，フランス，イギリスはリスク調整自己資本基準の仕組みを開発していた。一方，FRBを例外として，米監督機関は多数の銀行が存在する米国で欧州のように個別ケースに対応した資本の適正水準を設定するのは困難と考え，新たな資本標準の設定に消極的であった。

米監督機関の背中を押した一因は，1984年のContinental Illinois救済劇によって監督機関に対する議会の圧力が強まったことである。当時は米銀の国際競争力低下が議会でも話題になっており，自国だけの自己資本比率要求の強化は事態を悪化させかねない。もう一つの要因はデリバティブ市場の急激な拡大によって，大手米銀が持つリスクへの懸念が高まったことである[45]。ちょうどイングランド銀行のリスク調整の仕組みが簿外リスクにも対応していたことで，米監督機関は国際的な規制の調和に対する態度を変えた[46]。

そして英米が主導する形で，バーゼル合意に向けた交渉が進み，規制内容が具体化されていった。それが現在はバーゼルIとして知られる合意内容に結実した。資本はTier1，Tier2に分けて定義され，資産の種類に応じた固定的なリスク加重を掛け合わせて計算するリスク資産に対し，8%以上の資本が求められるようになったことはよく知られている。もちろん，リスク資産には簿外項目も含む。ただし，その後の展開との関係でいうと，この時点で，スワップなど金利・外為関連の取引についてはリスク資産への換算方法の選択が各国の裁量に委ねられることになった[47]。

制度改革における自己資本比率規制の位置づけ

　自己資本比率規制の導入は国際競争だけではなく，国内における業際間の競争関係にも影響する。1980年代には業際規制緩和をめぐる論戦が議会で本格化しており，その中でも資本要求が重要な議題に上がっていた。

　州際規制の緩和が州政府主導で始まったのに対して，この業際規制の緩和は監督機関の認可によって始まった。中でも重要なのは1987年からFRBが個別に証券子会社の設立を銀行持株会社に対して認めるようになったことである。これはGS法20条で禁止されているのが，あくまで銀行本体には認められない証券を「主たる」業務とする会社との間であるとの解釈に基づく。そのため新たに認可された会社は20条子会社と総称された。

　SIAはFRBの認可が権限の逸脱であるとして訴訟を起こしたが，1988年には合法との判決が下った。これを受けて1989年にFRBは認可する取り扱い証券の範囲を拡大した。SIAはこれに強く反発し，議会に対して厳格な防火壁（fire wall）構築と20条子会社のSECによる監督を定める立法を求めた。しかし，FRBは新規認可業務を行うには最低限の必要資本を超える資本水準が求められると強調し，反論した。また新規認可に合わせて防火壁を強化した[48]。

　なし崩し的に進む規制緩和を前に，結局はSIAも規制緩和容認の方向に転換した[49]。そして議会に対し，持株会社傘下で投資金融会社と被保険銀行を分離し，その間に厳格な防火壁を構築するという制度改革の提案を行った。SIAは自分たちの案が業態間の競争条件均等化，米金融機関の国際競争力強化，そして預金保険の保護を同時に達成する方法であると強調した[50]。

　以上の議論を集約する形で出されたのが財務省による制度改革提案である。そこではSIAの提案と似た金融サービス持株会社構想が打ち出されており，持株会社傘下で銀行と証券だけでなく全ての金融関連サービスを展開できるという内容になっていた。その設立条件は自己資本基準を満たすことであった。そして何よりも，この財務省提案は自己資本を重視する方針の宣言から始まっており，主眼は金融機関の健全性強化にあった[51]。そのため提案では自己資本が広範な役割を担わされている。中でも目玉は，資本水準に応じて監督機関の介入度が変化する規定である[52]。

　この財務省による提案が元になってFDICIA（Federal Deposit Insurance

Corporation Improvement Act of 1991）が成立したが，銀行危機がピークに達していたことで，自由化に関する内容は抜け落ち，資本水準に基づく早期是正措置の内容が残った。その概要は，リスク調整資本比率とレバレッジ比率で銀行の健全度を5段階評価し，リスク資本水準が8%を下回ると経営上の自由度が制約され，6%未満なら資本増強要求など改善策を求められるようになる。そしてレバレッジ比率が2%を下回るようになると，基本的に清算プロセスが開始される[53]。また，この早期是正措置で用いる評価基準と，CAMELとのマトリックスを用いて預金保険料も差別化されることになった[54]。

FDICIAによって実現しなかった業際規制や州際規制の緩和は，監督機関が主導し続けた。そして，認可基準としてはやはり早期是正措置の資本水準による分類が援用された[55]。つまり，実質的には財務省提案とかなり似たような運用になった。これはリスク調整資本を高めることが，自由化を進める条件として位置づけられたことを意味する。

この図式はGramm＝Leach＝Bliley法（GLB法）においても変わらない。同法に基づき，銀行グループは金融持株会社として認可されれば，20条子会社のように非適格業務の収入制限がない証券子会社や，保険会社などを傘下に置くことができる。そのためには，グループ内の全ての預金取り扱い機関がWell Caitalizedの評定を受け，CAMELSとCRAでも一定基準を満たさなければならない[56]。銀行グループはリスク調整資本要求を満たそうとする強い動機を持つのである。

銀行の補助金と業態間の競争条件

いかに守らせるかという資本要求について一つの問題が解決しても，いかに競争条件を均等化するかというもう一つの問題は，錯綜しすぎて解決の糸口すら見えない。ここには金融の本質的な問題と，アメリカの特殊性から生じる問題が絡まり合っている。

SIAが厳格化を求めていた防火壁は，1989年に一度は強化したものの，その後は収入制限も含めて緩和の方向に向かい，1997年には大部分が撤廃された[57]。その理由は防火壁が銀行による新規業務への参入メリットを削ぐことに加え，健全性の維持にあまり効果を持たないと考えられるようになったためで

ある[58]。それに代わる健全性維持策として FRB が推したのは持株会社内部で組織分離しながら，持株会社全体を包括的に監督することであった。

　しかし FRB の考え方には反対が多い。1995 年の公聴会ですでに当時 FRB 議長の Greenspan は「防火壁は我々が考えていたほど効果的ではない。ストレス時には簡単に溶解してしまう」と証言していた。これに対し Orton 議員が，自分たちの目的は預金保険の保護であって，そのため規制を課しているのであるから，防火壁が溶解するなら規制を維持するしか方法は無いと警告した。Greenspan は「防火壁は溶解しても消滅しない」とやや苦しい反論をするだけであった[59]

　一方，持株会社方式で組織を分離することも，さほど健全性を維持する効果を期待できない。同じ公聴会で OCC の Ludwig は「法的責任範囲ということで言えば，その主体がどのように運営されるかが問題であって，組織内のどこにあるかではない。銀行持株会社のどこかのオフィスに行ったことはあると思う。大手では，あるドアが X Banking Corporation になっていて，他のドアが X Banking Capital Entity に，そして他のドアが銀行になっている。後方事務は完全に統合されている。真の分離は無い。責任限定のテストには通らない」と指摘した[60]。

　Greenspan の立場が苦しいのは，銀行の受益に対する考え方に基づく。1997 年の公聴会で彼は「政府は FDIC を通じて，自らの信用格付けへと銀行のそれを変換している。銀行は連銀窓口を利用して，非流動資産を無リスク資産に返還できる。銀行は連銀信用を利用して支払いを完了させることができる」と補助金を定義した[61]。そして Leach 議長が，それらへのアクセスを FRB の監視なしに提供するのは健全かと質問すると，例えば FRB の日中与信が Fedwire 経由で多額の支払い実行を可能にしており，FRB が信用力を評価できなければ，その機関を窓口にアクセスさせるか判断できないと答えた[62]。

　この証言は，Orton 議員に見られるような補助金を預金保険に限定したものではなく，決済システム全体として幅広く捉えている。それは金融仲介システムが，公的な信用に基づいて運営される決済システムに支えられていることへの洞察である。しかし，もし Greenspan が連銀の直接的な与信先の健全性を維持することが金融システムの健全性を維持することと同値と考えているのであ

れば，やはり業際規制緩和の立場とは相容れないように思える。

　これに対して OCC の立場は分かりやすい。彼らも預金保険，支払いシステムへの参加，窓口利用等の補助金の存在を認めるが，それらは規制遵守コストによって相殺されると考える。そのため競争上の問題はなく，健全性を維持するための方法は効果的な監督で可能という立場である[63]。この立場は FDIC と財務省にも共有され，それらは子会社方式の容認を訴えていた。子会社方式でも健全性は持株会社方式と変わらず，逆に銀行の利益や資産が持株会社に流出することを防ぐことができる[64]。

　OCC やその主局である財務省が子会社方式の採用を求める最大の理由は，比較的コストの低い子会社形式を認めなければ，連邦免許の魅力が低下するからである。1999 年の公聴会で当時 OCC 長官の Hawke は，州法銀行は州法で認められて FDIC の認定を受ければ子会社経由であらゆる事業ができるのに，なぜ国法銀行にだけそれが認められないか説明しないとして，子会社形式を認めようとしない FRB を批判した[65]。

　こうして見ると，銀行監督機関が業際規制緩和を推進しようとする重要な要因として，銀行による規制機関裁定が浮かんでくる。よく GLB 法が Travelers と Citicorp の合併を後追いしたものであると指摘されるが，Travelers にしてみれば，最悪の場合でも Citibank を貯蓄機関免許に転換するという選択肢があった。FRB のように決済システムの健全性を懸念したとしても，業際規制は緩和して，別の防御策を示さざるを得なかったのではないであろうか。

　子会社形式よりも持株会社形式が選ばれた理由は，おそらくその方が安全網を隔離できるとの印象を持つ議員が多かったからであろうが，その結論に至るにはもう一つ影響力を持つ考え方があったと見られる。それは，銀行規制は健全性を重視し，リスクに挑戦する他の金融業態の規制とはそぐわないとする考え方である。この考え方は 1990 年代の制度改革に関する公聴会証言で頻繁に見られ，証券業界だけでなく他の業界団体や規制機関などでも幅広く共有されていた。業界外部の意見であるが，持株会社を包括的に規制するなら，FRB よりも SEC の方がよいとの意見まであった[66]。

　証券業界にとっての重要事項は，いかなる形でも銀行監督機関の規制を避けること，そして銀行の証券活動を SEC による規制に統一することであった。制

度改革に関する公聴会でそれは機能別規制と呼ばれていた。実際には業態別規制であり，業際規制を緩和しながら，この業態別の規制に誰も異を唱えなかった。持株会社レベルの監督も規定され，FRBがその役割を担うことになったが，権限はあくまで持株会社全体に対するものに限定され，資本要求についても持株会社傘下の機関に対して，それらを管轄する機能別監督機関が設定したものとは別の要求を課すことができない[67]。

　積極的にリスクを取る起業家精神はアメリカの自画像である。一方で預金保険や決済システムは守らなければならない。それらを統合させるが，持株会社形式によって組織を分離し，それぞれ別の監督機関によって監督させるという政策は，簡単に言えば妥協の産物である。そして組織分離の効果に疑問があったことを考えると，リスク調整資本要求に過大な期待が集まる事情が見えてくる。

バーゼル合意改革の継続

　業態間の競争条件を揃えるための制度改革は，銀行の健全性を維持するためにリスク調整資本要求が中心的な役割を担わされることになった。しかし，リスク調整資本要求のルール設計はそれ自体が競争条件を左右する。したがって，ルール改定をめぐる議論には，金融業界における競争環境が反映されてくる。

　1988年のバーゼル合意は，当初から固定的なリスク加重に強い批判があった。加えて，デリバティブ取引の拡大に伴い，適用開始から間もなくして自己資本要求の対象に市場リスクを加えるための合意改訂の動きが始まった。店頭デリバティブの主要ディーラーとなっている大手金融機関にとっては，取引毎に資本が必要となる当初の規制内容では負担が大きく，ヘッジやネッティング合意を勘案するよう変更を求める声が強くなっていた[68]。それらが1996年の合意改訂に結実する。

　銀行はトレーディング勘定を切り離し，その資産については市場リスクに対する自己資本が要求されることになった。そして所要資本を算出するために所定の計算方法を利用する標準方式と，各銀行が独自のリスク管理モデルを利用する内部モデル方式が用意された[69]。この合意改訂の影響を受けるのは，実質

20 第1章 「伝統的銀行業」衰退論に見る銀行業界の変化

的に大規模なトレーディング勘定を持つ一部の銀行に限定される。アメリカの場合は，ガイドラインに標準方式を含まず，適用対象はごく少数の銀行だけであった[70]。

内部モデルを利用する銀行は，リスク管理技術に多大な投資をしており，先進的な銀行は合意改訂の時点ですでに市場リスクと信用リスクの統合管理や，オペレーショナル・リスクの計量化にも着手していた。そしてトレーディング勘定での市場リスクだけでなく，他のリスクについても内部モデル利用を認めるよう求めた[71]。それがバーゼルⅡと呼ばれる新たな合意につながった。

内部モデルの基礎となるのは VaR である。1988 年に Bankers Trust が利用を開始し，1990 年代の半ばには他の主要な NY マネーセンター銀行も総合 VaR を毎日計算するようになっていた。しかし，デリバティブでの利用については幅広い利用が見られたが，その他での利用には抵抗が多く，特に米投資銀行による反対が大きかった。その理由についてある銀行のリスク管理担当者は，ウォール街では報酬が収入を基礎に決まっており，リスクに応じて収入を減少させるように VaR を利用するとカウボーイ連中が反乱を起こすと説明している[72]。

ここにも業界間でリスクに対する「文化」の差が垣間見える。そして当然のごとく証券業界は，VaR を使って所要資本を計算するリスク調整資本要求を受け入れようとはしない。証券会社の監督機関によって構成される IOSCO でも資本要求の国際標準化が検討されており，1992年にはバーゼル委員会との初の共同会合が開催された。そこで EU の適正資本指令で採用された方式の利用が合意されたが，アメリカを含む一部の国については従来型の方式を引き続き採用することが認められた[73]。

アメリカの従来方式とは SEC のネット資本ルールであり，清算時の顧客資産保護に主眼を置いている規則である[74]。その前提は証券会社はシステミックリスクなしに破綻できるとする考え方である。この考え方が，機能別規制を確実にし，持株会社傘下の証券子会社でも包括監督機関である FRB から独自の資本要求を受けないよう求める根拠になっていたことは想像に難くない。

ところが証券業界はバーゼルⅡを受け入れることになる。それは EU が域内で活動する金融グループにグループ単位の包括的な規制対象になることを求め

たためである。大手投資銀行は SEC が立ち上げた CSE（Consolidated Supervised Entities）プログラムに参加することでその条件を満たすことにした。そして，遅れてバーゼル II の交渉に参加したにもかかわらず，2004 年 6 月の時点ですでに計量的な影響調査を実施していた[75]。

　宮内はこの点について，NY 連銀のスタッフが再証券化商品を用いた規制裁定の動きに気づいていた節があるが，SEC が規制強化に舵を切らない限り国内ルールをバーゼル II より厳しくすることは難しくなったと指摘する[76]。この機能別規制による投資銀行のレバレッジ拡大は，2004 年以降に投資銀行と大手銀行グループの競争関係にも影響を及ぼしたと考えられる[77]。その競争の様子については後述する。

　もう一つバーゼル II で重要なのは，大手銀行と小規模銀行による競争である。例えば ICBA の Thomas は「バーゼル II はリテール信用で資本要求を引き下げる。そこには抵当など，個人向け，小規模事業向けが含まれ，コミュニティ銀行が大銀行と競っている分野だ」と証言している[78]。2004 年には銀行監督機関が 4 回目の計量影響調査を実施し，調査参加行の合計で最低資本要求が 17% 減少し，大きい機関では 47% 減少することが明らかになった[79]。内部モデル利用は一部の大手しか現実的でなく，アメリカでは標準方式を採用していなかった。

　小規模銀行からの批判が，アメリカでバーゼル II の適用を遅らせた要因になっていたが，このことはリスク調整資本要求が確立する以前から，銀行業界の競争構造が大きく変化していることを表している。当時は小規模銀行に比較的高めの資本水準が要求されていても特に問題にはなっていなかった。大手が高度なリスク管理技術を導入して，リテール業務に積極的に乗り出すようになったことは，やはり小規模銀行への脅威となっていた。

1-3　銀行特殊説

　最後に Edwards が紹介する独自性衰退説は，唯一銀行の機能に直接的に言及している。この説に共通する考え方は，決済預金の提供から生じる情報生産

機能が銀行の優位性であり，何らかの要因でその比較優位性が低下したというものである。Edwards 自身もこの説に与しており，技術進歩と市場の革新がその要因であると主張する。そして銀行の負債に占める決済性預金の比率低下や，それを提供しないノンバンクの台頭などを独自性衰退の証拠として挙げている。

　銀行は特殊な存在であり，その特殊性が情報生産機能にあるというのは金融仲介理論において標準的な考え方である。しかも総じて特殊性の衰退を指摘している。一般的にその要因として挙げられるのは，企業による標準化情報の大量供給，格付け機関や信用アナリストによるそれら情報の処理・分析，株式アナリストや機関投資家による公開情報の分析・評価などである[80]。

　しかし，以上に挙げられた要因によって銀行の特殊性が衰退したとする考え方は，銀行が特殊性を持つという論理自体と整合的ではない。

　銀行の特殊性を取り上げた初期の代表的な論者は Fama である。彼は準備要求の対象である CD が他の短期商品と同等のレートであることに着目し，銀行が無利子の準備を保有するコストは借り手に転嫁されているはずであると推測した。そして借り手がその負担を受け入れるのは，情報生産コストの重複を回避できるからであると主張した[81]。そして銀行貸出契約が公募や私募の負債発行には見られないポジティブな反応を借り手の株価にもたらすことを James が示したことで，Fama の議論がサポートされた[82]。

　しかし，銀行との借入契約締結に対する株価の反応を検証できるような企業は情報問題がもともと小さいはずである。そうした企業が銀行と借入契約を結ぶことによって，市場にポジティブな反応が見られるとすれば，それは情報生産能力を高めているはずの機関投資家が，他人の情報生産に依存しているということである。つまり，銀行の特殊性が情報生産能力にあるなら，それは機関投資家のそれとは質が異なると考えなければならない。

　一方で，銀行は大手企業向けで優位性を低下させていても，情報問題が大きい小規模事業向けで優位性を維持しているというのも，やはり銀行の情報生産機能に基づく特殊性が想定されている。確かに図表 1-6 を見ると，小規模事業向けの伝統的な与信手段に分類される与信残高で銀行が占めるシェアは，1987年から 2003 年に 6 ポイント強低下しているが，一貫した傾向ではなく，2003

1-3　銀行特殊説　　23

図表1-6　各種与信残高が小規模事業向け信用に占める比率

(%)

	商業銀行				非銀行合計				合計			
	1987	1993	1998	2003	1987	1993	1998	2003	1987	1993	1998	2003
信用枠引出額	26.5	33.8	28.9	25.2	7.5	10.2	5.1	6.5	34.0	44.1	34.1	31.7
抵当ローン(1)	19.7	8.8	20.9	20.3	11.5	5.1	14.2	18.7	31.2	13.9	35.1	39.0
設備ローン	6.3	6.8	6.0	2.0	4.2	4.5	3.7	3.0	10.5	11.3	9.6	5.1
自動車ローン	3.2	3.0	2.8	3.4	2.9	3.0	2.7	3.8	6.1	6.0	5.5	7.2
資本リース	0.9	1.7	1.6	0.2	3.1	4.5	4.2	3.0	4.0	6.2	5.8	3.2
その他ローン	6.7	7.2	5.1	5.6	7.6	11.4	4.8	8.1	14.3	18.6	9.9	13.7
合計	63.3	61.3	65.2	56.8	36.7	38.7	34.8	43.2	100.0	100.0	100.0	100.0

	スリフト				金融会社				その他非銀行(2)			
	1987	1993	1998	2003	1987	1993	1998	2003	1987	1993	1998	2003
信用枠引出額	1.2	0.9	0.5	1.1	3.7	7.5	4.1	4.4	2.6	1.8	0.6	1.0
抵当ローン(1)	4.5	1.6	3.0	4.7	0.9	0.9	3.0	4.4	6.1	2.6	8.3	9.6
設備ローン	0.1	0.2	0.0	0.4	2.6	2.5	2.7	2.5	1.5	1.8	0.9	0.1
自動車ローン	0.2	0.3	0.3	0.3	2.3	2.1	2.3	2.1	0.4	0.6	0.2	1.4
資本リース	0.3	0.2	0.0	0.0	0.6	1.1	1.1	0.7	2.2	3.2	3.1	2.2
その他ローン	1.0	0.8	0.2	0.2	1.4	0.6	0.3	2.0	5.2	10.0	4.4	5.9
合計	7.4	4.0	4.0	6.8	11.4	14.7	13.4	16.2	17.9	20.0	17.5	20.1

（注）　小規模事業は従業員 500 人未満の事業体を指す。
　　　(1)代わり金が事業目的に利用されていれば，商業用抵当と住居用抵当の両方を含む。
　　　(2)その他非銀行はブローカー，リース会社，保険会社，抵当会社，その他企業，政府資金源，
　　　　個人を指す。
（出所）　Cole, Rebel A. and John Wolken, "Bank and Nonbank Competition for Small Business Credit: Evidence from the 1987 and 1993 National Survey of Small Business Finances", *Federal Reserve Bulletin*, November 1996, pp.988-989. Board of Governors of the Federal Reserve System, *Report to the Congress on the Availability of Credit to Small Businesses*, 2002, pp.78-79, 2007, pp.78-79.

年時点でも過半を維持している。最も基本的な形態である信用枠引出額では，常に銀行が非銀行を圧倒している[83]。

　しかし，これ自体は銀行が情報生産で優位性を持つ証拠にはならない。1993 年の小規模事業向け金融全国調査によると，対象企業の 85.86％が商業銀行に流動性口座を開設しているのに対して，同じく商業銀行から図表 1-6 にある伝統的な与信を受けているのは 36.97％になっている[84]。

　アメリカでは多数の銀行と取引するのが一般的ではなく，少し古い 1988-89

24　第1章　「伝統的銀行業」衰退論に見る銀行業界の変化

年にかけて行われた小規模事業向け金融全国調査では，対象の50.1%で取引機関数が1行のみであった[85]。口座が1行に集中していれば，それだけ銀行はその顧客に関する情報を得られるにも関わらず，銀行に口座を開設する企業の半分未満しか銀行から与信を受けないというのは，口座情報の有用性に対する疑念を生じさせる。

　一般的な印象として，銀行は極めて保守的である。これも古い話であるが，銀行は中小企業貸出において，可能な限りデータを収集して信用調査を行い，契約には二重三重の特約条項をつけて債権保全を徹底しようとすると言われていた[86]。銀行が収集する情報には口座情報も含まれるであろうが，それだけでは全く不十分なのである。

　しかも，入出金情報は銀行にしか入手できないものではない。また，ある調査によると貸出担当者が与信の決定時に最も重視する借り手の情報は，現在の負債ポジションと返済のための資金フローに関する説明，それに続くのが採用している会計手法であった[87]。これらも銀行でなければ入手できないような情報ではなく，いわゆるハード情報である。従業員のモラルなどソフトな情報は，企業業績への影響が大きくても，解釈が困難なため貸出判断では重視されないということであった[88]。

　これらの状況証拠を見ると，銀行は貸出の承認時に借り手について特殊な情報を持っていないか，あるいは持っていたとしても，それは借り手による返済の確実さを判断する上で，それほど有用という訳ではないと考えた方が自然である。

長期関係成立の可能性

　確固たる証拠が無いにも関わらず，銀行が情報生産機能に基づく特殊性を持つと考えられている一因は，直接金融と間接金融では仲介の分業体制が異なり，銀行はその間接金融の代表的存在となっているからであろう。

　直接金融では個々の投資家が最終的借り手に独自で投資を行うと想定される。そうすると，投資家と調達側がそれぞれ相手を探し出し，契約を結ばなければならない。もちろん，この過程には仲介機関が介在し，投資家と調達側の両方にとって取引相手探索を容易にし，投資家が必要とする審査の一部を担う

ことが一般的である。しかし，この際に仲介機関が果たしている役割を指して，金融仲介の中核的な機能であると見なされることはほとんど無い。

金融仲介の機能という場合には，やはり間接金融が想定され，そこでは投資家の保有する資産と調達側の負債が直接的には対応しない。この場合，仲介機関が借り手のリスクを取っていることになり，当初の審査だけでなく，その後のモニタリングについても仲介機関がその役割を一手に引き受ける。そうすると，銀行の特殊性をモニタリングにおける優位性と解釈することもできる。

もはや銀行が審査時点で特殊情報を持つと想定する必要はない。貸出後に何か特殊な情報を得ることができればよいのである。この可能性を示唆するのがLummer and McConnellである。彼らはJamesの研究を一歩進め，株式市場の反応を新規の銀行貸出契約と既存契約の更新に分けて検証した。その結果，投資家のポジティブな反応は既存契約の更新時にのみ見られることを発見した[89]。

情報生産には与信実行後の借り手の行動に対するモニタリングも含まれる。情報生産には常にフリーライド問題が生じるが，モニタリングの段階で個別の投資家が相互に他人のモニタリングにフリーライドしようとすると，借り手が投資家の利益を考慮せずに行動するモラルハザードの可能性が高まる。そこで，モニタリングにコストがかかり，仲介機関が投資家には入手困難な情報を獲得できる場合，仲介機関を経由した取引の方が直接的な取引よりも一般的に有利とされている[90]。

金融仲介理論では，仲介機関によるモニタリングを代理モニタリングと呼ぶことがある。しかし，これは誤解を招く表現である。なぜなら仲介機関は投資家の代理として借り手のモニタリングを行っている訳ではないからである。

公募証券の場合は証券の受託機関がまさに投資家の代理人として借り手のモニタリングを行っている。そして債権回収に問題が生じた場合，どのような対応をするか決定するのは個別の投資家である[91]。これに対して仲介機関経由で与信取引が実現する場合，投資家は仲介機関に対して請求権を持っているだけで，仲介機関に対する借り手が返済に困難を来しても債権保全のために行動する権利はない。仲介機関が自らの意思決定に基づいて行動するだけである。

銀行は一般的にこの行動において優位に立つ。銀行貸出は直接的な取引よりも満期が短く，頻繁に更新時期が訪れる場合が多い。さらに重要なのは，銀行

26 第1章 「伝統的銀行業」衰退論に見る銀行業界の変化

が借り手に一定水準の預金を維持するよう契約で求めることである[92]。借り手による不払いが生じた場合，あるいは制限条項への違反に対する返済要求に借り手が応じない場合，それら預金は銀行貸出の相殺対象になると考えられる[93]。決済サービスの提供を通じて銀行は企業の資金状況を把握するのに有利な立場にある。しかし，その情報は，機能的に預金が差押えの容易な担保の役割を果たしているという前提があって初めて有用であり得る。

　つまり，銀行が特殊な存在であるかのように見えるのは，情報生産能力というより，元利回収における優位性のためである。企業がいかに正確な財務諸表を公表し，格付け機関やアナリストが分析や評価を行っても，それらをもとに個々の投資家が担保の差し押さえで銀行の先を行くのは，よほど精巧な契約書を作成して，それに見合った綿密なモニタリングを行っていない限り不可能である。

　これが分かれば，なぜ銀行の貸出契約が更新されると，借り手の株価にポジティブな反応があるのか簡単に説明することができる。それは銀行が貸出の回収を急いでいないとのシグナルになるからである。

　このような銀行の元利回収における優位性は，貸出契約の内容および，事後的な対応で銀行仲介とその他の仲介に差をもたらす。その差が借り手に与える影響は大きい。

　まず貸出契約で，銀行は貸出の満期を短期にすることに加えて，私募債と比較しても詳細な制限条項を付けることが多いと言われる。Carey らが市場参加者に聞き取り調査を行ったところ，銀行貸出では主に一定の財務比率を維持するメンテナンス条項が利用されるのに対し，私募では買収や追加債務発行時など借り手が特定の行動を起こす際に一定の基準を満たすよう求めるインカレンス条項が用いられ，全体として銀行貸出の方が制限条項が厳しいという結果であった[94]。

　Rajan and Winton によると，借り手の制限条項への違反がない状態で貸し手がとる行動は裁判所から無効とされる一方，制限条項への違反を貸し手が見逃すと権利放棄と見なされる[95]。そうすると，銀行の場合，迅速に回収する能力を生かすためには早期に問題を発見しなければならず，発見した問題への行動を可能にするため詳細な制限条項を設定しなければならない。逆に，迅速な

行動が困難な投資家であれば，詳細な制限条項を設けてもあまり意味はない。

この差が，集団意思決定の問題と相まって，問題発生時の行動の差にもつながる。Gilson らの調査では，財務上の問題に直面した企業が，私的な債務リストラ交渉に成功して法的整理に追い込まれずに済む可能性が，無形資産の割合が大きく銀行借入比率の高い企業で高まり，負債クラスの種類が多い企業で低下することが示された[96]。これは銀行の方が他の投資家よりも柔軟にリストラ交渉に臨むことを示唆する。

負債クラスの種類が多いと，通常は立場の異なる複数の投資家が存在する。多様性が大きいほど意思統一が困難になることは容易に想像できる。結果として返済条件の変更が合意されず，借り手が法的整理に陥ることになりやすい。それではなぜ銀行の場合，柔軟に条件変更に応じることが多いのであろうか。仮に単独で意思決定できたとしても，条件変更に応じる必然性はない[97]。しかし，少なくとも 1980 年代半ばまでは，柔軟に交渉に応じることが大手銀行においてもかなり一般的であったと見られる[98]。

契約見直しに応じることが多い一因は，貸出対象が影響しているのであろう。Kester らの調査によると，最も典型的な貸出である 90 日物の運転資金貸出が期限通りに返済されることはほとんどないと多くの銀行が答えていた。Kester らの見立てによると，それは経常資産でも恒常的に更新する必要のあるものが多く，その部分を短期資金で調達すると，恒常的に借り換えなければならないからである[99]。それで一時的な金融逼迫によって期限通りに返済できない借り手が増加すると，それらを次々に破綻に追いやることを望まないのであれば，銀行は条件の変更に応じざるを得ない。

もう一つの要因として担保の種類が考えられる。先ほどの Gilson らの調査でリストラ交渉成功の可能性を高める要因として無形資産の割合が挙げられていた。借り手が担保に差し入れ可能でかつ換金容易な有形資産を豊富に持っていれば，資金調達でそれらを利用するはずである。そしてもしその借り手が返済に行き詰まると，貸し手はリストラ交渉よりも担保の換金を優先するであろう。しかし，そうした貸出で銀行は優位性を持たない。図表 1-6 からも，抵当を例外として有形担保の与信では銀行が強みを持っていないことが分かる。

現実的に考えるとそれほど換金容易な有形資産を豊富に持つ借り手は多くな

い。その状況で銀行が取引を獲得しようとすれば，受け入れる担保の幅を広げなければならない。そこで売掛債権などの無形資産を担保に取れば，きめ細かいモニタリングが必要になることに加え，リストラ交渉に応じる誘因も高まる[100]。

　以上のような実情に合わせた自身の保護策として詳細な制限条項や利用可能な担保を用いると考えると，保守的な銀行のイメージにも納得できる。それは顧客にとって必ずしも悪いことではない。

　きめ細かいモニタリングを伴うことで短期の貸出を更新して行けば，それは返済の実績が蓄積されることを意味する。その実績が，事業への取り組み姿勢や返済態度といった借り手についての数値化できない情報を銀行にもたらす。また頻繁な訪問を伴えば，銀行は在庫の状態など預金口座の動き以上の情報を獲得できる。これらが信頼感につながっていけば，銀行は契約の更新が容易になり，一時的な問題が生じても柔軟な対応をとりやすくなるはずである。そして信頼感が顧客の側でも高まれば，銀行は貸出以外の多様な取引獲得も期待できる。

　いわゆる顧客関係とは，こうした繰り返しの取引関係で生じる信頼関係を指すのであろう。この関係において相手に関する情報は不可欠であるが，それだけではない。関係構築には双方にコストと労力が伴う一方，新規取引の度に信用分析と詳細な契約書設計を行うことと比較すれば，双方にとって徐々に相対的なコストが下がってくる。信頼関係が，構築コストとその結果得られるメリットを無視するような行動を相手がとらないであろうとの想定に基づくものであれば，それは誘因の問題である。いかなる事前の情報分析よりも，事後的な誘因の作用の方がはるかに重要になる可能性があることを忘れてはならない。

競争状態と長期関係

　各国金融システムの比較分析において，日本やドイツなど少数の大手行が存在する国では企業と銀行に長期的な関係が形成されやすく，そのため資金コストが低下すると繰り返し主張されてきた。しかし，Borio and Filosa は，その両国でも証券市場の発達に伴って既存の関係が浸食されており，それは長期関係にコストが伴っていることの証拠であると指摘している[101]。

繰り返し取引の中で信頼関係が構築されるのは，あくまで可能性の話であって，必ずそうなる訳ではない。そもそも再交渉にあたって銀行が顧客にとって有利な形に契約を修正するとは限らない。銀行は金利引き上げや即時返済を要求するという選択肢を持つのである。また一時的な困難に直面して銀行に救済されたとしても，それが借り手にとって望ましいとも限らない。銀行に救済されると，ほとんどの場合において銀行による経営への介入が強まる[102]。

経営危機に陥った場合に救済が期待できるとしても，その代償として経営への介入が強まるならば，特定の銀行に依存することを企業は望まないであろう。こうした傾向は，企業の成熟によって顕著になる[103]。

一方で，銀行にとっても元利の減免や救済融資は望ましい選択肢ではない。銀行がそれらに応じるのは，その方が事業清算を含むその他の選択肢よりも回収見込額，もしくは将来の収入が増加すると考えるからである。同様に，顧客とどのような取引関係を選択するか自体，その取引からの収益見通しに規定される。そして，収益見通しを左右する基本的な要因は競争環境であろう。

Dinc は競争の程度および競争相手によって，銀行の取引に対する態度がどのように変化するのかを考察している[104]。その議論を参考にしながら，競争環境と銀行貸出の性質の関係を考察してみたい。

まず，競争がほとんどない場合，Dinc は銀行がコストのかかる貸出方法を選択しないと主張する。市場規模が十分で，銀行が取引先の確保に苦労しないなら，それは正しいであろう。上述の説明からも分かるように，必要性がなければ，銀行は詳細な制限条項ときめ細かいモニタリングが必要な貸出などしないと考えられる。

次に銀行間での競争を考察に入れる。Dinc の主張によると，借り手の評価が顧客獲得競争を有利にするため，銀行は柔軟な契約の再交渉に応じようとする。しかし競争が激化するに伴って借り手の評価が取引獲得に結びつく確率が下がり，コストをかけた貸出は回避されるようになる。独占市場では比較的容易だった選別が，競争が生じたことで難しくなり，手間のかかる貸出でも手がけようとするのは理解できる。競争相手が銀行でなくても同じであろう。

問題はそこで長期関係が成立したと仮定すると，競争がさらに増加していったとしても，それらはよほど有利な条件を提示しない限り，その関係の間に割

り込むのが困難になると考えられることである。おそらく関係に変化をもたらすのは，単純な競争相手の数ではない。借り手の利用可能な調達手段拡大や自己金融化，対外展開など事業内容の変化，それらに伴う必要な金融ニーズの多様化といったところであろう。既存の取引関係を維持しながら，企業が必要に応じて新たな取引関係を追加することは当然あり得る。

それがどのように銀行の態度に影響するかであるが，増加するのが取引先の数だけで，既存の取引行が圧倒的なシェアを維持するなら，基本的に緩やかな競争状態と変わらない。しかし貸出以外の取引関係の中で既存取引銀行のシェアが低下すると，モニタリングは継続しても事後的な交渉で銀行の態度が硬化する可能性が高まる。また，貸出シェアで拮抗する銀行が出てくると，競争相手は少数でも互いに譲らなくなることで債務リストラ交渉は行き詰まりやすい。

事後的な交渉で銀行から譲歩を引き出す見込みが低ければ，企業は財務の自立性を高め，詳細な制限条項がついた借入は極力回避するであろう。そうすると，銀行側も貸出の効率化を追求し，少しでも低コストの資金を提供できるよう目指さなければ取引獲得が困難になる。きめ細かいモニタリングを行う余裕などない。ここでは長期関係が上述したような過程を経て形成される余地は著しく小さくなる。

競争の激化が供給側の量的な増加だけではなく，借り手側のニーズ，あるいは借り手自体の変化によっても引き起こされることには注意する必要があるが，ここでも基本的に Dinc の結論は現実にも当てはまると考えられる。

それでは証券市場との競争を考察に加えるとどうなるであろう。Dinc の議論では，収益的に魅力が低下しても，証券発行にバックアップを提供するなど，銀行は借り手に対するコミットを強めようとする。それは証券市場との競争によって，銀行はリレーションシップ志向の貸出よりもトランザクション志向の貸出で大きな打撃を受けるからということである。銀行が単純にトランザクション志向の貸出で証券市場に対抗しようとしないとの結論は興味深いが，それでリレーションシップを強化するというのはいささか短絡的である。

確かに借り手が公募調達を併用するようになったからといって，すぐに銀行がリストラ交渉に応じなくなる訳ではない[105]。しかし，それは借り手が複数の銀行から調達する中で，既存の取引先が圧倒的なシェアを維持する場合と同じ

である。既存の取引銀行による貸出が多様な調達手段の中で突出したシェアを持っていることは，そのこと自体，何らかの特別な関係が成立していることを示唆している。

しかし，その後の展開もやはり他の銀行との競争が激しくなった場合とさほど変わらない。調達手段が広がれば，よほどの信頼関係がない限り借り手は単一の貸し手に対する依存を引き下げようとする。それは上述したように，事後交渉が可能でも，それが借り手に有利になるとは限らず，リストラがあれば銀行は経営への介入を強める傾向があることを借り手が認識しているからである[106]。

結局，「伝統的銀行業」と見なされる長期関係はもともと限られた状況でしか成立せず，仮に取引双方が長期関係を目指したとしても，それがどのような関係に帰結するかは常に流動的である。Dinc の主張に反して，競合関係が広がっていけば，それがどんな相手であれ，長期関係が実現する可能性を低下させるように作用するであろう。

銀行は元利回収の迅速さにおいて比較優位性を持ち，その優位性を生かせば多様な担保の受け入れが可能になることはある。ところが，借り手が公募調達にアクセスを持つようになると，銀行が持つ比較優位性は低下する。借り手は交渉力が高まれば補償残高の要求に応じようとしない[107]。銀行借入に何らかの魅力がない限り，公募調達よりも厳しい制限条項を受け入れようともしない[108]。

こうした状況において，銀行貸出の設計は徐々に公募債のそれに近づいていく。それでも銀行貸出が完全に淘汰されることはない。その根本的な要因は銀行貸出も市場調達も画一的なものではないからである。それを理解すれば，それぞれの多様な形態が，どのように補完し合っているのか，その相互補完関係がいかなる競争・分業構造によって実現しているのかを理解することにつながるはずである。

【注】

1) Edwards（邦訳，1998 年），62-72 ページ。
2) 金利自由化とその背景については伊東（1985 年）第 5 章，高木（2001 年）第 3 章を参照されたい。
3) 馬淵（1987 年），21, 27, 40 ページ。
4) 1982 年に Citicorp が Fidelity S&L 買収によりカリフォルニア州への進出を果たした。この合併は

32　第1章　「伝統的銀行業」衰退論に見る銀行業界の変化

1982年8月にFHLBBから，9月にFRBから承認を受けた。小林（1982年），8-9ページ。また，預金機関法で救済目的の州際合併が認められたが，入札適格順位において，異業種・州際の組合せは最も劣後していた。預金機関法については加藤（1982年）を参照されたい。

5)　資産10億ドル以上の製造企業に限定すると，短期負債に占める銀行借入のシェアは1975年の48%が1986年には27%に低下した。これはもっぱらCPによる影響で，特にNYのマネーセンター銀行に打撃を与えた。Baer and Pavel（1988），p.4.

6)　BankAmericaは1970年代に最大手の銀行持株会社として，NYのマネーセンターに対抗すべく大々的に国際展開を行っていた。それが大きな要因となって，多額の不良債権を抱えることになった。例えばメキシコ向けでは，1981年末に米銀全体の貸出が104億ドルである中で，CiticorpとBankAmericaがそれぞれ28億ドル，25億ドルと突出した金額になっていた。*NYT,* Dec. 2, 1982.

7)　例えば1983年にBankers TrustのROAは国際業務で0.45%，国内では0.56%，Security Pacificは国際業務0.48%，国内0.7%と，国際業務の相対的な収益性が低下し，撤退が目立つようになった。Citizens & SouthernのSessionsは「資本は地域の発展のために向けられている。誰も火星まで小さいマージンを追いかけていかない」と述べている。*Euromoney,* Oct. 1984, p.255.

8)　下院公聴会でJP MorganのWeatherstoneは，国内で強い基盤を持たない企業や金融機関が国際的に強い競争力を持つことはないと訴えた。彼によると，同社は株式業務で国内基盤を欠いているために，国外で公益事業民営化などの大型案件を手がけることができないといった問題に直面していた。U.S. House（Jun. 1990），pp.6-7.

9)　JP MorganのMendozaは，日系金融機関の躍進について，その成長の原動力を国内市場での保護を利用した国外での破壊的価格競争の結果と結論づけた。U.S. Senate（Oct. 1987），p.51. CiticorpのReedは，外銀の資産規模の大きさは本国における全国的な業務展開の反映であると指摘する。そして地理的にも業務的にも分断されいていない外銀は，世界中の顧客に米銀よりも競争的にサービスを提供できるとの見解を示した。U.S. House（May 1990a），pp.6-8.

10)　上述のように，Citicorpは救済合併を利用してカリフォルニア州で買収を行ったが，1980年にはサウス・ダコタ州が州外銀行持株会社による州内銀行買収を解禁したため，金利上限規制のない同州にカード銀行を設立した。Euromoney誌によると，同社はNY州では要求払い預金が伸びず，全米シェアも低下していたことから，新たな成長機会を模索していたとのことである。*Euromoney,* Apr. 1980, p.17.

11)　あるNY本拠銀行のLA拠点幹部は，Bank of AmericaやSecurity Pacificは地域で最大の貸し手だが，より洗練されたサービスでは現地企業がまだNYの銀行を利用する傾向があると指摘する。またある大手企業の財務担当者も，NYの銀行に比較して現地の銀行は企業サービスが凡庸だと評していた。*Euromoney,* May 1984, p.129.

12)　米に進出した外銀の話として書かれているが，1980年代に多くの外銀が売上高500万-1.25億ドルの企業向け営業に注力していた。それら企業向け取引は利鞘が大きく，手数料収入の源泉にもなるからである。しかし，中小企業は頻繁に少額の案件で特殊な資金調達方法を要求し，しかも即時の決断を求めてくる。外銀は意思決定が本国で行われるなど，中小企業向けのニーズに対応した組織になっていないことが多かった。また効果的な信用評価を行うには地元経済との関係が必要で，地場の業界会合などに出席する人員が必要となる。さらに給料支払い代行など現地店舗がなければ提供困難なサービスを求められる。*II,* Mar. 1984, p.278. CiticorpとともにHewlett-Packardの主要取引銀行の地位を獲得したChaseのWeissですら「中間市場で収益機会が広がっているという話をよく聞く。しかし我々NYの銀行がどうしてカリフォルニアでBank of Americaと2000万ドル規模の製造業との取引を競えるのか」と状況の厳しさを告白している。*Euromoney,* Dec. 1981, p.91.

13)　*Euromoney,* Dec. 1981, p.96.

14)　First Bostonの銀行部門アナリストWeiantは「なぜ彼らは市場評価額をそれほど気にしている

のか。それは州際業務を見越しているから」と分析していた。また J.P. Morgan の Weatherstone は「資本が多いことは良いことだ。買収に乗り出すことを望む時，それが出来る地位にあるということだ」と証言している。*Euromoney,* Dec. 1981, p.86.

15) Hanweck（1992），pp.44-45, pp.54-56. ただし，これはあくまで銀行子会社の話であり，上述したように NY のマネーセンター銀行でも州外に複数の非銀行子会社を保有していた。

16) Hanweck（1992），p.62.

17) Hills（2007），p.65.

18) Hanweck（1992），pp.64-66.

19) Security Pacific の Flamson は「世界最良の合併が，地元銀行を買収して，通りの向こう側のやつらをクビにすることだっていうのは，誰でも分かる」と語っていた。また McKinsey & Co. の Bryan は「1行が地域の支店で 25-30％占めるようになると，かなりの価格支配力を持つようになる。ハブ＆スポークを採用して航空会社が地域寡占するようになったのと同じような状態だ」と評価している。*II,* Jan. 1990a, p.55.

20) 例えば Banc One は商業不動産，LBO，LDC 貸出にのめり込まなかった。CEO 兼会長の McCoy は「我々は自分たちが最もよく知る分野に焦点を絞っている。基本的にそれは中間市場における商業銀行業務とリテール貸出だ。我々は自分たちが活動している市場で貸出を行っており，それは我々が 5000 マイル離れた市場よりそれをよく知っているからだ」とその要因を語った。Montgomery Securities アナリストによると，Banc One はそれまで 14 年連続で ROA が 1 を下回ったことが無く，ROE は 15％を超えていた。*Euromoney,* Dec. 1990a, p.26, p.29. また First Wachovia は 1990 年第 3 四半期の ROA が 1.25，ROE は 16.42％，利鞘は 4.3％近辺を維持した。多くの銀行が自己資本比率規制に対応するため貸出を縮小する中，優良銀行はその必要が無く 10％の成長率を維持していると評価されていた。*Euromoney,* Dec. 1990b, p.29.

21) 1985 年のことであるが，当時 SIA 会長の Shapiro が業際規制緩和を主張するのは大銀行だけだとして公聴会で反対意見を述べたところ，Garn 委員長から，法改正を求める声は小規模で地元の不動産と競合するような銀行から多くきており，むしろ大手マネーセンター銀行は地方銀行を押さえ込むためならそんな要求を喜んで放棄するだろうと反論された。U.S. Senate（May 1985），p.1080.

22) Riegle＝Neal 法成立自体は 1994 年であるが，当初は買収による進出しか認められず，支店での進出を認めるかどうかは 1997 年までに各州が決定することになっていた。また，支店化を認める際にも各州は合併からの最低年限を規定するなど，規定は州によりばらつきがある。U.S. House（Oct. 1995），p.14, p.53. しかし，2002 年には金融サービス規制救済法により，支店開設を認めない州においても支店開設が可能になった。安岡（2007 年 6 月），41 ページ。

23) 地銀間の合併については，淵田（2014 年夏），（2014 年秋）などを参照されたい。資産規模については図表 1-4 と同じ資料に基づいている。ちなみに合併の影響を除くと，上位行のシェア拡大はほとんど見られない。1994 年時点の銀行持株会社 268 社が，2005 年まで 64 社へと統合されたが，資産に占めるシェアはいずれも 58％で全く変化していない。Copeland（2012），p.84.

24) 2006 年時点での大手銀行持株会社 3 社それぞれの合併については，神野（2017 年 3 月），（2017 年 6 月），（2017 年 9 月）を参照されたい。

25) 図表では割愛したが，1987 年には抜きん出た存在であった Citicorp にしても，1996-1997 年は Chemical と合併した Chase に首位を奪われており，Travelers との合併によって首位を奪回した。また NationsBank は 1991 年に誕生しており，同年末の資産は 1103 億ドルであった。合併前の 1990 年に NCNB は 7 位 652 億ドル，C&S/Sovran は 12 位 512 億ドルであった。

26) 1994 年から 2003 年に，1000 店以上持つ機関の支店数は 9200 から 2 万に増大し，その期間中に複数州で店舗を持つ機関数は倍増した。Hirtle and Metli（2004），p.2. ちなみに持株会社レベルでも上位 20 社に占める上位 3 社の資産シェアを計算して見ると，1987 年の 33.9％が 2006 年の 54.9％に上

34 第 1 章 「伝統的銀行業」衰退論に見る銀行業界の変化

昇していた。大手 3 社，特に Citigroup が多くの非銀行子会社を持つことを考えると少し低いように感じられる。しかし，グループ資産に対する中核銀行資産は 2006 年末で JPMC, BoA ともに 80% を超えている（Citigroup は 60% に満たない）。一方，2006 年の上位 20 には外資系が目立ち，特に Taunus を運営する Deutsche Bank の北米業務は資本市場業務が中心であると考えられる。

27) *Large Commerical Banks*（Federal Reserve Statistical Release）。いずれも支店機能は中核銀行に集約しており，他の傘下銀行はほとんど支店を持っていない。

28) 当時 NCNB の会長 McColl は「我々は消費者事業をマクドナルドのように運営する。中央で作り，電子的に届け，ローカルに販売する」と語っていた。しかし，このタイプの支店運営には後方事務処理投資を行うだけの規模が必要で，その規模に達するのは多くの都市で困難な状況であった。それは市場に多くの銀行が存在し，顧客は取引先をあまり変更しないからということである。*II*, Jan. 1990a, p.55.

29) *II*, Jan. 1990a, p.55.

30) First Union の当時の CEO, Crutchfield はカナダ視察の経験からテレマーケティングなどを行う最低規模を望んだが，「今は 400 億ドル規模の銀行になった。次のレベルに規模を拡大しても，新たな機会が開けるとは思えない」と証言している。Fleet/Norstar 会長 Murray も「50 億ドルの時は全てに手が届いた。150 億ドルで手の届く範囲が小さくなる。300 億ドルでさらに小さくなり，600 億ドルでははるかに難しくなる」と語っている。*II*, Jan. 1990a, p.52.

31) それは取締役会の組織や，事務処理が重複し，規制当局向けの報告も別々に行わなければならないことを意味する。U.S. House,（Oct. 1993b），p.16.

32) Radecki（1998），p.18.

33) 1990 年代には情報通信技術の発達で支店が不要になるとの見方もあったようであるが，各銀行グループは多様なチャネルを関連づけ，2000 年代にはリモートチャネルが支店の補完という位置づけになった。Clark et al.（2007），p.42.

34) Radecki（1998），pp.21–22.

35) Kovner らは 1990 年代までの調査では，銀行業では規模の経済がほとんど無いか，あっても一定規模を超えると観測されなくなったと報告されているが，2000 年代の調査では規模の経済が存在すると結論づけるものが出てきており，その要因は膨大なサンプル数の計算能力向上，統計技術の発達に加え，IT 革命の進行により観測時期による差が出ていることと推測している。また Kovner ら自身の調査では資産規模拡大によって非金利費用の割合が低下するとの結果を得ている。Kovner et al.（2014），pp.2–3.

36) 伊東（1966 年），132–134 ページ。

37) Baer and Pavel（1988），p.6.

38) Baer and Pavel（1988），p.6.

39) 簿外取引については，すぐに資本要求の対象に含まれることになるが，資本要求の強化はそれよりはるかに広範囲の影響を持っている。例えば御代田は，自己資本の必要性が米系金融機関に厳格な事業評価に基づくフォーカス戦略を強いたと説明する。御代田（1994 年），46–82 ページ。

40) 1914 年導入の資本要求は，預金に対して 10% 以上の株主資本を要求するというものであった。FDIC 設立後は大戦中に銀行の財務省証券保有が著しく大きくなったことで，資産から現金と財務省証券を差し引いた値に対して 20% 以上というのが標準的な資本比率であった。それが 1950 年代まで続いた。Mitchell（1984），p.19.

41) 一次資本は株式に貸倒引当金を足したものとして定義されている。1981 年に設定された一次資本比率の最低水準は FDIC が 5%，FRB と OCC は地銀に対して資産 10 億ドル以上なら 5%，それ未満なら 6% というものであった。Moulton（1987），pp.21–22.

42) Mitchell（1984），pp.17–21.

43) 監督機関による評価基準は自己資本比率だけではない。1979 年には FRB, FDIC, OCC を含む監

督機関でFFIECが組織され，CAMELという監督上の統一的な格付けシステムが作成された。CAMELとはCapital Adequacy, Management, Earnings, Liquidityの頭文字を取ったものである。それぞれが5段階で評価され，総合的な5段階の格付けが決定される。1996年にはSensitivity to market riskが追加され，CAMELSと呼ばれるようになった。Federal Reserve Release, Press Release, December 24, 1996, http://www.federalreserve.gov/boarddocs/press/general/1996/19961224/.

44) バーゼル合意成立の流れについては，Kapstein（1991）を参照されたい。

45) 1985年6月末時点で，簿外コミットの資産に対する比率はBankers Trustが296％，Citibankが230％，Chemicalが201％となっていた。*II*, Jan. 1986b, pp.78-79. 1983年9月から米銀は簿外アイテムをSchedule L. として開示することが義務づけられた。

46) Kapstein（1991），pp.16-17.

47) BCBS（1988），p.13.

48) *American Banker*, Jan. 19, 1989. 1987年と1989年の防火壁規定の差はU.S. House（Mar.-May 1990），pp.258-270を参照されたい。防火壁には証券子会社向け出資の連結資本からの控除，証券子会社向け与信制限，グループ内取引制限などが含まれる。

49) 1989年11月末にはSIAがGS法堅持の立場を撤回する予定であると報じられた。もともとMerrill Lynch, Shearson Lehman Hutton, Dean Witter Reynoldsといったリテール重視の会社は銀行業務への参入を求めており，法改正に反対のGoldman Sachs, Morgan Stanley, First Boston等と対立していた。そこで業界内部でも，妥協の可能性として厳格な防火壁を条件に法改正に賛成するということが考えられていた。*American Banker*, Nov. 30, 1989.

50) 『週刊金融財政事情』1990年1月1日，132-135ページ。

51) 『週間金融財政事情』1991年2月25日，31-37ページ。そもそも財務省提言は，S&L向け預金保険基金の枯渇に対処することが目的のFIRREA（Financial Institutions Reform, Recovery and Enforcement Act of 1989）の求めに応じて作成されたものであった。

52) 資本水準が高くなると新規業務への参入が認められる反面，低くなると監督が強化されるということである。その他にも資本基準を満たさない銀行による高金利での預金収集を禁止したり，リスクに応じて預金保険料を設定するなどの提案が含まれていた。Van Tine and Boggess II（1991），pp.821-838.

53) Peek and Rosengren（1996），p.51. 破綻処理の具体的な方法に関して，監督機関が直接的なペイオフ以外の方法を選択する場合は，預金保険にかかるコストが必ずペイオフを下回らなければならないという，コスト最小化の原則が規定された。システミック・リスクを回避するために他の選択肢をとることもできるが，その場合にはFDIC役員，FRB役員の2/3以上，財務長官の合意が求められる。管財人選定までの90日の期限は，FDICと監督機関の文書合意により延期可能であるが，それでも270日以内に資本不足が是正されなければ，存続可能の認定が無い限り閉鎖される。松本（1990年），13-14ページ。

54) Flood（1993），p.30. CAMELについては注43を参照されたい。

55) リスク調整資本比率が8％を超えると「Adequately Capitalized」に分類されるが，それで認められるのは救済合併くらいで，大型合併になると10％以上の「Well Capitalized」が最低条件とされていた。そして株式引受の認可では12％近くないと認められないと考えられていた。御代田（1994年），190ページ。

56) https://www.ffiec.gov/exam/InfoBase/documents/02-con-g-l-b_summary_of_provisions-010416.pdfに条文が要約されている。

57) Federal Reserve Release, Aug. 22, 1997（発効は10月末). 収入上限は1996年12月に10％から25％まで引き上げられた。Federal Rserve Release, Dec. 20, 1996.

36　第1章　「伝統的銀行業」衰退論に見る銀行業界の変化

58）　U.S. Senate（Mar. 1997), pp.7-9.

59）　U.S. House（Feb. 1995), pp.31-36.

60）　U.S. House（Feb. 1995), pp.54-55.

61）　U.S. House（Feb. 1997), p.67.

62）　U.S. House（Feb. 1997), p.77.

63）　U.S. House（Mar. 1997), p.3.

64）　U.S. House（Feb. 1999), p.199. 財務長官 Rubin による証言。これは FDIC が銀行破綻時の資産差し押さえで，その資産が隠されてしまった経験から来た考え方のようである。

65）　U.S. House（Feb. 1999), p.231.

66）　The Brookings Institution 客員研究員の Martin Mayer による証言。U.S. House（May 1997），pp.11-12. Mayer の評価は次のようなものである。Drexel 破綻前に SEC の Breeden が FRB に相談すると，FRB は救済を主張したが，SEC は市場を理解していたため Drexel を深刻なシステミックリスクなしに閉鎖できると知っていた。FRB は常にリスク回避的で，今後もそうあり続ける。Volcker は Penn Square 閉鎖に強く反対した。銀行は大部分が分からないように取り付けに直面し，銀行規制当局は秘密裏に行動する。銀行規制当局は，裁量的な規制を，支払いシステムへの信頼を維持するためだと主張している。

67）　https://www.federalreserve.gov/boarddocs/supmanual/bhc/3000p6.pdf, p.5.

68）　FRB がその立場を代弁している。U.S. House（Oct. 1993a), pp.291-292.

69）　BCBS（1996), p.3. 標準方式の所要資本計算は，各保有資産の個別リスクとポートフォリオ全体の一般市場リスクそれぞれに対して計算される。これはビルディング・ブロック方式と呼ばれる。

70）　Hendricks and Hirtle（1997), p.2, p.11. 2006 年末時点で改訂合意の適用対象となった米機関は 17 行と 17 持株会社（傘下に 17 行の内 14 行を持つ）であった。

71）　飯村（1999 年），2-3 ページ。

72）　II, Feb. 1995, p.63.

73）　Goldstein, et al.（1992), pp.18-19. EU の採用方式はビルディング・ブロック方式である。

74）　SEC が登録証券会社に適用するルールでは，まず総資産から総負債を差し引いて資本（equity）が計算され，それに要件を満たす劣後負債が加えられる。そこから容易には現金化できない資産，および資産に対するヘアカット額を差し引いたものがネット資本と定義される。そして，このネット資本が一定基準を上回ることが求められるのである。最低必要になる資本の金額または比率は，証券会社のタイプによって異なる。詳しくは SEC, "Key. SEC Financial Responsibility Rules", http://www.sec.gov/about/offices/oia/oia_market/key_rules.pdf, p.152 を参照されたい。

75）　Bear Stearns リスク管理責任者 Micheal J. Alix による発言。U.S. House（Jun. 2004), p.18.

76）　宮内（2015 年），57 ページ。

77）　ただし，投資銀行の有利に働いたとは限らない。そもそもスタート地点での差もある。加えて，レバレッジド貸出は，それまで投資銀行は SEC 監督が及ばない関連会社でオリジネートしてネット資本ルールを回避していたが，CSE 参加によって関連会社も新ルールに従うことになった。U.S. GAO（Sep. 2008), p.52. これが具体的にどのような影響を持ったのか判断する材料を持ち合わせていない。

78）　U.S. House（Jun. 2003), p.51.

79）　U.S. House（May 2005), p.13.

80）　Crane, et al.（邦訳，2000 年），244 ページ。

81）　Fama（1985), pp.36-37.

82）　James（1987), pp.225-226. 同論文では，準備要求の変更に関わらず CD レートが他の短期商品と同じ動きをすることも検証されている。

注　37

83）　表には出ていないが，銀行から信用供与を受ける小規模事業の割合は1987年から1993年に8ポイント近く低下したものの，ノンバンクから信用供与を受ける割合は変化しておらず，ノンバンクが銀行のシェアを奪ったとはいえない。Cole et al.（1996），p.984.

84）　Cole and Wolken（1995），p.656, p.660.

85）　Elliehausen and Wolken（1990），p.808.

86）　山下（1981年），35ページ。

87）　Kemp and Overstreet, Jr.（1990），pp.48-52. 調査は貸出決定に携わる人員100人が，48項目の重要度をそれぞれ0-4点で評価するという形で行われた。

88）　ただし，銀行は将来のキャッシュ・フロー見通しを重視しているにも関わらず，資本支出計画や研究開発支出計画を重視する度合いは低いため，銀行が会計情報以外から将来見通しを判断している可能性をKemp and Overstreet, Jr.は指摘している。

89）　Lummer and McConnell（1989），p.100. 株式市場の反応は，事前に財務困難が報道された企業向けに継続が承認された時や，デフォルト回避のためのリストラ・ローンが承認された時に特に大きかった。

90）　Crane, et al.（邦訳，2000年），172-193ページ。同書では仲介機関経由のプール化が有利になる条件としてもう一つ，仲介機関が市場では利用できない請求権を創出する場合が挙げられている。この請求権として支払い手段を提供するという意味で，銀行はかなり特殊な存在であるが，それを金融仲介における情報生産能力と結びつけるのは無理がある。

91）　アメリカでは元本1000万ドル超の公募社債発行で受託機関の設置が義務づけられている。デフォルト発生前における受託機関の役割は完全に受動的で，信託証書に定められた業務内容にしか責任を負わない。デフォルトがコベナンツへの抵触（テクニカル・デフォルト）であれば，機械的にデフォルトと見なす必要はなく，受託機関が社債発行会社とコベナンツ条件変更など交渉を行うことができるが，通常は未償還元本の2/3以上の支持を社債権者から得る必要がある。またコベナンツ発動や払い戻し要求訴訟などの行動で裁量権を持つが，通常は社債権者の同意を得た上で行動する。デフォルトが元利払い遅延（ファンダメンタル・デフォルト）であれば，裁量権を持たない。いずれにしても，元本や満期の変更では，すべて社債権者の同意が必要である。吉川（2010年），3-5ページ。

92）　FRBによる1988年1月の貸出慣行調査では，それら銀行が受け入れる要求払い預金の重要な部分を補償残高が占めていた。調査対象の12%は要求払い預金に占める正式な補償残高契約の比率が20%未満であったが，1/4は比率が80%以上で，平均は62%だった。ただし，補償残高には取引目的でいずれにしても保有している要求払い預金を含む。Mahoney（1988），p.202.

93）　アメリカ統一商法典（Uniform Commercial Code）では2001年の改正まで，預金への担保権設定が認められない代わりに，預金債権への差押えと銀行の相殺が競合した場合，判例によって銀行の相殺が優先されてきた。ただし，担保物件の販売代金が一般の預金口座に入金された場合に，その担保権と銀行の相殺のどちらが優先されるかについては混乱があり，それが2001年改正につながったようである。詳しくは森田（2008年）を参照されたい。

94）　Carey et al.（1993），pp.29-30.

95）　Rajan and Winton（1995），pp.1135-1136.

96）　Gilson et al.（1990），p.316. 連邦破産法11条を利用した場合，法務コストや投資銀行への手数料支払いといった直接的な費用がかさむ上，有利な投資機会を失ったり，経営者が債権者や裁判所とのやりとりに忙殺されるといった間接的なコストも生じる。また取引先への影響も生じるかもしれない。

97）　例えばGorton and Kahnは，銀行が契約再交渉によって非効率な事業を継続させることもあるが，それよりは破綻させることの方が多く，それが脅しを通じて借り手による過剰なリスクテイク

38　第1章　「伝統的銀行業」衰退論に見る銀行業界の変化

を抑制していると主張する。Gorton and Kahn（2000），p.357.

98）　元 Citigroup 会長 George Moore の伝記を著した Martin Mayer は次のような話を紹介している。「Moore は Citicorp を造り上げた男だ。George は彼が国内の貸出担当者だった 1930 年代末から彼が銀行を離れた 1970 年代について，取引先で提供したローンのリストラが全く必要なかった企業は 2-3 社しか思い当たらないと話す」。U.S. Senate（Jul. 1987），p.157. また 1980 年代半ばには当時 Chase の Bruce Rosborough が「銀行の強みは借り手の状況変化に応じて交渉できること。ローンを売却すると借り手と交渉しなくなる」と証言している。Opinion Survey（1986），p.17.

99）　Kester and Bixler（1990），p10.

100）　元 Walter E. Heller & Company 執行役員の Robinson は，動産担保金融では担保の価値と量がその日によって異なるため，常に監視が必要であるが，手続きさえ踏めば，銀行と顧客の両方にとって有用であると主張する。その手続きとは次のようなものである。危険を感じたらいつでも柔軟にローン条件を変更できるような契約にしておくこと。財務状況を頻繁にチェックすること。受取勘定の数，規模，期間（古い受取勘定の多さは，回収努力の弱さを示す可能性），相手先（受取勘定の分散度合い）をチェックし，週に 1 度は入金メモを送らせることなどである。Robinson（1978），pp.48-50.

101）　Borio and Filosa（1994），p.23.

102）　James の調査によると，債務リストラを経験したサンプル企業の中で，31％のケースにおいて銀行は株式を取得しており，そのうち 91％は元本削減の条件としてであった。James（1995），pp.12-22. また Gilson の調査によると，銀行が役員を任命することもあり，制限条項もより厳格になることが多い。そして，いずれにしてもモニタリングが強化され，経営に対する銀行の発言力が強まる。Gilson（1990），p.356.

103）　Euromoney 誌では 1980 年代初頭における日本の半導体産業のケースが紹介されている。NEC などはかつて政府支援および銀行との長期的な関係によって短期利益獲得の圧力をさほど受けずに低コストの資金を調達してきた。しかし資金不足の緩和とともに増資を進めようとすると，銀行から補償残高積み増し要求や借入返済拒否などの抵抗を受けるようになった。この記事は，新たな投資を賄いながら財務を強化する必要が高まる中で，日系企業はいずれ米企業が持つ財務管理の柔軟性をうらやむようになるかもしれないと締めくくられている。*Euromoney*, Oct. 1982, pp.112-117.

104）　Dinc（2000），pp.782-783.

105）　Gorton and Kahn の説明によると，借り手が銀行借入に劣後する公募負債を抱えていたとしても，銀行は公募投資家が債務リストラに応じることを条件に元利減免を行うことができる。借り手は破綻をちらつかせることで，借り手に有利な条件の債券との交換を提示すれば，公募投資家がそれに応じやすい。Gorton and Kahn（2000），pp.358-359.

106）　実際，銀行は公募債の投資家がリストラに応じることなしに，一方的な元利減免を行うことはほとんどない。前述の James の調査では，銀行が株式を取得したケースの半分で，借り手は公募負債を負っていたが，その全てのケースで公募証券の投資家も株式取得の代わりに元本削減に応じていた。そして，銀行が債務リストラ時に株式を取得した企業は，それ以外の企業よりも銀行からの借入比率が高かった。銀行が株式を取得せずに元金削減に応じたのは，サンプル 102 中 5 件で，うち 2 件の企業は公募負債も負っていた。1 件はボンド投資家が負債を株式と入れ替えた。他の 1 件は公募負債のリストラがなかったものの，借り手が子会社の銀行借入を現金で買い戻した。James（1995），pp.1222-1227.

107）　1970 年代にはすでにユーロドル市場からの競争で，1980 年頃には回転信用のコミットメント手数料がそれ以前の 1/2％から，3/8％か場合によっては 1/4％に低下し，補償残高が要求されることはほとんどなくなっていた。*II*, Sep. 1980, p.224. 一方，1974 年の記事によると，それ以前の一般的な信用枠価格設定として，未使用枠に対して 0.5％の手数料と枠全体の 10％の補償残高，引出部分につ

注　39

いては金利と当初合意に従う一定割合（例えば10%）の補償残高積み増しが求められた。
Euromoney, May 1974, p.62. これは銀行間競争に当たるのであろうが，銀行間の競争激化なしに資
本市場との競争だけが強まることはありそうにない。

108）　Carey らの説明によると，借り手は条件の再交渉や早期返済が比較的容易なために強めの制限
条項を受け入れるということである。Carey et al.（1993), pp.45-46.

第2章

銀行貸出の多様性と競争の構図

2-1　大口貸出の流動化

　銀行にとって，借り手が基本的に市場調達へのアクセスを持つホールセール市場は，最も強い競争圧力にさらされやすい。アメリカの場合は，分断された銀行制度が資本市場発達の一因と考えられており，米銀はその分断された環境の中で専門性を培ってきた[1]。その専門性がもとになってOTDと呼ばれるビジネスモデルが生み出された。それは銀行貸出が資本市場型の分業体制に組み込まれたことを意味する。この節ではホールセール貸出とその他の資本市場商品との競合・補完関係を確認しておきたい。

ローン売却の規格化

　OTDモデルに不可欠な要素である貸出債権の売却自体は古くからオーバーライン融資の形で行われていた[2]。この融資は，小規模銀行がオリジネートしながら，資本に対する単一貸出先への与信上限規制などの理由から単独では提供できない案件に，大手行が参加するというのが一般的であった。そのため，コルレス銀行による顧客へのサービスという性格が強かった。そして，地銀が成長や合併を通じて資産規模を拡大させるに応じて，オーバーライン融資に対する需要は縮小した[3]。

　貸出債権の売却が装いを新たにして注目を浴びるようになったのは，1980年代に入ってからである。Bankers TrustやCitibankが主要都市に販売部門を設置し，機関投資家や企業などの買い手を発掘していた。Citibankのロンドン拠点ローンセール担当者は，「我々はファイナンスを提供することよりもアレンジすることを考えている」と新たな業務の特徴を説明している[4]。

ローンの売り手と買い手の関係がオーバーライン融資からいかに変化したのかについて，Capital Enhancement Corporation 会長が以下のように説明しており，なかなか興味深い。

従来の取引は馴染みの肉屋で購入するようなもので，繰り返しの取引によって評価され，固い肉は問答無用で返却されていた。そこから大規模店での肉の購入が主流になっていった。大規模店は昔の肉屋ほど信用できないので，レシートを取っておいた方がよい。ローンでは大手行の投資銀行子会社から買うことも珍しくなく，それらは借り手の信用状況に精通した貸し手ではなく，単なる商品の販売業者である[5]。

つまりオーバーライン融資は従来型の貸出から派生した周辺部分であったのに対して，ローンセールではそれが売却向けに規格化され始め，それに応じて借り手とオリジネーター，売り手と買い手の関係性がいわゆるトランザクション型になった。

ただし，この時期のローンセールは OTD の一部としてスタートを切ったばかりであり，確立したビジネスにする上で解決すべき課題が多かった。

当時の典型的なローンセールの特徴は次のようなものであった。通常はシンジケートの組成を伴わない。国内商工業貸出が対象で，借り手は投資適格の信用力を持つ。満期は 90 日以下で翌日物が多い。100 万ドル単位で販売される。利回りは A-1 か A-2 の CP よりも 10-30 bp 高い。売り手がサービサーの機能を果たす。二次市場での売却はできない[6]。この最後の二つは，当時のローンセールが SP（sub-participation）と同義であることを示している。

売り手にとって，対抗要件を備えた全額譲渡の場合はエージェントの地位を失う可能性がある。SP であれば原債権に譲渡制限があっても拘束されず，売却が容易である。しかも原債権から満期や額面，場合によっては利払いを変更することもできる。さらには売買時に資金の移転を伴わず，購入者が一定の利払いを受けながら，債務者がデフォルトした時のみ売り手に購入代金を支払うという，信用デリバティブの性格を持った取引も存在した[7]。

このように SP は便利であるが，その便利さは法的な不確実性という問題も生み出す。原債権と切り離されていると，買い手は二次市場で売却できない。また借り手との条件再交渉への参加はできない[8]。そして，最も問題なのは，

42 第2章 銀行貸出の多様性と競争の構図

売り手が破綻したときに債権が保護されるのか不確実なことである。

規格化されたといっても，1980年代にはローンの譲渡形式が確立していなかった。当時からいくつかの方法が試され，例えば Euromoney 誌では Transferable Loan Instruments という証書を作成してアサインメントを行うケースと，Transferable Loan Certificates を発行しておいて，ノベーションを行うケースが紹介されている[9]。そして1980年代の末には SP の販売がほとんど無くなったとの話もある[10]。しかし，ローンの譲渡に関する障害は容易に無くならない。それが証券形態とは異なる，ローンの特徴になっている側面もある。

資産の性格と買い手の変化

ローンセールがビジネスとして確立するかどうかにとって根本的に重要なことは，その収益性である。上述のようにローンセールを収益獲得の一環として前向きに位置づける発言が散見されるものの，1980年代には強まる資本要求への防衛策と考えられることの方が多かった[11]。当時議論されていたリスク調整資本要求でも，企業向け貸出は全て同列に扱われていたことを考えると，典型的な販売対象が投資適格の信用力を持つ借り手向けローンであった理由が理解できる[12]。

そして SP の販売はオリジネーターが借り手への対応を継続する。そのため銀行はそれら優良顧客との関係維持を重視しており，手数料を含めてローンセールから利益はほとんど得られ無いとの指摘もある[13]。相手が優良な借り手であれば，金利だけでなく，アレンジの手数料もあまり期待できない。

買い手にとって優良顧客向けは利回りを期待できない。ローンセールには買い手に対する明確なリスク削減の仕組みがないため，1980年代初頭には売却対象がトリプル A の格付けを持つ借り手向け短期債権に限定されていたという説明がある[14]。それは買い手が独自の信用分析の必要がない資産を選択する理由にはなっても，購入自体の説明にはなっていない。

FRB の貸出慣行調査によると，1984年9月までの3ヵ月間に商工業貸出を売却した銀行のうち60%が買い手は中小規模の銀行であると回答した[15]。当時はちょうど合併が増加し始めた時期であった。合併によってすぐ新たな顧客が誕

生する訳ではない。同時にS&Lや小規模銀行の破綻は，規模を拡大した銀行への預金シフトを引き起こしたと考えられる。つまり，大手地銀は運用対象を探す誘因が強かったと推測できる[16]。

　それではローン購入が銀行合併に伴うポートフォリオ再編需要に限定されてしまう。合併がその後も継続し，大規模化していくことを考えると，需要は小さくない可能性もあるが，その需要を当てにして案件を掘り起こすということにはならないであろう。

　しかし，1980年代の後半にはローンセールを取り巻く環境が大きく変化する。その変化がSnyderによる次の状況描写に表れている。

　大手地銀も1980年代初頭からローンセール部門を立ち上げるようになっていたが，すぐに彼らは自分たちの大手企業向け貸出が損失を出さなければ売却できないことに気づき，中間市場向けにシフトした。1986年にはマネーセンター銀行がレバレッジド貸出の組成と売却を開始し，地銀は分売チャネルになった。0.5–1億ドル単位でそれらを購入し，そのまま，もしくはさらに小口に分割して小規模銀行に売却した。しかし1989年にはマネーセンター銀行自身が最終的な買い手に分売を行い，地銀を素通りするようになった。その後，地銀のローンセール部門はポートフォリオ管理部門のようになった[17]。

　この内容には重要な情報がいくつか含まれている。一つは地銀が中間市場のローンセールに取り組むようになったことである。大手行のポートフォリオから最上級借り手向けローンを切り出して販売する供給源は早い段階で枯渇していた[18]。そこで販売対象がBBBの格付けまで拡大したが，それでも利鞘は小さく，マネーセンター銀行でも中間市場に注目するようになったと言われる[19]。しかし，地銀が注力してる状況でNYのマネーセンター銀行がその牙城を崩すのは困難である。

　もう一つはマネーセンター銀行がレバレッジド貸出の販売を始めたことである[20]。図表2–1を参照されたい。1989年までレバレッジド貸出が急増しているのを確認することができる。マネーセンター銀行にとっては，中間市場に踏み込んでいくより現実的な高利回り資産の獲得方法である。そして，マネーセンター銀行はこの貸出を最終的な買い手に直接販売するようになったとある。ここで主な買い手を小規模銀行と想定するのは無理がある。小規模銀行は淘汰の

44　第2章　銀行貸出の多様性と競争の構図

図表 2-1　シンジケートローン金額推移　　　　　　　　　　　（10億ドル）

	1987	1988	1989	1990	1991	1992
レバレッジ（買収，LBO，資本再構成）	66.1	162.7	186.5	57.9	20.9	39.9
負債返済	11.5	42.3	44.4	42.6	46.5	58.5
スペシャリティー・ファイナンス	17	8.6	7.1	17.4	16.6	23
一般目的	42.5	70.7	95.3	123.4	150.4	215.1
合計	137.1	284.4	333.2	241.3	234.4	336.5

（原資料）　Loan Pricing Corporation.
（出所）　Demsetz, Rebecca, "Recent Trends in Commercial Bank Loan Sales", FRB NY, *Quarterly Review*, Winter 1993-1994, p.77.

過程にあり，それらの購入余力は低下しているはずである。

　つまり，レバレッジド貸出の拡大は国内中小銀行に代わる新たな買い手の登場に支えられたと言える。Salem によると，1985年までは資産50億ドル未満の銀行が主な買い手だったが，1986年には外銀が50％を締め，ノンバンク（貯蓄機関，投資信託，年金，保険）が15-20％を占めたと推計されている[21]。その後はレバレッジド貸出急増に対応して，外銀による購入も勢いを増した[22]。

　1980年代には各国銀行の対米進出が拡大しており，その中でも特に日本の銀行の存在感が高まった。それらの銀行は米銀からローンを購入するだけでなく，大手行は自らも一次市場に参加してローンを取得するようになった。当時は日本の銀行に限らず，地銀クラスまで対米進出するようになっており，大手行は取得したローンをそれらに売却していた[23]。

　LBO向けの貸出であれば利鞘が大きいことに加え，助言，借り換え，リスク管理，資産処分など派生する取引からも利益が期待できる[24]。そうすると売り手が損失を出さなくても，買い手は比較的利鞘の大きい資産を獲得することができる。売り手にとっては，売却が可能なことで，新規案件の獲得を加速させ，自分でローンを抱え続けるよりも高い収益性を期待することができる。正にファイナンスよりアレンジを重視する状況が生じたということである[25]。

　以上のように1980年代にはOTDがビジネスとして成立する基本的な条件は整い，LBO案件のような高利回り資産を獲得できる機会が生じれば，大手銀行はバランスシート制約をあまり受けずに需要に対応していくことが可能になった[26]。

しかし，この時のローンセール拡大は，LBO ブームの崩壊とともに終焉を迎えた[27]。加えてバーゼル合意への対応を迫られた銀行は，資産の拡大に慎重になった。特に日本の銀行は本国の株価下落で，資本増強が困難になっていた。それにも関わらず，まだローンセールは銀行市場という枠に収まっていた。機関投資家も買い手として登場していたとはいえ，周辺的な存在の域を出ていなかった[28]。OTD ビジネスが本格化するには，高利回りを生み出す借り入れ需要の復活に加え，ローン売却にもさらなる進化が必要であった。

シンジケートローンの一般化と機関投資家によるローン購入

1980 年代後半に拡大したローンセールはシンジケート組成を伴うものであった。この過程で OTD は銀行組織に定着していった。銀行貸出には資金提供以外に多様な業務が付随しており，ローンの組成と売却および管理を通じて，後方事務支援の機能を販売できるという考え方が広がった[29]。そして，シンジケートローンの内容が複雑化し，特に LBO 関連ではリスク回避のため様々な保護条項が付いたり，キャップなどのデリバティブが組み込まれた。そのため機能毎に複数の専門部署が設置されるようになっていた[30]。

同時にシンジケートローンは資金調達の基本的な手段としての位置づけを確立していった。特に 1990 年代以降は M&A が日常的な光景になる中で，迅速なアレンジが可能なシンジケートローンは，それに最適な手段と見られるようになった[31]。その他の目的でも，企業は大口調達で複数の銀行と個別に交渉する必要のないシンジケートローンの調達を好むようになった。また特約条項は公募債よりは詳細だが，相対借入のように頻繁な再交渉はされない[32]。つまり，公募調達と通常の銀行借入の中間的な手段として受け入れられるようになった。

図表 2-2 を見るとシンジケートローンの金額が 1990 年代に入って勢いよく伸びていることが分かる。図表 2-1 では，1990 年に落ち込んだのはレバレッジド貸出だけであった。図表 2-2 ではカナダ分が含まれており，分類も大きく異なるようであるが，重複している 1991 年と 1992 年を見ると，「その他（Other）」には図表 2-1 にある「一般目的」も入っていると考えざるを得ない。大手銀行の商工業貸出に占める割合も高くなっており，シンジケートローンは特殊な商

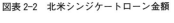

図表 2-2　北米シンジケートローン金額

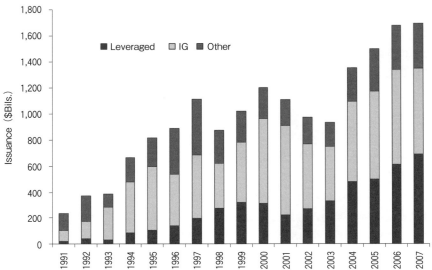

（注）　IG は Investment Grade の略。原資料は Thomson Reuters と Loan Pricing Corporation。
（出所）　LSTA, "Current State of the Syndicated Loan Markets in the United States and Canada", Apr. 16, 2009.

品ではなくなった[33]。

　しかし，投資適格の借り手向けシンジケートローンが伸びたからといって，それで OTD モデルが確立したとは言えない。信用力の高い借り手はシンジケートの形式でもプレインバニラの回転信用枠を銀行から獲得し，資金の引き出しはあまり行わない。手数料が低いことから銀行にとっては採算性が低く，他のサービスを提供するためのロスリーダーの役割を果たしていると言われる[34]。それでは，借り手向けに包括的なサービス提供を期待するような銀行の参加しか望めない。

　OTD がビジネスとして成立するには，借り手の需要だけでなく，買い手の需要も必要である。そして投資家の需要を掘り起こすには，高利回り資産が必要である。

　図表 2-2 を見ると，1990 年代後半からはレバレッジド貸出が増加している。

この時期には機関投資家による参加の拡大がそれを後押しした。同時に商品性も機関投資家のニーズに合わせたものに進化していった。

レバレッジド貸出は大まかにいうと，回転信用，タームA，タームBという三つの部分から構成される。タームAは満期が短く，回転信用とセットになっている。そのため二つを合わせてプロラタ・トランシュと呼ばれる。タームBはタームAより満期が長く高利回りに設計されている[35]。プロラタ部分は圧倒的にシンジケート参加銀行による保有が多く，外部に販売されるのはもっぱらタームBである。機関投資家による購入もこの部分に集中する[36]。

回転信用は借り手にとって必要でも，投資家には購入への制約が大きい[37]。タームBであれば利回りが比較的高いことに加えて，満期が長く，一括償還になっているなど，機関投資家が日常的に投資しているボンドに性格が近い。変動金利という性格に惹かれる投資家も存在したようであるが，金利スワップを利用して固定金利に交換することもできる。ニーズに対応してコールプロテクションを付けることも可能である[38]。

このように機関投資家の参加によって，ローンの商品性がかなりボンドに近くなった。1996年にMoody'sとS&Pがローン自体に格付けを提供するようになったことも，その一環である[39]。その一方でローン独自の魅力もある。1990年代末からジャンク債市場でデフォルトが広がったが，その中でレバレッジド貸出はジャンク債よりデフォルト率が低く，しかも回復率が高かった。この経験から機関投資家はさらにローン市場への参加に対して自信を深めることになった[40]。

LBOなどのレバレッジド貸出に対する借り手の需要掘り起こしを，機関投資家による投資拡大が後押しする。そして，それが投資家のニーズに対応した商品を生み出すことにつながる。こうして銀行は分売を前提にして，案件の獲得を加速させることが現実的に可能になった[41]。

ローンのトレーディング

銀行貸出の質的な変化は，投資銀行による貸出業務への参入が後押しした側面もある。投資銀行はボンド市場で利用される事前マーケティング，プライス・トーク，ブック・ビルディングなどの手法を用い，貸出業務への取り組み

48 第2章 銀行貸出の多様性と競争の構図

を強化した[42]。特にブック・ビルディング方式では，機関投資家からの需要を反映し，シンジケートの最終段階でスプレッドやトランシュの規模が変更される。この柔軟性が，1990年代末にジャンク債市場が不調に陥っても，シンジケートローンの提供が継続された一因であると評価されている[43]。

投資銀行や機関投資家で構成される市場と，銀行仕様の市場を分ける一つの要素は，前者が時価もしくは公正価値による評価を前提としていることである[44]。時価や公正価値で評価するためには，その資産が市場で活発に取引されているか，類似の商品から価値を推計できなければならない。つまり全体としてローンがボンドのように取引できるということである。その前提があるからこそ，機関投資家は価格に対して敏感に反応することができる。

それではもっぱら投資銀行がローンの取引を促進したのかというと，必ずしもそうではない。すでに一部の銀行は1980年代からローンのトレーディング・デスクを設置していた。ただし，当時は主に一次市場での活動を支援する目的であった。1990年代後半になると，30以上のディーラーが幅広い信用度のローンに対して実効建値を提示するようになり，主要機関ではトレーディング・デスクが一次市場の業務から独立して，活発な自己勘定取引を行うようになっていた[45]。

銀行にとってOTDをビジネスとして成立させるためには幅広い販売対象が必要である。1990年代の半ばには大手十数行がPortfolio Management Groupを結成し，ローンのデフォルト率と回復率データを収集して，商工業貸出のベンチマーク作成を開始していた[46]。そして2001年にはS&PとLSTAが大手機関投資家と協力してレバレッジド貸出の指数を発表した[47]。これらの情報が得られることによって，ローンの評価が容易になり，投資家層の拡大と，流通取引の活発化を促したと考えられる。

流通市場における取引が活発であれば，オリジネーターはトレーダーからもたらされる市場の見通しを引受でのリスク評価と価格設定に利用することができる。また投資家は，指数を含む流通市場の価格から購入したローンの評価が容易になり，ポジション調整も可能になる。そうすると一次市場での投資に対するハードルが下がる。

しかし，ローンの取引には独自の障害がある。1990年代にはローン取引の主

要形式がアサインメントになっており，譲渡にはシンジケート名簿の書き換え
が必要であった。契約書にはアサインメントの最低金額が規定され，書き換え
作業を行うエージェントは高額な手数料を請求した。また書き換え作業に時間
を要するため，決済期間がＴ＋10程度と長くなった[48]。

　こうした障害を抱えながらもローン取引は拡大していくのであるが，ポジ
ション調整と価格評価のためには必ずしもローン自体の取引が必要な訳ではな
い。1990年代には商工業貸出の証券化と信用デリバティブが登場し，それらが
ローンを資本市場の中に包摂する上で中心的な役割を担った。

　証券化は1996年にNatWestが保有資産の簿外化にCLOを利用したことから
始まった。その後にロシア危機などの影響を受けながらも市場規模が拡大し，
それとともに担保資産は一般的な商工業貸出だけでなく，回転信用やプロジェ
クト金融にも広がっていった。それらが銀行業界の範囲を超えて，多様な投資
家に販売された[49]。ただし，1990年代には信用力の高い借り手向けのローンを
資本節約目的で簿外化するバランスシート型案件が多かった[50]。

　もう一つの信用デリバティブは証券化よりも容易に利用できる。ある推計に
よると1990年代初頭にはほとんど存在しなかった市場が，1995年には200億
ドル程度まで急拡大した[51]。信用デリバティブであれば，現物の取引なしにポ
ジション調整が可能となり，実質的な空売りを行うこともできる。取引は債務
者と無関係に行われるため，当然，参照するローンの借り手による合意は必要
ない。銀行は借り手との関係を維持しながら，信用リスクを管理することがで
きるのである[52]。

　信用デリバティブの中心はCDSで，2000年代に入っても大部分は単一の投
資適格の借り手が発行するボンドを参照する取引であった。何らかの指数を参
照する取引も徐々に比重を高め，特別仕様ながらレバレッジド貸出を参照する
契約も行われてはいた。しかし，ここでもローン契約の柔軟性が障害となり，
取引の標準化を巡って業界の対立が生じた。また受け渡し可能なローンが少な
いことも難題であった[53]。

　これらの課題を抱えながらも，銀行は企業向けにCDSやCLOを利用した
サービス提供を積極的に行っていった[54]。提供したローンの単純なリスク管理
を含め，企業向け金融の提供の中で幅広く利用されるようになるにつれてCDS

の残高が増加すると，それらが現物のローンと裁定されるようになった。そして，一部の CLO でローン参照 CDS が利用されるようになったことも，取引の拡大に寄与している[55]。ただし，こちらの合成 CLO も当初はバランスシート型であった[56]。

以上のようにローン自体の流動性は高くなくても，CLO や CDS が代替的な手段として利用できる。そして，当初は企業向け金融から派生した取引が，市場参加者による裁定取引に組み込まれていくと，ローン参照 CDS に障害があっても，指数取引やボンド参照 CDS に引っ張られて取引が容易になる。後に拡大する裁定型の証券化がローン参照 CDS を拾っていくのも，裁定関係に組み込まれる一つの方法である。この CDS 取引拡大が，今度はローンの価格設定や評価にも影響を与えるようになる[57]。

銀行貸出であるからといって，オリジネーターによる保有の継続が自然な状態と考えるのは単なる思い込みである。ホールセールの銀行貸出は資本市場型分業によって担われるようになったと言って良いであろう。銀行貸出の形態を取るのは，証券法を回避する規制裁定かもしれない[58]。しかし，資本市場商品の幅を広げたという見方もできるであろう。

2-2　事業貸出の証券化とその限界

シンジケートローンは，金額が大きくても，対象顧客という点では限られた部分でしかない[59]。そうすると，「伝統的銀行業」の衰退と呼ばれる現象は，シンジケートローンで上位を占めるような一部の銀行にしか当てはまらないのではないかとの疑問が生じる。しかし，銀行仲介に効率化を迫る圧力は大手企業向けの取引だけにかかるという訳ではない。

1990 年代には証券化を多用するノンバンク仲介機関の台頭が「伝統的銀行業」の衰退と結びつけられていた。その競争圧力の中でも銀行は小規模事業向けでの存在感を維持した。そこで，以下では証券化による仲介の効率化とその限界を考察することで，銀行業の変質と銀行業界における競争構造の変化に対する理解をさらに深めたい。

ABCP

「伝統的銀行業」の衰退という時，まず出てくるのは CP による銀行仲介の浸食である。短期貸出の繰り返しは，銀行が資金繰りについて顧客との接触を維持する重要な手段であり，そのため資金調達の CP シフトは銀行に打撃が大きい[60]。しかし，CP 市場と銀行業務の関係は多面的である。

CP はもともと一部の大手企業のみが運転資金の調達に利用していたが，1979 年の破産法見直しで，信用状を利用した CP 格付け取得ができるようになると，企業は保険会社や銀行から信用状を取り付けることにより，最上級の格付けを獲得して CP を発行するようになった。そして保証の提供を巡る競争が，CP 発行拡大を後押しした[61]。これは銀行が保険会社と競争し，CP 市場へのアクセスを広げたことを意味する。

同じ時期に受取勘定や抵当を裏付けとする ABCP も登場した。1980 年代の前半には，これら保証や担保のついた CP プログラム設定が増加し，Moody's の格付けを取得する発行者のネット増加分のほとんどを占めた。ただし，発行残高では 10％未満しか占めず，それぞれのプログラムの規模は小さかったと考えられている[62]。

図表 2-3 を参照されたい。CP 残高の伸びが商工業貸出を上回るようになるのは 1980 年代の後半になってからである。そして，伸びのほとんどは金融機関による発行である。CP 市場の常連である知名度のある発行者は直接発行を行うことが多い[63]。図には載せていないが，1980 年代にはディーラー経由の発行割合が高まっており，その中では外国金融機関の比重が大きかった[64]。つまり，1980 年代における CP 市場の拡大は，直接的に非金融企業による資金調達を支えたというより，外銀等を通じて間接的に資金調達源を広げた。

CP に対する主な資金供給源は MMMF であった[65]。図表 2-3 では 1990 年代初頭に CP 発行が一時落ち込んでおり，デフォルトが数件続いたことがその一因となっている。MMMF には家計の投資も多く，CP 市場の信用不安を懸念した SEC は 1991 年に規制修正によって MMMF の投資を制限した。これにより投資適格の借り手でも調達コストが上昇し，借り手によっては銀行借入の方が割安になった[66]。

一方で銀行はバーゼル合意の段階的施行開始を控えており，貸出を拡大でき

52　第 2 章　銀行貸出の多様性と競争の構図

図表 2-3　CP と商工業貸出の残高

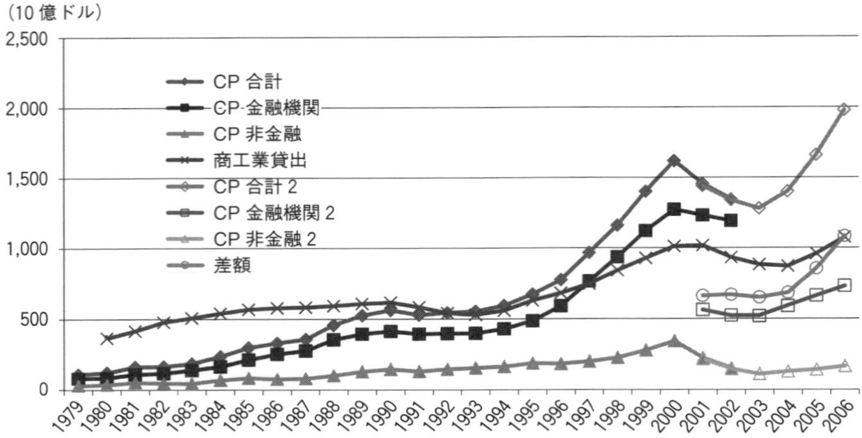

（10 億ドル）

- CP 合計
- CP 金融機関
- CP 非金融
- 商工業貸出
- CP 合計 2
- CP 金融機関 2
- CP 非金融 2
- 差額

（注）　商工業貸出は被保険銀行のもの。資産総額と資産に占める商工業貸出の割合から計算しているため，実際の数値とは若干の差があると考えられる。
（出所）　*Federal Reserve Bulletin* 各号および Board of Govenors of the Federal Reserve System, Statistical Supplement より作成。

る状況ではなかった。そこで ABCP の本格的な利用が始まった。銀行はプログラムを運営することによって，資産を拡大すること無しに，顧客へのファイナンスを提供することができる。信用補完を付与すれば最上級の格付けが得やすく，借り手は CP 市場へのアクセスを維持することができた[67]。

　1990 年代の後半になると商工業貸出が伸びを取り戻すが，それをはるかに上回る勢いで CP 残高が増加している。やはり金融機関による発行がほとんどを占める。図表 2-4 を見ると，2001 年前半まで ABCP の伸びが本体発行 CP の伸びをやや上回っている。その後は本体発行の残高が大きく低下したのに，ABCP は残高を維持し，2002 年には ABCP が CP 残高の半分を占めるようになった。

　ちょうど 2000 年代初頭に FRB が統計の系列を見直しており，図表 2-3 で金融機関 CP の数値が 2001 年と 2002 年の重複部分で半分未満に下方修正された。金融機関 CP と非金融 CP を合計しても全体と大きな差額が発生するようになった。この差額の数値を図表 2-4 の ABCP 残高と比較してみると，かなり近

図表 2-4　ABCP と本体発行 CP の残高推移

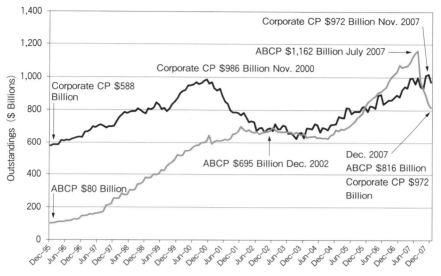

（出所）　Moody's Investors Service, *2007 Review and 2008 Outlook: US Asset-Backed Commercial Paper*, Structured Finance, Special Report, Feb. 27, 2008, p.2.

いことが分かる。ここから，図表 2-4 の ABCP の伸びは，図表 2-3 でほとんどが金融機関 CP に含まれていたのではないかと推察される。

2002 年時点のデータによると，ABCP タイプで複数セラーがプログラム数の約 45%，発行残高の約 57% を占めている[68]。借り手が独自にプログラムを設定することの多い単一セラーと異なり，この部分は銀行が顧客向けに CP 市場へのアクセスを提供している。

ただし，ここでアクセスを獲得したのが非金融事業会社とは限らない。複数セラー・プログラムの CP 残高の内，半分近くはカード，自動車，住宅といった消費者向けローンで占められている[69]。ABCP は証券化市場の派生という側面を持っており，発行者にとっても，投資家にとっても証券化への入り口になり得る[70]。また ABS の一部として ABCP が利用されることも多い[71]。

証券化で，中小企業に市場への間接的なアクセスを提供することもある。例えば 1990 年代の末には Abelco Finance が主に ABCP で調達を行う回転信用の CLO を創設し，いくつかの金融会社がその仕組みを中小企業向けに利用しよ

うとし始めた。しかし，ある格付け会社は，中小企業向けローンの引受基準が多様なため，プログラムが地銀から買い取ったローンを証券化する際，再度引受を行う必要があるだろうと見ていた[72]。

　一般的にABCPの利回りは単一主体が発行する無担保CPよりも高くなっており，これは担保が複雑かつ不透明で，投資対象として注目する投資家層が限られているからと説明されている[73]。しかも，ABCPでは信用補完や流動性補完が利用され，それだけ運営コストが投資家のリターンから差し引かれる。

　ABCPが存在しなかった場合よりも，資金調達が可能になった事業者が広がった可能性は十分に考えられる。しかしそれらの借り手は，CP市場の拡大が大手企業に与えたほどの恩恵を期待することは難しそうである。ABCP市場の拡大には，むしろ貸し手側の都合が強く働いていると言えるのではないであろうか。

CMBS

　MBSが古い歴史を持つのに対して，CMBSが本格的に利用されるようになるのは1990年代に入ってからであった。図表2-5でCMBS残高の推移を確認することができる。

　最初のきっかけは，S&L問題を受けて設立されたRTCが破綻機関の資産を処分するために利用したことであった。同時に不良債権を抱えていた銀行や保険会社もバランスシートのリストラを進めるため発行した。そのため1991年にはCMBS担保の98％が既存のローンで構成されていた。しかし，それで市場が立ち上がると，証券化を前提とするローンが提供され，CMBS担保に占める新規ローンの比重が高まっていった。1990年代半ばになると，大手投資銀行が導管体を設置し，特定のコルレス機関からローンを買い取ってCMBSを発行するプログラムが主流になった[74]。

　導管体では多様な借り手向けの比較的金額の小さいローンがプール化される。証券化が可能になるまで量を集めるには6-9ヶ月かかると言われる[75]。しかし小口とはいえ100万ドル未満のローンがプールに入ることは希で，さらにCMBS市場の成長に伴ってプールに入るローンの規模は拡大した。プログラム自体の大型化も進み，平均規模は1995年の1.91億ドルから1998年の9.18億ド

2-2 事業貸出の証券化とその限界　55

図表 2-5　CMBS 残高推移

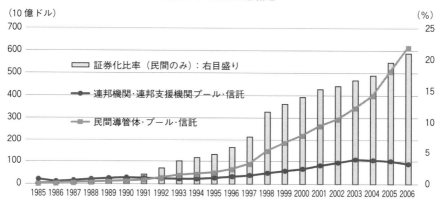

(注)　商業用抵当は複数家族向けと非農業非住宅向けの合計。プール・信託は MBS 元本の残高。
　　　証券化比率は商業用抵当合計に対する民間導管体・プール・信託の比率。
(出所)　Board of Governors of the Federal Reserve System, Mortgage Debt Outstanding,
　　　http://www.federalreserve.gov/econresdata/releases/mortoutstand/mortoutstand2014.htm
　　　より作成。

ルまで跳ね上がった[76]。

　案件規模拡大の牽引役となったのが 1996 年のカナダ保険会社 Confederation Life Insurance の在米子会社による発行である。それまで数億ドルが典型的な金額であったのに対し，この案件は 15.9 億ドルであった。それでも多くの投資家が案件規模の大きさから期待される流動性の高さに惹かれて参加し，申し込み超過となった[77]。

　その後の案件規模拡大は，投資銀行による導管体ビジネスへの取り組みと歩調を合わせている。それと同時に商業不動産市場の二極化が進行したと見られる。CMBS は LTV だけでなく，地域の経済状況，テナント事業者の収益性などにも影響され，特に高利回り案件では分析が難しい。そのため不動産株式投資に長けた助言会社もスポンサーとして活躍している。LaSalle Advisors の CMBS 業務責任者 Jacobson は，格付けが AA までの案件は投資銀行がパッケージ化と販売を行い，マーケットメイクにもコミットしているため流動性が高まっているが，それ未満は交渉取引のようだと評している[78]。

　以上の状況証拠から判断すると，投資銀行が集めてくる案件は比較的規模が

大きく，しかも評価が容易なものが多い。1998年のロシア危機がCMBS市場
にも波及し，図表2-5から分かるように残高の伸びがやや鈍化したが，基本的
にこの傾向は変わらない。変わったのは，発行業者が在庫の価格低下を恐れて
より頻繁に発行するようになったため，案件の平均規模が2000年前半には5.3
億ドルに低下したことである。そして単一借り手案件のシェアが1998年の3％
から1999-2000年前半の12％まで上昇した[79]。

　一時的な落ち込みの後に，商業不動産市場はすぐ回復し，証券化比率も上昇
基調を維持した。投資銀行や銀行グループ傘下の証券会社が投資家を惹きつけ
る努力を継続したことが奏功したと考えられる。その一つがCMBSの指数開発
である。

　1999年にはLehman Brothersが総合ボンド指数にCMBSを追加し，イン
デックス・ファンドや年金基金がCMBS購入の誘因を持つようになった。しか
しLehmanの指数に入るには最低でも3億ドルの案件価格が必要であり，小規
模案件を除くことで投資家が投資できるインデックスであることが目標とされ
ていた[80]。CMBSの案件規模が大きいということは，各担保の規模も大きいと
見て間違いない。CMBS，その中でも流動性が高いものは，商業不動産市場の
上澄みをすくっているのではないであろうか[81]。

小規模事業向けローンの証券化

　小規模事業向けローンは，金額が100万ドル以下の小口や10万ドル以下の極
小の取引が多いと考えられる[82]。これらは借り手の事業内容や資金の使途があ
まりにも多様なため，最も証券化が困難な分野に属する。また個別機関は市場
全体の信頼できる信用履歴を作成するのに十分な借り手と取引を行っておら
ず，競争要因と反トラストの懸念が価格データの共有や契約書類の標準化を阻
む要因になっている[83]。

　こうした問題を緩和する方法として政府保証がある。1953年に創設された
SBAは，創設翌年には小規模事業向けに直接ローンを提供したり，銀行による
ローンを保証するようになっていた。1975年にはSBA保証ローンの流通取引
が行われるようになり，さらに1984年には小規模事業流通市場改善法の成立
によってSBAローンのプール化が可能になった[84]。その結果，1985年からは

2-2 事業貸出の証券化とその限界 57

図表 2-6　小規模事業向けローンの証券化推移　　　　　　（100万ドル）

	1994	1995	1996	1997	1998	1999	2000	2001
SBA 7(a)　ローン・オリジネート金額								
合計	8,177	8,257	7,695	9,462	9,016	10,146	10,523	9,894
保証部分	5,993	5,995	5,736	6,007	6,181	6,733	6,890	6,839
保証外部分	2,184	2,262	1,959	3,455	2,835	3,413	3,633	3,055
SBA 7(a)　ローン証券化金額								
合計	2,457	2,042	2,667	2,993	3,074	3,673	3,538	3,495
保証部分	2,300	1,900	2,409	2,703	2,792	3,229	3,239	3,244
保証外部分	157	142	258	290	282	444	299	251
SBA ローン以外の証券化金額	45	99	384	428	938	1,868	149	82

（注）　SBA7(a)ローン・オリジネート金額は各年9月末に終わる財政年度内のもの。証券化金額は暦年のもの。

（出所）　Board of Governors of the Federal Reserve System, *Report to the Cogress on the Availability of Credit to Small Businesses*, 2002, p.60.

SBA プログラムである 7(a) ローンの保証部分は 1/3-1/2 程度が証券化されている[85]。図表 2-6 からも 1994 年以降についてそれが確認できる。

しかし，7(a) ローンの保証以外の部分は証券化比率がほとんどの年で10%にも満たない。証券化されている部分でも商業不動産，設備などの資産担保証券という性格を持ち，信用補完の割合が高い。それ以外の証券化活動はさらに小さく，受取勘定やフランチャイズのオーナー向けローンが私募で証券化されている程度である[86]。しかも，活動の大部分はごく一部の金融会社によって担われていた。1990 年代末から 2000 年代初頭にかけて，それら金融会社が相次いで買収された後に証券化活動を停止した。それは，親会社を通じるより有利な資金調達方法を獲得したためと見られている[87]。

1990 年代には証券化の技術をあらゆる分野に利用しようという動きが生じた。フランチャイズ・ローンはその一例であり，他には農業機械製造業者による農業生産に合わせた支払いの証券化や，医療保険支払いとリンクした病院の受取勘定証券化なども私募で試された[88]。しかし，新種の担保利用は労力がかかる上に，リスクも高い。特に十分な商品，サービスの受け渡しに依存するキャッシュフロー担保は不確実性が大きい[89]。また，多様性の問題を避けるため，単一機関によるオリジネートで量を確保しようとすると，事業向け市場で

58   第2章　銀行貸出の多様性と競争の構図

はそれがリスクになる[90]。

　リスクの大きさはコストになる。その上，労力がかかるとなれば，収益性が低下する。図表2-6で7(a)ローンの保証外部分と，そして特にSBAローン以外の証券化が1999年に急増し，2000年には元の水準に戻っていることが分かる。この時は金融会社に加え，一部の銀行がSBAローンへの参加ルール確定を受けて活動に乗り出したが，頻繁に検査を受ける義務を伴ったこともあり，長続きしなかった[91]。いずれにしても，SBAローンには政府予算の制約があるため，商工業貸出全体に占める比重は限られたものにならざるを得ない。

　SBAローン以外については，やはり多様性，共通基準の欠如，信用履歴の入手困難といった問題が大きい。小規模事業向け金融では，比較的小規模な銀行が主要な担い手になっており，それら銀行にとって単独で証券化に必要なローンを集めるのは困難であるし，証券化のために必要な信用補完の程度が高くなれば，採算に合わない。

　加えて小口ローンは利回りがよく，損失率も低いため，銀行が保有の継続を好むことも，証券化されない要因と指摘される[92]。個別性が高く柔軟な対応が必要なローンは，小規模銀行にとって数少ない差別化分野である。意見の相違はあるが，全体として見ると銀行業界では小規模事業向けの証券化促進に対する意欲は低く，無理に進めようとすると弊害が大きいとの声も多い[93]。証券化は革新的な資金調達手段ではあるが，決して万能ではあり得ない。

2-3　リテール分野における業態間競争と証券化の役割

リテール貸出と小規模事業向け貸出の融合

　銀行貸出の変質は小規模事業向けよりも，証券化が容易なリテールの分野で顕著である。リテール向け貸出の核となる要素に信用スコアリングがある。従来は事業向けで独自のスコアリング・モデル確立が目指されていたが，事業主個人の信用履歴に注目することで，リテール向けのモデルが事業向けにも応用可能であることが明らかになった[94]。

　信用スコアリング・モデルは，独自開発した一部の銀行を除くと，ほとんど

の貸し手が外部業者の開発したものを利用している。最も一般的なのは Fair, Isaac 社のモデルであり，2000 年までには 300 以上の主要な貸し手が導入していた。利用機関が改良を加えたとしても，Fair, Isaac 社は貸し手間の比較が可能なようにしており，それが共通の基準によって評価された多数のローンを生み出す[95]。

　これらのローンは必ずしも証券化される訳ではないが，ローンの規格化は競争範囲の拡大をもたらす。代表的な例は Wells Fargo や NationsBank が全国キャンペーンを打ち出して，支店展開を行っていない場所で貸出攻勢を開始したことである[96]。小規模事業向けでもローンの規模が比較的大きい場合は，信用スコアリング・モデルを利用しても，独自の調査を追加して与信判断が行われたようであるが，事業主個人の属性だけで統計的に判断するのであれば，貸し手と借り手の物理的な距離は何ら問題にならない。

　データ分析における規模の経済を考えれば，大手行ほど参入機会が大きい。特に年商が数十万ドル程度の借り手は，小さすぎて地元の中小銀行がきめ細かい対応するのが採算上難しく，大手の画一的な大量処理に向いていると言われる[97]。FRB による小規模事業金融調査でも，1997 年から 2001 年の期間に各地域で活動する域外貸し手の数が大きく増加しており，都市部における 10 万ドル以下の極小ローンでは，域外貸し手によるオリジネート金額が倍増していた[98]。

　小規模事業向けローンの分野においてリテールの手法が利用されるようになったことで，事業向け業務とリテール業務の境界が曖昧になった。リテール分野では 1980 年代後半から証券化を利用したノンバンクが，銀行との競合度を高めていた[99]。1990 年代にはその競争関係が小規模事業向けの領域にも広がっていった。

　リテールとの融合が最も進んでいるのはクレジットカードであろう。図表 2-7 は小規模事業によるカード利用状況の推移を表している。銀行は 1990 年代から事業カードの普及に注力しており，比較的規模が大きいところを中心に利用が広がっている。一方，個人カードを事業目的に利用する割合も上昇している。こちらは規模が小さいところほど利用割合が高くなっているものの，従業員 100 人以上の事業体でも 2003 年には 30％を超えている。

60　第2章　銀行貸出の多様性と競争の構図

図表 2-7　小規模事業のクレジットカード利用

クレジットカードを利用する事業者の割合（％）						支払い繰り越し無しの割合（％）		
事業カード			個人カード			事業・個人		
1993	1998	2003	1993	1998	2003	1993	1998	2003
28.8	34.1	48.1	40.7	46.0	46.7	75.1	79.3	70.7

フルタイム被用者数別

	1993	1998	2003	1993	1998	2003	1993	1998	2003
0–1	21.4	20.1	32.0	42.6	45.6	48.6	69.0	75.2	69.6
2–4	24.3	28.8	45.7	41.5	47.1	48.1	74.2	72.5	65.9
5–9	39.5	43.2	56.8	42.1	45.4	47.8	73.2	76.5	68.5
10–19	36.4	50.8	59.7	39.5	51.5	45.6	79.9	78.5	79.4
20–49	43.9	56.9	61.7	30.1	41.7	34.4	87.1	88.5	85.2
50–99	44.2	58.6	63.5	26.4	31.3	34.6	88.8	94.1	93.9
100–499	37.4	62.5	71.4	25.3	23.7	32.2	90.7	97.5	92.4

現オーナー下の事業継続年数別

	1993	1998	2003	1993	1998	2003	1993	1998	2003
0–4	22.9	28.7	46.6	42.1	46.0	45.2	73.6	68.9	67.5
5–9	29.0	38.2	49.7	41.1	48.7	44.6	74.2	74.0	63.4
10–14	33.4	34.3	48.7	42.9	46.6	49.8	74.5	79.1	72.2
15–19	27.0	37.5	52.3	40.8	43.7	48.5	76.2	78.7	71.9
20–24	29.0	34.2	50.7	43.0	46.2	46.9	71.2	84.1	74.9
25–	30.1	32.5	43.1	34.3	42.8	46.6		80.9	78.6

（出所）　Board of Governors of the Federal Reserve System, *Report to the Congress on the Availability of Credit to Small Businesses,* 1997, p.57, 2002, p.75, 2007, p.77.

　カード利用は毎月の全額支払いが基本である。しかし残高繰り越しをしない割合が全体的に低下しているように見える。小規模で事業継続年数が短いほど，それがよく当てはまる。FRB の 2010 年における調査によると，Dun & Bradstreet 社スコアの高い低リスク借り手は事業カードを利用する傾向が強く，逆にスコアが低い借り手は個人カードを利用し，かつ事業カードも含めてカード金融を利用する傾向が強い[100]。

　他の調達手段へのアクセスが難しいような借り手でも，その事業主が個人カードで残高を繰り越すという方法を利用することは容易である。カード会社にとって，そうした顧客はリスクが高いかもしれないが，他の個人向け業務と全く同じものとして対応できるため効率性は高い[101]。他の利用者と同様，カードを発行した後は，利用実績に応じた限度額設定などのリスク管理を行うだけである。

カード以外に個人の資金調達でよく利用されるものに住宅ローンがある。新規購入目的のローンがカード利用と競合することは少ないが，HEL や HELOC の場合は競合度が高い。金融会社による住宅関連はほとんどがホームエクイティであり，金融会社は低金利で返済期間が長く，利払いの所得控除を受けることができる商品として，カード金融の借り換え用に売り込んでいた。そして，小規模事業は個人向け抵当金融も事業目的に利用することが多いと言われる[102]。

図表 1-6 では，小規模事業の伝統的な信用手段の利用において，与信枠のシェアが，1990 年代初頭に一時的に高まった後，低下傾向にあった。これは 1980 年代末から 1990 年代初頭にかけての不動産市場低迷が影響していると考えられる。その後は抵当ローンの利用が比重を高め，信用枠を上回った（商業銀行＋非銀行の合計）。その中で，銀行に比べるとかなり低い水準ではあるが，金融会社とその他非銀行がシェアを高めている。

与信枠と抵当ローン以外の手段では，2003 年時点でノンバンク（非銀行合計）のシェアが銀行を全て上回っている。この中で自動車ローンの多くはディーラー向けの金融であろうが，被用者 1 人以下の事業でも自動車ローンを利用しており，やはり小規模事業向けローンの中で他の手段と競合している部分はあると考えられる[103]。そして，自動車ローンも証券化の基本的な分野である。

以上のように，小規模事業向けローンの市場は，域外の大手行と証券化を利用するノンバンクが地元の銀行を交えて争う場所となった。図表 1-6 を表面的に見れば，小規模事業向けは相変わらず銀行中心の市場に見える。しかし，それをもって「伝統的銀行業」でイメージされるビジネスモデルが強みを維持しているということはできない。

事業向けの証券化は中間市場から小規模事業向け市場にかけて幅広く浸透した訳ではない。それは多様性と求められる柔軟性が障壁となって，従来からの取引関係が比較的維持しやすいことを意味するかもしれない。しかし，個人向け市場と渾然一体となったような事業向けでは，地元の小規模銀行が大手に対抗するのは困難である。その結果，小規模銀行の活動領域が圧縮されることになれば，競争圧力が高まることになる[104]。

図表 2-8　MBS 残高推移

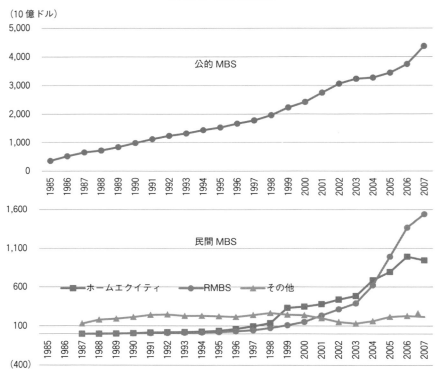

（注）　公的 MBS には複数世帯向けを含む。民間 RMBS は Alt-A, Jumbo Prime, Manufactured Housing の合計。ホームエクイティは HELOC, Junior Lien, Scratch & Dent, Subprime の合計。その他には Resecuritization を含めており，その中には公的 MBS が担保になっているものもある。
（出所）　SIFMA, U.S. Mortgage-Related Issuance and Outstanding より作成。

証券化市場確立と発行業務における規模の経済

　それでは銀行と，ノンバンクの競争はどのように展開してきたのであろうか。この点は，証券化の発達過程と基本的な仕組みを確認しながら考えてみたい。

　図表 2-8 で MBS 残高の推移を確認することができる。当初の証券化は公的 MBS に限定されていたが，民間 MBS が登場してからも，それらは公的 MBS に比較してかなり小さい規模のままとどまっている。その最大の要因が政府か

らの暗黙の保証によって連邦支援機関の発行コストが引き下げられているためであるということには大方の合意を得られるであろう[105]。しかし，政府保証がない分野でも証券化が行われており，それらと公的 MBS の共通点を簡単にいえば，確立された基準と手順の存在である。

手順の一つにプールの仕組みがある。公的 MBS ではグランター信託が利用され，パススルーになる。それは受益者が直接資産を保有する形式にすることで，投資家のネット収入にしか課税されないようにするためである。したがって信託は受動的な役割しか果たせず，複数クラスを設置することができない[106]。MBS には早期返済リスクがあり，それが投資を難しくしている。その問題を 1986 年の REMIC 制度の創設が緩和した。この仕組みを利用すればトランシュ化を行っても税金を回避することができる。そしてクラスによって早期返済から受けるリスクの異なる CMO 発行が拡大した[107]。

図表 2-8 でも当初の民間 MBS が「その他」から始まったことを確認することができる。1990 年代に入るまでこの大部分が再証券化に占められており，公的 MBS を加工した CMO と考えられる。資産をプール化するための受け皿の設計と法整備，そしてその受け皿を利用した証券化の仕組み設計が，原資産の性質と投資家のニーズを対応させる上で不可欠な要素となる。住宅ローンの分野はその最初の実験場であった。

MBS 市場で民間の発行が拡大し始めた動きは，その他の分野における証券化の本格的な利用開始と歩調を合わせていた。1986 年末の時点で証券化されたローンの比率は自動車で 4%，商業不動産やカードで 1% 程度と極めて低かった。McKinsey の Bryan によると，複雑な証券を設計し，それを販売まで持って行く過程で，弁護士や会計士が詳細を詰めるのに半年から 1 年もの時間がかかっていた[108]。

図表 2-9 は ABS 残高推移を担保毎に見たものである。連邦政府関連が市場の拡大を牽引した住宅ローン以外で，最初に証券化の利用が普及し始めたのは自動車ローンであったことが分かる。この分野で主導的な役割を果たしたのはビッグスリーの金融子会社である。親会社が国内販売で圧倒的なシェアを持ち，規格化されたローンを一定数確保することが容易であった。それら金融子会社が証券化手続きの標準化を推進した[109]。

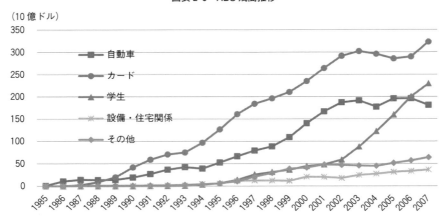

図表 2-9　ABS 残高推移

(注)　その他はCell Tower Leases, Consumer, Franchise, SBA, Structured Settlements, Timeshare, Utility/Stranded Costs からなる。
(出所)　SIFMA, US ABS より作成。

　自動車ローンの証券化が離陸し始めると，それをすぐにカードローンの証券化が追い抜いている。カードの場合，同じブランドでも多数の貸し手が存在し得るが，処理業務に規模の経済が働く上，1978 年に金利上限規制の緩い州で活動する貸し手が，当該州の金利を他州の顧客にも適用できるようになったことで，大手銀行がカード業務を金利上限規制の緩い州で設立した子会社に集約するようになった。それら子会社はカード銀行と呼ばれ，独自の専門性と規模の経済の存在によって，規制の問題が無くなった後もそのまま活動し続けた[110]。

　カード ABS の場合には新たなプール化の手法が果たした役割も無視できない。カード ABS では顧客が引き出しと元本返済時期を任意に選択できるローンから，固定金利の証券を発行する。そのためプログラムの初期に回収元本を新規債権の購入にあてる期間を設定したり，マスタートラスト方式によって複数のプールを一括管理したりしている[111]。さらに膨大な受取勘定からプールに入れる資産を選び出すシステムも開発が進んだ[112]。しかし，それらにしてもカード債権の収集が前提となっている。やはり発行者の集中が特定分野における証券化拡大には欠かせない。

　First Boston の Donovan によると，1990 年代初頭において発行者上位 10 が

ABS 市場全体の 7 割近くを占めた。それら大口発行者が信用条件，引受基準，書類作成，支払い条件，デフォルト・回復規定について統一したアプローチを採用したことで，ABS 市場が成長軌道に乗ったということである[113]。加えて，大口発行者は同じ担保を利用した繰り返しの発行になる。初回の発行や新種の担保であれば準備に時間とコストがかかるが，恒常的な発行であれば発行者だけでなく，周囲もそれに慣れ，発行が容易になる[114]。

　発行手続きへの習熟度が高く，市場での知名度が確立されている発行者の方が，そうでない発行者よりも市場へのアクセスで有利になるところは通常の証券発行と同じである。そして大口の発行者があれば市場の流動性に貢献するのと同様，証券化市場でもベンチマークが形成されれば，その分野は全体として流動性が高まる[115]。

　証券化の場合は大口発行者の優位性が発行者の集中につながりやすい。一つには多様な担保を扱う方が効果的に証券化を利用しやすいことがある[116]。そして，オリジネーターと発行者が同じである必要がないことが重要である。オリジネートの段階で規模の経済が発揮される場合は，オリジネーターがそのまま証券化を行えばよいが，そうでなくても，発行者が担保を多様なオリジネーターから購入すれば，やはり発行における優位性を活用することができる。実際，1980 年代末から 1990 年代初頭には，そうした取引が始まっていた[117]。

ノンバンクの証券化利用

　大手銀行が証券化商品の発行で高いシェアを占めるのは当然と思われるかもしれない。しかし規格化された貸出を行ったからといって，それらを証券化する必然性はない。ノンバンクにとってもそれは同じである。それではどのような条件が証券化の利用を促進するのであろうか。ノンバンクの方が一般的に証券化の利用程度が高いことも，その条件と関連している。

　ノンバンクが証券化を活用することが多い一因は，リテールの資金源を持たないことである。1980 年代は CP 市場の成長が金融会社の業容拡大を後押ししたが，個別企業が負債依存度を高めていくと，市場の許容度と信用力の評価が低下する。そこで証券化を利用できれば，金融会社は業容の拡大を継続しながら，銀行借入や CP への依存を低下させることができる[118]。例えば Chrysler

Financial 財務責任者 Dykstra は，親会社の格付けが 1990 年半ばに BB に引き下げられてから，ABS が同社の調達で最も重要な手段になったと述べている[119]。

　もう一つ重要なのは，金融会社が貸出業務に新しい効率化策を導入したことである。銀行との競争について，多様な金融会社で構成される AFSA（American Financial Services Association）の Tassey は下院公聴会で以下のような証言をしており，それが参考になる。

　金融会社は伝統的に有形資産の貸出に集中することで専門性を確立し，ニッチの開拓に成功した。航空機リースや第二抵当などがその例である。金融会社は銀行が貢献していない分野でサービスを提供しているため，銀行とは直接的な競争にならない。銀行は金融会社の活動分野への参入を禁止されていないが，自ら参入しないことを選択している。財務省ビルズに投資すればリスク加重資本基準によって報酬が得られることも一因になっている。これに対して金融会社は，貸さなければ市場が求める収益率を達成できない[120]。

　この証言は，ノンバンクの役割を端的に物語っている。例えばカード会社はカード保有者に合わせた金利設定や上限管理の技術を発達させてきた。サービシングでも自動ダイヤル装置，仕分け機，高速印刷機，カード保有者情報追跡・管理技術に多大な投資を行ってきた[121]。それは他の分野でも同様である。そして，いずれの分野でもそれらリスク管理や取引処理の技術に加え，独自の販売チャネルを構築してきた[122]。

　これらのチャネル，処理技術，リスク管理技術を利用して，従来の方法では手を出しにくい領域を開拓したのは事実であろうが，それが既存のビジネスと全く競合しないということは考えにくい。規模の経済を発揮する上で，ボリュームは不可欠である。Tassey 自身も認めるように，貸出をしなければ必要な収益レベルを達成することができない。ニッチな領域だけでは全く足りないであろう。

　バランスシート型の証券化は，こうした貸出業務における規模の経済追求と表裏の関係にある。貸出業務の稼働率を高めるには，資金調達をそのペースに合わせなければならない。調達業務自体に規模の経済が働き，発行拡大が発行者の信用力低下につながりにくい証券化はその目的に適合している。大手の発

行者は証券化市場を拡大させるのに貢献してきた一方，証券化の拡大が貸出の
ボリューム拡大を可能にしているという側面もある[123]。

「伝統的銀行業」の衰退をリテール業務に注目して解釈すると，上記のよう
な専門性を活用した競合相手に直面し，銀行自身がそのノウハウを自ら開発し
たか，もしくは他から吸収したことを指すとも言える。金融会社の中にはもと
もと銀行から独立したものも多い[124]。それが再び銀行グループ傘下に収まる
際は，単なる再統合では無く，業務の内容が変化しているのである[125]。

証券化商品の信用力

銀行から誕生した専業機関であっても，再び銀行傘下に収まるのは，収入源
の問題に加え，資金調達の影響が大きいと考えられる。

証券化の拡大は消費者向け貸出における規模の追求が背景にあり，その競争
が激しくなるに従って，ローンの質は低下することになる。必然的にそれは
証券化に影響する。とはいえ，投資家が MBS や ABS に含まれる担保を入念に
分析するとは考えにくい。証券化が現実的な資金調達手段となるには，投資家
による借り手や担保のモニタリング自体を不要にする必要がある。そのための
仕組みにおいて基本となるのが信用補完である。

1990 年代におけるリテール貸出競争の中で，カード会社は DM 攻勢によって
顧客を掘り起こし，審査基準を引き下げていった。ホームエクイティ担保の証
券化では，合算 LTV が 1994 年までの 60-70％から 1995 年の 90％に上昇し，
貸倒や支払い遅延経験のあるローンを担保とする証券が増加していた。それに
も関わらず，信用補完技術の発達と補完比率の引き上げによって，それら ABS
は AAA の格付けを得ることが可能になっていた[126]。

1980 年代にはすでに多様な信用補完が利用されていたが，全体として外部保
証の役割が大きかった。その場合，証券化商品の格付けが保証提供者の格付け
によって規定されてしまう。この問題を避けるため，証券化の仕組みによって
信用補完を生み出す内部補完が利用されるようになっていった[127]。

内部補完で最も基本的なものは超過スプレッド（原債権からの受取金利と
ABS 利払いおよび各種手数料の差額）である。通常は超過スプレッドが隔離さ
れたスプレッド口座に蓄積され，損失が発生した際の最初の防衛線となる。一

68 第2章 銀行貸出の多様性と競争の構図

般的に超過スプレッドはプールの期待損失を上回る水準に設定されている。実際の損失率がスプレッド口座に蓄積された額を下回れば，差額はスポンサーの収入となる[128]。

期待損失に備えて，当初から現金を口座に入れておく現金担保口座が利用されることもある。原資は売り手が提供するか，借入によってまかなわれる[129]。これとは別に売り手持ち分がある。これはカードやHELOCなど，担保残高が不規則に変動する証券化で利用される。売り手持ち分は，その変動を吸収することによって，投資家に固定的な元利払いを提供しやすくするものである[130]。そのため必ずしも信用補完ではないが，プール残高と発行証券の差額という点ではスプレッド口座と共通している。

以上は証券化されない部分であるが，信用補完部分も含めて証券化することもできる。それが優先劣後構造である。クラス分け自体はCMOで期限前返済リスクへの対処として利用されており，それを信用リスクについて行ったのが優先劣後構造と言えるであろう。優先クラスの目標格付けを達成するため必要になる劣後クラスの比率は，基本的に格付け会社が決定する。一般的には期待損失率の3-5倍の劣後クラスが必要となる[131]。

証券化は数ある資金調達手段の一つであり，信用補完のコストを含め，他の手段よりも有利であった場合にのみ利用される。ここで銀行とノンバンクを分ける要因に自己資本要求がある。劣後クラス証券の留保，隔離されない超過スプレッド収入，売り手持ち分などで損失負担の責任を負っていると遡及と見なされる。倒産隔離が適切になされていれば，売り手からSPVへの資産移管は売却として会計処理できるが，売り手が預金機関であれば資本要求は免除されない。

1985年にはFFIECが遡及付き資産売却を借入として報告させ，自己資本要求もその原則に立つことを確認していた[132]。借入と認定された場合は，SPVに移管した資産が100%の転換係数でバランスシート資産に転換され，リスク加重に応じた資本が要求される。それでは資本要求が過大になるとして，1994年Riegle法成立後には低レベル遡及規定が導入された。この規定では，信用補完を提供していても，契約上の上限額がSPVに移管した資産の8%を下回る限り，同額の資本を維持すれば良い[133]。それでも必要資本は遡及上限額の100%

であり，基本的に想定する損失額を上回る水準である。

　したがって，銀行を含む預金機関の場合は，遡及の契約上限をかなり小さい値にしない限り，バランスシートで資産の保有を継続した方が有利になる。証券化を行えば，格付け取得コストやその他の経費も必要になり，簿外化した資産の8%近くを資本として要求されるようでは割に合わない。

　超過スプレッドの場合は分離口座に隔離しておくことができるが，劣後部分の留保では損失が銀行本体に直接波及するため，遡及扱いを免れない。それらをバランスシートに抱えるのは銀行にとって現実的ではなく，外部への売却が不可避である。しかし劣後クラスは基本的に ERISA 適格ではないため，投資家が限定され，売却にはかなりのプレミアムが必要になる。この低いトランシュのコストが案件全体のコストを規定すると言われている[134]。

　投資家のリスク回避志向が強まると，劣後証券の販売は困難になる。その際，銀行の方が金融会社より強い制約に直面することになる。しかし，資金調達の選択肢が多ければ，そもそも証券化する必要性が小さい。1990 年代の末にはロシア危機などの影響で固定金利市場が混乱に陥り，証券化市場も打撃を受けた。その時に HEL 担保の ABS 発行が伸び悩んだのは，担保の劣化が懸念されたからだけではなく，固定金利市場の混乱からあまり打撃を受けなかった銀行が，バランスシートに HEL を吸収し，ABS 市場に出てこなかったからである[135]。

　これに対して，劣後クラスの留保が容易という意味で，金融会社は証券化について銀行よりも有利であるが，逆に資金調達の選択肢は少ない。そのため，市場逼迫期には資金調達に行き詰まりやすい。それに加えて，1990 年代の末までには，消費者向け貸出の競争が銀行とノンバンクの両方で業界の集約を進めてきたことに伴い，証券化市場でも構造的な変化が生じていた。

　それは証券化商品で発行者毎に価格差が生じるようになったことである。2000 年代初頭には，同種の担保を扱う発行者の間でも異なる利回りで取引されていた[136]。Moody's によると，スポンサーが証券化商品のパフォーマンスに与える影響について，一般的にオリジネートでの資産選択，サービサーの能力，倒産隔離の仕組み，実質的な遡及が分析対象となっている。その中で，独自の分析に基づいて前2者の重要性が高いと結論している[137]。

70 第2章 銀行貸出の多様性と競争の構図

オリジネーターの資産選択については，スポンサーのプールに入れる資産の基準の問題であろう。オリジネーターとスポンサーが別の場合は買い取り基準である。Moody's自身，MBSよりもABSでスポンサーの影響が大きく，それはABSの方がオリジネーターとスポンサーの兼任比率が高いからであるとしている。担保に入れる資産の選択基準によってパフォーマンスが変わってくるのは当然である。

サービサーの能力についても実際に回収率の差が出てくるため，やはりパフォーマンスに影響する[138]。しかし，オリジネーターとスポンサーが兼任であれば，通常はサービサーも兼任されていると考えられるため，サービサーの問題はオリジネーターの問題と区別がつきにくい。また，サービサーが十分に役割を果たしていなければ，受託者がバックアップ・サービサーに交替させなければならない責任を負う。受託者を指名するのはスポンサーであろうから，結局はスポンサーの影響である。

倒産隔離の仕組みについては，格付け会社が格付けに反映させることはあっても，個々の投資家が分析しているとは思えないため，Moody'sの見解に異論はない。問題は暗黙の遡及である。Moody'sは遡及の価値が低下し，コストが上がっているため，スポンサーによる支援提供が減少しているとしている。しかし，実際には無くなった訳ではなく，規制当局からの警告にも関わらず，スポンサーは「真の売却」の例外規定を活用し続けている[139]。

確かに遡及の提供がスポンサーによるパフォーマンスの差を説明する主因とは言いにくい。しかし，投資家が証券化商品を評価する際，具体的な担保が何かということより，誰がスポンサーかを見ていることの方が多いと考えられる。そして，スポンサーにより資産選択の基準，サービサーや受託者の選定が異なることで，実際のパフォーマンスに差が生じ，投資家の期待が裏付けされる。

結局，証券化商品も通常の証券と同じである。発行者の実績が良ければ，次の発行で実績のない発行者よりも受け入れられやすい。証券化商品でも，特定スポンサーの証券が良好なパフォーマンスという実績を蓄積していけば，調達コストは下がりやすい。そうであるからこそ，スポンサーは法的な義務がないにも関わらず，プログラムに介入しようとするのであろう。

2-3 リテール分野における業態間競争と証券化の役割　71

貸出面での競争が激化すれば，どうしても資産の質に低下圧力が働く。同時に新規参入者は資金調達においても実績が乏しく不利になる。さらに資金調達で選択肢の差があると，オリジネートの質が全体的に低下するような局面では，その差の効き目が大きくなってくる。証券化しか選択肢がなく，パフォーマンスを維持しなければならないなら，オリジネートの対象が制約されるからである[140]。

　新たな手法の利用が市場の拡大を牽引するような局面においては，専業化が一つの選択肢であっても，競争が飽和状態になれば，専業金融会社は大手銀行グループの傘下に入るか，自らグループを形成する方向に向かうのが自然である。ただし，単に分解された仲介機能が別の組織形態で寄り集まったということではないことに注意すべきである。

【注】

1) 米銀は一般的に地域支店がなく，日常的な接触もなく，オーバードラフトを通じる日々のモニタリングもない中で，渉外営業と顧客担当を活用し，中期ファシリティーと正式な契約を伝統的に重視してきたと指摘される。*The Banker,* May 1985, p.50.

2) 1970 年代半ばまではかなり活発にローン取引が行われていたようで，First Kentucky National Corporation 部長は，loan participation 無しに金融システムは成り立たないものの，コルレス銀行間やその他で気軽に行われる取引が多すぎると当時の状況を説明している。Issac（1975），p.50.

3) 1979 年に当時の Wells Fargo 副会長が，地銀の成長とともに彼らがオーバーライン融資をコルレス先に求めなくなってきたと指摘している。Crawfor and Hazelrigg（1979），p.16. 同時に，地銀の大規模化はコルレス関係も変化させた。大手のコルレス銀行は小規模銀行の買収に対する関心を高め，オーバーライン融資の提供に対しては消極的になっていった。"Community bankers see deterioration in correspondent services", *ABA Banking Journal,* Nov. 1979, p.44.

4) *Euromoney,* Apr. 1984, p.67. 販売されるローンは当時は国外拠点では主にソブリン物，国内拠点では企業向けであった。

5) Sinclair（1988），pp.23–25.

6) Salem（1986），p.3.

7) 小野（1986 年），71–72 ページ。ただし，Barclays, NatWest, BNP といった銀行は借り手との関係の障害になるとして SP の売却に否定的であった。*Euromoney,* Apr. 1984, p.71. 一般的には SP であっても，借り手に売却を通知していたようである。

8) Citibank の場合は，ローン購入者がシンジケート参加行の多数派に従うことを規定した標準契約書を作成していた。*Euromoney,* Apr. 1984, pp.66–67.

9) *Euromoney,* Jan. 1985, p.28. ノベーションとは旧貸出契約の取消と新たな貸出契約の締結であり，契約の権利義務関係が全て移転する。契約に担保権が付いていると，それも再設定され，優先順位が下がる可能性がある。アサインメントは貸し手の持つ権利の移転であるためその可能性は無いが，何らかの義務を貸し手が負っていても，それは買い手に移転されない。

10) Manufacturers Hanover の Michael Zarilli は 1988 年までにアメリカで SP の販売がほとんど無くなったと話している。*Euromoney,* May 1988c, p.24.

72 第2章 銀行貸出の多様性と競争の構図

11) Citibank 上級部長 Horgan は「ローンセールは規制当局による資本要求圧力の結果」と言い切っている。また Morgan Guaranty Trust 部長 Johnson, Jr. も「規制当局が資本要求を重視しているので，ローンセールは銀行にとって良いこと」と規制の影響を指摘している。Opinion Survey（1986），p.15.

12) ある銀行家は，優良企業向けの貸出は極めて利鞘が薄いため，オリジネートの手数料だけ獲得して，ローンは売却してしまった方が効率的だと述べている。*American Banker,* Sep. 30, 1986.

13) BIS（1986），p.137.

14) Gorton and Pennacchi（1992），p.11.

15) Brady（1985），p.13. その他の買い手は大手行とその子会社および持株会社，そして程度は小さいが外銀ということであった。貸出慣行調査は 1981 年から対象行が 60 行になり，それらは地区連銀の各管轄区で均等に選ばれている。

16) 多くの銀行が買い手であることを認めたがらない中で，Crocker 役員 Robert Walker は「積極的な販売は今のところしていない。購入している。昨年バランスシートを整理し，成長できるようになった。だから資産を獲得しようとしている。バランスシートの分散と，通常は参入しない市場にアクセスするのが目的だ」と前向きに購入をとらえていた。Opinion Survey（1986），p.18.

17) Snyder（1990），pp.419–420.

18) Sinclair（1988），p.25.

19) *American Banker,* Sep. 30, 1986.

20) レバレッジド貸出は LIBOR＋150 bp 以上の貸出を指す場合と，借り手の格付けが投資適格未満の場合を指す場合が混在している。日本政策投資銀行（2003 年），16 ページ。

21) Salem（1986），p.11.

22) 1988 年の大手 60 行に対する FRB の調査では，ローンセールの 80％を他の銀行が購入しており，特に外銀が重要な買い手であった。M&A 関連はローンセールの約 43％を占めていた。Wolfson and McLaughlin（1989），p.464.

23) Business Week 誌に次のような記述がある。日本の銀行だけで LBO ローンの 30％を引き取っている。大手はもはや利鞘の大きい資産として LBO を自己勘定で保有するのではなく，それらを中小銀行に売却している。*Business Week,* Nov. 14, 1988, pp.50–51. また Borio によると，1987 年末–1989 年半ばに，一次市場で外銀が高レバレッジ貸出の 40％を占めた。1989 年末時点で，外銀の中ではコミットメントを含めて日本の銀行が 52％を占めた。Borio（1990），p.27. 日本の銀行でも大手行は LBO の手法に慣れ，資産の解体セールによる貸出資金の回収といった方法も受け入れるようになっていたと報じられている。*American Banker,* Mar. 6, 1989.

24) 当時は LBO 関連貸出でプライム＋1.5％や LIBOR＋2.5％が典型的な条件であった。そしてシンジケートローンの幹事であれば，これに各種の当初手数料やコミットメント手数料が加わる。Wolfson and McLaughlin（1989），p464.

25) Beatrice Company 財務担当 Loveman は，議会公聴会で次のように証言している。「非貸出業務で米銀を利用するのは，外銀がその業務をアメリカで行っていないからだ。資金源については，多様な資金源を確保するため我々は米銀と外銀の間でバランスを取ろうとしている。しかし我々の呼びかけに応じるのは，ますます外銀になっており，そのバランスが崩れている」。U.S. House（May 1990b），p.85.

26) Bankers Trust 部長 O'Conner は「資産売却が可能なことで，銀行は借入を求める顧客に対して競争的なビッドを提示することができる。また大口案件では 5000 万–1 億ドルの資金が必要になるが，資産売却が可能なら，その分資金を拘束されなくなる」と述べている。*American Banker,* Sep. 30, 1986. また Salem は 1985 年までのローンセールは自己資本節約のため既存の貸出を切り出す防衛目的が中心だったが，1986 年からは売るためのオリジネートに性格が変わったと評価している。

注　73

Salem（1987），p.16.

27）　LBO 案件に強かった Manufacturers Hanover は 1989 年前半に 233 億ドルのシンジケートローンをアレンジしていたが，1990 年前半は 40 億ドル足らずになった。*Euromoney,* Aug. 1990, p.33.

28）　注 22 で引用した調査では，非銀行による購入が 1988 年で 20％ということになるが，その中には貯蓄機関や事業会社も含まれている。Wolfson and McLaughlin（1989），p.464.

29）　Scolari（1990），p.414.

30）　Citicorp ロンドン拠点資本市場責任者 Samengo-Turner は次のように話している。初期のシンジケートローンは案件獲得から調印まで 1 人で担当できるほど単純だった。1980 年代末には企業向けが中心となり，技術と資源が必要になった。目論見書は数百ページにおよび，調査と商品設計向けに専門の部署が必要になった。その後に借り手は参加行全てから信用調査を受けるが，この過程で主幹事の信用分析能力と書類作成能力に対する評価が極めて重要になる。次は別の複数部署で目論見書の送付や価格設定，仕組み設計，スケジュール決定などが進められる。さらに販売部署が目論見書に沿って銀行団と借り手の会合を設定する。*Euromoney,* Jan. 1990a, p.11.

31）　Citicorp の Samengo-Turner によると，買取案件は最初の接触から 2-3 週間で完了するため，M&A の交渉で重要な機密性を維持できるとのことである。*Euromoney,* Jan, 1990b, p20.

32）　Armstrong（2003），p.13, p.24.

33）　FRB による 2000 年 8 月の貸出慣行調査によると，資産 200 億ドル超の銀行のほとんどは，商工業貸出でシンジケートローンの割合がかなり高くなっていると回答しており，7 行ではその割合が 50％以上になっていた。Bassett and Zakrajsek（2003），p.488.

34）　Bassett and Zakrajsek（2003），p.489. FRB による 2001 年 5 月の貸出慣行調査では，回答行の 3/4 が，CP バックアップ提供を，単独では不採算で，現金管理など包括的な顧客との関係を収益的にする他のサービスを提供するための手段と考えていた。*Ibid.,* p.486.

35）　U.S. GAO（Sep. 2008），p.53. 個別の案件では，さらに優先順位，担保や特約条項の内容，満期が異なる複数のトランシュに分割される。Lumpkin（2003），p.65.

36）　Bord and Santos の調査によると，1988 年から 2010 年の期間における米シンジケートローンで，信用枠の場合にノンバンクの取得比率が 10％を超えることはほとんど無かった。一方，ターム物の場合には当初から 10％前後であった比率が，1990 年代後半から顕著に上昇し始め，2000 年代半ば頃からはほとんど過半を占めるまでになった。そしてノンバンクの中でも特にシェア拡大が目立つのは投資管理会社と CLO である。Bord and Santos（2012），pp.29-30.

37）　回転信用の購入には，借り手による資金の利用が不確実であるにも関わらず，引き出しに備えて資金を準備したり，当該産業への与信枠を維持しておかなければならない。そのため，ターム部分の割り当てで，回転信用購入者が優先されるなど，回転信用の販売促進策が採用されていた。*IDD,* Jul. 30, 2001a.

38）　BankAmerica 変動金利資本市場責任者 Rushmore は「機関投資家の影響力が強まったことで，レバレッジド貸出の価格設定，構造，シンジケート組織のあり方が根本的に変化した」と証言している。*IDD,* Feb. 22, 1999. 例えば Charter Communications による 1999 年 3 月の資金調達計画では，当初に機関投資家向けトランシュが 12.5 億ドルで設計されたが，需要が強かったため 18.5 億ドルに増額された。このトランシュは 9 年満期で金利が LIBOR＋250 bp になっており，固定金利にスワップすれば約 7.75％の利回りになった。同時に同社が発行した 8 年債は 8.25％だったが，銀行ローンの方が優先債権であることを考えれば，かなりローン投資家に有利であった。*II,* Jun. 1999, p.39. 他の記事では Goldman Sachs がコールプロテクションを付けた事例が紹介されている。*II,* Feb. 1997. ただし，1990 年代半ばには記録的な低金利に加えて利回り曲線が平坦化したため，機関投資家が変動金利の優先債権というローンの性格に魅力を感じるようになったという記述もある。Lumpkin（2003），p.64.

74　第2章　銀行貸出の多様性と競争の構図

39)　Armstrong（2003），p.20.

40)　1998年の記述では，ジャンク債の回復率が通常は40％なのに対して，担保付き貸出は87％，無担保でも79％という数字が紹介されている。*II,* Oct. 1998a. 1998年にはロシア危機の影響でジャンク債市場は閉鎖状態に陥ったが，ローンは急速に回復してパーを超えた。NationsBanc Montgomery Securitiesローン調査担当Rushmoreは「今回は機関投資家が，ストレス時にローン商品のパフォーマンスがボンド市場より安定していることを見るよい機会だった」と評価している。*IDD,* Jan. 4, 1999.

41)　2002年の記述であるが，シンジケートローンで圧倒的なシェアを誇るJPMCの場合，典型的な案件で同社はローンの5-7％を保持し，残りを分売していた。*IDD,* Feb. 18, 2002.

42)　1998年にDLJが先駆的にOmnipoint Corp.向け7.5億ドル案件やOxford Health Plans Inc.向け1500万ドル案件で活用したとされている。*IDD,* Feb. 22, 1999. プライス・トークは事前に発売価格の範囲予想を提示することであり，ブック・ビルディングは投資家からの仮注文を積み上げて価格設定を行うことである。

43)　*IDD,* Dec. 6, 1999a. 例えば1999年11月のChaseとBoAによるNextel Communications向け案件では，ローン部分が3分割され，5年プロラタ30億ドルには申し込み超過，より満期の長い10億ドルのトランシュ二つは需要不足になった。そこで幹事は，最終段階で長期トランシュに利回りを37.5 bp追加して，コールプロテクションを付与すると同時に，金額を1億ドルずつ削減して，それをプロラタに配分し直した。*Ibid.* このブック・ビルディングを利用した柔軟な価格設定は，1997年のアジア通貨危機から利用されるようになり，2000年代初頭の不況に突入してからさらに普及した。当時Goldman Sachsのローン担当者は，ビジネスが証券のようになるほど，投資銀行がより大きな役割を果たすようになると主張していた。*IDD,* Oct. 15, 2001b.

44)　銀行は取得原価でローンを会計処理しており，特に証券業務での競争力を持たない銀行は機関投資家と同じ基準で評価しないことから，Morgan Stanleyのローン責任者は「シンジケーションを考える時，二つ別のものがある。機関シンジケーションと銀行シンジケーションだ」と述べていた。*IDD,* Feb. 22, 1999. ただし，米銀は売却予定のローンについて公正価値で評価している。

45)　トレーディングの先駆者であるContinental BankとBankers Trustは一次市場のシェアが低く，その活動を支援する必要があった。Bloomenthal（1999），pp.31-32. また1995年にLSTAが結成され，契約書類の標準化やベスト・プラクティス普及促進によって取引の効率化が進められたことで，取引拡大が後押しされた。Nigro, et al.（2010），pp.37-38. 主要な業者にはJPMC, Citigroup, Deutsche Bank, CSFB, Goldmanが挙げられている。このNigroらの調査によると，規模が大きく，満期が長く，大規模なシンジケートで引き受けられたローンほど活発に取引される傾向がある。

46)　*II,* Apr. 1996, p.25. PMGに参加し，当初からデータを提供したのはBankAmerica, Chase, Citicorp, JP Morganなどであった。

47)　*IDD,* Oct. 15, 2001a. ただし，Fitch信用市場アナリストVerdeは「米市場でデフォルト・ローンの指標を考えているが，ローンはボンド指標より難しい。公募債では情報を得やすい。しかしローンはデフォルトが貸し手との交渉で隠れて，見つけられない」と述べている。やはり，事後的な交渉の容易さが両者を分ける一つの要素になっている。

48)　Lumpkin（2003），p.61. これらの問題を緩和する方法として2000年代には手続きの自動化が推進され始めた。それは決済期間を短縮するだけでなく，手数料引き下げにもつながった。それでも，エージェントは自行取り扱いローン以外での手数料廃止には抵抗した。またローン契約が借り手のニーズに応じた特別仕様になっていることは，取引と同時に自動処理の障害にもなっていた。そして何よりも，借り手が譲渡を望まないことも珍しくなく，その場合は自動化が何の解決策にもならない。詳しくは*II,* May 2001c, *IDD,* Oct. 22, 2001, *IDD,* Apr. 14, 2003を参照されたい。

49)　Rizzi et al.（1999），pp.23-24.

注　75

50）　FRB による 1997 年 11 月の貸出慣行調査によると，CLO 設定の理由として優良ローンの簿外化による資本の効率化が挙げられていた。English and Nelson（1998），p.394. つまり当初の CLO 担保はレバレッジド貸出ではなかった。一方で流通取引の大部分はレバレッジド貸出であり，当初は証券化と流通取引にはあまり重複部分がなかったといえる。

51）　Neal（1996），p.18. Neal はローンの売却と証券化が，いずれも金融機関にとって不十分なリスク管理手段であると指摘している。

52）　FRB による 2003 年 1 月の貸出慣行調査では，CDS 購入の理由として，流通市場でのローン売却と異なり，借り手との関係に影響しないという回答が多かった。Bassett and Zakrajsek（2003），p.491. ただし，店頭デリバティブでは参照する借り手の信用リスクを移転しても，取引相手の信用リスクを負うことになる。

53）　CDS では 1998 年 1 月に ISDA が最初の標準契約書を発表し，1999 年 7 月には用語の定義を含む契約書の枠組みを提供した。しかし 2000 年から米投資銀行が負債リストラを信用事項に含めるべきでは無いと主張し始め，欧州と異なる契約方式を利用し始めた。IDD, Dec. 18, 2000. また，ローン参照 CDS は全て特別仕様で，受け渡し可能なローンが少ないことと，ローン条件の変更や借り換えが容易なことが障害になっていた。IDD, Nov. 14, 2005a, p.8. CDS は差金決済でなければ現物の残高が取引の制約になる。何らかの指数を参照する CDS は 2005 年に 900％も増加し，売りポジション総額の 31％になった。IDD, Dec. 4, 2006b, p.21. 指数関連では当然差金決済しか利用できない。

54）　例えば Citigroup は Enron 向けに次のようなサービスを提供した。Enron は本社のファイナンスにリース構造を利用した仕組みローンを調達しようとしたが，仕組みローンは銀行が長期での提供に消極的であるため，2-3 年が満期の上限になっていた。そこで Citigroup が Yosemite Securities Trust I を創出し，CDS を利用して 8.5 億ドルの Enron 向け長期仕組みローンを信託に移転した。CDS は Citibank が提供し，それをパッケージ化した Linked Enron Obligations という合成ボンドが発行された。このボンド発行で主幹事を務めた Salomon のデリバティブ担当部長 Kulick は「これは，CLO とデリバティブ技術を同時に利用して一般的な企業金融目的に利用できることを，人々が初めて学んだ機会だ。市場はこの方向に向かうだろう。我々はこの技術をできるだけ広範囲に応用するよう試みる」と述べている。IDD, Dec. 6, 1999b.

55）　BCBS（2008），p.7.

56）　最初の合成証券化は米で行われたが，普及は担保隔離の法律が未整備の欧州の方が早かった。合成証券では貸出自体を簿外化できないが，リスクが CDS 取引相手（通常は OECD 諸国の銀行）のそれと入れ替わるため，バーゼル I ではリスク加重が 20％になり，それが主な魅力であった。II, Jan. 2001a. この証券化は，貸出リスクの転嫁という意味でバランスシート型と同類である。

57）　2003 年 1 月の FRB による貸出慣行調査で CDS に関する質問が行われ，回答行のほとんどが CDS のスプレッドを，既存ローンの評価や新規ローンの価格設定で参考にすると答えた。Carlson and Perli（2003），p.253.

58）　淵田は Banco Espanol de Credito と Security Pacific の裁判例を取り上げている。SecPac が Integrated Resources 向けローンを分割して売却した後，同社が債務不履行に陥ったことで，SecPac は購入者の Banco Espanol de Credito などから重要な非公開情報を隠したとして証券法詐欺防止条項違反で提訴された。この件で最高裁はかつての証券としての認定基準を準用し，証券法が適用されないとの判決を下した。認定基準は動機（一般事業目的の調達か，投資目的の調達か），分売（広範な販売か，一部洗練された投資家のみへの販売か），期待（証券取引と同様の用語で取引されたかなど），リスク（十分な担保が付与されるなど，証券法の保護を必要としない取引か）であった。この判決に対して，淵田は規制の差にそもそもの問題があると主張する。淵田（2005 年），46-48 ページ。

59）　ローンセールが活発に行われるようになった 1980 年代後半において，CP を発行する非金融企業

の中で年商 10 億ドル未満の借り手は 12%程度であった。その規模が CP 発行の壁であると同時に，ローンセールにとっても壁であると考えられていた。一方，銀行の商工業貸出では年商 5 億ドル未満の借り手向けが 75%以上を占めていた。Kerr and Lelogeais（1989），pp.11-14.

60)　一部の銀行は投資銀行との競争で収益性が極めて低いにも関わらず，CP ディーラー業務に取り組んだ。その最も重要な理由は，顧客との日々の資金需要についての接触を取り戻すことができるからということであった。*Euromoney*, Jun. 1985, p.227.

61)　*Euromoney*, May 1981, p.160. *Euromoney*, Nov. 1985, pp.63-64.

62)　Post（1992），p.884.

63)　直接発行するかディーラーを利用するかは，発行規模と会社の知名度による。Morgan Guaranty の Kirmse の推計によると GM，GE，Sears といった直接発行する企業が発行者の 10%を占めるが，発行金額では 50%を占める。*Euromoney*, Nov. 1985, p.65.

64)　1979 年に金融機関の CP 残高で 26%しか占めなかったディーラー経由発行が 1990 年には直接発行を上回った。そして，1991 年にはディーラー経由発行の金融機関 CP 残高で外国金融機関のものが 50%を超えていた。Post（1992），p.885. 外国金融機関の米 CP 発行の内，半分は在米調達子会社によるもので，代わり金は在米店舗やオフショア店舗に移転された。残りは国外拠点，主に本体によるものであった。

65)　1980 年から 1991 年に MMMF の資産は 6 倍に増加しており，CP 投資の比重は 1982 年の 24.4%が 1989 年には 49.9%まで上昇していた。Post（1992），p.881.

66)　SEC の規則は投資対象を P2/A2 までに限定し，P2/A2 でも資産の 5%という上限を課すものであった。Post（1992），pp.888-889. CP の格付けで，Moody's は P1-P3 まで，S&P は A1-A3 までが投資適格に分類されている。

67)　Kavanagh, et al.（1992），pp.107-113. ABCP プログラムでは，導管体が借り手から受取勘定を購入し，それらを担保として CP が発行される。CP 格付けは受取勘定データの数理的な評価に基づき，適切な分散が求められる。1990 年代初頭に CP 残高は縮小していても，ABCP 設定数は 1988 年の 20 から 1992 年の 120 に，残高は同期間に 100 億ドル未満から 600 億ドル弱へと拡大していた。そして，銀行がアドバイザーを務めるプログラムが設定数で半分以上，残高では 1992 年に 86%程度を占めた。Cantor and Demsetz（1993），p.34.

68)　Moody's Investors Service（2003a），p.16.

69)　Anderson and Gascon（2009），p.591. 同論文に 2002 年と，2006-2008 年の内訳が載せられており，消費者向けが 41.9%，44.2%，44.4%，45.9%，商業向けが 51.5%，43.3%，54.8%，44%となっている。残りは証券担保である。

70)　*IDD*, Feb. 15, 1999. この記事の当時は ABS 主要分野の HEL が一時的に飽和状態となっており，ABS 不調を克服する一つの分野として ABCP が期待されていた。

71)　例えば GMAC は 1993 年の 1-9 月に 90 億ドルの ABS を発行したが，うち 15 億ドルは ABCP（50 億ドルのプログラムの一部）であった。*II*, Nov. 1993a, p.167.

72)　*IDD*, Dec. 9, 2002a.

73)　Anderson and Gascon（2009），p.591. BofA Global Capital Management（2011），p.2.

74)　Board of Governors and SEC（1998），p.9. CMBS 担保に占める新規ローンの比率は 1998 年前半に 90%を超えた。また CMBS 発行に占める導管体プログラムの比率も 1998 年前半には 90%近くに上昇した。

75)　*II*, Mar. 1995b, p.71.

76)　Board of Governors and SEC（1998），pp.9-10. CMBS 金額を担保ローンの件数で割ると，1997 年にはローン平均が 100 万ドル未満の発行が 4 件あり，その全てが既存ローンで構成されていた。これに対して証券化向けにオリジネートされたローンの平均は 700 万ドルであった。

77) *II*, Jun. 1996, p.183. 主幹事は Goldman と Lehman であった。投資家の関心を集めたもう一つの要因として，情報公開が挙げられている。目論見書にはディスクが入っており，担保データが入力されていた。投資家はそのデータを編集することができた。

78) *II*, Mar. 1995b, p.74.

79) Board of Governors and SEC（2000），pp.6-8.

80) *II*, Nov. 1999c.

81) リーマンショック後に銀行が抱えていた商業不動産担保ローンでは，条件変更や満期延長によってデフォルトが回避されているローンや，ワークアウト過程のものも多かったと推測されている。関，井上（2010 年），94 ページ。

82) 小規模事業は従業員 500 人未満の事業体を指し，数では米事業体の 99％を占める。うち企業形態が小規模非金融事業向け与信額の 80％以上を占める。Board of Governors（1997），p.3, p.10, p.14. FRB による 1998 年小規模事業金融調査では，小規模事業向け与信で 100 万ドル超が件数で 5％程度であったのに対し，金額では 60％を占めていた。Board of Governors（2002），p.36.

83) U.S. House（Apr. 1993），p.62. Harvard Law School の Howell E. Jackson による証言。

84) U.S. House（Apr. 1993），p.127. Prudential Securities 提出資料。

85) 証券化には政府保証の役割が大きいが，標準化の程度が高く，担保と契約書類に共通性が見られることも一因になっていると指摘される。Board of Governors（1997），pp.37-38. 7(a) ローンの名称は Small Business Act のセクション 7(a) で SBA によるローンと保証の提供権限が規定されていることによる。保証率は 15 万ドル以下の案件で上限 85％，15 万ドル超は上限 75％である。Dilger（2013），p.2.

86) Board of Governors（1997），p.38. 損失保護の割合は 10-20％ということである。

87) Board of Governors（2002），p.61. 1998 年に First Union が The Money Store 買収，1999 年に FINOVA が Fremont Financial 買収，2001 年に UPS が First International を買収した。

88) *II*, Oct. 1992, p.150.

89) *II*, May 1995, p.36. この記事ではキャッシュフロー担保の例として，航空券やコンピューター修理契約などが挙げられている。

90) 例えば Fremont Financial は 1993 年に小規模事業向け回転信用の証券化を，カード ABS の手法に従って行った。その 1 本目は申し込み超過だったが，2 本目は Moody's が投資家からの照会に応じて Baa1 の勝手格付けを行ったことで需要が小さくなった。Moody's が低い格付けを付けた理由は，借り手のほとんどが Fremont からの調達に依存し，貸し手破綻で連鎖倒産の危険があるからということであった。*II*, Jan. 1994, p.74.

91) Board of Govenors and SEC（2000），pp.10-11.

92) Board of Governors and SEC（2000），p.9. この報告書では市場での流動性が豊富であることを保有継続の要因と指摘しているが，流動性が逼迫すれば証券化自体が困難になると考えられる。

93) ABA 理事の Vingling は下院公聴会で，強制的な証券化は借り手に有害で，流通市場創設に直接間接の政府保証を付けるやり方は，事業貸出に不適切な標準化を強い，周辺的もしくは創業期の事業に悪影響を与える可能性があると証言している。U.S. House（Sep. 1993），p.9.

94) 個人であれば情報が規格化されており，豊富な信用履歴を利用できる。そして，事業規模が小さいほど，事業内容と切り離した事業主個人の属性だけで評価される度合いが高まる。Board of Governors（1997），p.33. 一方，1990 年代には大手企業向けでも内部格付けシステムの見直しが進んでいた。方向性は担当者の主観に依存しないことで，主に財務数値からなる企業の内在的情報と資本市場の評価から単一のスコアを決定することが目指されていた。Altman and Haldeman（1995），pp.11-12.

95) Board of Governors and SEC（2000），pp.12-13.

78 第2章 銀行貸出の多様性と競争の構図

96) Board of Governors (1997), p.34.

97) 日本政策金融公庫総合研究所 (2014年), 105-106ページ。

98) Board of Governors (2002), p.46.

99) 例えば大手ノンバンクが一般目的カードに参入するようになったのは, 1986年のSearsによるDiscoverカード発行からである。これにAmerican Expressが続き, 既存の旅行・興業カード保有者にOptimaカードを提供するようになった。さらにAT&TもUniversalの提供を開始した。下院公聴会でABA代表のKirkは, CP市場や証券化が利用可能になったことで, それらノンバンクがそうでなければ関心を示さなかったであろう消費者貸出の市場に侵攻してきたと述べている。U.S. House (Apr. 1991), p.226.

100) Board of Governors (2010a), p.2. ただし, 全体では2003年でもカード利用の借入額は負債残高全体の2%未満であり, 調達手段としては周辺的な位置づけと言える。

101) FRBの調査によると, 多くのカード発行会社が, 個人カードより事業カードの方が発行コストとサービシングのコストは高いと答えていた。理由は自動判断だけに頼れないこと, 信用会社からの情報が個人向けより高額なこと, 単一口座で複数のカードを提供するコストが高いこと, 支払い不能になる金額が大きいことなどであった。Board of Governors (2010a), p.25.

102) August, et al. (1997), p.545, p.548. 1996年6月末時点で金融会社は1-4家族向け住宅ローンを470億ドル保有し, 他に残高230億ドルの証券化を行っていた。合計710億ドルのほとんどがホームエクイティであった。

103) FRBによる2003年の調査では, 常勤被用者1人以下の事業で自動車ローンを利用する割合は17.4%であった。一方, 同じ被用者数の事業で抵当ローンを利用する割合は5.6%であった。どの従業員数クラスで見ても自動車ローンの利用割合の方が抵当ローンよりも高くなっている。Board of Governors (2007), p.75.

104) Coleらは地理的に銀行とノンバンクの競争関係を分析した。1987年と1993年の小規模事業金融調査を比較すると, 銀行は銀行間競争が激しい大都市と, あまり競争相手が存在しない地方でシェアを維持し, 銀行間競争がその中間程度であった小規模都市や大都市郊外でノンバンクにシェアを奪われたということである。Cole, et al. (1996), p.990. 銀行間競争が激しい大都市では郊外を含む大手銀行の攻勢が激しく, 逆に競争が存在しない市場は外部の競争者にとって魅力の無い過疎地域と考えられる。そして中程度の競争は, 前章のDincによる議論に従うと, 最も長期的な顧客関係が成立しやすい状況であった。

105) Hendershottは公的MBSには統一的な引受基準が存在することに加え, 連邦支援機関に対する資本要求が民間機関ほど厳しくないこと, SEC登録要求の除外や地方税免除などによって証券化コストが低い点を挙げている。Hendershott (1992), p.105.

106) Comptroller of the Currency (1997), p.15. オーナー信託であれば複数クラス設置が可能であるが, 信託への収入留保分が課税対象になり得るという問題がある。

107) 飯村 (2002年), 6ページ。

108) U.S. Senate (Oct. 1987), p.136.

109) 例えばFord金融子会社の財務担当者は自社の証券化成功要因を次のように整理していた。① 単一の信用評価基準と引受基準の存在。② 消費者・ディーラーの支払いをモニターする基準, および遅延が発生した場合の対処手続きガイドラインの存在。③ 自動車という評価が容易な担保の存在。U.S. House (Apr. 1993), p.71.

110) 沼田 (2002年), 75ページ。Nelson and Owen (1997), p.476.

111) ムーディーズSFジャパン株式会社 (2010年), 2ページ。

112) Searsの場合は1991年の時点で, カード部門に必要な金額を伝えると, コンピューターでクロスサンプルを自動的に選別し, それをマイクロフィッシュにして受託者に渡し, 翌日には証券化で

きるようになっていた。*II,* Dec. 1991a, p.79. マスタートラストに口座を追加する際には，偏りのないサンプルを選び出すことが必要になる。

113) U.S. House（Apr. 1993），p.83. 同氏が提出した資料によると，1985-1992 年の ABS 発行上位 10 と各機関のシェアは次の通りであった。Citibank（13.4%），GMAC（12.8%），Chrysler Financial（11%），Household（5.9%），Ford Credit（5.7%），Sears（4.8%），MBNA（3.9%），SecPac（3.7%），Discover（3.5%），First Chicago（3.4%）。ほとんどがカードか自動車関連と考えて間違いないであろう。

114) 1980 年代末から 1990 年代初頭の記事に次のような内容があった。初回発行では準備に 10-18 週間かかる。投資銀行は 5-6 人の専担者で格付け会社とのやりとり，デューデリジェンス，目論見書の作業をこなす必要がある。法務費用が最低でも 15 万ドルかかる。コンピューター料金，出張経費その他で簡単に 5 万ドルはかかる。*II,* Oct. 1989b, p.264. 投資銀行や格付け会社が慣れてきたため，新種資産でなければ 4-8 週間で案件の立ち上げが可能になった。繰り返しの発行主体なら 1-2 週間で準備できる。*II,* Dec. 1991a, p.79.

115) ABS は財務省や MBS と比較して流動性が低く，価格は不透明である。投資家は個別に仕組み，満期，信用補完などの特徴を分析しなければならない。分野内の標準化はそれなりにあっても，各分野は MBS と比較してかなり小さい。ディーラーには各証券タイプに対応した価格評価モデル開発と継続評価に大きな固定コストが必要となる。規模が比較的大きいカードと自動車では大口発行者がベンチマークとなっており，その証券は流動性と透明性が高い。Sabarwal（2006），p.260.

116) 例えば Marine Midland の証券化担当 Deluca, Jr. によると，同行は最初，証券化を自動車ローン部門で手がけていた。しかし自動車ローン以外にバランスシート管理手段を拡張するため，証券化機能を金融市場部門に移管した。それにより，取引実行の適切なタイミングを選択できるようになった。U.S. House（Jul. 1991），p.87.

117) 消費者ローンの証券化が軌道に乗ると同時に，一部の銀行や貯蓄機関が大手銀行にカード勘定を売却するようになったと指摘されている。Cuca and McLaughlin（1990），p.480. FRB の LaWare 理事は下院公聴会で証券化について「小銀行はファシリテーターになることを望まないかもしれないし，恐らくその能力は無い。しかし大手銀行にとっては新たなコルレスサービスになり得る。なぜなら彼らは小規模なコルレス先からローンを獲得し，プールに入れて証券市場で売却できる」と証言している。U.S. House（Oct. 1993d），p.9.

118) 金融会社がオリジネートした貸出残高で証券化された比率は 1996 年半ばに 13.25% であった。August, et al.（1997），p.550. 金融会社の証券化比率は 1992 年時点では 5% 程度と推計されている。Cantor and Demsetz（1993），p.32. これは金融会社の貸出が証券化に向いているという説明の中で紹介された数字である。

119) *II,* Dec. 1991a, p.79.

120) U.S. House（Jun. 1995），pp.254-255.

121) ムーディーズ SF ジャパン株式会社（2010 年），18 ページ。

122) 銀行グループであるが，Fleet/Norstar は全国的に住宅ローン事業を展開し，それを技術投資が支えてきた。同社会長の Murray は「我々の後方事務は工場だ。我々は各ローンを年 42 ドルでサービスする。業界平均は 100 ドルだ」と述べている。また販売チャネルについては，カードがメール，住宅ローンが不動産代理店，自動車ローンがディーラーなど，それぞれで独自のチャネルが確立されている。*II,* Jan. 1990a, p.55.

123) FRB による 1996 年 5 月の貸出慣行調査で，多くの回答銀行が ABS 発行拡大要因として挙げたのは，消費者ローン急増でバランスシートに載せたい量を大きく超えたこと，および証券化の手続きに慣れてきたことであった。Nelson and Reid（1996），p.488.

124) Maryland National Bank のカード部門であった MBNA は，1991 年に独立して MBNA

80 第2章 銀行貸出の多様性と競争の構図

Corporation になった。*NYT,* Oct. 22, 1997. ちなみに Maryland National Bank は 1994 年に NationsBank によって買収された。

125) BoA による MBNA 買収発表は Capital One による Hybernia 買収発表と同時期であり，これらについて沼田は，銀行が高収益のポートフォリオと専業会社のノウハウ取り込みを狙う一方，カード会社は多角化を狙っていると整理する。そして Capital One の CEO による次の言葉が引用されている。「銀行は，預金と貸付を，地域密着型業務として展開してきた。そこへ，情報の規模の経済を働かせ，全国展開を行う我々が参入し，カード市場は寡占化した。しかし我々は，カードは個人ローンの中で，最も早く進化を遂げたに過ぎず，他のローンも同様の傾向をたどると考えている」。沼田 (2005 年)，71-72 ページ，75 ページ。ちなみに Capital One は 1994 年に Signet からスピンオフされ，2004 年に銀行持株会社に転換した (2005 年からは金融持株会社)。

126) 大野 (1996 年)，27 ページ，30 ページ。

127) S&P 執行役員 Griep の公聴会証言。U.S. House (Jul. 1991), p.128. 1980 年代末から 1990 年代初頭の数年間に S&P は公募 ABS 発行の 8% にあたる 31 本を格下げしたが，全て保証提供者の格下げに伴うものであった。

128) Comptroller of the Currency (1997), p.22. 1986 年に FFIEC が，損失カバーのためにエスクロー勘定が設定されている時，銀行が残差金利を口座に維持していてもリスクとは見なさない方針を決定した。銀行は残差金利を実際に現金で受け取るまで収入を記帳できず，収入時期が遅れることになる。*Euromoney,* May 1987, p.83.

129) 現金担保口座と同じ機能を果たすものとして CIA (Collateral Invested Amount) がある。これはプール金額の内，証券化されず，私募で売却された所有者持ち分ということである。ただし，現金担保口座のほとんどは外部からのローンによって提供され，CIA も外部に販売されるため，外部信用補完に分類されることもある。FDIC (2007), pp.41-42.

130) Comptroller of the Currency (1997), p.24. 売り手持ち分がなければ，担保増減に応じて発行証券の量を調整しなければならない。売り手持ち分は SPV に対する資産の売り手 (スポンサー) の持分権として保持され，平均的にはプール残高の 3-5% になる。Rizzi, et al. (1999), p.27.

131) Comptroller of the Currency (1997), p.19.

132) *Euromoney,* May 1987, p.83.

133) Comptroller of the Currency (1997), p.60. Riegle 法とは Riegle Community Development and Regulatory Improvement Act of 1994 のことである。350 条に自己資本要求が契約上責任を負うべき金額を超えてはならないと規定されている。https://www.congress.gov/bill/103rd-congress/house-bill/3474. 一方，遡及付き資産移転を売却として会計処理するための条件は FASB 基準書 No. 77 で次の三つと規定されている。(a) 移転者が受取勘定に関して将来発生する経済的利益のコントロールを放棄。(b) 移転者は遡及規定の義務を合理的に見積可能。(c) 譲受者は遡及規定に基づく以外に移転者へ受取勘定を返却できない。http://www.fasb.org/summary/stsum77.shtml.

134) *IDD,* Mar. 22, 1999. 例えば AAA トランシュが LIBOR + 10 bp でも，B ピースが + 150 bp にもなることもあった。Chase や Citi は，マスター信託が SEC 登録シリーズ証券を所有者信託向けに発行し，その所有者信託から発行する形式をとることで再劣後クラスも公募発行する方法を実施した。それらは私募の劣後証券を回避していたか，購入できなかった新たな投資家層を惹きつけたということである。*IDD,* Sep. 27, 1999. *IDD,* Jan. 17, 2000. ちなみに自行案件でなければ，銀行はバーゼル I の枠組みでリスク加重 100% の証券に対して優先・劣後に関係なく 8% の自己資本が求められるだけであったが，バーゼル II では劣後クラス保有へのリスク加重を 100% から大幅に引き上げることで，この差を解消することが目指された。その代わりに優先クラスへのリスク加重が大幅に引き下げられることになる。*IDD,* Feb. 28, 2000a.

135) *IDD,* Feb. 15, 1999. HEL 分野で活動していた The Money Store は 1998 年に First Union に買収

され，それ以前は The Money Store の証券化原資だったローンが，First Union のポートフォリオに入っているという話が市場関係者の間に出回っていた。*IDD,* Nov. 1, 1999.

136）　HEL の分野では Saxon Capital や Centex の案件が，Conseco Finance や Aames Financial よりも 20–30 bp，カードでは Citi と MBNA が Providian Financial より 40 bp 程度，NextCard より 60 bp 程度，自動車レンタルでは Avis や Hertz が Budget より 75 bp ほど，それぞれ良い条件で取引されていた。*IDD,* Feb. 4, 2002a.

137）　Moody's Investors Services（2006），p.8.

138）　分かりやすいケースでは，2000 年末に Heilig-Meyers が破綻した際，同社がリテール店舗を閉鎖したことで，店頭で返済を行っていた借り手が，返済手段を失った。*IDD,* Mar. 15, 2004b, p.38.

139）　例外規定でよく利用されるのが，スポンサーによるワークアウトの柔軟性発揮を可能にする口座清掃（不良担保の除去）である。Calomiris らによると，1991 年の Citibank と Sears による遡及提供に始まり，1995 年から 1997 年には少なくとも 10 件の事例があった。1996 年からは規制当局が警告を発するようになるが，具体的な行動が伴わず，2000 年代に入っても NextCard, First Consumer National Bank, Chase が遡及を提供してきた。Calomiris and Mason（2004），pp.9–11.

140）　例えば Washington Mutual の Longbrake は 1998 年の下院公聴会で，「我々はポートフォリオ貸し手だ。貸出をポートフォリオに抱える能力があることで，大半を流通市場に売却する貸し手よりも，引受でより柔軟になることができる」と証言している。U.S. House（Apr. 1998），p.77.

第3章
銀行業界と大手銀行グループの収益動向

3-1　貸出市場における規模別の重点シフト

　競争環境の変化によって大手銀行は新たなビジネスモデルを構築してきた。その一部が前章で見たように，貸出業務の変質となって現れた。しかし，銀行組織のレベルでは巨大複合機関の誕生という変化が生じている。GLB法の成立後，大手の銀行持株会社傘下で非銀行子会社の資産が拡大した[1]。これは多角化を意味すると考えられる。

　一般的には，各事業分野で専門性が向上し，必要な設備投資の金額が上がると，多角化は困難になると予想される[2]。これに対して，GLB法成立で誕生した巨大多角化機関は，かつての金融コングロマリットとは異なり，特定の専門性を活用するために多角化しているため，各事業での収益相関が高くなっているとの指摘もある[3]。

　そこで，この章では大手銀行の収益動向の分析を通じて，銀行業の変質と多角化との関係を考察したい。特に注目するのは非金利収入の内容である。一般的には規模が大きいほど非金利収入の比率が高くなる。その中で証券化関連が，大手銀行の新たなビジネスの収入源としてもてはやされることがある[4]。しかし，証券化自体が中心的な収入源になるとは考えられない。

　また大手銀行の特徴を把握するために，収益動向の規模別比較も行う。それによって，競争環境の変化が大手銀行の業務展開に及ぼした作用だけでなく，銀行業界全体に与えた影響にも目を向けることができる。

ネット金利収入と非金利収入
　図表3-1はCall報告に基づく，銀行規模別の課税前損益とその基本的な構成

3-1 貸出市場における規模別の重点シフト　83

図表 3-1　銀行規模別課税前損益とその内訳

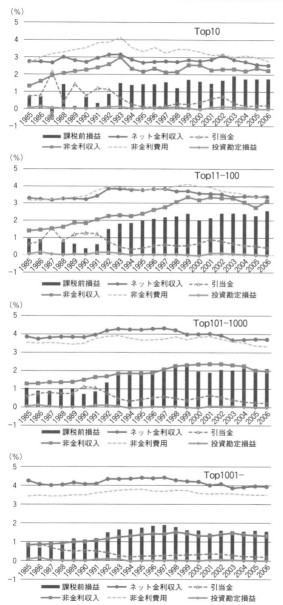

（注）数値は各年の平均資産に対するパーセンテージ。
（出所）*Federal Reserve Bulletin* 各号より作成。

84　第3章　銀行業界と大手銀行グループの収益動向

要素の推移を表している。課税前損益の水準は各クラスで 1992-1993 年頃から
それ以前に比較して安定しており，中間の2クラスが最上位と最下位よりも高
くなっている。ただし，前掲図表 1-3 では上位 10 行の資産シェアが 1990 年代
に入って急激に高まっていた。収益シェアもそれとほぼ同じように推移してい
ることになる[5]。

　1980 年代後半から 1990 年代初頭については銀行危機を反映して引当金の動
きがかなり損益に直結している。上位2クラスではそれが顕著である。その後
は引当金の水準が低下している。ローンの流通市場発達や CDS 市場拡大がそ
の一因になっている[6]。例外は 2001-2002 年あたりで，これには IT バブル崩壊
や企業の会計スキャンダルといった影響が考えられる。やはり規模が大きいほ
どその影響が大きかった。

　その他の項目の中で非金利収入は，全てのクラスで 1985 年から比率が上昇
しており，特に上位 11-100 行では 1990 年代末までに倍以上になった。しかし
1990 年代の末には頭打ちになっている。上位 10 行はというと，1993 年まで急
激に伸びたが，1994 年には大きく落ち込み，そこから横ばいになり，1990 年代
後半からは比率が上位 11-100 行を下回るようになった。全体として見ると，
規模が大きいほど非金利収入の比率が高まるようであるが，上位2クラスでは
その関係が必ずしも当てはまらない。

　図には非金利費用も載せておいた。非金利収入と同様，規模が小さいほど動
きが小さい。上位 10 行では 1993 年まで非金利収入とほとんど同じ勢いで非金
利費用の資産に対する比率が高まった。その時点で4％を超えたのはこのクラ
スだけである。しかしその後は低下傾向が見られ，2006 年には唯一3％を下
回った。費用に関しては，1990 年代の半ば以降に，規模による効率性が高まっ
たと見ることができる。

　残るはネット金利収入である。これは上位2クラスですら驚くほど動きが小
さい。全体的に 1990 年代初頭に比率がやや上昇し，その後は水準を元に戻して
いる。これは 1980 年代後半から 1990 年代初頭にかけての銀行破綻急増と合併
による銀行数の大幅な減少，そして 1990 年代初頭からのバーゼル合意適用と
いった特殊要因が重なり，貸出競争が鈍化したことによると説明されている[7]。
それを除くと，20 年もの間にあたかも何の変化も起こっていないようにすら感

図表 3-2 大手銀行持株会社 3 社の課税前損益とその内訳

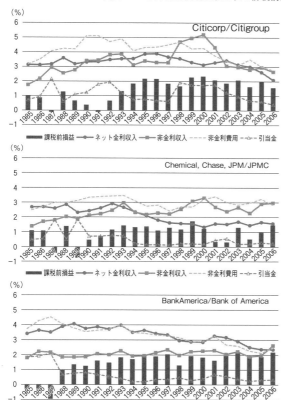

(注) 数値は各年末の総資産に対するパーセンテージ。Chemical, Chase, JPM は 3 社の合計。
(出所) *Merger Bank & Finance Manual* 各号および各社 Form 10-K より作成。

じられる。

　同じことを図表3-2によって大手3社のグループレベルで確認しておく。1980年代後半から1990年代初頭に引当金が収益動向を規定していることは銀行子会社レベルと変わりない。その後の動きは各社まちまちであり,あまり共通性は見られない。

　BoAは各項目が他の2社よりも小さい振れ幅で推移している。1990年代初頭まで非金利収入の比率に全く上昇が見られないことは銀行上位10社とも異なる特徴となっている。もともとBankAmericaは収益に占めるネット金利収入

86 第3章 銀行業界と大手銀行グループの収益動向

の比率が大きく，それが1990年代に入ってゆっくりと低下していった。一方で非金利収入は2006年にようやくネット金利収入を超えた。

Citigroupの場合は，Citicorpの時代に非金利収入の比率が上昇して，1990年代の初頭にはネット金利収入を超えている。しかし1990年代の半ばには上昇の動きが止まった。1998年の上昇はTravelersとの合併を反映しており，その後に上昇が帳消しになるのは保険事業の売却による保険収入減少の影響である[8]。引当金も保険関連を含んでいる。その一時的な上昇を除くと，非金利収入はネット金利収入とほとんど同じ水準を推移している。ただ，2000年代はネット金利収入の低下がやや大きかったため，非金利収入が上回るようになった。収益率については費用と引当金繰入額の抑制によって低下を免れている。

JPMCは規模拡大で非金利収入の重要性が高まったというイメージに最も近い。ネット金利収入は1990年代半ばに非金利収入を下回って以降，その位置が定着した。そして非金利収入が収益の規定要因になっている。ただ，業績は芳しくない。費用に低下傾向が見られず，課税前利益の資産に対する比率は他の2社に比較して低くなっている。2006年まで2年連続して回復し，ようやく前年から比率が低下したCitigroupの水準に近づいた。

以上の3社では，ネット金利収入と非金利収入の関係がそれぞれ異なっている。3社とも2006年には非金利収入がネット金利収入を上回ったが，その差が大きいのはJPMCくらいであった。同社の場合はネット金利収入の資産に対する比率が他の2社よりもともと低水準で，1990年代末からは下落していない。銀行レベルではいずれのクラスでも非金利収入がネット金利収入を超えていないことから，グループレベルの方が非金利収入の割合が高いと言えそうである。しかし，それよりも大手3社の場合は個別の差の方が大きい。

貸出収入と預金費用

図表3-3からネット金利収入と預貸業務の関係を推測することができる。上位10行では金利収入に占める貸出収入の比率がやや低下しており，その動きは資産に対する貸出の比率とよく対応している。これに対して金利費用に占める預金費用の割合は貸出よりも低下幅が大きい。その他の負債に対する利払いがそれだけ増えていることになる。

3-1 貸出市場における規模別の重点シフト　87

図表 3-3　銀行規模別預貸業務の比重

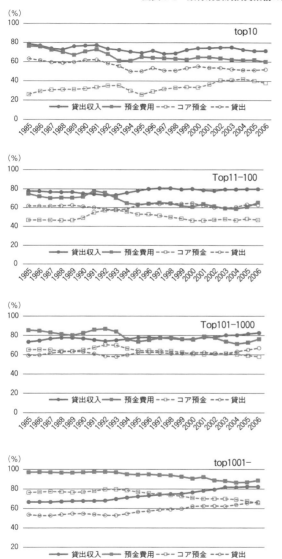

(注) 貸出収入は金利収入に占める貸出収入の比率。預金費用は金利費用に対する預金費用の比率。コア預金と貸出はそれぞれ各年平均資産に対する比率。全てパーセンテージ。コア預金は要求払い預金，その他小切手預金，貯蓄預金（MMDAを含む），小口定期からなる。
(出所)　*Federal Reserve Bulletin* 各号より作成。

88 第3章 銀行業界と大手銀行グループの収益動向

それにも関わらず，ネット金利収入が，図表3-1では横ばいになっている一因は，コア預金の比重を高めることで預金への利払い自体を抑制していることである[9]。もう一つは，貸出収入の比率が低下したといっても，2006年で7割以上を維持しており，貸出の資産に占める比率より低下幅が小さい。高利回りな貸出の比率が高まっていると解釈できる。

中間2クラスでは若干水準の差はあるものの，動きはよく似ている。利払いに占める預金の比率は低下しているが，貸出からの収入比率が上昇してそれを補っている。1990年代初頭における一時的な上昇を除くと，上位10行のようなコア預金比率の上昇が見られない。貸出からの収入は高めたが，その分を比較的コストの高い資金の増加が相殺し，ネット金利としては横ばいになったと解釈できる。

最小クラスの銀行ではそれがさらに顕著である。資産に占める貸出の比率は上昇し，それに応じて金利収入に占める貸出金利のシェアも高まっている。その一方で金利費用に占める預金費用のシェアが低下し，その動きがコア預金の比率低下と対応している。貸出が伸びたため高コストの資金でも調達を増やしたのか，資金コストが高まったために貸出を積極化したのかのどちらかということになる。

図表3-4は大手3社グループレベルの数値である。銀行上位10行では変化が小さかったが，こちらはかなり大きな変化が見られる。Citigroupでは合併の影響が顕著に現れている。資産に対する貸出と預金の比率がともに40%を切るまで低下し，それぞれの収入と費用での比重もやはり低下している。

預金費用の利払いに占める比率は一貫したデータが得られなかったが，貸出収入の金利収入に対する比率よりも大きく低下したことは間違いない。貸出収入の比率がネット金利収入の動きを規定しているものの，資金コストが高まったため，ネット金利収入が低下傾向を示すのであろう。資産に対する預金の比率低下は，トレーディング関連の負債が大きくなっていることの反映である。Travelersとの合併でSalomonを傘下に収めることになったことから，当然トレーディング勘定が大きくなる。

また図表3-4では，預金にCDやオフショア預金なども含まれている。したがって預金のコスト優位性がコア預金だけを取り出した時よりも薄れてしま

図表 3-4　大手銀行持株会社 3 社の預貸業務の比重

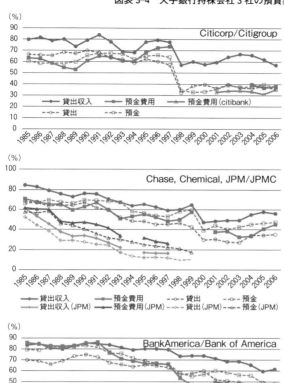

(注) 数値の計算方法は図表 3-3 と同じ。ただし，預金と貸出の分母は期末総資産。Citigroup では預金費用のデータが 2004 年からしか得られなかったため，子会社銀行預金費用のグループ金利費用に対する比率を載せておいた。JPMC の合併前は Chase と Chemical の合計と JPM を分けて計算している。

(出所) *Merger Bank & Finance Manual* 各号，各社 Form 10-K, Citibank, N.A. の Call 報告より作成。

う。図表 3-5 に大手 3 社の預金とそれぞれの中核銀行支店数をまとめておいた。Citi の場合は Citicorp の時代から国外拠点が国内支店数を上回っており，預金も国外の方が大きかった。一般的に国外拠点の方が無利子預金の割合は小さい。Citigroup の場合は他の大手と比較した場合のコア預金獲得基盤の小ささが，ネット金利収入の伸びを抑制した一因になっている可能性がある[10]。

図表 3-4 に戻って JPMC を見ると，図表 3-2 で 2000 年までにネット金利収入の比重が低下した理由は明らかである。JPM の数値が数年分欠落していたため，

図表 3-5 大手銀行持株会社 3 社と中核銀行の支店数および預金金額

(金額は 100 万ドル)

銀行／項目		1990	1991	1992	1993	1994	1995	1996	1997	1998	1999	2000	2001	2002	2003	2004	2005	2006
Citibank, NA	支店数 国外支店		605	593	587	574	574	569		473			778	741	747	712	730	1,380
	支店数 国内拠点			304	311								414	374	359	324	342	375
	預金金額 国外支店	112,586	119,502	118,386	128,312	141,934	156,976	171,676		202,928			306,923	332,674	381,235	459,002	485,990	665,743
	預金金額 国内拠点												98,899	108,968	113,879	124,428	135,426	205,400
Citicorp	預金金額 国外支店	142,452	146,475	144,175	145,089	155,726	167,131	184,955	199,121		261,195	302,715	378,967	436,736				
	預金金額 国内拠点	64,625	61,346	57,747	51,789	49,347	50,088	55,121	57,262		69,436	83,246	137,569	176,605				
Citigroup	預金金額 国外支店									228,649	261,573	300,586	374,525	430,895	474,015	562,081	591,828	712,041
	預金金額 国内拠点									61,227	68,558	80,607	133,442	171,332	176,749	192,646	205,915	233,617
Morgan Guaranty Trust	支店数 国外支店	18	21	21	17	24	20	23			19							
	支店数 国内拠点				14	19												
	預金金額 国外支店	37,605	36,758	32,127	39,694	44,514	46,389											
	預金金額 国内拠点	7,623	5,694	5,178	6,520	5,178	5,100											
J.P. Morgan & Co.	預金金額 国外支店	37,557	36,976	32,519	40,402	43,085	46,438	52,724	58,879	55,028	45,319							
	預金金額 国内拠点	9,111	6,756	5,804	7,082	5,519	5,290	8,604	10,714	8,966								
Chase Manhattan Bank NA	支店数 国外支店	266	365	375	360	344	431	886										
	支店数 国内拠点				61	69												
	預金金額 国外支店	59,862	59,301	56,178	65,285	65,557	70,122		165,686	185,173								
	預金金額 国内拠点						6,684											
Chase Manhattan Corp.	預金金額 国外支店	70,713	71,517	67,224	71,509	69,956	171,534	180,921	193,688	212,437	241,745							
	預金金額 国内拠点	41,187	45,509	41,061	41,865		100,054	109,912	118,179	133,427	129,600							
Chemical Bank, New York	支店数 国外支店	223	230		406	316	304											
	支店数 国内拠点			461	24	24												
	預金金額 国外支店	30,667	35,107															
Chemical Banking Corp.	預金金額 国外支店	89,147	92,950	94,173	98,277	96,506												
	預金金額 国内拠点	70,314	69,892	74,166	75,383	68,198												
JP Morgan Chase BK NA	支店数 国外支店												839	828	826	2,913	2,912	2,898
	支店数 国内拠点												109	108	108	116	114	46
	預金金額 国外支店												280,473	300,566	326,745	517,710	532,610	650,614
	預金金額 国内拠点												160,102	171,786	190,249	367,865	406,865	447,077
JPMorgan Chase & Co.	預金金額 国外支店											279,365	293,650	304,753	326,692	521,456	554,991	638,788
	預金金額 国内拠点											145,303	174,422	184,407	199,009	390,930	423,373	470,593
Bank of America (NT&SA／NA)	支店数 国外支店	918	899	1,337	1,055	1,050	1,068	2,024			1,788		4,627	4,595	4,682	4,779	6,430	5,964
	支店数 国内拠点				45	45	44						38	37	37	35	181	138
	預金金額 国外支店	77,027	78,111	106,921	106,369	112,211	119,208	131,177	168,970				391,543	399,654	435,639	529,666	686,649	759,601
	預金金額 国内拠点												334,909	354,961	381,969	439,067	565,907	602,019
BankAmerica／Bank of America Corp.	預金金額 国外支店	92,321	94,067		137,883	141,618	154,394	160,494	168,015	357,260	347,273	364,244	373,495	386,458	414,113	618,570	634,670	693,497
	預金金額 国内拠点	74,567	78,799		123,710	120,712	125,330	120,917	123,827	296,267	300,524	310,700	332,767	355,006	380,527	560,478	563,726	598,331

(注) Chemical Banking Corp. の国内拠点預金は、預金総額から foreign deposits の値を差し引いて求めた。Foreign deposits が非居住者預金なの か、国外拠点預金なのかは明確でない。Chemical と統合後の Chase Manhattan Corp. も domestic deposits という表記になっている。BankAmerica は foreign office という表記の年と、foreign という表記の年がある。

(出所) American Banker 各号、Merger Bank & Finance Manual 各号、Large Commercial Banks (Federal Reserve Statistical Release) 各号より作成。

合算せずに独立して表示すると，同社が預貸業務をほとんど放棄したような状態になっていたことが分かる。バランスシートのほとんどがトレーディング勘定によって占められており，もはや同社を銀行グループと呼ぶことは難しい。

程度の差こそあれ，JPMC の前身となる他社も状況は似ている。Chemical との合併後の Chase で，貸出の資産に対する比率は 1999 年までに 40％近くにまで低下した。預金は比較的持ちこたえているが，利払いに占める預金コストは大きくない。つまり他の資金源のコストが高まっている。この状況で JPM と合併すれば，必然的に貸出業務の比重は低下する。

しかし，その後は資産に対する貸出の比率が下げ止まり，2004 年以降は上昇に転じている。預金の比率も同じように伸びている。金利収入に占める貸出の比率と利払いに占める預金コストの動きを見ると，2004 年に大きな転機があったことが読み取れる。Bank One との合併による影響と見て間違いないであろう。

図表 3-5 を見ても，合併前のそれぞれの銀行は強い預金基盤を持っていなかったことが分かる。JPM はほとんど支店を持っておらず，預金は国外拠点に依存していた。Chase も国外が半分近くを占める。そして国内預金が大半を占める Chemical も含め，支店数は少ない。Chemical と Chase の合併でやや支店数が増加するも，すぐに減少している。互いに NY の銀行であったため，店舗が整理されたのであろう。

JPMC になっても店舗数は大きく増加せず，相変わらず国外預金の割合が高かった。それが Bank One との合併で一気に 3000 近い店舗を持つことになった。ほとんどが国内である。当然，国内預金の割合が高まる。

恐らく貸出強化の方針は Bank One との合併前から実行に移されていた。資産に対する貸出，預金，そしてネット金利収入の動きはそのことを示している。しかし 2004 年からは短期金利が急ピッチで上昇する局面に入っており，大きなトレーディング勘定を持つ機関では，バランスシートの規模に対する比率で利鞘が縮小すると予想される。その状況でもネット金利収入の資産に対する比率を維持しているのは，やはり貸出と預金のボリュームを増やしたことが大きいであろう。

BoA の場合は JPMC と逆のような話ができる。BankAmerica の時代から，同社はかなりの支店網を持っていた。国外拠点は少なく，金額を見てもほとん

ど国内預金である。図表 3-4 において資産に対する貸出と預金の比率がやや低下しているとはいえ，高水準を保っている。非金利収入比率の低さと合わせて見ると，同社が預貸業務中心の銀行グループであったことは明らかである。

それが，同じような性格を持つ NationsBank と合併し，中核銀行への店舗集約によって 2000 年代には圧倒的な支店網を持つようになったにも関わらず，資産に対する貸出と預金の比率に低下傾向が見られる。一つの要因として考えられるのは合併規模が大きいため，一部の地域では店舗網と預金，貸出の処分を迫られることである[11]。特に 2004 年の Fleet Boston との合併で全米預金シェアが Riegle＝Neal 法に定められた 10％に迫り，さらなる預金獲得は困難になった。そこで 2006 年には MBNA を買収し，それが図表 3-4 で資産に対する貸出比率の上昇と預金比率の低下に反映されている。

しかし，それ以上に重要なのは，BoA が中間市場からベンチャー企業向けを中心に，証券業務を強化するようになったことである。Fleet Boston との合併にしても，その動きと無関係ではない[12]。そして規模拡大とともに，同社は LBO 金融でも上位陣に挑戦するようになっていった。もちろんカード業務や中間市場向け投資銀行業務，そして LBO 業務でも貸出と無関係ではないが，それよりも非金利収入の比重が高まったとしても不思議ではない。

以上のように，収益に占めるネット金利収入割合はグループレベルで見ると業務の多角化により低下していた。しかし，そのタイミングが各社によって異なっていたため，銀行レベルの大手 10 行では横ばいに見えた。そしてグループレベルでも，貸出自体の重要性が低下したという訳では無かった。小規模銀行に至っては，むしろ貸出の重要性が高まっており，高コストの資金調達拡大を伴っていた。

規模別の貸出構成

図表 3-6 は規模別の貸出・リース内訳である。各項目は資産に対する比率になっている。通常，「伝統的銀行業」では商工業貸出が想定されていると考えられ，それが示すように商工業貸出の数値は全てのクラスで低下している。中でも上位 10 行では低下幅の大きさが際立っている。

1980 年代の大手 10 行はほとんど NY のマネーセンター銀行であり，それら

3-1 貸出市場における規模別の重点シフト 93

図表 3-6 銀行規模別ローン＆リースの内訳

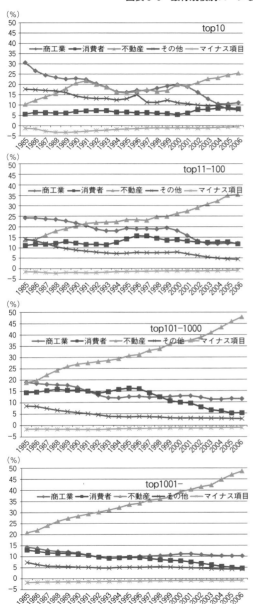

(注)「消費者」はカードと割賦信用その他の合計。「その他」は預金機関向けと他行引受手形，外国政府，農業生産，その他ローン，リース受取勘定の合計。マイナス項目はローン未収金と貸倒引当金の合計。
(出所) *Federal Reserve Bulletin* 各号より作成。

94　第3章　銀行業界と大手銀行グループの収益動向

は大手企業向けの取引が中心であった。資産の中で商工業貸出の比率が低下しているのは，市場仲介に顧客が奪われていったという想定と合致する。その後，循環しながらも低下傾向が続いていくことは，OTD モデルの確立によって説明可能であろう。しかし，程度の差はあれ，小規模銀行でも同じような競争圧力にさらされたと見られる。

　一方，消費者向け貸出は上位2クラスでは横ばいないし上昇，下位2クラスでは低下と規模で傾向が分かれる。消費者向け貸出は1件の金額がかなり小さいはずであるが，資産規模を急激に拡大させた上位10行で比率が上昇しているのは，件数の伸びが極めて大きかったことを示唆している。これに対して下位2クラスは資産規模を大きく伸ばした訳ではないにも関わらず，消費者向け貸出の比率を低下させているのは，この分野で小規模銀行の地盤が浸食されている可能性がある。

　前章で説明したように，大手銀行はリテール貸出で規模の経済を発揮するようになった。「消費者向け」にはカードが含まれており，それは規模の経済が最も効果を発揮しやすい部類に入る。そうした貸出で小規模な銀行が大手にシェアを奪われても不思議ではない。そして，同じことが小規模事業向けにも当てはまる。

　小規模事業向けが多いと考えられる小口（100万ドル以下）や極小（10万ドル以下）貸出は，もともと小規模銀行の得意分野であり，それらの貸出では小規模銀行が高いシェアを占める。しかし，その中で特に規模が小さい極小貸出では，一部の大手がシェアを高めるようになった[13]。これは，極小貸出の方が10万ドルを超える規模よりも，個人の属性に依拠した信用スコアリングを行いやすいことと整合的である。また，あまりに金額が小さいときめ細かい対応をするのが困難になる。つまり，小規模銀行の事業向け貸出は，金額が極小のレベルに入ってくると大手からの競争圧力にさらされやすくなる。よほど経費の小さい銀行でなければ，差別化の余地は限定されるであろう。

　不動産貸出については全てのクラスで伸びており，貸出の中で最大の比率を占めるようになっているが，下位2クラスでは伸びがめざましく，2006年末にはこの項目だけで資産の50％近くを占めるようになっている。

　図表3-7は不動産関連貸出の内訳である。上位2クラスでは，不動産関連で

3-1 貸出市場における規模別の重点シフト 95

図表 3-7 銀行規模別不動産貸出の内訳

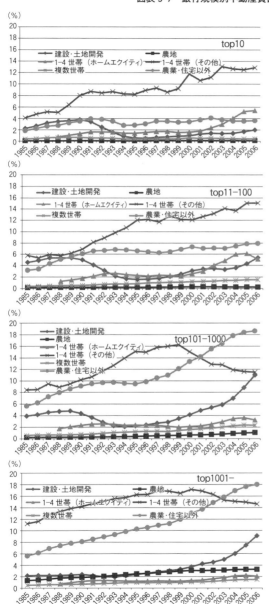

(注) 国外拠点における不動産貸出の数値は含んでいない。1-4世帯の内訳データが得られるのは1988年以降であるため，1985-1987年の「1-4世帯（その他）」の数値にはホームエクイティも含まれている。
(出所) *Federal Reserve Bulletin* 各号より作成。

96　第3章　銀行業界と大手銀行グループの収益動向

も通常の住宅ローンである 1-4 世帯（その他）が比率を伸ばしている。やはり信用スコアリング・モデルを使いやすい分野である。ホームエクイティの場合はカード信用と競合する形態であり，こちらも大手の伸びが大きい。

　下位2クラスでも当初は住宅ローンが中心であったが，2000年代に入ってその比率が低下に向かっている。それに代わって伸びているのは，一つが農業・住宅以外，つまり商業抵当の中核部分である。もう一つは建設・土地開発向けである。いずれも下位2クラスの方が資産に対する比率が高い。

　そして商業抵当は，商工業貸出に比較して小口貸出が多い。図表3-8を参照されたい。商業抵当貸出に占める小口の比率は商工業貸出よりもかなり大きい。小規模銀行の資産に占める商業抵当貸出の比率が高まるにつれ，小口と極小の両方で比率は低下しているものの，小口貸出が 2006 年でも全体の 40％近くを占めている。

　これら商業抵当を担保とする小口の貸出が，小規模銀行では商工業貸出の比率が低下したことの埋め合わせになっている可能性がある。信用スコアリング・モデルを利用しても，個人の属性だけで判断できない比重が高まってくると，画一的な処理が困難になり，小規模事業者は評価が不利になる傾向が指摘される[14]。逆に規模が小口の範囲を超えると，今度は大手との競合が強まると考えられる。

　小口の範囲であれば，小規模銀行にとって差別化の余地が大きい。したがっ

図表 3-8　商工業貸出と商業用不動産貸出に占める小口と極小の割合

(%)

	1997	1998	1999	2000	2001	2002	2003	2004	2005	2006
商工業										
小口	24.85	23.20	22.08	21.89	22.80	25.60	26.58	27.47	25.43	23.28
極小	9.93	9.15	8.42	8.13	8.48	9.55	9.80	9.78	8.88	8.28
商業用不動産										
小口	49.86	49.65	48.37	46.61	45.44	44.10	43.22	42.12	40.37	39.31
極小	9.88	9.28	8.23	7.29	6.75	5.86	5.13	4.44	3.97	3.42

（注）　商業用不動産には複数世帯向け住宅を含まない。分母の商工業貸出と商業用不動産の金額は，各年の平均資産とそれぞれの平均資産に対する比率の数値から計算したものである。

（出所）　Board of Governors, *Report to the Congress on the Availability of Credit to Small Business,* 2002, 2007, および *Federal Reserve Bulletin* 各号より作成。

て，小規模銀行で商工業貸出の比率が低下したのは，彼らが貸出形態をより強みの発揮できる商業抵当貸出にシフトさせたことの反映かもしれない。建設・土地開発向け貸出についても，小規模銀行は顧客に占める不動産開発業者の割合がもともと高いとの指摘があり，部分的には同様のことが当てはまる[15]。

　しかし，それにしては伸びがあまりに急である。FRBの調査によると，1990年代の後半以降に最も急激に商業用不動産貸出を伸ばしている銀行は，その要因として良好な経済環境と地域における人口の増加を主に挙げていた。ほとんどの場合，商工業貸出で不動産担保の徴収を増やしている訳ではなかった[16]。これはあくまで不動産関連の貸出を急激に伸ばす一部の銀行の話である。そして，図表3-7から，それらが小規模銀行の中でも比較的規模が大きい銀行であると推測できる。

　それら銀行による貸出の伸びは，既存顧客層へのサービス強化というよりも，住宅価格の上昇，人口移動，宅地開発というサイクルに乗った大型商業施設開発などへの関与が中心であったと考えざるを得ない[17]。小規模な銀行であるからといって，全てが同じような顧客関係を維持しているとは限らない。新設の銀行もあれば，急激に規模を拡大する銀行も存在する。それらも含めると，高コストでも長期的な顧客関係を維持・開拓していくより，比較的アクセスが容易な分野で生じた収益機会を追求しようとする動きが起こるのは驚くに値しない[18]。

大手銀行グループの貸出分野

　図表3-6と3-7はあくまで銀行子会社レベルの数値であるため，大手3社の姿を把握するのに不十分である。そこで，大手3社の貸出構成とそれぞれの中核銀行のそれを比較しながら，規模による貸出の性質に関する話を補足しておく。

　図表3-9は大手3社の貸出を消費者分野と商業分野に分け，それぞれ資産に対する比率を計算したものである。1980年代について得られるデータは少なく，唯一Citicorpの報告に消費者と商業の分類が載せられていた。それによると，1985年には商業が消費者向けを上回っていたが，1987年までに比率が逆転した。1984年にCEOに就任したJohn Reedが同社のリテール分野強化を推進

98　第3章　銀行業界と大手銀行グループの収益動向

図表 3-9　大手銀行持株会社 3 社の貸出内訳

(%)

	1985	1986	1987	1995	1996	1997	1998	1999	2000	2001	2002	2003	2004	2005	2006
Citicorp/Citigroup															
消費者向け	31.98	34.80	38.78		39.80	34.76	19.78	24.46	25.37	23.22	30.77	30.06	29.33	30.43	27.22
商業向け	33.51	30.31	27.38		22.33	24.43	13.42	15.12	15.31	14.05	10.03	7.76	7.65	8.63	8.82
Chase/JPMC															
消費者向け				23.89	21.81	22.20	23.15	21.68	13.50	16.23	16.45	17.70	22.05	21.94	21.62
商業向け				25.87	24.74	24.32	24.07	21.70	16.70	15.12	12.06	10.16	12.70	13.02	14.13
Bank of America															
消費者向け							26.10	27.65	29.38	26.58	29.89	32.61	29.53	27.52	31.90
商業向け							31.75	30.95	31.69	26.36	21.96	17.83	17.46	16.90	16.50

(注)　消費者向け貸出と商業向け貸出それぞれの期末総資産に対する比率のパーセンテージ。
(出所)　*Merger Bank & Finance Manual* 各号より作成。

したことはよく知られている[19]。

　再び内訳が利用できるようになった 1996 年にもその傾向が引き継がれている。Travelers との合併後は貸出全体がグループ資産に占める比重を低下させ，消費者向けも大幅に比率が低下したが，2000 年代には 30％前後を占めている。一方の商業向けは 2000 年代にさらに比率を低下させた。それでも 2005 年からは回復に向かっており，2000 年代初頭の落ち込みは大手企業の会計スキャンダルによる一時的なものであったとの解釈も成り立つ。

　JPMC の場合，前身各社は Citicorp のようなリテール強化の方針を持たなかった。JPM に至ってはリテール業務に手を出さず，投資銀行として活動することを目指した[20]。他の 2 社は明確な力点がある訳ではなく，リテールから大手企業向けまで幅広く手がけていた。Chemical で会長を務めていた Walter Shipley は業務の幅広さが強みになると語っていた[21]。Chase も Chemical と状況は似ていた。そして両社は合併によって幅広い業務分野で首位争いに必要な規模を達成した[22]。

　1995 年からは合併後の Chase で内訳が利用できるようになった。それによると消費者向けと商業向けはほぼ同じ水準で，若干商業向けが上回っている。1980 年代に比較するとリテールの比率が上がっている可能性はあるものの，大差は無いであろう。JPM と合併した 2000 年には商業向けの消費者向けに対する割合がやや高まっているが，JPM の貸出総額が小さかったこともあり，影響

は大きくない。むしろトレーディング勘定の大きさから，貸出全体が資産に対する比率を低下させている。

その後は貸出の比率が横ばい，ないし上昇に向かう。商業向けは2003年まで比率が低下した後に，回復に転じている。Chase が JPM と合併した際，投資銀行業務の強化に狙いがあったことは明らかである。もともとシンジケートローンに強みを持っていた Chase は，合併によってさらに企業向け貸出市場でのシェアを高めた。その直後に商業向け貸出の比率を低下させている一因は，Citi 同様，不良債権の増加であると考えられる[23]。

合併後の JPMC の業績は芳しくなく，状況が改善に向かうのは Bank One との合併によるところが大きい。合併の狙いはリテール強化にあるが，投資銀行業務も合併から恩恵を受けた。広範囲の支店網がリテール預金調達源として機能したことに加え，同社のデリバティブ取引が小さかったことで，バランスシートの統合によって JPMC はレバレッジを削減することができた[24]。

このように JPMC のケースは，大手行が貸出をリテールにシフトするという認識では捉えきれない。伝統的な大手銀行が寄り集まって業務が企業向けに偏重し，それを州際合併で規模を拡大してきたスーパーリージョナルが補完した。その結果リテールの比重が高まったと表現した方が正しい。

BankAmerica については古くから支店展開が自由なカリフォルニア州を拠点とし，リテール業務に強みを持っていたことから，個人向けの比率が NY のマネーセンター銀行より高かったと考えられる。ただし，1970年代にはそれら銀行に対抗して国際業務に注力し，多額の不良債権を抱えることになった。そこで1980年代にはリストラを迫られることになった。しかし，焦点を絞ることができたとは言えず，しばらくは多角的な展開が続いた[25]。

1980年代の後半に入ると，国外の拠点を相次いで閉鎖し，NY やシカゴの企業金融部門を売却して，1990年代にはリテールと中間市場にターゲットを絞った西海岸のスーパーリージョナルとして復活したと評価されている[26]。貸出の内訳データは限定的であるが，1995年の議会公聴会で当時副会長の Coleman が，貸出はリテールとホールセールが半分ずつで，収益も同じ比率であると証言していた[27]。リテールという場合，小規模事業向けの貸出を含むことが多いため，個人向け，商業向け分類では，商業向けが上回るのかもしれない。

ただし，ホールセールでも，中間市場が中心的な活動領域になっていたことは間違いないであろう。NationsBank も似たような状況であったと考えられる。同社は貸出が商業と消費者に分類されており，1996 年と 1997 年についてそれぞれの資産に対する比率を計算すると，商業が 31.64％，27.00％，消費者が 29.97％，23.47％であった。

そして両社が合併した後の数字が図表 3-9 にある。合併当初は商業向けが消費者向けを上回っていた。とはいっても，大部分は中間市場向けであったと見るべきである。その後，消費者向けは比率が上昇している。しかし，すでに消費者向けに力を入れている銀行が，強化した部分はあっても，消費者向けにシフトしたとは言いがたい。

むしろ，商業向けの比率が大きく低下したのが，貸出よりも証券業務などを重視する姿勢が強まったことを反映しているのかもしれない[28]。そうすると，同社の場合は，リテールから中間市場を主なターゲットとする典型的なスーパーリージョナルが，巨大化によって Citigroup や JPMC が先行する領域に乗り出していったと表現できる。

大手銀行グループの貸出における中核銀行の位置づけ

それでは大手グループと中核銀行による貸出との関係を見ていきたい。図表 3-10 は預金と貸出のそれぞれについて，中核銀行がグループ全体に占めるシェアを見たものである。州際規制により州際合併があると中核銀行のシェアが低下するのに加え，大手行同士の場合は州内であっても一時的に大きく中核銀行のシェアが低下する。

支店化が解禁された後も完全に中核銀行への集約が進まないのは，合併による一時的な影響というより，中核銀行とは別の貸出機関の存在による。グループは，これら機関を中核銀行の子会社にするという選択肢も持つが，各銀行グループは同種の子会社を一部は中核銀行子会社にし，他は別会社として維持している。全体として専門の貸出機関は中核銀行の別会社であることの方が多い[29]。

図表 3-10 から，貸出より預金の方が中核銀行への集約度が高くなっていることも分かる。預金に占める中核銀行のシェアが 100％を超えていることがあ

3-1 貸出市場における規模別の重点シフト　101

図表 3-10　大手銀行持株会社の貸出・預金で中核銀行による部分の割合

(%)

	1985	1986	1987	1988	1989	1990	1991	1992	1993	1994	1995	1996	1997	1998	2001	2002	2003	2004	2005	2006
Citicorp/Citigroup																				
貸出	65.40	67.75	67.56	64.76	67.55	70.20	73.91	77.50	83.57	84.82	87.86	89.05		82.57	72.02	67.43	67.85	68.87	66.18	82.63
預金						79.03	81.59	82.11	88.44	91.14	93.92	92.82		88.75	81.95	77.21	80.43	81.66	82.12	93.50
JPM																				
貸出	94.57	93.34	92.37	92.95	85.99	84.70	86.16	82.18	83.21	87.70	87.83									
預金						100.13	99.41	98.79	98.25	103.32	99.89									
Chase																				
貸出	84.36	78.72	71.27	69.98	69.81	70.40	71.02	74.58	80.91	80.82	38.70	76.73	75.88							
預金						84.65	82.92	83.57	91.30	93.71	40.88	85.54	87.17							
Chemical																				
貸出	91.32	92.08	71.75	68.41	64.58	67.56	36.57													
預金						34.40	37.77													
JPMC																				
貸出															82.30	75.66	77.94	86.51	88.18	77.37
預金															95.51	98.63	100.08	99.28	99.57	101.85
BankAmerica/BoA																				
貸出	88.79	86.67		85.84	85.67	86.79	85.60	79.33	78.84	72.67	72.06	74.60	94.96		97.48	98.93	96.14	74.58	97.52	91.55
預金						83.43	83.04	113.66	77.14	79.23	77.21	81.73	100.57		104.83	103.41	105.20	85.63	108.19	109.53

（出所）*Merger Bank & Finance Manual* 各号および各中核銀行 Call 報告より作成。

102   第3章 銀行業界と大手銀行グループの収益動向

るのは，グループ内も含めて預金が中核銀行に集約されていることを意味する。それに伴い，他社でオリジネートされた貸出の少なくとも一部が中核銀行で記帳されるのではないかと考えられる。

　これを念頭に，改めて各グループの貸出の内訳を中核銀行のそれと比較しながら見ていきたい。図表3-11 は Citigroup についてである。まず，商業では商工業貸出が中心になっている。中核銀行では拠点ベースと対象ベースの両方で分割されている。これを見ると商工業貸出の多くが国外拠点であり，それらは基本的に国外の拠点に記帳されていることが分かる。そして内外のいずれも中核銀行にほとんど集約されている。

　商業抵当とリースについては，専門子会社が担うことも多いと考えられるが，少なくとも記帳場所としては中核銀行に集約されているように見える。商工業貸出を含めて商業向けの分野では，全体として中核銀行への集約度が高いようである。

　消費者向けではあまり中核銀行への集約度が高くない。図表3-10 でも Citicorp 時代から中核銀行のシェアが非常に低い時期もあった。1990 年代に入ると Citicorp で中核銀行のシェアが上昇したが，Travelers との合併によって再び低下している。Travelers にも傘下に多くの貸出機関があったと考えざるを得ない。図表3-11 から，その多くは消費者関連の貸出機関であったと見られる。

　国内の住宅関連では，回転信用から HEL を全て含めても，2005 年まで中核銀行の数値がグループの水準にはるかに及ばなかった。それが 2006 年に中核銀行の合計数値が急増し，グループの水準に近づいた。ただし，それでもまだグループの水準に及ばない。国外拠点の不動産担保には商業用も含まれているにも関わらず，グループの消費者向けの数字を下回っている。

　その他消費者ではさらに差が大きい。中核銀行の国外拠点ではカードとその他を合計すると，グループの割賦，回転，その他の数値に近づくが，国内ではまったく届かない。しかも 2006 年には中核銀行のカードの数値が 0 になった。それは住宅ローンが同年に中核銀行に移転されたことと表裏の関係にあり，カードではそれまで中核銀行に記帳されていた分が他の子会社に移転されたということである[30]。

3-1 貸出市場における規模別の重点シフト　103

図表 3-11　Citigroup と中核銀行の貸出内訳

(%)

	1999	2000	2001	2002	2003	2004	2005	2006
Citigroup								
国内消費者								
抵当，不動産	7.463	8.110	7.618	11.040	10.246	10.904	12.858	11.991
割賦，回転，その他	7.966	8.647	8.024	10.352	10.817	9.082	8.553	6.973
リース				1.096	0.674	0.406	0.341	0.252
外国消費者								
抵当，不動産	3.118	2.770	2.635	2.420	2.274	2.668	2.652	2.359
割賦，回転，その他	6.322	6.153	5.162	5.953	6.069	6.302	6.055	5.593
リース	0.060	0.047	0.037	0.193	0.175	0.109	0.058	0.051
国内商業								
商工業	3.791	4.125	3.084	2.008	1.203	0.973	1.497	1.456
抵当，不動産	0.684	0.387	0.265	0.234	0.008	0.007	0.002	0.009
リース	1.292	1.648	1.761	0.184	0.159	0.127	0.131	0.111
外国商業								
商工業	7.791	7.660	7.272	6.146	4.975	5.192	5.362	5.619
抵当，不動産	0.217	0.191	0.272	0.172	0.139	0.265	0.348	0.283
リース	0.309	0.409	0.360	0.254	0.226	0.167	0.120	0.107
金融機関，政府	1.375	1.276	1.350	1.063	1.073	0.945	1.189	1.257
Citibank, N.A.								
国内拠点								
1-4 家族住宅								
回転信用			0.190	0.238	0.269	0.291	0.544	1.350
固定満期								
第一順位			1.497	1.935	0.474	0.415	0.525	6.470
劣後順位			0.001	0.008	0.003	0.006	0.042	1.796
その他不動産関係			0.295	0.318	0.267	0.259	0.255	0.996
商工業								
居住者向け			2.896	2.513	1.603	1.247	1.488	1.529
非居住者向け			0.044	0.050	0.041	0.040	0.089	0.137
個人								
カード			0.842	3.882	3.723	2.877	1.979	0.000
その他			0.341	0.134	1.939	1.822	1.851	1.469
リース			1.166	1.039	0.671	0.423	0.347	0.327
その他			4.877	3.912	3.529	4.393	5.044	2.404
国内拠点以外								
不動産関係			2.457	2.225	2.045	2.619	2.577	2.261
商工業								
居住者向け			0.175	0.172	0.105	0.095	0.156	0.130
非居住者向け			6.443	5.881	4.905	5.147	5.151	5.316
個人								
カード			1.076	1.138	1.249	1.273	1.343	1.352
その他			3.034	3.474	3.402	3.300	3.056	2.843
リース			0.394	0.395	0.352	0.220	0.159	0.130
その他			1.466	1.337	1.429	1.392	1.487	1.748

(注)　中核銀行の数値を含め，全てグループの総資産に対する比率のパーセンテージ。
(出所)　*Merger Bank & Finance Manual* 各号，Citigroup の Form 10-K，Citibank, NA の Call 報告より作成。

104　第 3 章　銀行業界と大手銀行グループの収益動向

　図表 3-12 は JPMC である。1990 年代については中核銀行のデータが得られ
ず，グループ単位の内訳だけになっている。それらを確認しておくと，JPM は
貸出の半分前後が国外の商工業貸出であった。1999 年だけ，いきなり国内の商
工業貸出が増加している。金額でいうと合計は 1998 年とさほど変わらないの
に，国外で半分近く減少し，国内では 4 倍程度の増加になっている。記帳場所
の変更である可能性が高い。

　Chase はすでに消費者向けが商業向けに匹敵するようになっていた。ほとん
ど国内である。商工業貸出では国外拠点もそれなりに大きいが，やはり Citi の
ようなグローバル展開とは言えない。Chase は，商業向けでは国際業務にもそ
れなりに力を入れていても，基本的に国内を活動の中心とするアメリカの銀行
という性格が強かった。

　商業向けでは国外中心の JPM と合併することによって，活動範囲は広がっ
たと考えられるが，貸出構成にはそれが表れていない。商工業貸出は国内で資
産に対する比率をそれなりに維持していても，国外では低下した。一方で消費
者向けは資産に対する比率を大きく伸ばしており，ほとんどは国内である。そ
して住宅ローンとカードが伸びを牽引していた。

　それぞれの貸出を中核銀行の数値と比較してみると，商工業貸出が中核銀行
に集約されているとは言い難いが，国外向けの比率が低下するにつれ，徐々に
その差は小さくなっている。

　リテールの場合は，住宅関連でグループの数字が中核銀行のそれと近く，中
核銀行にほとんど全てが集約されていると考えられる。一方のカードはやはり
独立の子会社が存在する[31]。しかし，独立のカード銀行が存在するにも関わら
ず，2004 年からは中核銀行にカード貸出の一部が記帳されるようになっている。

　106 ページの図表 3-13 は BoA である。商業向けで中核銀行の数値を見ると，
商工業貸出では集約度がかなり低いように見えるが，商業不動産では数値がグ
ループ全体を超えている。これは分類が異なることを示唆しており，図表 3-10
と合わせると，商業向けはほとんど中核銀行に集約されていると考えられる。
ただ，他社に比べて国内商業抵当の比率が高いのは，やはり中間市場向けの比
重を反映している可能性がある。

　リテールはグループで HEL が「直接・間接消費者」の項目に含まれている

3-1　貸出市場における規模別の重点シフト　　105

図表 3-12　JPMC と中核銀行の貸出内訳

(%)

Chase		1995	1996	1997	1998	1999
消費者向け						
国内	住宅抵当	11.223	10.909	10.582	11.433	10.899
	カード	5.618	3.617	4.276	3.889	3.849
	その他	6.053	6.308	5.960	6.787	6.241
外国	住宅抵当	0.363	0.380	0.403	0.401	0.374
	カード	0.162	0.160	0.168	0.196	0.187
	その他	0.475	0.440	0.517	0.206	0.128
商業						
国内	商工業	10.846	10.412	10.377	11.786	11.843
	商業不動産	2.192	1.766	1.376	1.089	0.895
	金融機関	1.897	1.657	1.820	1.799	1.037
外国	商工業	6.887	6.902	7.559	6.978	6.200
	商業不動産	0.266	0.238	0.195	0.100	0.031
	金融機関・政府	3.782	3.764	2.853	2.469	1.692
JP Morgan						
国内	商工業		0.846	0.506	0.388	3.242
	不動産担保		0.146	0.507	0.279	1.047
	その他		1.365	1.022	1.247	1.614
国外	商工業		5.416	4.797	4.267	3.163
	不動産担保		0.164	0.440	0.410	0.065
	その他		4.728	4.773	3.174	1.160

JPMorgan Chase		2000	2001	2002	2003	2004	2005	2006
消費者向け								
	国内	13.414	16.127	16.432	17.692	22.041	21.799	21.352
	国外	0.088	0.105	0.017	0.004	0.005	0.139	0.270
	住宅抵当	7.073	8.642	8.436	9.672	10.772	11.079	10.758
	カード	2.586	2.796	2.593	2.260	5.580	5.983	6.354
	その他	3.844	4.794	5.420	5.764	5.695	4.877	4.509
商業								
国内	商工業	8.951	8.172	6.485	5.043	6.644	7.056	7.169
	商業不動産	0.676	0.598	0.487	0.489	1.723	1.686	1.680
	金融機関	1.026	0.809	0.497	0.600	1.094	1.106	1.126
国外	商工業	5.173	4.834	4.144	3.193	2.358	2.416	2.981
	商業不動産	0.205	0.024	0.050	0.010	0.080	0.026	0.035
	金融機関・政府	0.668	0.682	0.402	0.827	0.801	0.731	1.134
JPMorganChase Bank								
国内拠点								
1-4 家族住宅								
回転信用			0.466	0.596	0.869	2.486	4.519	4.514
固定満期								
第一順位			4.921	6.347	6.928	6.924	6.989	6.233
劣後順位			0.564	0.469	0.237	0.466	0.632	1.040
その他不動産関係			0.596	0.560	0.561	1.910	1.837	1.790
商工業								
居住者向け			4.895	3.928	3.487	4.485	5.856	5.067
非居住者向け			0.093	0.065	0.030	0.029	0.161	0.103
個人								
カード			0.000	0.000	0.000	2.205	2.616	2.098
その他			3.272	3.820	4.205	3.514	3.917	3.283
その他リース・貸出			5.255	3.907	3.555	6.539	3.167	2.723
国内拠点以外								
不動産関係			0.080	0.052	0.020	0.078	0.029	0.165
商工業								
居住者向け			0.207	0.264	0.154	0.107	0.174	0.243
非居住者向け			3.658	2.534	2.158	1.211	1.498	1.909
個人								
カード			0.001	0.000	0.000	0.000	0.136	0.139
その他			0.031	0.023	0.002	0.001	0.001	0.001
その他リース・貸出			1.650	1.708	1.692	1.674	1.476	1.904

（注）　Chase と JP Morgan はそれぞれの総資産に対する比率。JPMorgan Chase と JPMorganChase Bank はともに JPMorgan Chase & Co. の総資産に対する比率。

（出所）　*Merger Bank & Finance Manual* 各号，JPMC の Form 10-K，JPMC Bank の Call 報告より作成。

106   第3章　銀行業界と大手銀行グループの収益動向

図表 3-13　Bank of America と中核銀行の貸出内訳

(％)

	1998	1999	2000	2001	2002	2003	2004	2005	2006
Bank of America Corporation									
商業									
国内	22.248	22.677	22.741	19.011	15.894	13.123	10.995	10.879	11.097
外国	5.099	4.423	4.838	3.705	3.013	2.077	1.657	1.651	1.417
商業不動産									
国内	4.357	3.798	4.073	3.582	3.012	2.586	2.871	2.723	2.444
外国	0.049	0.051	0.044	0.062	0.045	0.044	0.040	0.045	0.040
リース（商業）							1.902	1.603	1.498
消費者									
住宅抵当	11.917	12.941	13.142	12.578	16.370	19.080	16.037	14.135	16.522
カード	2.012	1.426	2.195	3.198	3.741	4.727	4.658	4.532	4.946
ホームエクイティ信用枠	2.534	2.731	3.363	3.556	3.516	3.240	4.514	4.807	5.130
直接・間接消費者	6.558	6.665	6.300	4.876	4.700	4.537	3.022	3.004	4.057
その他	3.076	3.884	4.377	2.371	1.567	1.026	1.297	1.038	1.248
Bank of America, N.A.									
国内拠点									
1-4 家族住宅									
回転信用				3.530	3.515	3.189	2.863	4.732	5.253
固定満期　第一順位				10.063	15.771	17.684	12.100	13.009	14.769
劣後順位				0.688	0.506	0.386	0.317	0.687	0.749
その他不動産関係				7.297	6.494	5.986	4.452	5.449	5.691
商工業　居住者向け				13.290	10.036	7.285	4.917	6.767	6.602
非居住者向け				0.337	0.350	0.247	0.101	0.133	0.133
個人　　カード				0.004	0.002	0.002	0.003	0.003	0.001
その他				4.937	5.222	4.890	3.281	3.324	3.393
リース				2.841	1.969	1.387	0.813	1.297	1.284
その他貸出				4.186	3.790	4.745	4.081	4.929	3.934
国内拠点以外									
不動産関係				0.445	0.472	0.365	0.266	0.415	0.236
商工業　居住者向け				0.204	0.179	0.150	0.097	0.055	0.077
非居住者向け				2.182	1.648	1.072	0.846	1.345	1.125
個人　　カード				0.000	0.000	0.000	0.000	0.032	0.016
その他				0.000	0.000	0.000	0.016	0.074	0.045
リース				0.117	0.103	0.079	0.056	0.134	0.042
その他貸出				0.407	0.293	0.220	0.260	0.321	0.396

（注）　全てグループの総資産に対する比率のパーセンテージ。

（出所）　*Merger Bank & Finance Manual* 各号，Bank of America Corporation の Form 10-K，Bank of America, NA の Call 報告より作成。

ため，比較は難しい。それでも類似項目の数値を見れば，抵当は中核銀行に集約されていると見られる。カードの場合は他の2社同様，別会社で記帳されている。それが2006年に上位10に入っていた[32]。

　以上のように，JPMCではやや数値が低いが，商業向け貸出は中核銀行に集約されている。銀行上位10行の商工業貸出比率低下はグループレベルで見るとトレーディング勘定などが加わる分，より大幅になるであろう。ただし，3社でタイミングの差があったことには注意しなければならない。また期間の終わりには3社とも国内商工業が回復基調にあった。

　各社でリテールの比率が高くなっているのは間違いない。その内，住宅ローンに関しては中核銀行に集約されていた。ただし，それは中核銀行によるオリジネート機能の独占を意味しない。グループ組織設計の中で，再配分可能である。加えて，住宅ローンはリテールの中でサービシング権も含めて，最も取引が容易な部類に入る。各社がどれくらいの住宅ローンを抱えているかは，単なるオリジネートの結果ではなく，売買を通じてALM上適切と考える水準に調整されているのである[33]。

　売買が容易であればABSに加工することも容易ということになるが，これほどバランスシートに記帳されているなら，証券化もALMの一手段として理解するのが適切である。資金調達の基盤が強化されれば，証券化以外の選択肢が利用されやすいことは前章で述べた。証券化活動にもローンの量が必要であるが，自社オリジネートで不足するなら外部から購入すれば良いだけである[34]。

　同じことはカードにも当てはまる。こちらは各グループの貸出で住宅ローンに次ぐ伸びを見せていた。そして，いずれも大部分が中核銀行ではなく，カード銀行に記帳されていた。それは住宅ローンと同じく組織選択の問題である。カードでもポートフォリオ単位や事業単位での買収が行われている[35]。そうした増減要因を含めて，証券化の利用程度が決定されるのであろう。

108 第3章 銀行業界と大手銀行グループの収益動向

3-2 大手銀行グループの業務展開と非金利収入

大手銀行グループの市場関連収入

それでは大手グループにおける貸出業務は，それら機関の非金利収入とどのように関係しているのであろうか。図表3-14が規模別の非金利収入内訳である。すぐに気がつくのは，全てのクラスで「その他非金利収入」が最大の項目になっていることである。もう一つは，「トレーディング益」がそれなりの重要性を持っているのは，大手10行に限定されていることである。

大手銀行はローンの取引やデリバティブなど，貸出業務のトレーディング化に取り組んできた。それは一部の大手だけのようである。しかし，銀行レベルでは1993年まで勢いよく増加した後は，比率が低下している。トレーディング業務がグループ内の投資銀行部門に移管され，銀行レベルで小さくなった可能性が考えられる。

そこで図表3-15を参照されたい。図表3-2にあったネット金利収入にはトレーディング勘定や投資勘定からの金利収入を含む。それらの規模が拡大すると，当然，派生する金利収入も大きくなる。そこでトレーディングと投資からの損益に金利収入を加えたものを「市場関連」収入とし，その大きさを他の業務と比較したのがこの図である。これを見ると，3社の間で「市場関連」の位置づけは一様ではない。

CitiではCiticorp時代に「市場関連」が「貸出」と逆の動きをしながら推移しており，1989年と1993年には「市場関連」が「貸出」を上回っている。ところが1994年以降は逆転が起こらず，常に「市場関連」が最も低いシェアになっている。1998年からは系列がCitigroupになるが，トレーディングで有名であったSalomonを傘下に抱えても，さほど「市場関連」のシェアが高まったようには見えない。

JPMCでは，前身3社を合計すると，1990年代初頭まで「貸出」収入のシェアが大きく低下していくのと合わせて，「市場関連」のシェアが高まっていった。JPMの数字がこれに大きく作用していることは容易に察しがつく[36]。しか

3-2 大手銀行グループの業務展開と非金利収入　109

図表 3-14　銀行規模別非金利収入各項目の資産に対する比率

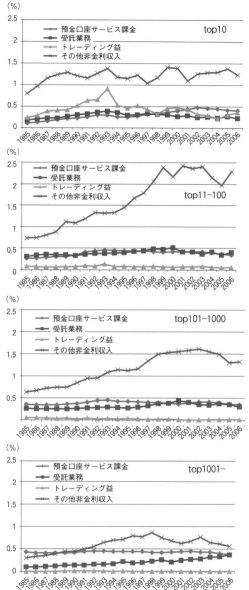

（出所）　*Federal Reserve Bulletin* 各号より作成。

図表 3-15　大手銀行持株会社 3 社の収入構成

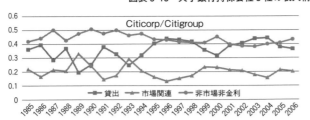

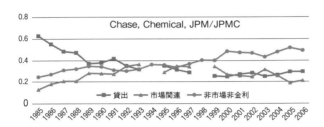

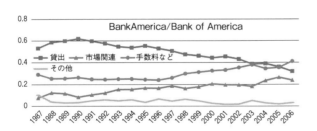

(注) 貸出収入，市場関連収入（トレーディング，投資，短期市場取引などの金利収入と非金利収入），その他非金利収入の合計に対するそれぞれの比率。貸出収入と市場関連収入はそれぞれ関連するバランスシート項目の比率に応じて金利費用を差し引いている。詳しくは神野（2017 年 3 月），（2017 年 6 月），（2017 年 9 月）を参照されたい。

(出所) *Merger Bank & Finance Manual* 各号より作成。

し，同社も 1990 年代半ばには「市場関連」シェアの上昇傾向が止まり，JPMC になってからは低下していった。最終的には「貸出」を下回り，最も低いシェアになった。

　BoA は他の 2 社とかなり様子が違う。同社の場合は BankAmerica 時代に資産の処分による収入を独立して記帳しており，それが無視できない大きさであったため「その他」の項目に含めて他と分離した。それを除くと，「市場関連」のシェアは一度も他の収入源を上回ったことがない。しかし，シェアは上昇を続けている。このあたりも，同社のスーパーリージョナル的な性格を反映していると思われる。

3-2 大手銀行グループの業務展開と非金利収入　111

　早い時期にトレーディングへの取り組みを強化していた Citicorp や JPM で，合併後に「市場関連」収入の比重が低下したことには，いくつかの理由が考えられる。一つはトレーディング収入が不安定なことである[37]。Salomon が Travelers に買収されたこと，JPM が Chase と合併したことは，もともとトレーディングの比重が高かった側から見ると，収入源の多様化という側面がある。JPMC にしても，Bank One との合併が収入の安定化に寄与していると見られる。

　他の要因として，「市場関連」収入がその他の収入にシフトしている可能性を指摘することができる。特に「非市場非金利」収入には「市場関連」の一部が形を変えて入っている可能性が高い。この点については，後の章で大手投資銀行の収益構造を分析する際に改めて取り上げる。

　さらに別の要因として，この図表の作成方法がある。図表 3-16 は，バランスシートにおける「市場関連」収入に関連する項目から「現預金」を除いた項目の資産に対する比率を積み上げ形式で見たものである。これらの数値が大きくなるほど，金利費用の割り当ても大きくなるため，ネットの数値である「市場関連」収入が減少することになる。

　そして図表 3-16 からは，各社の「市場関連」業務に対する取り組み度合いも分かる。Citicorp の場合は，1990 年代に入って，規模拡大のペースをトレーディング勘定の拡大が上回るようになった。Travelers との合併で，その規模が一気に高まり，一時的な調整の後に上昇基調を続けている。投資と短期市場取引を合わせると，2006 年には資産の 50% を上回った。図表 3-15 で「市場関連」収入のシェアが高まらないのは，その業務が重要でないからではなく，規模拡大に収益が追いつかないからであると解釈できる。

　JPMC は，トレーディング勘定の規模拡大が Citicorp よりも早期に生じている。言うまでもなく JPM の影響である。1997 年をピークに比率が低下に向かうが，投資と短期市場取引を含めた数値は，しばらく資産の 50% を上回ったままであった。Bank One との合併で 50% を切ったが，再びトレーディング勘定が牽引して合計数値が上昇に向かっている。

　資金調達費用では特にレポが注目される。例えば Citi の図で 1998 年には Citigroup の誕生によって全ての数値が跳ね上がっている。上昇分が全て

図表 3-16 大手銀行持株会社 3 社の市場関連資産の比率

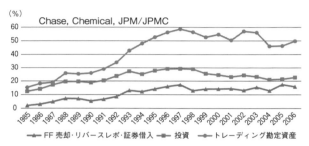

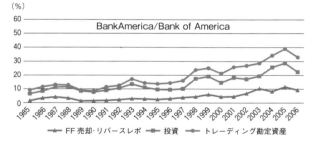

（注）それぞれ期末総資産に対する比率のパーセンテージ。積み上げ方式。
（出所）*Merger Bank & Finance Manual* 各号より作成。

Salomon による数値であるとすると，FF とレポの上昇分はリバースレポということになる。その金額拡大は，それ以上のレポによる資金調達の拡大を伴う[38]。そしてレポの多くはリバースレポとネットされており，バランスシートの数値は過小評価されている[39]。

レポ取引はトレーディングと不可分の関係にあり，代替的な資金源が無ければトレーディングはそれだけ資金調達費用の増加につながる。もし何ら派生的な収入がもたらされないのであれば，収入が調達コストの上昇に追いつかないような業務の規模を拡大させるとは考えにくい。

BoA には上記の説明が当てはまらない。「市場関連」資産の比率は全て上昇傾向にあるが，トレーディング勘定の規模は他の2社に比較するとかなり小さく，投資が中心になっている。同社の場合はトレーディング活動自体がスーパーリージョナル的な性格を持っていたと考えられる。それは貸出において顧客に柔軟な選択肢を提供するため，引き受けたエクスポージャーのリスク管理が必要となり，最終利用者としてデリバティブなどの商品を利用するということである[40]。

BoA も 2000 年代には純粋なトレーディング業務を強化しようとしていたが，図を見る限りそれは業務の中でわずかな比重しか占めなかったと言わざるを得ない[41]。それよりもむしろ貸出業務との関係の方が強かった。一つは CDS を利用した貸出のリスク管理であり，そこからの評価損益がトレーディング勘定で認識される[42]。また証券化活動が「市場関連」収入に含まれる部分もある。BoA の場合は，証券化後の商品をトレーディング勘定や売却見込み証券勘定に維持することもあった[43]。もちろん証券化に関するリスク管理もトレーディング勘定の損益に含まれる[44]。

これらの活動は Citigroup や JPMC も取り組んでいるものであるが，Merrill Lynch の買収まで投資銀行活動の規模が小さかった BoA では，それら貸出業務から派生する「市場関連」業務の比重が大きかったと考えられる。そして，貸出業務から多様な「市場関連」業務が派生すること自体，貸出の性質が変化していることの反映であることも忘れてはならない。

大手銀行グループの資本市場関連の非市場非金利収入

図表 3-15 では「非市場非金利」収入が3社全てで 2006 年には最大の収入項目となった。それらが非金利収入の中心になっているということである。銀行レベルでは，非金利収入の最大項目は「その他」であった。2001 年の Call 報告から，その内訳が要求されるようになり，投資銀行手数料，ベンチャーキャピタル，サービシング手数料，証券化収入などが共通項目として設定された[45]。

新たに公表されるようになった非金利収入については，規模別の詳細な数値が入手できなかった。その合計が上位 10 行よりも 11-100 行で高い比率になっていたのは，中核銀行の役割分担によると考えられる。大手グループの活動で

114 第3章 銀行業界と大手銀行グループの収益動向

間違いなく下位のグループより大きい比重を占めると考えられるのは投資銀行関連である。

図表3-17から3-19に大手3社の非市場非金利収入の内訳を中核銀行のそれ

図表 3-17　Citigroup 非市場非金利収入内訳

(100万ドル)

Citigroup	1998	1999	2000	2001	2002	2003	2004	2005	2006
保険料	10,324	11,504	3,236	3,450	3,410	2,455	2,726	3,132	3,202
資産管理・運営手数料	2,292	4,164	5,338	5,389	5,146	4,576	5,524	6,119	6,934
フィー・コミッション	12,395	13,229	15,975	15,593	15,258	15,657	15,981	17,143	19,535
小切手関連						1,033	1,026	997	1,033
カード						4,151	4,501	4,498	5,228
その他消費者						981	924	754	514
ローン・サービシング						74	-188	540	660
取引サービス						747	729	739	859
Smith Barney						2,106	2,228	2,326	2,958
Primerica						301	351	374	399
企業金融						493	456	483	735
投資銀行業務						3,471	3,482	3,669	4,384
CIB トレーディング関連						1,647	1,998	2,295	2,464
その他 CIB						293	374	346	243
その他フィー・コミッション						360	100	122	58
その他	3,757	4,809	5,992	4,463	5,775	6,162	9,238	9,603	10,957
Citigroup Global Markets Holdings	1998	1999	2000	2001	2002	2003	2004	2005	2006
コミッション	3,214	3,642	4,375	3,619	3,845	3,749	4,222		
資産管理・運営手料	2,165	2,650	3,322	3,358	3,547	3,378	4,044		
その他	185	297	517	463	262	181	418		
投資銀行業務	2,320	3,012	3,592	3,914	3,420	3,607	3,527		
Citibank				2001	2002	2003	2004	2005	2006
保険				373	547	742	932	968	974
受託者業務				1,325	1,228	1,337	1,483	1,597	1,670
預金口座サービス課金				359	413	386	374	342	470
ネット・サービシング				919	1,715	2,060	2,417	1,845	1,010
ネット証券化				348	1,962	2,422	2,752	3,737	47
投資銀行業務・仲介				167	0	0	0	0	0
その他				3,786	4,690	5,169	7,291	7,904	8,313

(注)　Citigroup の「フィー・コミッション」の内訳は Merger Bank & Finance Manual には 2004 年からしか載せられていなかったが，2003 年分が 10-K 報告書に記載されていたため，その数値を載せておいた。その他の年の数値は二つの資料で完全に一致している。

(出所)　*Merger Bank & Finance Manual* 各号，Citigroup の Form 10-K，Citibank の Call 報告より作成。

3-2 大手銀行グループの業務展開と非金利収入 115

図表3-18 JPMorgan Chase 非市場非金利収入

(100万ドル)

		2000	2001	2002	2003	2004	2005	2006
JPMC&C	投資銀行手数料	4,362	3,612	2,763	2,890	3,536	4,088	5,520
	引受	2,623	2,364	2,007	2,248	2,639	2,833	3,882
	助言	1,739	1,248	756	642	898	1,255	1,638
	貸出・預金関連手数料	1,496	1,518	1,674	1,726	2,672	3,389	3,468
	貸出関連	590	495	546	580			
	預金関連	906	1,023	1,128	1,146			
	資産管理・運営・コミッション			5,754	6,039	7,682	9,891	11,725
	投資管理・サービス手数料		2,454					
	カストディ・機関信託サービス手数料		1,611					
	ブローカレッジ・コミッション		1,130					
	投資管理・カストディ, 処理サービス	3,628						
	ブローカレッジ・投資サービス	1,228						
	カード手数料	1,771	2,108	2,307	2,466	4,840	6,754	6,913
	抵当手数料・関連収入		386	988	790	803	1,054	591
JPMCB	受託業務・関連サービス収入		2,338	2,436	2,336	2,624	2,629	2,415
	預金口座サービス課金		972	1,087	1,109	1,843	2,381	2,458
	投資銀行業務		2,189	1,907	2,183	2,590	3,543	4,609
	ネット・サービシング手数料		-372	80	73	277	657	568
	ネット証券化収入		16	203	172	827	1,214	1,832
	保険仲介・手数料		10	16	8	5	74	81
	その他非金利収入		2,200	2,682	2,841	4,960	8,162	8,423
	交換収入							1,263

(出所) *Merger Bank & Finance Manual* 各号, JPMorgan Chase の Form 10-K, JPMorgan Chase Bank の Call 報告より作成。

とともに載せている。まずその中で投資銀行収入を含む, 資本市場関連の項目に注目してみたい。

Citigroup の表を見れば, 上位10行で「その他」非金利収入の比重がさほど高くない理由が明らかである。Citigroup の「投資銀行業務」と Salomon の後継である CGMH の「投資銀行業務」が近い数値になっており, 逆に中核銀行では2001年を除いて「投資銀行業務・仲介」の数値が0になっている。投資銀行関連の活動はほとんど証券子会社に集約されていると見られる[46]。

その他に,「企業金融」,「CIB トレーディング関連」など, 資本市場に関すると見られる手数料がグループには記載されている。これらも中核銀行には対応する項目が見当たらず, 証券子会社で担当されている部分が大きいと考えられ

116　第3章　銀行業界と大手銀行グループの収益動向

図表 3-19　Bank of America 非市場非金利収入

(100万ドル)

	1998	1999	2000	2001	2002	2003	2004	2005	2006
Bank of America Corp.									
カード	1,569	2,006	2,229	2,422	2,620	3,052	4,592	5,753	14,293
抵当銀行業	389	648	512	597	761	1,922	414	805	541
サービス課金	4,326	4,340	4,543	4,943	5,276	5,618	6,989	7,704	8,224
投資，ブローカー・サービス	1,702	1,748	1,929	2,112	2,237	2,371	3,614	4,184	4,456
投資銀行業務	1,430	1,411	1,512	1,579	1,545	1,736	1,886	1,856	2,317
Bank of America, NA									
受託業務・関連サービス				796	704	647	686	1,192	1,209
預金口座サービス課金				4,561	4,865	5,293	5,887	7,802	8,567
投資銀行業務				1,040	1,041	1,146	1,538	2,321	2,913
ネット・サービシング手数料				2,281	2,093	2,222	879	1,569	1,631
ネット証券化収入				0	0	0	0	2	1
保険コミッション，手数料				96	101	99	110	225	226
その他非金利収入				1,943	962	2,109	1,519	3,122	3,032
保険解約払戻金の収入または増価				0	510	0	0	0	0
カード手数料				0	0	338	531	906	976
オペレーティング・リース				0	432	420	0	0	0

（出所）　*Merger Bank & Finance Manual* 各号および Bank of America, NA の Call 報告より作成。

る。これらの収入もトレーディングを中核とする「市場関連」業務とつながっていることは容易に想像できる。また，個別の項目としては「資産管理・運営手数料」がグループで最大になっていることにも注目すべきである。同じ項目は証券会社にも存在しており，投資銀行業務と隣接していることをうかがわせる。

　次の JPMC では，J.P. Morgan Securities Inc. が中核的な投資銀行子会社になっている。その割には中核銀行の「投資銀行業務」の数字が大きいようにも思えるが，少なくとも活動の全てが中核銀行に記帳されている訳ではなく，上位 10 行のレベルで見るよりも大手グループの非金利収入がそれだけ大きくなる。そして，同社でも「資産管理・運営・コミッション」が単独では最大の項目になっており，しかも急激に数字を伸ばしている。分類が異なる年の数値から，その中心は「投資管理」であると推測できる。

　最後に BoA の投資銀行業務は，やはり収入が他の 2 社に比較して少し小さい。業務の多くは NationsBank が 1997 年に買収した中堅証券会社の Montgomery をベースにしており，それが 1999 年には Banc of America

Seucirites LLC になった[47]。その会社を持つにも関わらず，投資銀行業務の収入は中核銀行に集約されているように見える。やはり貸出業務の補完という位置づけが強いようである。

リテール関連非金利収入と銀行の規模

　次に，図表 3-17 から 3-19 のリテール関連を見ていく。大規模なトレーディング勘定を保有する Citigroup と JPMC にしても貸出でリテールの比重が高まり，手数料収入を見てもリテール関連と見られる項目の数値が大きくなっている。これらの 2 社でも，程度の差はあれ，合併で広域展開するようになったスーパーリージョナル的な性格を持つようになった。

　その象徴が預金口座サービス課金である。小規模な銀行ほど非金利収入に占めるこの項目の比重が大きいが，図 3-14 から分かるように，資産に対する比率で見ると必ずしも小規模銀行ほどその収入が大きい訳ではない。むしろ他の収入が小さいために，この項目の非金利収入に占める比率が高くなっていると表現した方が適切である。そして，あまり目立たないが，上位 10 行でこの比率が上昇し，2000 年代には「その他」を除くと最大の項目になっている。

　異業種との競争圧力が高まったのはリテールでも同じであった。その中で広範囲な支店や ATM 網を整備することは，顧客に利便性を提供する手段となり，手数料の引き上げによって，競争で失われた以上の収入を獲得する道が開ける。大手の数値を見ても，支店網が比較的小さかった Citigroup は，中核銀行の数値があまり大きくないのに対して，BoA では中核銀行で預金口座サービス課金が単独で最大の収入項目になっている。JPMC にしても，2004 年からは受託業務・関連サービス収入と並ぶ収入源になった。

　一方で広範な支店網の展開は銀行にとってコストにもなる。そこで銀行は複合的なチャネルを用意して，支店網を補完している[48]。しかし，それは必ずしもサービス利用者からの評判が良いものではなく，低収益の顧客に対するサービスの質を低下させることによって，銀行がコストを削減していると批判されることも多い[49]。

　もちろん受け取り方は人によって異なり，日常的な取引であればロータッチなチャネルを便利と感じる顧客も少なくない。しかし，全体として人件費を削

減しながら，あまり銀行に収益をもたらさない顧客を，低コストのチャネルに向かわせようとするなら，サービスの質が低下したとの苦情が出てくるのは避けがたい。個々の取引に対する課金が高くなればなおさらである[50]。

　それでも顧客が利用を継続するのは，質が低下したと感じる面を上回る利便性が他にあるからか，あるいは地理的な要因や取引の幅によって切り替えコストが大きすぎるからであろう。いずれのケースにおいても，密度が高く範囲も広い店舗網と，口座に関連づけた多様なサービス提供が銀行にとって有利に働くことは間違いない。顧客は比較的高額の手数料でもそれらの対価として受け入れるか，受け入れざるを得なくなるであろう。

リテール関連非金利収入の内実

　預金口座サービス課金としてすぐに思いつくのは，口座管理手数料や小切手発行手数料である。これらは残高や取引関係によって料金が変わってくるため，収入源というより，優良顧客を囲い込み，収益的でない利用者を排除する手段と考えるべきかもしれない。あるいは，顧客が流動性預金を圧縮しようとすることへの対抗策と見ることもできる。

　もともと銀行は顧客が無利子の残高を維持する代わりに，多様なサービスを無料で提供してきた。例えばBoAの場合は，預金口座サービスとしてオンライン銀行業，財務管理，事業継承など，どこまで口座の出納と直接関係しているのか分からないものを挙げている。そして2002年の報告書では，企業向けに関してであるが，低金利下で顧客が補償残高よりも手数料支払いを選択したためサービス課金収入が増大したと説明している[51]。

　顧客がそのサービス自体に対価を支払うこともあれば，補償残高という形で支払うこともあるというのは何ら新しいことではない。大手の収入でサービス課金の割合が高まったのは，規模拡大によって増大した顧客との接点を利用し，従来からのサービスに対する料金徴収を実現してきたからであろう。企業の側も，それを残高圧縮の代わりに受け入れてきた側面がある。

　一方，消費者の場合は囲い込みに成功した顧客が投信購入やラップ口座開設などを行えば，まったく別の収入項目に取引が記録されることになる。それでは消費者向けの場合に上記以外に預金口座サービス課金自体はどのような項目

があるのかといえば，支払い停止指図，残高不足小切手，超過引出などである[52]。この中で支払い停止指図や残高不足小切手については処理に関わる費用の請求と考えることもできる。これらに対して，超過引出の場合は実質的に貸出である。

残高不足小切手が銀行によって立て替え払いされると，それは小切手発行者による超過引出ということになる。この貸出の一種にバウンス・ローンと呼ばれる商品があり，小切手口座を持つ中間層をターゲットに提供されていた。しかし，一部の銀行はそれを手数料収入の拡大目的に利用し，低いものでも240％，高いものになると540％もの金利を徴収すると消費者団体が議会に訴えていた[53]。

他にリテール関連で目立つのはカード収入である。BoAはグループでカード収入が徐々にサービス課金と匹敵するようになり，2006年にはMBNAとの合併もあって一気に最大の収入項目になった。JPMCでもグループでカード手数料が資産管理関連に次ぐ収入源となっている。両グループとも傘下にカード銀行を抱えているにも関わらず，中核銀行のその他の項目にカード関連が含まれている。そして，Citigroupでも「フィー・コミッション」の中では単独で最大の項目になっている。

カード収入には年会費，交換手数料，小売り割引手数料など，保有者の増加と利用の活発化に応じて増加する収入がある。取り扱いの規模が拡大すれば，同じ固定投資からそれだけ多くの収入を得ることになり，預金口座サービスよりもさらに大手への集中度が高くなっている。そして，大手はカード事業もクロスセルのインフラにしている[54]。その意味でもカードは預金口座サービスと重なる部分が大きい。

またカード関連収入にも遅延，上限超過手数料といった項目が含まれる。これらはペナルティーではあっても，実質的に貸出に対する課金である。また交換手数料もカード利用者の支払いを保証するという与信の対価と理解することもできる。もちろんカード利用者が支払いを繰り越せば，貸出収入が発生するのであるが，実は手数料として計上される項目にも，姿を変えた貸出が含まれているのである。

その他の項目は，クロスセルの対象となる投資商品や保険の販売である。

BoA の「投資，ブローカー・サービス」，JPMC と Citigroup の資産管理関連には リテール向けも含まれると考えられる。Citigroup には Smith Barney や Primerica という項目もある。個人向けの資産管理は業態を超えた競争の最前線になっていることは周知の通りである。しかし，どれだけ各種商品販売にシナジーがあるのかは明らかではない。Citigroup の場合は結局，Smith Barney と Primerica の両方を手放している[55]。

残りは抵当関連および証券化関連である。BoA では合併による誕生時から抵当サービシング手数料という項目が設けられ，それが 2002 年から抵当銀行業という名称になった。JPMC でも 2001 年から項目が誕生している。

両社の数字を見ると，この項目がかなり不安定であることが分かる。実はこの項目はもっぱら証券化によって生じている。例えば JPMC の報告書を見ると，抵当手数料・関連収入は，オリジネーション手数料，プールへの売却損益，サービシング手数料，そしてパイプラインやプールに蓄積した証券化途上の資産およびサービシング権の価格変動リスク管理活動の結果から構成されると説明されている[56]。BoA についても同じような説明がある[57]。

このうち，オリジネーション手数料やサービシング手数料は，原資産からの金利収入と，証券化商品での投資家に対する利払いの差額の一部である。そしてプールへの売却損益や証券化途上の資産とサービシング権のリスク管理から生じる損益は，原資産をそのまま保有する際にもそれらを値洗いしようとすれば生じる。つまり，証券化の収入とは，貸出の金利収入とリスク管理の損益が細かく分割され，それぞれが別の呼び名をされるようになったものなのである[58]。

同じことはカードにも当てはまる。JPMorgan Chase の報告書では，カード収入に上述のような手数料に加え，証券化した残高に対するサービシング手数料を含むと説明されている[59]。Bank of America の場合には，カード収入に証券化されたポートフォリオの収入から償却分と投資家に支払った金利を差し引いた残差の収入を含む[60]。この説明では，売り手持ち分からの収入もカード収入に含むことになる。

そうすると，貸出，抵当やカード関連の手数料，証券化収入は境界が極めて曖昧で，連続的である。カードの例を取り上げると，カード証券化は回転期間

を設定してその間に担保を追加していく仕組みになっている。BoAの報告書では，回転期間が終わると受取勘定がバランスシートに戻ってくるため，貸出残高が増えてネット金利収入と引当金を押し上げる一方，非金利収入が減少すると説明されている[61]。

　既述のように，証券化は資金調達の一選択肢でしかなく，銀行は貸出をバランスシートで保有し続けることも多い。証券化による収入が，結局は貸出からの金利とリスク管理収入の一部に過ぎないとすれば，証券化自体は新たな収入源にならない。それでも証券化が利用される理由について，Kanjorski議員が下院公聴会でFirst National Bank of PennsylvaniaのGrassoに質問した。その答えが参考になる。

　Grasso「我々は証券化をイベントではなくプロセスと見ている。プロセスで何度でも貸出を継続することが可能になる。またサービシング権を留保しており，それが適切な報酬をもたらしている。全てを含めて，プロセスは収益に貢献している」[62]。

　これは裏返せば，証券化自体は収益的ではなく，プロセスの間に派生する収入を獲得するということであろう。カードの場合が最も分かりやすい。保有者数を増やせば，従量制の収入が見込める。そのため顧客獲得競争が激しく，保有者数が急激に伸びて貸出が増加すると証券化が利用されやすくなるのであろう。

　抵当の場合はそれほど分かりやすい従量制の収入がないが，少なくとも規格化された貸出は取り扱い量を増やすことが容易であるため，単純に件数を追求しやすい。さらに，取引をきっかけとして，他の商品の販売機会が広がる。そして，保有を継続していてもデュレーションのリスク管理は必要になる。証券化を行って，純粋なリスク管理部分の比重を大きくすれば，裁定型の証券化と同じような効果を期待できるかもしれない。

　以上のように，銀行が手数料収入の割合を高めたからといって，全く新たな事業に乗り出した部分は少ない。基本的には預貸業務と，その派生である。しかし，多様な貸出手段や運用商品の登場，カードの普及など異業態を含めた競争激化は，包括的なサービスを分解し，それぞれで価格設定を行う圧力となった。また，大手が規模拡大に応じて貸出の効率化を追求したことで，前章で説

122　第3章　銀行業界と大手銀行グループの収益動向

明したようにローンの性質，仲介過程の役割分担，そしてリスク管理のあり方
が変化した。

　サービスの分解と仲介過程の分解は，ともにアンバンドリングと表現され
る。ほとんどの場合，分解されたもののどこかには規格化が容易な部分が生じ
る。そうするとその部分で規模の経済が追求されることになる。そして規模の
経済が働きやすい中でも，預貸業務に注力する場合は，隣接する従来型のサー
ビスから手数料を徴収し，ALMの成果が損益に反映されることになる。

　アンバンドリングという言葉が一般的になる以前から，ここで指摘したよう
な銀行業の変質はある程度予想されていた。1990年代初頭に，Hansellは銀行
業界の淘汰を通じて生き残る大手銀行は以下のような共通点を持つことになる
と指摘していた。一つは大量，低コストの業務を手がけること。もう一つは
RAROCに注目して，バランスシート管理の効率性を高めること。これは，銀
行が資産を持たずに，引受分売のみを行うような機関になる訳ではないという
ことを含意している。そして最後に，ほとんどの収益を伝統サービスの変種で
稼ぐということである[63]。

【注】
1)　Avrahamらは Y-9C データによる持株会社の資産と，Call 報告データによるそれら持株会社傘下
　の銀行子会社資産を比較し，それらの差を非銀行子会社資産として，内訳を推計している。それに
　よると，GLB 法成立前は極めて小さい比率しか占めなかった非銀行子会社の資産が，2012 年には1/
　3 近くを占めるようになっている。Avraham et al. (2012), p.66. ただし，上位 50 社の非銀行子会社
　では，信用仲介関連の活動に資産が集中している。*Ibid.*, p.74. 非銀行でも金利収入が中心である可
　能性が高い。ちなみに，Y-9C は一定の資産規模以上の銀行持株会社に提出が求められるため，同論
　文では Y-9C の数値全体を大手のものとしている。
2)　2000 年代半ばにはカストディ業務で強みを持つ Bank of New York が NY 地区の支店網を，JPMC
　の企業信託業務と交換した。その取引について CFO の Saum は次のように語っている。「金融スー
　パーマーケットは終わったと思う。全ての事業が競争的でなければならない。勝てる分野を選択し
　なければならない。多くの巨大金融コングロマリットは株価収益率が10-11になっている。活動投資
　家からの企業統治圧力が強い環境で，Chuck Prince や Jamie Dimon などの CEO は，それらにどう
　対処するか自問しなければならない。我々は独自の強みをもっと認識されたい。低い P/E は買収で
　有利にならない」。*IDD*, Apr. 17, 2006, p.7. Charles Prince は Citigroup, Jamie Dimon は JPMorgan
　Chase の CEO を指す。
3)　Santomero and Eckles (2000), pp.15-17.
4)　Cetorelli らは銀行報告データから非金利収入を四つに分類し，ネット・サービシング収入とネッ
　ト証券化収入を一つのカテゴリーとして計測している。分類が利用可能になった 2001 年からそれら
　は確かに無視できない比重を占めており，銀行が証券化を通じる仲介プロセスで多くの役割を果た
　すことを示すと解釈されている Cetorelli, et al. (2012), p.7. それに反論する訳ではないが，証券化関

連の収入が他に比較して大きくなっているとは言えない。また出所には持株会社向けの Y-9C と銀行向け Call 報告の両方が記載されているが，それらをどのように組み合わせたのかも分からない。

5)　参考までに図表 1-3 から下位 2 クラスの資産シェアを計算すると，対象期間中に一貫した低下傾向が見られ，1985 年の 48.9％が 2006 年には 22.1％まで低下した。

6)　1990 年代後半からは流通市場の発達が不良債権の償却を促すようになったことに加え，CDS が引当の代替手段として利用できるようになった。商工業貸出の不良化率は 1998 年から上昇し，2001 年には 3.5％になったが，同年第 4 四半期に銀行が積極的に償却を行った。Bassett and Carlson（2002），p.273. 商工業貸出について，CDS の利用が企業破綻の影響を若干緩和している。また流通市場の発達が償却を積極的に行う要因になっている。Carlson and Perli（2003），p.256.

7)　Bassett and Zakrajsek（2001），p.377.

8)　2000 年 7 月には Travelers が個人長期医療保険事業の 90％を GE Capital Assurance に売却，2002 年 3 月には Travelers Property Casualty 株の 23.1％を売却している。2005 年 7 月には Travelers Life & Annuity と国際保険業務のほぼ全てを MetLife に売却した。Merger Bank & Finance Manual.

9)　図には載せていないが，大手 10 行は貯蓄預金の調達を増加させて，外国拠点の預金を削減している。

10)　2006 年のグループレベルの数値を挙げると，無利子預金は国内 386 億ドル，国外 351 億ドルに対して，利付き預金は国内 1950 億ドル，国外 4432 億ドルであった。

11)　BankAmerica と NationsBank 合併時には，ニューメキシコ州で 17 支店と総額 4.9 億ドルの預金売却が司法省に求められた。https://www.justice.gov/archive/atr/public/press_releases/1998/1879.htm

12)　Fleet は 1997 年に割引きブローカーの Quick & Reilly を買収しており，Fleet に吸収される BankBoston は 1998 年に BankAmerica から Robertson Stephens を購入していた。*American Banker,* Mar. 16, 1999. BankAmerica が同社を手放したのは，NationsBank がライバルの Montgomery Securities を買収していたからであった。*NYT,* May 29, 1998.

13)　資産 100 億ドル超の銀行組織（持株会社を含む）が銀行業界に占めるシェアは，小口貸出で 2001 年 45.4％から 2006 年 44.7％へとわずかに低下しているが，極小貸出では 2001 年 40.1％から 2006 年 48.9％へと上昇している。Board of Governors（2007），pp.41-42. ただし，合併の影響を調整すると，小口貸出の伸び率では，基本的に小規模銀行が大手行を上回っており，大手行が小口貸出でシェアを高めているのは合併の影響が大きい。Carlson and Perli（2003），p.247.

14)　下院公聴会で Century National Bank の Bracewell が，小規模事業は業績変動が大きいためスコアリングでは不利になると証言している。また同氏は，それ以前の公聴会における First Chicago Corporation の Richard Thomas の「大銀行は 50 万ドル未満の貸出で利益を得るのが難しい。経費が小さい小規模銀行では 2.5 万ドルほどではないかと見ている」という証言を紹介している。U.S. House（Feb. 1997），pp.303-304.

15)　由里は，地元顧客とのリレーションシップを重視する立場上，懇意の業者の建設・開発資金借入要請を無下に断ることもできず，建設・不動産業向け貸出の比重が高止まりした状態で 2008 年秋の金融危機を迎えたコミュニティ銀行が多かったとの報道を紹介している。由里（2018 年），320 ページ。

16)　FRB は 2005 年に小規模銀行 5000 行以上の商業用不動産担保貸出を調査した。期間は 1997-2004 年である。うち半分以上の銀行では四半期毎の商業用不動産担保貸出成長率（年率）の中央値が 5-20％であった。15％の銀行では減少していた。約 10％の銀行では成長率が 25％を超えていた。FRB スタッフは，この 10％の銀行のうち 9 行から聴き取り調査を行った。それらの銀行が商工業貸出で不動産担保を徴収する割合は 2-30％程度で，ほとんどは 10％未満と答えていた。これに対して大手を対象とする貸出慣行調査では 2002 年 8 月に同様の質問がなされ，回答者の平均が約 15％であった。Klee and Natalucci（2005），pp.148-149.

124　第3章　銀行業界と大手銀行グループの収益動向

17) 内田は，商業抵当貸出に傾斜した銀行の典型は，HEL などを通じる過剰消費で生み出された
ショッピング・センターなどの建設・土地開発にのめり込んだものであると指摘する。内田（2010
年），92ページ。

18) いわゆるコミュニティ銀行は，小規模都市とルーラル地域で店舗・預金の高いシェアを維持し
た。これらは健全経営を維持したと言えるかもしれない。しかし FDIC の調査では662のルーラル地
域が 1970-2000 年に人口減少地域あるいは減少加速地域に分類された。それらカウンティの90%以
上は大平原，コーンベルト，南部デルタ，東アパラチアに所在する農業と鉱業に依存した地域であ
る。FDIC（2012），pp.3-10. もしかすると，根本的な問題は一部地域の過疎化と，他の地域における
乱開発なのかもしれない。

19) Citicorp は Walter Wriston 時代に5I（Individual, Institutional, Investment banking, Insurance,
Information technology）でトップになるという構想を打ち立てた。Wriston を引き継いだ Reed は最
初のI を最重視し，州際業務規制の緩和を見越して，国内外で積極的に小規模な銀行を買収した。II,
Mar. 1987a, p.202.

20) JPM はリテール基盤を欠いている。他行を買収するという選択肢もあるが，その分野に専門性を
持たないとして，常に拒否してきた。II, May 1990a, p.72. 1988-1995 年に同社は毎年，あるいは年2
回の組織再編を実施し，その過程で国際財務管理・調達サービスが全社に拡散し，全てが投資銀行家
になった。当時のグローバル企業金融部門責任者 Sandy Warner は 1988 年9月にグループ内にメモ
を送付し，その中では競争相手として Goldman, Morgan Stanley の名前が挙げられていた。Citicorp
や BankAmerica の名前はなかった。II, Mar. 1996, p.60.

21) Shipley によると，バランスのとれた収入源が，1980 年代の貸出問題の解消を可能にしていた。
また彼は NY，ニュージャージー，テキサス地方銀行業からの年金のような収入が，グローバル・ト
レーディングの不安定な収入を相殺すると考えていた。II, Feb. 1994, p.56. 各地域の銀行は州際業
務規制緩和の前であったため，別会社となっていた。このうちニュージャージーの銀行は 1995 年に
PNC に売却された。

22) Chemical と Chase の合併は，Manufacturers Hanover を含め，リテールの Citi と投資銀行業務
の JPM の両極に埋没した中途半端な銀行が，合併によって強さを取り戻した例として評価されてい
る。安田，田村（1998 年），95-98 ページ。

23) Chemical と Chase の合併で，シンジケートローン市場でのシェアが 1995 年 20%から 1999 年
31%まで上昇した。JPM との合併で企業向け貸出市場でのシェアが 37%に高まった。しかし合併は
強気相場の頂点で行われた。会計不正問題が生じた際，Enron は JPMC に 20 億ドル近い負債を抱え
ていた。一方，合併後も，同社は株式分野とリテールでは弱いと見られていた。II, Jan. 2002.

24) JPMC は貸出とプライベートエクイティに大きなエクスポージャーを抱えており，Moody's の
Nerby は「JP Morgan にとってそれらが問題なのは，投資銀行業務と PE への依存が大きいからとい
うだけでなく，それらによって多くの競争相手よりも不安定になっているから」と指摘していた。
IDD, Jan. 19, 2004a, p.9.

25) 業績悪化の中で，BankAmerica も Wells Fargo のように国際業務を捨てて西海岸に集中するので
はないかとの観測もあったが，当時の CEO の Armacost は「Wells Fargo の現在の戦略は良いと思
う。しかし我々にとっては良くない。我々は大きすぎ，広く展開しすぎている」と語っていた。II,
Oct. 1985, p.256. 1982-1984 年は貸出の簡単な内訳が Merger Bank & Finance Manual に載せられて
いた。最大の項目は外国向けで，それと近い水準で商工業が続いていた。資産に対する両項目の比
率を合計すると，各年で 38.74%，40.92%，42.44%となっていた。

26) 安田，田村（1998 年），142-144 ページ。

27) U.S. House（Mar.-Apr. 1995），p.57. 1996 年と 1997 年の2年分だけ貸出の内訳はあったが，両年
とも消費者と書かれた項目が最大になっており，資産に対する比率を計算すると 31.99%，28.48%に

なる。この他に不動産担保と書かれた項目があり，それぞれ 4.98％, 4.95％である。ただし，その内どれだけが住宅ローンか分からない。

28) 2000 年頃まで Bank of America は中間市場を目指していた。NationsBank から引き継いだ Fortune500 に入らない顧客基盤も持っていた。しかし 2001 年半ばに Kenneth Lewis がトップに就任すると，コスト削減を推進し，不採算顧客を貸出から閉め出すようになった。その一方で同社は投資銀行業務に本格的に乗り出し，ABS，機関債，財務省証券，ヤンキー債まであらゆる分野でシェアを上昇させた。Citi や JPMorgan Chase のように Enron 事件などで不良債権を抱え込まなかったことが功を奏したと見られている。*IDD,* Feb. 17, 2003.

29) 1997 年下院公聴会で，FDIC 長官証言の添付資料として，1996 年 9 月末時点の銀行持株会社上位 10 社のノンバンク子会社数が，銀行の別会社と銀行子会社に分けられているデータが提出された。それによると，50 社合計で抵当金融会社，商業金融会社，消費者金融会社の数は銀行外がそれぞれ 155 社，98 社，263 社であった。銀行傘下はそれぞれ 104 社，24 社，89 社であった。個別グループの数も載せられており，やはり銀行外と銀行傘下が併用されていることが圧倒的に多い。U.S. House（Mar. 1997), pp.252-256.

30) 2006 年に国内の抵当関連が Citibank, NA に集約された一方で，カード関連業務は Citibank（South Dakota), NA に集約され，Citibank（South Dakota), NA が Citibank, NA の子会社から外れて Citigroup の直接子会社となった。Comptroller of the Currency, Corporate Decision #2006-08, Sep. 2006, pp.5-6.

31) JPMC の場合は Chase Bank USA がカード銀行になっており，2006 年末の資産順位は 18 位であった。

32) 2005 年まで Bank of America（USA) であり，MBNA との合併で同行が FIA Card になった。Bank of America（USA) は 2005 年末時点で資産 19 位，MBNA America は 20 位で，それらが 2006 年に合併して 9 位に上昇した。

33) 例えば Bank of America は 2001 年に提携機関からローンを買い入れるコレスポンデント・チャネルを放棄し，独自のリテール・チャネルでのオリジネートに集中するようになったが，ALM 戦略から見て住宅ローンが不足すると判断した場合，ホールセール市場での購入を積極的に利用すると年次報告書で説明している。実際の第一抵当取得の数字は 2000 年がリテール 215 億ドル，コレスとホールセールで 303 億ドルであったが，2002 年にはリテール 600 億ドル，ホールセール 281 億ドル，2003 年にはリテール 928 億ドル，ホールセール 550 億ドルであった。Form 10-K, Bank of America, For 2002, p.26, For 2002, p.33, For 2003, p.47.

34) JPMorgan Chase は年次報告書で証券化活動を Consumer と Wholesale に分けて報告しており，Consumer は Retail 部門と Card 部門がオリジネートもしくは購入した部分，Wholesale は投資銀行部門が購入した住宅ローンとオリジネートした商業貸出（主に不動産）を指すと説明している。例えば Form 10-K, JPMorgan Chase, For 2005, p.103 を参照されたい。

35) 例えば Citigroup は 2003 年に Sears のカード事業を買収した。当時それは 286 億ドルで全米 8 位の受取勘定の規模であった。Form 10-K, Citigroup, For 2003, p.41. JPMorgan Chase も 2005 年には Sears Canada のカード業務（1000 万口座，22 億ドル），2006 年には Kohl's から 2100 万口座，16 億ドルのプライベートレーベル・カード受取勘定を購入した。Form 10-K, JPMorgan Chase, For 2006, p.97.

36) 1992 年の数字で当時の大手持株会社を比較すると，トレーディング勘定が資産に占める比率は 1 位 Bankers Trust（41.28％），2 位 JP Morgan（25.43％），3 位 Citicorp（7.99％）であった。トレーディング収入が総収入に占める比率は 1 位 Bankers Trust（39.31％），2 位 JP Morgan（27.32％），3 位 Chemical（10.49％）であった。U.S. House（Oct. 1993a), pp.387-388. いかに上位 2 社が突出していたか分かる。

126 第3章 銀行業界と大手銀行グループの収益動向

37) 銀行子会社レベルであるが，Stiroh が Call 報告を利用した分析から，非金利収入比率の上昇によって，リスク調整収入が低下することを発見している。特にトレーディング収入がリスク調整収益を低下させるということである。Stiroh (2002), p.2. データは 1984 年第 1 四半期から 2001 年第 3 四半期である。

38) Citigroup の FF とレポの内訳は 2005 年からしか利用できない。2006 年の数値を挙げると，資産側で FF 売却が 3300 万ドル，リバースレポが 1206 億ドルであった。負債側では FF 購入が 183 億ドル，レポが 2705 億ドルであった。JPMorgan Chase では FF とレポが分割されていない。

39) 1994 年に FASB が Fin41 を発表し，ディーラーは同一取引相手で同一満期のレポとリバースレポをネットできるようになった。そして 1995 年には Government Securities Clearing Corp. がレポの精算に乗り出した。GSCC がほとんどのレポを精算することで，それらは Fin41 の共通取引相手の基準を満たすことになる。II, Jul. 1998a. ネットされても，金利収入と費用はそれぞれ発生しているはずである。

40) Bank of America のケースではないが，1998 年の下院公聴会で The First Tennessee Corp. リスク管理担当者が店頭デリバティブ利用について，本文のような内容を証言していた。U.S. House (Jul. 1998), p.20.

41) Bank of America は 2000 年代にレバレッジド金融業務を強化しており，それに合わせてジャンク債のトレーディング業務を拡大しようとしていた。同社のグローバル資本市場責任者であった Duncan は「進歩はしているが，我々はまだ一次市場への依存が大きすぎると思う。流通市場業務をもっと強くしたい」と考えていた。IDD, Feb. 17, 2003.

42) Form 10-K, Bank of America, For 2003, p.32.

43) Form 10-K, Bank of America, For 1999, p.56. 売却予定貸出については「その他資産」に含められている。

44) 例えば 2001 年は抵当関連収入 7.58 億ドルのうち，5.93 億ドルが抵当銀行業収入で，1.65 億ドルはトレーディング勘定利益であった。後者は特定の抵当銀行資産とヘッジ向けデリバティブの評価損益を表している。Form 10-K, Bank of America, For 2001, p.47.

45) 2001 年の数値で各項目が非金利収入に占める比率は，Investment banking & other fees (5.8%)，Venture capital revenue (−0.5%)，Servicing fees (7.4%)，Securitization income (10.4%)，Insurance commissions & fees (1.8%)，Net gains/losses on loan sales (3%)，Net gains/losses on sales of OREO (Other Real Estate Owened) (0%)，Net gains/losses on sales of other assets (1.4%)，Other noninterest income (32.7%) であった。最後の「その他」は一定の比率を超えると各銀行が個別に報告することになっている。Waldrop (2002).

46) 明確な時期は分からないが，2001 年までにはシンジケートローン業務が Salomon に移管された。当初はライバルから酷評されたようであるが，結果としてローンとボンド業務融合の流れを捉えたと評価されている。IDD, Apr. 30, 2001.

47) IDD, May 17, 1999a. 名称変更の当初は，サンフランシスコ拠点の成長企業向けブティックを，ニューヨーク拠点のトップ投資銀行に変貌させることが目指されていたようであるが，投資適格証券の引受業務は長らく中核銀行の拠点であるシャーロットで行われる状態が続いた。IDD, Feb. 17, 2003.

48) 例えば，1998 年の下院公聴会で Lee 議員は合併で銀行が巨大化したら，少額の小切手口座しか持たない顧客はどうなるのかと質問したところ，NationsBank との合併手続き中であった Bank of America の Roethe と，同様に Travelers との合併手続き中であった Citicorp の Roche はそれぞれ次のように答えた。Roethe「Oakland でいくつか Bank of America の支店を閉めて，顧客が以前に通っていた支店から半マイル離れた別の支店に行かなければならなくなったことは理解している。我々は支店，ATM，その他の方法で口座にアクセスできるようにしている。我々のリテール向けサービ

スで 55％は支店経由ではない」。Roche「Citibank では 80％の取引が ATM，電話，PC で行われる。また顧客には残高に関わらず ATM 利用料を無料にしている。無料の PC バンキングも提供している。電話サービスは 24 時間で支店営業時間は延長している。技術と代替的な販売システムが銀行サービスだけで無く，他の金融サービスでも効果を発揮するだろう。今回の合併は販売拠点を削減するのではない。その全く逆だ」。U.S. House（Apr. 1998），pp.104-105.

49）　同じ公聴会で消費者運動家の Nader は次のような苦情を述べている。「First Union では人と話すのが月 2 回を超えると 50 セントを請求される。財務省小切手で身分証明書を持って行っても，口座を持っていなければ，現金化に指紋を採られ，1 枚 2 ドルか 3％の高い方を請求される。銀行ではコンピューターが複数階層の録音メッセージを流す。何回かボタンを押す必要がある。まともな時間でたどり着くのはほとんど不可能だ。彼らは従業員を削減して，負担を顧客に押しつけている。ソ連では人々が列に並んでいる。アメリカでは，我々が電話の前で待っている」。U.S. House（Apr. 1998），p.114.

50）　2000 年代後半の金融危機時には銀行の高額手数料に批判が集まった。その結果，Dodd＝Frank 法でデビット・カード加盟店手数料が制限され，またレギュレーション E 改正で当座貸越手数料徴収時の条件が厳格化された。これらによって Bank of America や Wells Fargo は年間預金関連手数料の 40-50％に相当する 20-30 億ドルの収入を喪失したと言われている。吉永（2012 年），11 ページ。ただし，項目がある会社では，カード加盟店手数料は「カード」の項目に参入されていると思われる。

51）　Form 10-K, Bank of America, For 2002, p.32. その他のサービスには給与支払い，ロックボックスなどが挙げられている。ともに企業向けである。

52）　FRB は議会から金融機関の手数料に関する調査を求められ，それらを ① 預金口座，② 特別行為，③ ATM 利用に分類した実態調査を行った。① は小切手発行や口座維持に関わるものである。ここで列挙したものは全て ② に入り，いずれも 1994 年から 1999 年の期間に料率が有意に上昇した。Hannan（2001），p.5.

53）　2004 年上院公聴会における Consumer Federation of America 代表 Plunkett の証言。U.S. Senate（Jul. 2004），p.7.

54）　1980 年代からカード会社が顧客セグメンテーションとターゲット設定の技術を開発し，データベースを構築していった。それを銀行が採用し，クロスセルのインフラにした。飯村（2000 年春），28 ページ。

55）　NYT, Jan. 14, 2009, NYT, Dec. 13, 2011.

56）　Form 10-K, JPMorgan Chase, For 2006, p.99.

57）　Form 10-K, Bank of America, For 2006, p.113.

58）　証券化途上だった資産が証券化された後に，そのリスクの一部を留保すると，少なくとも JPMC の場合は抵当関連に含まなくなる。同社ではホールセール活動の証券化に関するリスク留保はトレーディング資産に分類され，リテール活動の証券化で権利が証券に記されたリスク留保は売却予定証券，証券に記されていないリスク留保はその他資産に分類される。それらから収入が生じれば，それぞれの勘定の収入として記録される。Form 10-K, JPMorgan Chase, For 2006, p.114. トレーディング勘定や売却予定証券のように，値洗いが必要であれば，そこからの評価損益ということになるであろう。ちなみに，カード証券化の際の売り手持ち分など，プールと不可分のリスク留保は貸出に分類されるということである。

59）　Form 10-K, JPMorgan Chase, For 2006, p.26.

60）　Form 10-K, Bank of America, For 2001, p.47.

61）　Form 10-K, Bank of America, For 2004, p.21.

62）　U.S. House（Sep. 1993），p.17.

63）　II, Jan. 1990a, pp.52-55.

第4章

投資銀行業界における主体取引の定着

4-1　トレーディングによる新興勢力台頭

「伝統的銀行業」の衰退という表現に対して、「伝統的投資銀行業」の衰退という表現はあまり見かけない[1]。しかし、「投資銀行業」が変質したというイメージは決して珍しいものではない。Smith and Sylla が情報問題を軸に、アメリカ金融システムの歴史を整理しており、それが投資銀行業の変容を考える上で参考になる[2]。以下がその内容である。

19世紀後半に鉄道建設が本格化すると、一部の投資銀行が中心となって鉄道債の販売機構を確立し、インナーサークルを形成するようになった。シンジケートの頂点に立つ少数の投資銀行は多くの企業に役員を派遣し、株式取得と合わせて影響力を発揮した。これは利益相反の元にもなったが、同時に外部への価値保証や企業のモニタリングにもつながった。公開情報が欠如していたため、投資家は投資銀行に依存するほかなかった。

しかしプジョー委員会の調査が進む過程で、投資銀行は役員派遣や株式取得を削減する方向に動いた。それは単に批判にさらされたからではない。企業の成長に伴い、企業活動や組織が複雑化したり、外部資金への依存が低下すると、投資銀行の役員派遣や株式取得は有効性を失った。企業と投資銀行の関係が特定人物の人格やコネに依存する部分が大きかったことで、その人物の引退によって関係が途切れることもあった。また、新興商会や商業銀行からの競争、投資の大衆化、電力など新産業の台頭が、投資銀行業界の取引関係に流動的な要素をもたらした。

この状況下で情報不足の影響が深刻化し、各州でブルースカイ法、連邦レベルで 1933 年証券法、1934 年証券取引所法が制定された。SEC の創設や会計基

準の導入は，これらの法律に基づいて公開されたデータの信頼性と比較可能性を高めた。さらにアナリストや格付け機関が公開情報を消化し，追加的な分析情報を提供するようになった。豊富な情報があれば，投資家はもはや投資銀行に対する信頼に依存する必要がない。投資理論の発達もあり，戦後は機関投資家が株主としての地位を高めていった。

以上の内容の骨格部分は「伝統的銀行業」の衰退論とも共通している。簡単に言えば，これは仲介不要論である。しかし，それでは，なぜ一部の投資銀行が仲介において強みを発揮し，高い利益を獲得するのかが見えない。そこで以下では，単純な仲介業務の収益性が低下する中で，投資銀行が収益基盤を模索していった軌跡をたどる。そして，1980年代にはバランスシートを利用した仲介が，大手では活動の軸になっていたことを確認しておきたい。

コミッション業務と引受業務のトレーディング化

Smith and Sylla が指摘するように，かつての投資銀行業界は有力商会が属人的な顧客関係を元に業界秩序を形成する，インナーサークルという性格が強かった。大不況の時代から戦後の早い時期には，その性格が色濃く残っていたようである。

投資銀行の地位を規定するのは Fortune 500 企業との顧客関係であった。当時の企業は取引銀行に忠実で，主幹事にシンジケートの構成を委ねた。そして，墓石広告で最上位を占めるバルジがシンジケートのルールを決定した[3]。このシンジケートの序列は極めて固定的であり，司法省が1947年に17社を相手に訴訟を起こすほどであった。図表4-1がその被告の顔ぶれと，それぞれの証券引受に占めるシェアである。

この訴訟自体は1953年に却下されたが，証券の販売において業界に暗黙のカルテルのような秩序があったことは否めない。Bloch によると，主にニューヨークを拠点とする老舗業者が共同引受人および助言業者で，売り出し担当は新興の小規模なブローカー企業であった[4]。ここでいう老舗業者がバルジであり，1960年代の半ばまでは図表4-1における上位4社を指した。

この4社の共通点は，投資銀行業務が業務の中心を占め，引き受けた証券の販売では限られた機関投資家だけを相手にしていたことであると言われる。こ

130　第4章　投資銀行業界における主体取引の定着

図表 4-1　1947 年司法省訴訟の被告 17 社証券引受シェア
（1938 年 1 月 1 日〜1947 年 4 月 30 日）

(%)

Morgan Stanley & Co.	16.1
First Boston Corporation（Mellon Securities 社管理の証券を含む）	13.1
Dillon, Read & Co., Inc.	7.1
Kuhn, Loeb & Co.	6.6
Blyth & Co.	4.3
Smith, Barney & Co.	3.9
Lehman Brothers	3.1
Harriman, Ripley & Co., Inc.	3.0
Glore, Forgan & Co.	2.0
Kidder, Peabody & Co.	1.9
Stone & Webster Securities Corporation	1.7
Goldman, Sachs & Co.	1.4
Harris, Hall & Co.（Incorporated）	1.2
White, Weld & Co.	1.1
Eastman, Dillon & Co.	1.0
Union Securities Corporation	0.9
Drexel	0.5
17 社合計	68.9
非被告投資銀行 1 社（Halsey, Stuart）	15.1
非被告投資銀行 275 社	16.0

（出所）　Ernest Bloch, *Inside Investment Banking*, 2nd ed., 1989（佐藤隆三
監訳，箱木禮子，岡三経済研究所訳『投資銀行の内幕』勁草書房，
1992 年，7 ページ）。

れら老舗業者は個人投資家に対する販売機構は全く持っていなかった。最上位
の Morgan Stanley の場合には，1971 年までフルタイムの販売員が 1 人もおら
ず，自社の引受分は数人のパートナーたちが大手機関投資家と接触すればよ
かった[5]。

　しかし，業界秩序が安定していた要因には，戦後に資本市場が不活発な状況
が続き，引受業務の量が制限されたこともあった[6]。1960 年代に入ると，証券
発行量が拡大し，一般投資家向けの小口販売の重要性が高まってきた。さらに
運用資産が拡大した機関投資家は，ポートフォリオの入れ替え需要を強めるよ
うになった。これら投資家の取引に対応し，そのニーズを把握しておくこと
が，引受業務においても必要不可欠になっていった。

　そして，売買仲介業務が，その内容を大きく変化させることになった。1960

年代から株式取引が活発化し始め，多くの投資家は固定的な手数料水準に不満を抱くようになっていた。1970年代に入ると議会から業界への圧力が強まり，1975年までに手数料を完全に自由化することが義務づけられた[7]。機関投資家向けの大口取引は，自由化がコミッション収入の低下に直結した。

その結果，ディーラーはトレーディングの比重を高めなければならなくなった。機関投資家相手のブロック取引は1960年代のブル市場に活発化し，1970年代に入ると一時低迷していたが，1970年代末からは再び活気を取り戻した。NYSEに記録された10万株以上の取引回数は次々と記録を更新し，1982年だけで前年の倍になる10255回に上った。そしてNYSE取引に占める1万株以上のブロック取引シェアは1978年の22.9％から1982年の42.2％まで上昇した[8]。

こうした取引の拡大から利益を確保するために，ディーラーはリスクを取るようになった。機関投資家は取引の複雑さによって支払うコミッションを差別化し，高めのコミッションを得るためには自己勘定で売買に対応しなければならなかったからである。それでも，相場変動の大きさに比較すると，読みを間違えれば取引から簡単に損失を被るような水準のコミッションでしかなかった[9]。

当時の業界において，GoldmanとSalomonがブロック取引で抜きん出た存在となっており，それにMerrillが続いていた。それら上位3社が取引を獲得できる理由は，どのような額でも対応できることであった。他の業者は上位に追いつくため，取引への資本割り当てを拡充し，ポジション上限を引き上げるようになっていた。それら業者の中にはMorgan Stanleyも含まれていた[10]。

このように，株式ではコミッション業務がトレーディング化していったが，債券ではもともと売買に主体として対応することが一般的で，1970年代にはすでに株式をしのぐブロック取引が行われるようになっていた[11]。債券のブロック取引は，ユーロ債市場で一足早く買取発行という手法を導入することを可能にした。1970年代末には金利変動が激化しており，時間のかかるアメリカのシンジケート発行はユーロ債市場の競争圧力を受けることになった。そして，1982年には一括登録制度が導入された[12]。

一括登録制度では2年間分の発行を事前に登録し，その間に市場のタイミングに合わせて迅速な発行ができる。債券のブロック取引能力を持つ業者であれ

132　第4章　投資銀行業界における主体取引の定着

ば，シンジケート無しに全額買取によって多額の手数料を獲得することができる。その結果，シンジケートの利用が減少した。機関投資家の力が強まっており，リテール投資家への販売を少しばかり増やすために，地方業者の力を利用する必要がなくなった[13]。その代わりに必要となったのが，機関投資家を相手とするトレーディング能力である。

トレーディング化による業界秩序の変化

　こうした変化は古い業界秩序に亀裂を生じさせた。1960年代にはすでにLehman，BlythがMorgan Stanleyの入札グループと縁を切ってMerrill，Salomonと協力し，公益事業債と鉄道債の競争入札で共同幹事を獲得するようになった。業界では部外者であったMerrillとSalomonは，この実績を足がかりに旧勢力と対抗する道を歩み始めた[14]。

　老舗の投資銀行が企業と強いつながりを持つ中で，新興勢力に機会が与えられたのには，1970年代には未だ投資銀行が基本的に小規模で，大規模化する発行を売りさばくのに共同幹事の協力が必要になっていたという背景がある。同時期にはブローカーが淘汰されるようになっており，MerrillやSalomonのような存在は貴重であった[15]。

　しかし，老舗の投資銀行にとって共同幹事を招くのは歓迎すべきことではない。1979年9月にIBMが初めての公募債発行を行った際，主取引先であるMorgan Stanleyは主幹事から外れていた。それはIBMがSalomonを共同幹事にすることを打診すると，Morgan Stanleyが主幹事を辞退したからであった。こうしたケースは新興勢力にとって取引に食い込む機会となる。実際にIBMの案件では，Morgan Stanleyが辞退した後，Salomonの名前が一番上に来る招待状をMerrillは喜んで受け入れた[16]。

　こうして，投資銀行業界では序列が変わっていった。図表4-2が1980年までの引受ランキングの推移である。かつてのバルジであったDillon，ReadやKuhn，Loebは，早い段階でランキング上位に入らなくなっている。Morgan StanleyとFirst Bostonですら，常に下位業者からの競争圧力にさらされている様子がうかがえる。そして，1980年までには，MerrillとSalomonが上位陣の常連になり，同年には1位，2位と続いた。

4-1 トレーディングによる新興勢力台頭　133

図表 4-2　証券引受ランキング推移（1950-1980）

(100万ドル)

1950		1955		1960		1965	
Halsey, Stuart	724	Morgan Stanley	1,019	First Boston	1,340	First Boston	2,362
Morgan Stanley	645	First Boston	894	Halsey, Stuart	1,097	Lehman	1,706
First Boston	556	Halsey, Stuart	868	Morgan Stanley	970	Blyth Eastman	1,549
Merrill Lynch	339	Blyth Eastman	748	Lehman	610	Merrill Lynch	1,342
Kidder Peabody	289	Glore, Forgan	493	Merrill Lynch	609	Morgan Stanley	1,101
Blyth Eastman	265	Kuhn, Loeb	472	Blyth Eastman	603	White Weld	1,050
Lehman	233	White, Weld	458	White, Weld	578	Salomon	924
White, Weld	210	Lehman	441	Kidder Peabody	374	Kidder Peabody	825
Union Sec.	183	Smith Barney	321	Kuhn, Loeb	357	Lazard Freres	799
Stone & Webster	170	Alex Brown	302	Stone & Webster	310	Kuhn, Loeb	768

1970		1975		1980	
First Boston	7,023	Merrill Lynch	14,066	Merrill Lynch	21,298
Merrill Lynch	6,398	First Boston	12,198	Salomon	17,213
Lehman	5,101	Salomon	11,884	First Boston	12,701
Salomon	4,589	Morgan Stanley	11,226	Morgan Stanley	11,668
Morgan Stanley	4,094	Goldman	8,502	Goldman	11,058
Blyth Eastman	4,019	Blyth Eastman	7,141	Lehman	10,246
Halsey, Stuart	3,077	Lehman	6,450	Blyth Eastman	9,262
Goldman	2,905	Halsey, Stuart	6,201	Kidder Peabody	9,082
Kidder Peabody	2,864	Kidder Peabody	5,768	Dean Witter	6,770
White, Weld	2,629	Smith Barney	4,333	E. F. Hutton	5,420

(原資料)　*Investment Dealers'
Digest.*

(出所)　Samuel L. Hayes, Ⅲ, A.
Michael Spence, David Van
Praag Marks, *Competition
in the Investment Banking
Industry*（宮崎幸二訳『ア
メリカの投資銀行』東洋経
済新報社, 1984年, 142-143
ページ）。

　新興勢力の台頭は，暗黙の了解によっては業界の秩序が保たれなくなったこ
とを意味する。共同幹事の案件を嫌うことにしても，Morgan Stanleyのプライ
ドだけがそうさせていた訳ではない。共同で案件を手がけると，共同幹事から
の離反を警戒しなければならなくなる[17]。幹事による証券の投げ売りを避ける
には主幹事が自身の販売を増やさなければならない[18]。そのためには，大規模
なトレーディングと発行市場における巨額の引受に対応できるだけの資本規模
が必要となる。

　一括登録制度の導入は，買取発行への道を開くと同時に，伝統的な顧客関係
をさらに希薄化させることにもつながった。そうすると，より一層，販売力，
トレーディング力，資本力が必要になる。老舗ながら上位を維持した投資銀行
は，この状況に対応したからこそ衰退を免れた。Morgan Stanleyでも，1970年
代にはトレーディング業務を立ち上げ，資本市場部門で販売，調査，裁定取
引，シンジケーションまで幅広く手がけるようになっていった。[19]。

134　第4章　投資銀行業界における主体取引の定着

First Boston にしても，1970 年代半ばに George Shinn が Merrill から移籍した時には，過去の栄光にしがみついて，顧客開拓や新たな手法の採用に後ろ向きであったが，そこから経営改革に着手し，人員を拡充して M&A やトレーディングなどの分野を強化していった[20]。それによって 1980 年代には一括登録制度，国際証券取引の拡大，MBS 市場発達，大型 M&A ブームといった環境に適応できるようになっていた[21]。

4-2　1980 年代におけるトレーディングの複雑化と裁定取引

市場の流動性と投資銀行の収益性

　トレーディングの重要性は 1980 年代にさらに顕著となる。新興勢力はトレーディング力を利用した価格競争によって業界内での地位を高めてきた。それは投資銀行業務の収益性に低下圧力をかける一方で，リスク水準を上昇させるように作用した。

　株式の取引では，損失を覚悟の上でブロック取引に対応することが不可欠になった。Goldman のトレーダーによると，最初に 10 万株の取引を受けると，次は市況に関する助言を求められるようになり，それが他の取引にも広がっていくということであった。Goldman は Salomon と並ぶブロック取引分野のトップ商会であり，それが引受での順位を高めることに貢献していた[22]。

　他の多くの機関もブロック取引を通じて市場に接しておくことで，企業金融取引や M&A 案件を獲得することを期待した。そのため，取引自体は高リスクで収益性が低いにも関わらず，各社は人気アナリストに高給を支払い，ブロック取引デスクに資本をつぎ込んだ[23]。それがさらに競争圧力を高め，ブロック取引の収益性を低下させることになる。そうすると，発行市場で収益を確保することも怪しくなる。

　それでは，投資銀行はどのように利益を確保するのであろうか。債券市場に投資銀行による収益獲得のメカニズムを理解するヒントがある。債券は株式のように規格化されていないため，早い時期から店頭取引が主流であった。1980 年代になると債券取引の拡大に伴って，債券トレーダーは株式のブロック取引

が小粒に見えるほどの大口取引を行い，顧客からの売買注文に対応するため多額の在庫を抱えるようになった[24]。

規格化されていないことは，トレーダーが価格の提供でかなりの裁量権を持つことにつながる。トレーダーは販売員に対して，顧客の注文を持ってくる時は誰の注文かを明確にするよう指示し，大口の得意先にのみ良いサービスと価格を提示していた。しかし，財務省証券のように活発に取引される商品であれば，投資家は価格情報を簡単に入手できるため，トレーダーには裁量の余地が無い。取引頻度が低く，類似の証券が少ないほど，裁量の余地が高まる[25]。

つまり裁量の余地は，どれだけ投資家がディーラーに依存するかに規定される。そしてディーラーの交渉力は発行市場における地位と表裏一体である。

1980年代には私募市場の主な投資家である保険会社が，借り手との直接取引の割合を高めていたが，ほとんどは繰り返しの案件であった。多くの保険会社は直接取引を行っていると，魅力的な案件があっても投資銀行が声をかけてこなくなると恐れていた。投資銀行からの報復を恐れる必要の無い一部の保険会社でも，大手投資銀行ほどの案件発掘と分売のネットワークを持たず，自ら案件を開拓することには消極的であった[26]。

このように発行市場で強みを持つと，投資家がその業者に売買を依頼するようになる。また発行市場で証券の販売先を把握しておくと，ディーラーはマーケットメイクが容易になる[27]。そして，投資家向けにマーケットメイクを提供しておけば，投資家は取得した証券を後に売却する時のことを考えて，やはり発行者との直接取引をしようとしなくなるということである[28]。

しかし，債券市場でも流通市場の拡大とともにディーラーの優位性は低下する。その典型が財務省証券であるが，それだけではない。ディーラーは顧客のニーズに対応するため，市場情報や分析システムを顧客向けにも提供するようになった。例えば Merrill と Innovative Market Systems が共同開発した MarketMaster は販売1年間で固定金利デスクで一般的に利用されるようになった。利用者は政府証券，MBS，変動金利のリアルタイムデータから利回り分析を行い，格付け，コール日程，発行記録を確認することもできた[29]。

投資家がこれらの情報を画面から得ることができれば，特定のディーラーからの建値に依存する必要がなくなる。その影響は発行市場にも及ぶ。投資家が

引受業者と同じ情報を得れば，両者に違いが無くなる。grey市場で安い価格が付いていれば，投資家はそちらに乗り換え，主幹事は価格をコントロールすることができない。そうするとシンジケートの活動はブロック取引に取って代わられ，引受業者はトレーディングから利益を上げなければならなくなる[30]。

価格は顧客との力関係によって左右され，その力関係は商品の希少性に規定されるという単純な原理は，投資銀行にとって大きなジレンマとなる。なぜなら，量が豊富で規格化度合いが高い商品ほどトレーディングが容易になる一方，収益性は低下するからである。

1980年代はいわゆる「金融革新」の時代であった。それは標準化された商品の取引が世界規模で行われるようになる一方で，多様な新商品が次々と誕生したことを指す。正にCraneらがいう革新のスパイラルである。そうすると大手の収益源は流動性を利用して特殊商品を生み出すことと推論できる。

図表4-3を参照されたい。1980年代の後半には特に負債で発行額が急増し，1980年代の末に一つのピークを生み出している。この時期に連邦機関が関与しない民間MBSや，ABSの発行が離陸し始めたのは2章で述べた。そして1980年代後半にはLBOブームから，高利回り債の発行も増加している。さらに目に付くのが私募債である。この中には，公募案件には馴染まないような特別仕様も多いと考えられる。

特別仕様を生み出す上で，1980年代にはデリバティブの利用が広がった。これにより，借り手は柔軟に負債を管理することができるようになった。例えば金利上昇が予想されるなら，負債発行を前倒しする他に，固定金利側で金利スワップに入る，先物を売る，プット・オプションを買うという選択肢がある。株価引き上げの必要性と市場リスク増大が多様な選択肢の必要性を高めた。証券化の利用が軌道に乗ったことも同じ文脈で理解することができる[31]。

問題は引受のボリューム拡大と新商品の登場が，新規参入者にも機会を提供することである。実際，デリバティブで中心的な位置を占める金利スワップは，商業銀行がマーケットメイクを提供するようになったことで市場が急成長した。そして，革新性を含めて，利用者からの評価では米商業銀行が上位を独占するようになった[32]。加えて，私募仲介であれば商業銀行は本体で手がけることができる。

図表 4-3　米民間証券発行額

(10 億ドル)

	1980	1981	1982	1983	1984	1985	1986	1987	1988	1989	1990
負債											
普通債（投資適格）	35.3	33.6	37	30	39.2	56.5	105.5	81.8	73.4	76.5	75.8
普通債（高利回り）	1.4	1.5	2.5	7.4	14	10	29.4	26.7	25.8	24.6	0.7
転換債	4.4	4.7	3.2	6.1	4.1	6.2	9.8	10.3	4.1	5.8	5.5
ABS	0.5	0.5	1.1	8.4	12.1	1.2	10	8.9	14.3	22.2	43.6
MBS						23.7	62.2	83.3	83.5	35.1	43.2
私募	13.8	16.3	25.9	32.7	42.3	70.4	107.1	119.9	172.7	168.5	113.6
株式											
私募	1.9	1.5	1.5	2.9	3.6	9.3	12.4	14.5	17.9	31.5	17.5
普通株	11.4	10.8	12.7	24.5	5.3	16.2	20.9	17.5	6.1	9.2	9.1
IPO（投信を除く）	1.4	3.1	1.3	12.5	3.8	8.4	18.1	14.3	5.7	6.1	4.5
＊参考											
世界デリバティブ想定元本											
取引所									1,304	1,767	2,291
店頭									1,654	2,475	3,450

（注）　1984 年までの系列は 1985 年からと連続していないが，株式関連は重複分が一致。MBS は
　　　　1985 年から系列が始まっており，それまでは ABS に含まれていたと考えられる。「普通債（投
　　　　資適格）」の数値は，元のデータにあった「普通債」の数値から「普通債（高利回り）」の数値
　　　　を差し引いて求めた。デリバティブ想定元本の原資料は BIS と ISDA。

（出所）　SIA, *Fact Book* より作成。

　それでも，1980年代には大手投資銀行と肩を並べる商業銀行が現れることは
なかった。GS 法が最大の障害になっていたことは否定できないが，私募でも
やはり投資銀行が上位を独占していた[33]。そもそも，投資銀行業界において
も，競争激化の中で新たな寡占が生じていた[34]。そして，幅広い分野でランキ
ングの上位を占める当時の大手7社は，新種の金融商品を開発する上でも独占
的な地位にあった[35]。こうした強さの源泉がどこにあるのかを考察しなければ
ならない。

トレーディング手法の質的な変化

　大手投資銀行が一方で採算性の低い標準的な商品の大規模取引を手がけなが
ら，他方で金融革新を主導しているのは，在庫の大量保有による売買注文への
対応を超えた，トレーディングの質的な変化が背景にある。

138　第4章　投資銀行業界における主体取引の定着

図表 4-4　1980 年代の金利動向

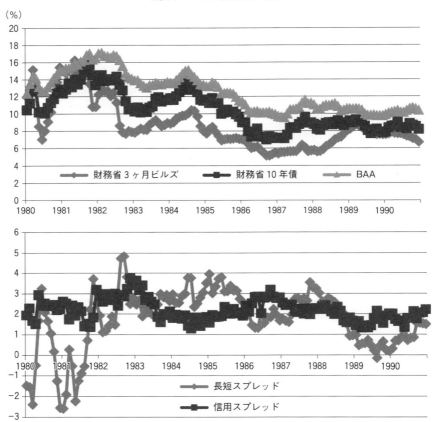

（出所）　財務省証券利回りは http://www.federalreserve.gov/releases/h15/data.htm，Moody's の
　　　　BAA 利回りは Federal Reserve Bank of St. Louis の FRED のデータを利用して作成。

　図表 4-4 は 1980 年代の金利動向である。名目金利が高水準になっていたことに加え，FRB が新金融調整方式を採用したことで，1970 年代の末から 1980 年代の初頭は短期金利が乱高下した。利回り曲線が逆転すると，在庫保有が逆鞘になる。さらに長期金利も上昇すると評価損が発生する。それでも証券業界は 1979 年と 1980 年に高水準の利益を達成した。その一因は先物や空売りを利用したリスク管理の精緻化である[36]。

4-2 1980年代におけるトレーディングの複雑化と裁定取引　139

図表4-5　証券会社の資産とトレーディング勘定の比率

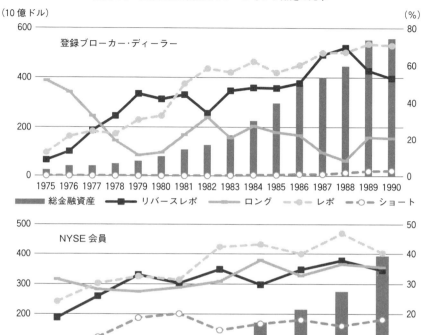

(注)　総金融資産と総資産は左目盛り。折れ線グラフの各項目はそれぞれ総金融資産と総資産に対する比率のパーセンテージで右目盛り。上図でロングはDebt securitiesとCorporate equitiesの合計であるが，ショートはDebt securities (corporate bonds)のみ。下図で1980年からのリバースレポにはSecurities borrowedを含まず，ロングにはSecurities owened not readily marketableとOther Investments not readily marketableを含む。

(出所)　上図はBoard of Governors of the Federal Reserve System, *Financial Accounts of the United States*，下図はSIA, *Trends* 各号より作成。

図表4-5で証券業界のバランスシート状況が分かる。上図で業界の総金融資産が急増する中，当初はその10%前後しか占めなかったレポとリバースレポが，1980年代には50-70%を占めるまで拡大している。上図では在庫が企業債以外，ショートをネットして表示されていると見られる。そのネットの在庫の

動きはリバースレポと逆に動いている。下図は NYSE 会員のみで，ロングとショートがネットされていない。こちらを見ると，資金調達の中心がレポに変わっていったのに対応して，在庫の水準がレポと連動するようになっている。

　在庫水準の調整にショートやリバースレポが多用され，レポ取引とトレーディングが不可分に結びつくようになっていることは間違いない。それはディーラーの資金調達と顧客への与信がトレーディングに包摂されたことを意味する。金利の先行きを予想しながら，レポとリバースレポの組み合わせ比率を調整する動きは1970年代から始まっていた[37]。そして，このレポ取引を利用した金利裁定に，ショートや先物（先渡し）が組み込まれていったのである[38]。

　図表4-6によって Merrill と Morgan Stanley の例を確認しておく。当然ながら，トレーディング勘定とレポ取引の動きは個別企業によって様々であるが，やはりミスマッチを利用しながら在庫管理を行っていると見られる。図表4-7はポジション内訳である。ショートの中心は2社ともに政府関連になっているが，企業証券でのショートも大きい。Morgan Stanley のデータを見ると，それは企業株とデリバティブが含まれていることによると推察される。

　商業銀行でも連邦政府関連や地方自治体の一般財源債であれば自由に取引でき，実際に大手はトレーディングを足がかりに，投資銀行業務に乗り出そうとしていた[39]。しかし，企業証券の取引には制限が大きい。ようやく1987年に20条子会社の設立が認可されたが，非適格証券からの収入には厳しい上限が課され，大幅に緩和されるまで10年ほどかかった。

　さらに問題はレポである。下院公聴会で Chemical の Rawls は「もしディーラーが証券を調達して，それを低いベーシスでレポに出すことができれば，それによって市場の流動性が飛躍的に高まる。総資産の資本に対する圧力があるため，そうした取引は銀行にとって実質的に不可能である。我々はレバレッジが限られており，リバースレポのような利回りの低いものに投資することができない」と証言した[40]。

　Bankers Trust や JP Morgan のようにドラスティックな決断をしない限り，銀行にはレポ取引を利用して，バランスシートの規模を大きく変動させることには制約が大きかったようである。そして，このレポ取引が株式を含む企業証券や，それらのデリバティブなどの幅広い市場を結びつけるトレーディングの

図表 4-6 大手投資銀行グループ 2 社の資産とトレーディング勘定

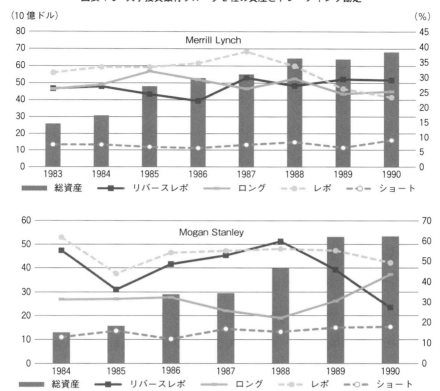

(注) 総資産は左目盛り。折れ線グラフの各項目は総資産に対する比率のパーセンテージで右目盛り。2 社ともにリバースレポには証券借入、レポには証券貸出を含む。
(出所) *Merger Bank & Finance Manual* 各号より作成。

不可欠な要素であることを忘れてはならない。

トレーディングによる収益の獲得

1980 年代にはトレーディングが投資銀行のあらゆる業務の中で中核的な存在になった。大手は情報機器の装備のために多額の投資を継続し、情報収集と処理能力を高めていった。トレーディング部門内部では各種の固定金利証券取引チームが大規模トレーディング室に集約され、市場間の裁定を行いやすい体

142　第 4 章　投資銀行業界における主体取引の定着

図表 4-7　大手投資銀行グループ 2 社のポジション内訳

(100 万ドル)

	1984	1985	1986	1987	1988	1989	1990
Merrill Lynch							
トレーディング資産							
抵当，MBS，ABS					3,273	2,240	2,763
企業					6,004	6,639	7,729
政府関連					3,521	3,515	3,896
地方自治体					429	398	479
短期市場					5,813	2,929	2,417
トレーディング負債							
企業					1,616	2,486	3,013
政府関連					3,743	1,620	3,125
地方自治体					88	81	69
Morgan Stanley							
ロング							
政府関連	1,223	1,751	3,109	3,112	3,568	7,084	13,748
CP，CD，BA	1,285	436	1,474	415	1,241	1,404	1,164
企業負債，金利・通貨スワップ	444	1,630	2,677	2,055	2,152	5,160	5,895
企業株	913	776	1,391	1,554	1,607	2,084	1,548
地方自治体	134	348	802	246	120	119	266
商品，外貨	109	74	59	296	236	542	772
ショート							
政府関連	825	1,407	1,710	2,524	3,879	5,426	5,081
企業負債，金利・通貨スワップ	107	262	516	927	738	999	2,511
企業株	492	627	1,041	1,147	1,098	1,986	865
地方自治体	2	1					
商品，外貨	265	229	256	446	511	957	1,160

（注）　政府関連には外国政府債も含む。Morgan Stanley は 1990 年から内訳があった。1990 年はロ
　　　ングで US Government & agency が 92 億ドル，non-US government が 45 億ドル，ショートで
　　　US Government & agency が 31 億ドル，non-US government が 18 億ドルであった。Merrill は
　　　1991 年からしか内訳が無かった。
（出所）　*Merger Bank & Finance Manual* 各号より作成。

　制が整えられた。報酬体系が裁定を促すように設計されることもあった[41]。
　　市場価格の動向に応じてバランスシートを柔軟に調整しながら，標準的な商
品も合わせて多様な市場を結びつけるトレーディングが，新たな商品を生み出
す上での基盤となった。それは引受業務の収益性が低下する中で，投資銀行に
とって引受そのものよりも重要な収益源となった[42]。引受スプレッドが小さい

MBS や CMO はその典型である[43]。

MBS ではデュレーションの管理が必要となり，REMIC を利用した CMO ではストリップ技術を使って複数の異なるキャッシュフローを持つ商品が生み出される。またデリバティブによってそれらのキャッシュフローが合成されることもある[44]。そうした商品を組成し，それぞれニーズの異なる投資家を見つけて販売するにはリスクを取らなければならない。その間のリスク管理の巧拙が収益を規定することになる[45]。

そのリスク管理に失敗すると多大な損失を被る。Merrill のケースでは，1987年 3 月に 17 億ドルの MBS を引き受け，IO と PO に分割して販売した。その後，上級トレーダーが報告なしに 8 億ドルを追加購入した。その際，IO は簡単に売れたが，金利上昇で PO 価格が下落し，Merrill は数週間で 2.75 億ドルの損失を被った[46]。この業務が引受でありながら，むしろトレーディングと近い性格を持っていることが理解されるであろう。

ジャンク債の場合は引受の収益性がそれなりに大きく，発行業務全体で Drexel が独占的な地位に就いていた[47]。Drexel の強みは流通市場を掌握していることにあった。同社は 1970 年代からジャンク債のトレーディングを開始し，1974 年には販売，トレーディング，調査を揃えた独自の部門を設立した[48]。そして投資家との強い関係を構築し，引受ではそれら投資家からのコミットを利用した。投資家の中には，Drexel を通じてジャンク債を発行するところもあった[49]。このような顧客とのネットワークに，他社が食い込むのは困難であった[50]。

ただ，これは市場発達初期の話であり，その後の展開を考えるとジャンク債にはより重要な話がある。それはジャンク債の個別性が高いことである。特に堕天使のジャンク債は，ファンダメンタルズ自体の不安定さによって激しい値動きを見せる[51]。これはジャンク債が投資適格債に比較して，株式に近い性格を持っていることを意味している。

Morgan Stanley では Drexel に対抗するため，1985 年から販売部隊を 3 倍に拡張し，1987 年前半にはジャンク債引受で 2 位になった[52]。しかし，当時トレーダーであった Bookstaber によると，同社は販路が確立されていなかったため，大量に在庫を抱えることになった。そこで同社は複合ヘッジという手法

144　第4章　投資銀行業界における主体取引の定着

を利用し，財務省証券とジャンク債発行体の株式を空売りしてポジションを
ヘッジした[53]。つまり状況に応じて株式と債券のトレーディングは関連付けら
れるのである。

　債券分野にはすでに転換債，ワラント債といった株式オプション内在商品が
存在した。株式デリバティブは指数関連の契約が，ブロック取引拡大の中で
ヘッジ手段として利用されるようになっていた[54]。それでも1980年代は債券
や外為に比較すると，株式のヘッジ手段は限られていた。そこで1987年のク
ラッシュ後に主要なディーラーが各種の店頭株式デリバティブを販売するよう
になった[55]。

　最も人気があったのはボンドに指数コール・オプションを付けてキャピタル
ゲインの機会を提供した商品であった。他には指数超過を保証した株式指数ス
ワップなどがよく販売されていた[56]。これらの商品が標準商品の大規模トレー
ディングに基づいて生み出されていることは容易に想像できる。

対顧客取引と自己勘定トレーディング

　大規模なトレーディングによって多様な市場を結びつける活動は，引受案件
を獲得し，流通市場で投資家の売買注文を引き寄せる上で核となるものであっ
た。多様な標準商品のトレーディングを行うことが，在庫のエクスポージャー
を管理し，特殊な商品を開発することにつながるからである。

　そして，トレーディングが顧客取引を生み出せば他のメリットも生み出す。
MerrillのPetriは「我々は常に相場に賭けている訳ではない。強い確信があれ
ば大きく賭ける。しかし，顧客フローを持っているため，確信がない時に賭け
る必要はない」と証言している[57]。

　しかし，逆にいうと，トレーディング活動を維持しなければならないにも関
わらず，顧客取引が十分でなかったり，そこから収益が上げられないような
ら，ポジション取りを行わなければならないことになる[58]。例えばFirst
Bostonは財務省証券取引への新規参入拡大でスプレッドが消滅したことを受
け，市場の動きに賭ける取引の割合を高めた。クラッシュ後にライバルが撤退
したことで，対顧客取引とポジション取りのバランスを回復することができ
た[59]。

いくら活動の規模を維持することが必要であるからといって、ディーラーが
あまりに自社のポジション取りに積極的になると、顧客からの目が厳しくな
る。例えば発行者からは、自己勘定のポジションが欲しいから発行を勧めてい
るだけではないかと疑われる恐れがあるし、投資家からは在庫を処分したいか
ら商品を推奨しているだけではないかと受け取られかねない[60]。したがって、
ディーラーが自己勘定トレーディングで目立つのは得策では無い。

また、大手ディーラーがポジション取りで利益を上げるのは容易ではないと
考えられる。First Boston の場合は、新参のライバル相手に、望みの方向にポ
ジションを動かすことがさほど難しくなかったかもしれないが、一般的には規
模が大きいほど身動きが取りづらくなる。重要な顧客の投資家から大口の注文
が入ってくるかもしれないし、発行市場での活動からポジションが制約を受け
る可能性もある。

これに対してトレーディングの規模が小さければ、身動きが取りやすい。状
況が悪ければ取引をしないという選択も可能で、小さいポジションを持ってい
ても比較的簡単に処分できる。

そこで、多くのディーラーが内部に独立の小規模な自己勘定取引部門を設置
するようになった。顧客との利益相反防止という形式上の必要性もあるが、他
のデスクと分離しておくことによって、マーケットメイクとは異なり、望まな
いヒットを避けながら、目的通りに投資を行い、効果的にデリバティブを利用
することが可能になるというメリットがあることも理由になっている[61]。

ほとんどの場合、独立した自己勘定取引部門で行われているのは相対価値裁
定である。裁定であれば市場の動きはヘッジできる。また、単純な大口ロング
を積み上げたいだけであるなら通常のトレーディング活動から分離する必要は
小さい。しかし、超過リターンを得るにはあまり気づかれない価格の歪みを特
定し、複数市場にまたがって正確に裁定ポジションを構築しなければならな
い[62]。

裁定取引は株式でも行われる。Morgan Stanley の場合は、事務員を含む 10
人のチームが隔離された部屋でコンピューターを使ってペアを選ぶロング・
ショート取引を行っていた。責任者の Tartaglia は、トレーダーを置くと常に
何か取引したがるという理由でトレーダーを部門に配置しなかった。そして、

統計的に理解できる時のみ取引を行うようプログラムを組んでいた[63]。

　問題は，その活動から高いリターンを上げることのできる手法を持つのであれば，そのチームには会社自体から独立する強い誘因が働くことである。例えばMerrillでトレーディングを行っていたKaminsは，そこでの経験から，証券業界は販売部隊で多額の費用がかかるため，対応する利益なしに収入だけを拡大したとの結論に達し，小規模運用会社に移籍する決断を下した[64]。1980年代にはすでに投資銀行と運用会社の境界が不明瞭になっていたのである。

4-3　業界集中と異業種参入による大手の資本増強

公開化と金融スーパーマーケットの誕生

　証券業界では1960年代から淘汰の波が始まっていた。1970年代には引受リスクの増大と，トレーディングの重要性が高まったことでそれに拍車がかかった[65]。1980年代には一括登録制度の導入とブロック取引の普及でさらに資本規模拡大が求められるようになった。

　図表4-8を参照されたい。1970年代にNYSE会員数が急速に減少する中で，資本に占める上位10商会のシェアが高まっている。1970年代末には会員数の落ち込みが一時止まったが，上位10商会のシェア上昇は継続し，1985年に63.2％に達した。その下の11-25位の商会も1978年まではシェアを高めており，小規模業者の淘汰が進んだことを示す。1980年代の前半には上位11-25位のシェアが低下に向かい，その後は緩やかな回復基調になっていることも確認しておきたい。

　NYSE会員に公開企業が認められるようになったのは1970年であった。それまではパートナーの資金力を超える大規模な資本が必要になると，合併するか廃業するしか選択肢がなかった。それ以降は異業種や外国金融機関による米証券業界参入への関心が高まり，公開企業が増加していく。それに対抗して業界内部での統合も進み，1977年のNYSE会員大手25商会は，その5年前の60以上あった商会が統合したものであった[66]。

　図表4-9はSIA会員の資本ランキングである。最大手のMerrillは1971年に

4-3 業界集中と異業種参入による大手の資本増強　147

図表 4-8　NYSE 会員の資本規模と集中度

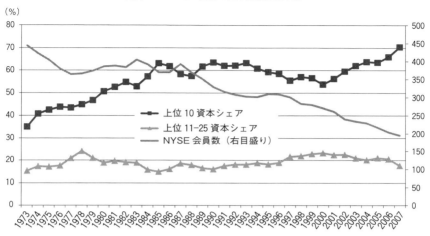

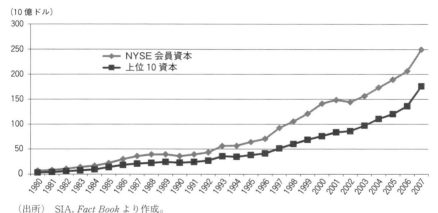

（出所）　SIA, *Fact Book* より作成。

業界で先陣を切って株式を公開していた[67]。しかし，1980 年代に入るまではわずかな公開企業しかなかった[68]。1980 年代に入ると Salomon が Phibro に身売りし，株式会社の一部となった[69]。その他には Sears による Dean Witter, American Express による Shearson, Prudential による Bache Halsey Stuart 買収があったことが表から分かる。さらに 1984 年には Shearson による Lehman 買収があり，こうした異業種からの資本注入と大規模合併によって上位 10 商

図表 4-9　SIA 会員資本ランキング

(1,000 ドル)

1978		1979		1980	
Merrill Lynch & Co.	705,848	Merrill Lynch & Co.	784,245	Merrill Lynch & Co.	969,481
The E.F. Hutton Group Inc.	210,876	Shearson Loeb Rhoades Inc.	246,255	Shearson Loeb Rhoades Inc.	469,883
Salomon Brothers	208,700	The E.F. Hutton Group Inc.	243,200	The E.F. Hutton Group Inc.	448,037
Dean Witter Reynolds Incorporated	181,632	Salomon Brothers	237,954	Salomon Brothers Holding Company	330,700
Bache Halsey Stuart Shields Incorporated	153,695	Dean Witter Reynolds Inc.	228,700	Dean Witter Reynolds Organization Inc.	274,067
Shearson Loeb Rhoades Inc.	138,804	Bache Halsey Stuart Shields Incorporated	186,063	Bache Halsey Stuart Shields Incorporated	251,893
Goldman, Sachs & Co.	138,000	Goldman, Sachs & Co.	181,000	Paine Webber Incorporated	243,228
Stephens Inc.	118,853	Paine Webber Incorporated	178,673	Goldman, Sachs & Co.	219,000
First Boston Inc.	110,591	Stephens Inc.	145,098	Stephens Inc.	167,243
Lehman Brothers Kuhn Loeb Incorporated	95,637	First Boston Inc.	127,213	First Boston Inc.	153,234
Morgan Stanley & Co. Incorporated	91,954	Lehman Brothers Kuhn Loeb Incorporated	107,542	Lehman Brothers Kuhn Loeb Incorporated	136,995
Kidder, Peabody & Co. Incorporated	86,989	Morgan Stanley Inc.	104,362	Morgan Stanley Inc.	135,000
The Drexel Burnham Lambert Group Inc.	84,332	The Drexel Burnham Lambert Group Inc.	103,784	The Drexel Burnham Lambert Group Inc.	134,251
A.G. Becker Incorporated/Warburg Paribas Becker Incorporated	82,100	Kidder, Peabody & Co. Incorporated	100,500	A.G. Becker—Warburg Paribas Becker Inc.	119,089
Donaldson, Lufkin & Janrette, Inc.	78,000	Donaldson, Lufkin & Janrette, Inc.	92,389	Kidder, Peabody & Co. Incorporated	112,390
Smith Barney, Harris Upham & Co. Incorporated	64,694	Bear, Stearns & Co.	81,000	Bear, Stearns & Co.	112,000
Bear, Stearns & Co.	56,000	A.G. Edwards & Sons, Inc.	73,675	A.G. Edwards & Sons, Inc.	99,902
Thomson, McKinnon Securities, Inc.	51,217	Donaldson, Lufkin & Janrette, Inc.	69,099	Donaldson, Lufkin & Janrette, Inc.	98,110
L.F. Rothschild, Unterberg, Towbin	50,705	Smith Barney, Harris Upham & Co. Incorporated	66,285	Smith Barney, Harris Upham & Co. Incorporated	94,676
A.G. Edwards & Sons, Inc.	43,306	L.F. Rothschild, Unterberg, Towbin	61,589	L.F. Rothschild, Unterberg, Towbin	79,688
Stern Brothers & Co.	41,891	Thomson, McKinnon Securities, Inc.	54,038	Thomson, McKinnon Securities, Inc.	79,403
Brown Brothers Harriman & Co.	41,830	Spear, Leeds & Kellogg & Subsidiaries	47,262	Spear, Leeds & Kellogg & Subsidiaries	56,231
Aubrey G. Lanston & Co., Inc.	40,000	Neuberger & Berman	45,623	Neuberger & Berman	55,700
John Nuveen & Co. Incorporated	38,019	Oppenheimer & Co., Inc.	43,110	Oppenheimer & Co., Inc.	50,626
Neuberger & Berman	32,944	Stern Brothers & Co.	42,087	Stern Brothers & Co.	47,880

1982		1985		1990	
Merrill Lynch & Co.	1,263,907	Merrill Lynch & Co.	2,214,574	*Merrill Lynch & Co., Inc. (as of 12/29/89)	10,048,452
Salomon Brothers Inc.	719,100	Shearson Lehman Brothers Inc.	1,896,000	Shearson Lehman Hutton Inc.	6,152,000
The E.F. Hutton Group Inc.	534,492	Salomon Brothers Inc.	1,576,800	*The Goldman Sachs Group, L.P. (as of 11/24/89)	4,018,000
Shearson/American Express Inc.	526,982	Dean Witter Financial Services Group	1,237,046	Salomon Brothers Inc.	3,619,759
Goldman, Sachs & Co.	389,000	The E.F. Hutton Group Inc.	1,019,886	*Morgan Stanley Group Inc.	2,648,000
Prudential-Bache Securities Inc.	388,967	Goldman, Sachs & Co. (as of 11/30/84)	859,000	The First Boston Corporation	1,568,189
Dean Witter Reynolds Inc.	305,600	First Boston Inc.	658,921	*Paine Webber Group Inc.	1,523,131
Paine Webber Incorporated	240,295	Prudential-Bache Securities Inc.	617,852	*The Bear Stearns Companies Inc.	1,444,095
First Boston Inc.	220,898	Paine Webber Group Inc.	564,455	Prudential-Bache Securities Inc.	1,429,000
Morgan Stanley & Co. Incorporated	204,000	The Drexel Burnham Lambert Group Inc.	561,183	Smith Barney, Harris Upham & Co. Incorporated	1,322,074
Stephens Inc.	195,968	Morgan Stanley & Co. Incorporated	500,000	*Donaldson, Lufkin & Janrette, Inc.	927,000
The Drexel Burnham Lambert Group Inc.	173,327	Donaldson, Lufkin & Janrette, Inc.	355,256	The Bank of Tokyo Trust Company	900,000
Donaldson, Lufkin & Janrette, Inc.	166,134	Kidder, Peabody & Co. Incorporated (as of 1/31/85)	320,103	Kidder, Peabody & Co. Incorporated	682,830
Lehman Brothers Kuhn Loeb Incorporated	161,865	Bear, Stearns & Co.	310,863	J.P. Morgan Securities Inc.	616,045
Bear, Stearns & Co.	142,500	Smith Barney, Harris Upham & Co. Incorporated	307,416	Citicorp Securities Markets, Inc.	468,761
Kidder, Peabody & Co. Incorporated	142,052	Thomson, McKinnon	243,481	Nomura Securities International, Inc.	463,649
Thomson, McKinnon	128,467	A.G. Edwards & Sons, Inc.	207,000	A.G. Edwards & Sons, Inc.	375,702
Smith Barney Inc.	123,571	Spear, Leeds & Kellogg	205,000	Charles Schwab & Co., Inc.	341,412
A.G. Edwards & Sons, Inc.	109,401	Oppenheimer & Co., Inc.	176,082	UBS Securities Inc.	328,593
Van Kampen Merritte Inc.	107,131	L.F. Rothschild, Unterberg, Towbin, Inc.	170,597	Deutsche Bank Capital Corporation	293,040
Oppenheimer & Co., Inc.	93,951	John Nuveen & Co. Incorporated	153,474	Burns Fry Limited (as of 9/30/89)	260,560
L.F. Rothschild, Unterberg, Towbin	88,357	Kemper Financial Services, Inc.	136,628	Dillon, Read & Co. Inc.	258,908
John Nuveen & Co. Incorporated	67,429	Oppenheimer & Co., Inc.	118,690	Oppenheimer & Co. Inc.	251,461
Kemper Financial Services, Inc.	66,216	Neuberger & Berman	115,806	Kemper Financial Services, Inc.	247,871
Neuberger & Berman	53,755	Neuberger & Berman	106,198	Spear, Leeds & Kellogg	243,373

(注)　記載が無い限り 1 月 1 日時点。*が付いた商会は資本が long-term borrowings と ownership equity の合計になっている。
(出所)　SIA, Yearbook より作成。

会の資本シェアが高まったことが理解できる。

　そして，1986 年には老舗の代表格であった Morgan Stanley が株式公開し，上位で残された非公開企業は Goldman くらいになった[70]。それでも，図表 4-8 では 1980 年代後半に 11 位以下のシェアが回復基調にあった。この範囲には東京銀行，野村證券，UBS，Deutsche Bank といった外資系と，Citicorp，JP Morgan といった商業銀行系が目に付くようになっている。1980 年代後半にはついに商業銀行系も競争に加わった。

　ただ，1980 年代は異業種参入でリテール関係が目立った。証券業界と銀行業界はこの分野でも競争が激しくなっていた訳である。リテール競争の口火を切ったのは Merrill であった。コミッション自由化は Merrill を含めてブローカー業務中心の業者に最も大きい打撃を与えた。リテール仲介では，それによってすぐに価格引き下げ競争が起こった訳ではなかったが，後には割引ブローカーが台頭するようになった。また株式市場で機関投資家の影響力が強まったことで，個人は市場から離れていった。

　こうした環境の中で 1970 年代後半に Merrill が CMA を売り出したことが，異業種による証券業務参入のきっかけとなった。Shearson を買収した American Express は，自社のゴールドカードと Shearson の株式口座を統合した Financial Management Account を発表した。Dean Witter を買収した Sears は，一部の店舗で保険や不動産仲介に加え，Dean Witter のサービスを提供し始めた。その中で現金管理口座を持つ顧客には，自分の口座宛小切手を Sears の全店舗で換金できるようにした[71]。

　Prudential は 1970 年代のインフレで生保契約が鈍化し，契約が終身から定期にシフトしたことで手数料の減少に直面していた。新たに損保に進出するも過当競争で利益が上がらず，MMMF や投資信託の販売を目指していた。そこに手数料自由化で多角化を目指す Bache と思惑が合致し，買収につながった[72]。そして保険，証券に加え被保険銀行と不動産の関連会社ネットワークを通じて，総合的な金融サービスを提供するようになった[73]。

　しかし，これらのサービスが，トレーディングを核とする投資銀行業務と何らかのシナジーを持っていたとは考えにくい。むしろリテールの多角的な展開自体，うまく機能しないことが多かった。業態をまたぐリテール競争が激しく

150   第4章　投資銀行業界における主体取引の定着

なる中で，総合金融サービスは顧客に利便性を提供する手段となる。ところが顧客の側では一カ所で全てのサービスを受けたいというニーズが必ずしも大きくなかった[74]。

その割には独自の販売チャネルを抱えると，経費がかさむ。当時は大規模ブローカー部門を抱える大手の総合証券会社で収入に占める費用の割合が最も高くなっていた。そのため，金融スーパーマーケットで全ての商品を全ての顧客に提供するモデルは利益率を落とすことになると見られていた[75]。

この時期における大きな変化といえば，主な販売商品が個別の銘柄からMMMF，投信やそれらを組み込んだ資産管理口座などにシフトしていったことに合わせて，収入がコミッションから投信販売手数料や資産管理手数料へと名目が変わるようになったことである。それらの収入は割引ブローカーと差別化した金融コンサルタント的営業によって生まれるものであり，その分野では大手の総合証券会社が圧倒的なシェアを占めた[76]。

それでも，そこからコミッションの減少を補うだけの収入を得ることは難しい。さらに資産管理への需要が高まってくると，地方商会がラップ口座の提供を拡大するなど，競争圧力が高まっていった[77]。他方で，顧客資産の獲得のために自動スウィープのサービスを提供するようになると，収入は増えたが無利子の資金源が縮小し，マージン貸出の資金を新たな調達源に求めなければならなくなった[78]。結局，リテールの証券業務は，新規参入組が期待したような成果には結びつかなかった。

投資銀行業界の寡占化と収益性

異業種から大規模な資本で証券業界へ参入した会社は，リテールの不調もあり，いずれもホールセールでの取り組みを重視した。

図表4-10を参照されたい。国内ブローカー・ディーラー子会社について業態別の収益が1988年まで得られた。業態間の合併による分類の変化があるため，合計収入が大きく変動していることには注意しなければならないが，巨大なフルライン企業に対して投資銀行も収入総額で引き離されていない。内訳を見ると，投資銀行はコミッション収入が10％を切るまでに落ち込み，トレーディング，投資，そして引受が中心的な収入源になっている。その数値が低下してい

4-3 業界集中と異業種参入による大手の資本増強　151

図表 4-10　証券業界の収入内訳

(%)

	1973	1978	1980	1981	1982	1983	1984	1985	1986	1987	1988
ナショナル・フルライン											
コミッション	49.2	43.8	37.1	28.9	27.3	28.1	22.5	21.1	20.6	24.7	17.9
トレーディング	10.7	15.4	17.0	17.4	23.1	22.4	23.2	27.0	25.2	20.4	25.4
投資			1.0	1.1	0.1	0.3	0.8	0.6	0.1	-0.4	0.9
マージン金利	18	17.2	17.3	20.4	11.9	9.3	11.8	8.1	6.8	7.7	8.0
引受	8.3	8.9	8.7	8.7	12.7	12.3	11.1	12.4	13.5	11.4	12.5
商品	6.3	7.2	7.8	6.3	5.9	5.4	4.7	3.7	3.4	3.7	3.9
投信販売	3.2	0.6	0.8	0.9	2.1	6.0	4.2	7.1	9.2	7.3	5.4
手数料			0.8	1.1	1.4	1.9	2.2	2.4	2.9	3.5	4.0
その他証券関連	4.2	6.8	8.1	12.1	11.8	11.8	15.1	15.5	16.7	19.5	18.1
その他証券関連以外			1.4	3.2	3.8	2.4	4.3	2.2	1.7	2.3	4.0
総収入 (100万ドル)	1,724.3	3,779.6	7,326.1	8,325.6	9,888.9	12,923.1	13,066.3	16,712.3	21,896.8	21,683.2	20,167.1
大手投資銀行											
コミッション	43.1	25.8	17.7	11.7	11.6	14.8	10.6	9.3	9.4	12.3	6.8
トレーディング	15.1	29.1	34.7	36.2	38.5	33.0	33.6	32.0	33.8	25.9	22.7
投資			7.5	5.6	3.1	4.5	3.6	3.4	3.4	0.6	1.7
マージン金利	5.4	6.9	5.9	4.1	2.7	3.3	3.8	3.1	3.2	4.1	2.9
引受	16.8	11.5	9.0	6.5	8.1	12.8	7.3	11.4	12.9	12.3	10.9
商品	0.4	1.5	0.4	0.3	0.3	0.8	0.6	2.4	1.5	1.3	2.5
投信販売	0.8	0.6	0.0	0.0	0.0	0.1	0.1	0.2	0.3	0.3	0.1
手数料			0.4	0.9	0.8	1.0	1.1	1.4	2.0	2.4	2.3
その他証券関連	18.4	24.6	18.0	23.5	29.7	24.2	32.9	28.8	25.6	32.0	44.1
その他証券関連以外			6.3	11.1	5.2	5.6	6.3	7.9	7.8	8.7	5.9
総収入 (100万ドル)	678.6	1,853.9	3,673.8	5,645.9	6,944.4	8,209.2	10,102.9	12,097.6	15,260.5	14,774.2	17,049.1

(注)　数値は総収入に対するパーセンテージ。73, 78 年は trading に investment を含む。Fees account supervision の項目は無く，other は related と unrelated に分かれていない。1980-1985 年に項目としてあった revenue from research services は金額が小さかったため，other-related に含めた。1986-1988 年は Large Investment Banking にのみ research の項目があり，それらも other-related に含めた。

1986 年 7 月 1 日時点の業態分類は以下のとおりである。

National Full Line は Drexel Burnham Lambert Inc., A.G. Edwards & Sons, Inc., E.F. Hutton & Co., Merrill Lynch, Pierce, Fenner & Smith, Inc., PaineWebber Inc., Prudential-Bache Securities Inc., Shearson Lehman Brothers Inc., Smith Barney, Harris Upham & Co., Thomson McKinnon Securities Inc., Dean Witter Reynolds Inc. の 10 社。

Large Investment Banking は Bear, Stearns & Co., Dillon, Read & Co., First Boston Crop., Goldman, Sachs & Co., Kidder, Peabody & Co., Lazard Freres & Co., Morgan Stanley & Co., L.F. Rothschild, Unterberg, Towbin Inc., Salomon Brothers Inc., Wertheim & Co. の 10 社。

(出所)　SIA, *Trends* 各号より作成。

152   第4章　投資銀行業界における主体取引の定着

るのは「その他関連業務」からの収入が大きくなっているためで，これには私募，M&A助言，そしてレポ取引が含まれている[79]。

　フルラインはというと，やはりコミッション収入が大きく低下している。またマージン金利収入も一桁台に落ち込んでいる。これに対して上述のように投信販売や資産管理関連の数値は伸びている。しかしトレーディング・投資と引受がはるかに大きい数字になっており，依存度はむしろ大手投資銀行よりも高い。リテール向けの大規模ブローカー部門を抱えながら，ホールセール業務で大手投資銀行に対抗するようになっていることが分かる。

　図表4-11で個別企業の例としてMerrillとMorgan Stanleyの数値を確認することができる。Merrillの数値ではコミッションの数字が1990年でもトレーディングと投資を含むプリンシパル取引を上回っているが，その差は小さく

図表4-11　大手投資銀行グループ2社の収入内訳

(%)

	1983	1984	1985	1986	1987	1988	1989	1990
Merrill Lynch								
コミッション	26.79	20.16	22.11	22.37	24.29	15.18	15.86	15.15
プリンシパル取引	11.88	9.29	12.39	11.13	7.32	14.27	10.81	12.85
投資銀行業務	13.13	9.64	10.12	10.21	9.78	11.21	9.78	7.09
資産管理・カストディ手数料	3.96	3.93	4.19	4.20	4.87	4.74	5.28	6.00
金利・配当	31.52	40.61	36.40	31.72	35.61	38.54	48.43	46.07
（金利費用）	25.19	34.93	31.17	28.08	30.94	34.45	44.76	42.33
その他	12.73	16.37	14.79	20.36	18.12	16.06	9.85	12.83
総収入（100万ドル）	5,687	6,038	7,117	9,606	9,876	10,547	11,335	11,213
Morgan Stanley								
投資銀行業務		19.91	23.60	26.63	22.58	21.57	16.23	11.11
プリンシパル取引		9.08	13.54	19.21	20.11	20.40	16.95	15.39
コミッション		9.71	8.60	8.78	9.44	5.60	4.28	4.69
資産管理・販売・運営手数料		1.88	1.94	1.99	2.30	2.58	1.93	2.24
金利・配当		59.30	52.26	43.14	45.15	49.39	60.34	66.35
（金利費用）		55.80	50.15	42.02	43.83	46.36	57.94	63.22
その他		0.13	0.07	0.25	0.42	0.46	0.27	0.22
総収入（100万ドル）		1,340	1,795	2,463	3,148	4,109	5,831	5,870

（注）　数値は総収入に対するパーセンテージ。Merrillの総収入の数値は記載されていた項目の合計と一致しないことがあった。そこでOther（その他）はTotalから他の項目を差し引いて計算している。

（出所）　*Merger Bank & Finance Manual* 各号より作成。

なっている。プリンシパル取引の数字は M&A 助言も含む投資銀行業務からの収入を上回るようになっている。

Morgan Stanley は投資銀行業務とプリンシパル取引が中心的な収入源になっており，やはりプリンシパル取引が投資銀行業務を上回るようになっている。

プリンシパル取引の重要性を示すもう一つの点は，両社ともに金利収入の比重が極めて大きいことである。SIA の数字ではフルラインより大手投資銀行の方が「その他関連業務」の比重が大きくなっているが，Merrill でも金利収入がその数値よりも大きくなっている。Morgan Stanley に至っては，高い場合に66％にもなる。総収入の動きは金利収入によって規定されているといっても過言ではない。ただ，金利費用が連動しているため，ネット収入ではあまり大きな比重は占めない。

金利収入と費用の大きさは，トレーディングがレポ取引と一体化していることの反映である。この活動が，投資銀行業務においても優劣を左右する要因になる。大手投資銀行では，顕著にトレーディングの大きさが表れているが，フルラインでも総収入の大きさを考えると，トレーディングの規模で大手投資銀行に劣っている訳ではない。

ただし，業界の勢力図については，フルラインと大手投資銀行という分類に従うものではない。上述のように競争激化にも関わらず，業界の寡占化が進んでおり，特定の業者が幅広い分野でランキングの上位にいた。それは老舗のMorgan Stanley と First Boston，1970 年代に上位陣への食い込みに成功したMerrill と Salomon，老舗ながら 1970 年代半ばに地位が向上した Goldman，そして American Express によって Shearson と統合した Lehman であった。それらが 1980 年代のバルジと見られていた[80]。

図表 4-12 によって，これらバルジの引受シェアを証券別で見ておく。IPOを含む株式では Goldman と Merrill が他を引き離している。MBS では Goldmanのシェアが高かったが，1991 年には Lehman が頭一つ出ている。ABS でもGoldman のシェアが低下し，First Boston と Merrill が 2 社で過半を占めるようになった。バルジに Drexel を加えたのはジャンク債で圧倒的なシェアを持っていたからであるが，1990 年に破綻した。その余波で市場が縮小する中，

図表 4-12　主要投資銀行の引受シェア

(%)

全証券（上位25）	1988	1989	1990	1991
Morgan Stanley	8.57	9.90	9.99	8.41
Goldman Sachs	13.79	14.10	13.02	12.14
Merrill Lynch	14.74	15.11	17.81	17.52
First Boston	11.13	12.41	10.56	10.11
Salomon	12.61	10.38	10.44	8.10
Lehman	9.57	8.13	6.50	11.97
Drexel	7.78	5.52		
上位25				98.34
普通株（上位15）				
Morgan Stanley	1.94	6.08	5.25	8.29
Goldman Sachs	8.24	18.68	15.46	19.15
Merrill Lynch	17.70	12.79	12.27	14.86
First Boston	3.07	4.55	5.49	8.69
Salomon	3.88	2.61	9.84	6.71
Lehman	16.83	8.14	10.57	7.94
Drexel	6.50	2.52		
上位15			87.82	87.47
IPO：closed-end fund を除く（15位）				
Morgan Stanley		1.38	2.63	8.23
Goldman Sachs	7.57	16.44	13.62	20.13
Merrill Lynch	19.09	8.12	7.28	18.89
First Boston	2.57	5.09	4.18	12.40
Salomon	2.27	2.75	4.45	3.63
Lehman	17.75	8.21	4.27	10.33
Drexel	2.93			
上位15			90.43	86.18

高利回り債（上位15：1988年は上位14, 1990年は上位7）	1988	1989	1990	1991
Morgan Stanley	11.26	9.31		12.00
Goldman Sachs	2.90	8.70	19.18	17.32
Merrill Lynch	7.54	8.93	15.34	39.07
First Boston	14.05	7.99		6.37
Salomon	6.30	6.04	15.31	6.25
Lehman	1.26	9.36		3.49
Drexel	42.81	38.70		
上位15（1990年は上位7）			100.00	100.00
MBS（上位15）				
Morgan Stanley	8.25	5.38	3.95	4.84
Goldman Sachs	18.40	14.49	10.89	7.36
Merrill Lynch	10.12	7.79	8.19	8.70
First Boston	10.11	9.71	9.24	7.96
Salomon	13.89	10.97	8.87	7.28
Lehman	9.01	6.99	7.83	13.16
Drexel	4.81	4.61		
上位15			96.66	96.72
ABS（上位15：1989年は上位10）				
Morgan Stanley			5.13	1.21
Goldman Sachs		22.98	14.01	3.48
Merrill Lynch		19.85	25.51	23.41
First Boston		36.61	20.77	27.81
Salomon		3.62	12.01	16.56
Lehman		2.05	1.24	2.37
Drexel		0.75		
上位15			100.00	100.00

（注）　数値は金額ベース。ランキング範囲の数を示した行で，数値の無い年は，そのランキングの範囲内でシェアを計算している。

（出所）　*Institutional Investor* 各号より作成。

シェアを高めたのは Merrill であった。

　ランキング表は広告としての性格も持っており，そこで上位に来ることが収益に直結する訳ではない。株式は債券に比較するとスプレッドが大きいが，発行金額は小さい。MBS や ABS では引受自体からほとんど利益を期待できない。フルラインと大手投資銀行の両方で，引受からの収益シェアがトレーディングを下回っていることは図表 4-10 からも分かる。

　それでも 1980 年代には引受とトレーディングが密接に関連するようになっていた。資本規模の上位が引受ランキングで上位を占めていることも，それを

4-3 業界集中と異業種参入による大手の資本増強 155

図表 4-13 証券業界の課税前 ROE

(%)

	1980	1981	1982	1983	1984	1985	1986	1987	1988	1989	1990
NYSE 会員	49.2	35.9	40.5	36.6	13.3	29.4	28.6	4.7	9.6	6.9	-0.7
フルライン	45	24.6	29.7	28.1	-2.6	17.9	20.3	-2.1	-0.7	-0.3	-8.3
大手投資銀行	55.7	56.7	54.8	43.8	31.1	38.5	34.2	9.2	18.2	9.2	5.4
Merrill Lynch				20.43	3.29	15.06	25.88	11.76	16.03	-5.01	8.74
Morgan Stanley					44.41	58.38	40.44	32.03	39.80	36.53	21.65

（注）　Merrill と Morgan Stanley の数値は課税前収益の期末株主持ち分合計（total shareholders'
equity）に対するパーセンテージ。
（出所）　SIA, *Fact Book* および *Merger Bank & Finance Manual* 各号より作成。

示唆している。リテールとのシナジーはほとんど無かったとはいえ，1980 年代
には金融スーパーマーケットの誕生が業界の資本水準を引き上げたことは間違
いない。そして，バルジと呼ばれる業者が，1980 年代の末までに合併や株式公
開を通じて資本ランキングの上位に顔を揃えるようになっていた。

　この資本規模の拡大には，それに見合う収益が必要になるという代償が伴
う。株式会社であればなおさら外部からの収益圧力が強まる。図表 4-13 を参
照されたい。業界の課税前損益で見た ROE は，1980 年に 49.2％と高水準で
あったが，1987 年以降は一桁台に落ち込んでいる。全体として赤字を計上して
いるフルラインが低い数値になるのは当然として，大手投資銀行でも収益性の
低下は顕著である。

　Merrill と Morgan Stanley で，課税前損益を同期末の資本で割って計算して
みても，やはりその兆候が見られる。Merrill の場合は資本ランキングでトップ
にありながら，収益性は Morgan Stanley に劣っている。しかも変動が大きく，
多角化が効果を発揮しているとはいえない。Morgan Stanley にしても，絶対額
では課税前利益が水準を高めているものの，株主資本の伸びには追いついてい
ない。

　大規模なトレーディング活動を行うには，それを支える資本が必要となる
が，その規模に見合う収益を上げるのは，容易ではないようである。標準商品
の市場でのトレーディングをやめて，仕組みデリバティブなど特殊商品の取り
扱いに特化するという選択をすれば，コストを抑え，収益性を高める可能性が

156   第 4 章   投資銀行業界における主体取引の定着

ある[81]。しかし，それが可能であるためには，ほとんどの標準的な商品で流動性が維持されている必要がある。

また単純な特化戦略では参入障壁が低くなり，競争力を維持するのが難しくなる。さらに，特化した商品の取引が突然枯渇すれば，すぐに経営の根幹を揺るがす事態になりかねない。総合的な業務展開と特化戦略のバランスをどこに見つけるかという課題は，証券業界でますます重みを増していく。

4-4   M&A の活発化と主体取引

M&A における投資銀行の優位性

証券業界の収入で比率を高めていた「その他関連業務」には，金利収入だけでなく，M&A 関連も含まれている。1980 年代には，1970 年代の株価低迷を受けて株式市場が「企業の支配権市場」としての性格を強め，独占禁止法の運用緩和も手伝って M&A ブームが巻き起こった[82]。図表 4-14 は米国内における M&A 金額と件数の推移である。後半は金額，件数とも高水準になっており，それだけ投資銀行にとって収益機会が広がっていた。

図表 4-14   米 M&A 金額と件数推移

(10 億ドル)

	1980	1981	1982	1983	1984	1985	1986	1987	1988	1989	1990
公表											
金額	18.3	89.4	57.9	104.3	192.7	209.1	238.1	259.1	365.7	307.1	233.6
件数	97	1,091	1,782	2,970	3,530	1,905	2,915	3,080	3,534	4,681	5,709
完了											
金額	2.2	73.5	62.5	66	143	147.5	231.5	195.8	281.3	270.8	175.5
件数	14	833	1,561	2,327	2,527	1,691	2,430	2,387	2,840	3,599	4,178

(出所)   SIA, *Fact Book* より作成。

投資銀行は 1970 年代から M&A に対する取り組みを強化していた[83]。一方，商業銀行も，M&A の助言業務そのものには規制上の制約がなく，同じ時期には業務への取り組みを開始していた[84]。それにも関わらず，商業銀行は M&A 助言実績で投資銀行の足下にも及ばなかった。そこには何か投資銀行の優位性

があると考えざるを得ない。

一つには大量の株式取引を行うことから生じる公正意見の提供能力が挙げられる[85]。しかし，それだけでは説明として弱い。顧客側の思い込みがあることは否定できないにしても，投資銀行の出身者自身が大手投資銀行が提供する公正意見の価値を疑問視している[86]。

もう一つに企業との接点の差がある。大手の商業銀行であれば，投資銀行の顧客企業とも何らかの取引関係を持つことも少なくないが，その関係を生かせていなかった。これについて Bankers Trust の Beim は「それは最上級レベルでの密接な関係が必要で，技術を獲得し存在感を出すには時間がかかる」と説明している[87]。商業銀行の場合，顧客との接点が財務担当者レベルであることが多く，経営トップが直接関与する M&A には取引関係をそのまま生かすことは難しい。

M&A には時としてトップ間の個人的な関係が決定的な影響力を持つことは容易に想像できる。投資銀行の取引でかつての個人的な関係の重要性が薄れたとはいえ，消滅してしまった訳では全くない。しかし，商業銀行でも M&A 業務を強化するからには，そうした関係の構築に注力するはずである。他方で，あまりに多くを個人的な関係に依存していると，敵対的買収などではそれが障害になりかねず，そもそも取引対象の範囲を広げるのに限界がある。

些末な問題としては，報酬体系の差が挙げられることもある。一般的に，商業銀行の方が投資銀行よりも従業員数が多く，給与水準が低い。少なくともかつてはそれが銀行にとって投資銀行業務で競争する上での障害になっていた[88]。しかし，それにしても JP Morgan や Bankers Trust のように組織を大幅に変えれば対応可能なはずである。さらに，投資銀行部門を別会社にしてしまえば，実際にどれだけ人が来るかは別として，報酬体系を変えることは全く問題にならない。

以上の要素が投資銀行の優位性にとってそれぞれ何らかの影響を持っているのであろうが，やはり商業銀行が M&A 業務に参入する上で最も大きな障害になっているのは GS 法の存在であったという指摘が多い[89]。特に大型の M&A では複数の調達手段を組み合わせることもあり，国内で引受活動を行うことができない商業銀行は不利であった。部分的に M&A への取り組みを早期に開始

158 第4章 投資銀行業界における主体取引の定着

したとしても，総合的な競争力の構築で商業銀行が大きく出遅れることになっ
たのは否めない。

そして，資金調達のアレンジ力も M&A 業務で効果を発揮するのであれば，
1980 年代には公正意見を別にしてもトレーディング力が競争力に作用するよ
うになっていたと考えられる。そうすると，単に M&A 業務で投資銀行が商業
銀行に対して優位にあるというだけでなく，トレーディングと引受で強みを持
つ大手投資銀行が，M&A でも競争力を発揮するということになる。

もちろん，M&A には他にも企業が立地する市場や産業の専門知識が必要に
なるであろうが，それらにしても大部分は引受にも共通し，トレーディングと
も無関係とは言えない。それに個人的な接点や業界での名声に対する企業の認
知度などが加わった総合的な力が競争力を規定するのであろう。

図表 4-15 で M&A 助言ランキングを確認しておきたい。表は関与した案件
が全額計上されており，どの業者が主導的な役割を果たしたのか分からない。
また案件の金額が大きいため，1 件の大型案件に関わったかどうかでかなりラ

図表 4-15　米 M&A 助言ランキング

(%)

1989			1990		
	金額	件数		金額	件数
Morgan Stanley	44.63	3.13	Goldman	34.22	3.54
Drexel	40.62	4.05	Lehman	26.95	3.62
Wasserstein Perella	38.97	1.53	Wasserstein Perella	26.36	1.50
Dillon Read	30.94	1.83	Lazard Freres	24.10	1.57
Merrill Lynch	30.54	2.60	Merrill	23.72	2.83
Lazard Freres	28.18	1.07	Wertheim Schroder	19.33	0.79
First Boston	23.93	4.28	Alpine Capital	15.65	0.16
Shearson Lehman	12.86	5.50	First Boston	12.58	2.52
Kidder Peabody	6.74	1.45	Morgan Stanley	11.99	2.28
Bear	6.70	1.91	Salomon	8.97	1.81
S.G. Warburg	5.85	0.23	Bank of America	5.47	0.08
Goldman	5.77	2.98	Morrow & Co.	5.47	0.08
J.P. Morgan	5.30	0.31	J.P. Morgan	4.57	1.18
Kleinwort Benson	5.22	0.15	Drexel	4.05	0.79
Salomon	5.06	1.83	DLJ	2.76	0.71

（注）　ランキングは金額シェアにもとづく。それぞれ年前半のみの数値。
（出所）　*Institutional Investor* 各号より作成。

ンキングが左右される。それでも，Salomon の数値がやや低いのを除くと，バルジと呼ばれる業者は案件金額と件数の両方でバランス良く高い数字を出している。

　M&A では独立の助言業者が案件に関与する余地は大きいが，大手投資銀行を他から際立たせるのはトレーディング，資金調達アレンジ，M&A 助言の総合力である。逆にいえば，その総合力を発揮してこそ，ニッチ業者に対する優位性を維持できるということである。

LBO の収益性

　1980 年代における M&A ブームの中で，特に注目を集めたのは LBO である。LBO ではほぼ間違いなく資金調達が発生し，大手投資銀行にとっては総合力を生かしやすい。ジャンク債の流通市場が Drexel に握られていたにも関わらず，他の大手が総力を挙げて対抗しようとしたのは，ジャンク債引受自体の魅力に加え，その LBO 案件における重要性も要因になっていた。ジャンク債は1984 年から LBO で利用されるようになり，1986 年にはジャンク債発行自体が急上昇して，その内半分程度が買収関連での利用であった[90]。

　一般的な LBO 金融は優先銀行負債，メザニン負債，エクイティという構成になっている。銀行負債部分は主にシンジケートローンによって調達される。メザニン部分では保険会社などが資金を拠出する基金が重要な買い手になっているが，1985 年には主要な参加者全て合わせてもメザニン形式で調達された額の 1/4 にも満たず，大型 LBO の資金源は全て Drexel に通じていると指摘されていた[91]。大手投資銀行がジャンク債の取り扱いで Drexel への対抗に血道を上げたのも頷ける。

　ただし，大手投資銀行が求めるのは総合的な収益性であって，ジャンク債の引受を獲得できればそれで良いという訳ではない。この時期の投資銀行によるLBO 案件への関与はマーチャントバンキングと呼ばれており，それは自己資金を案件に投入することを意味していた。一つは買い手向けに 120 日程度のつなぎ金融を，後にジャンク債発行などで資金調達するまで提供することである。そしてもう一つはエクイティ部分に出資することである。そうすることで関連取引を含めて，案件への関与による収益を飛躍的に高めることができた[92]。

160　第4章　投資銀行業界における主体取引の定着

　自己資金を投入することで収益性を高めるのは，商業銀行にとっても同じである。LBO は OTD モデルをビジネスとして成立させる原動力でもあった。さらにコンサル会社の McCormick は 1989 年に，マネーセンター銀行について「マーチャントバンキングに最も注力した銀行が過去2年に ROE を 5-7％という水準から基本的なハードルとなる 14-16％に高めた。レバレッジド金融と M&A 助言を除くと，他は全てコモディティ化しており，14-16％といった ROE を達成するのは不可能」とまで断言していた[93]。

　投資銀行でも状況は大差なかったと考えられる。資金調達のアレンジでは同業他社だけでなく銀行もライバルになる。また，M&A 助言では，資金調達が仲介業者の競争によって容易になっていたことも手伝い，投資銀行の従業員が辞職して独自のブティックを創設し，ライバルとなっていた[94]。そうすると，投資銀行にとっては助言と資金調達のアレンジの総合力に加え，収益確保には出資という要素が重みを増してくる。Morgan Stanley の Fisher は「我々は独自の資本を使ってポジション取りをする。マーチャントバンキングは米証券会社の主要業務だと思う」と述べている[95]。

　引受やトレーディングでも自己資金を使ってリスクを取ることが普通になっている中で，M&A 関連にも自己資金をつぎ込むことはもはや必然的な流れにも見える。しかし，当時の投資銀行によるマーチャントバンキング活動には，過剰なリスクを取っており，顧客を無視しているという批判が多い。

　例えば Morgan Stanley は投資銀行の中でも特にマーチャントバンキング業務への注力度合いが高く，それが比較的高い ROE の源泉になっていたと見られている[96]。ある元パートナーの目から見ると，それは同社の経営陣が身売りのために手っ取り早く利益を上げようとしているように映った。背景には同社の証券引き受け実績が冴えず，M&A 部門でもランキングが急降下していたことがある[97]。

　Morgan Stanley では利益の半分以上がマーチャントバンキング活動から生じていたと推計されている[98]。それだけ収益が大きいとマーチャントバンキングが他の活動よりも優先され，何よりも自社の出資を優先したとしても無理はない。ある独立 LBO ファンドからは，「Morgan のような会社にはうんざりだ。自己での出資を 2-3ヶ月検討して，拒否したターゲットを持ち込んでくる」と

いう苦情まで出ていた[99]。

投資銀行のサービス利用者からの批判は Morgan Stanley にだけ向けられていた訳ではない。Drexel は Stanley Continental から，経営陣を LBO に追い込むため，Stanley の持株を売りたたいて普通株発行を困難にしたとして訴訟を起こされた。また，助言を依頼された際には投資銀行が最も自社の利益になる取引を勧め，特に利益率の高いメザニン付き金融を提供したがる傾向があると一般的に指摘されていた[100]。

一方でマーチャントバンキングへの注力はそれだけリスクを伴う。1987 年の業界会合で，Goldman パートナーの Gorter が「レバレッジが 35：1 の業界では持ちこたえられないような損失をもたらす危険がある。1-2 件だけ手がけるなら問題ないかもしれないが，競争で互いに他に打ち勝とうとするようなら問題だ」と懸念するほどであった[101]。投資銀行は場合によって一つの案件に資本総額の 1/3 の資金をつぎ込むこともあった。それだけの大きさであれば，全てがつなぎ金融であったとしても，後のジャンク債発行などが遅れるだけで痛手であろう[102]。

1987 年のクラッシュ後にはやや慎重になる傾向も見られた。Salomon の Freeman によると，同社はつなぎ金融を緊密な顧客向けの大型パッケージの一部に限定することにし，そのリスクに見合ったリターンを保証するため株式に出資するということであった。その他でも，資本規模が大きく案件への関与度合いが高い投資銀行は，資産価格が下落する中で売却を急ごうとせず，長く経営に関与する姿勢になったと言われる[103]。

しかし，リターンを確保するための出資と，「過剰」なリスク追及との線引きは難しい。長期的な視点といっても，単に出資が大きすぎて売れないだけかもしれない。そもそも，引受のトレーディング化で顧客関係が収益に結びつくかは不明瞭になっていた。一方で資本規模は拡大しており，それに見合った利益が求められる。目の前に機会があれば，少しばかり批判を受けても，積極的にリスクを取るのは自然に思える。

LBO ブームの終焉による業界のリストラ

1987 年のクラッシュから，業界では暗雲が漂っていた。LBO が企業の負債

162 第4章 投資銀行業界における主体取引の定着

を膨らませるにつれ，議会では公聴会開催，企業ではLBO回避，年金基金などではLBO案件への投資抑制と，LBOに対する包囲網が形成されるようになった[104]。追い打ちをかけるように，1989年にはジャンク債のデフォルトが目立つようになり，Campeauが買収したFederated DepartmentとAllied Storesに資金繰り不安が発生すると，同年9月半ばには市場が大混乱に陥った[105]。そして，1990年のDrexel破綻がLBOバブル崩壊の象徴となった。

　この時期のバブル崩壊は投資銀行業界が抱える難問を浮き彫りにした。Drexel破綻の教訓については山田・遠藤（1990年）が以下の点を指摘している。証券会社は資金繰りが行き詰まりやすく，大きいだけでは不十分であること。顧客が重要であり，リテール顧客など重要な顧客を抱えていれば，政府が救済に動いた可能性もあること。ジャンク債市場はDrexelが中心となっており，それが独占的な利益の源泉である一方，参加者が逃避すると「池の中の鯨」になってしまうリスクがあること。そしてリスク管理だけでなく，コスト管理を含む組織管理体制が不可欠ということである[106]。

　中でも資金調達の問題は，トレーディングとレポが一体化する中でますます重みを増すことになる。そして，資金繰りの問題は資産の構成と表裏一体となっている。ディーラーが複雑な商品の在庫を保有するなど利益率の高い取引を手がけようとするほど，資金繰りに不安が生じた際に資産の処分が困難になる。このあたりは銀行に代表される金融仲介機関と何ら変わるところがない。主体取引が中心になっていることは，投資銀行が金融仲介機関になっていることを意味するのである。

　リスク管理を疎かにした金融仲介機関が破綻に陥るのはやむを得ないとして，もう一つDrexelの業務範囲拡大が同社の破綻と関わっていたことも重要である。

　ウォール街ではそれまでサービスや顧客毎の収益性分析が行われてこなかったと指摘されている。Drexelにしてもジャンク債の利益を元手に新規分野に採算を考えずに進出した。活況の間は隠されていたその問題が，市場の鈍化で表面化した。しかし，グローバル化，証券化，コモディティ化，技術発達への対応は必要であり，その中で1990年代には選択と集中が必要になると予想されていた[107]。

4-4 M&Aの活発化と主体取引　163

確かに業務範囲の拡大は容易なことではない。金融スーパーマーケットは機能しなかった。Shearson Lehman では 1987 年クラッシュからしばらくしてクロスセルは終了し，1990 年には Shearson と Lehman が分離された。そして不動産市場とジャンク債市場の崩壊で不良債権を抱えた Shearson は American Express から資本注入を受けて自立性を失い，1993 年には売却された[108]。結局，リテール分売力を持った投資銀行という構想は画餅に終わった。

Shearson Lehman のケースが示す多角化の難しさは，一面ではリテールとホールセール間のシナジーが弱いことから来ていると考えられる。しかし，もう一面では，Drexel と同様，巨大化に伴う組織の非効率化も影響しているはずである。例えば Salomon Brothers International の McVeigh は業界全体が直面していた問題を次のように表現していた。「市場の成長に伴って，専門分野が増えてきた。そのため我々は柔軟性を失っている。業務内容が変化する度に我々は人員と設備を追加してきた。理想の世界では幅広い市場のトレンドを捉えて主要な人員の配置換えをするだけなのに」[109]。

1970 年代から勢力を拡大していた Salomon はこの時期に急速に存在感を失っていった。老舗であった First Boston でも新たな分野に資源をつぎ込み，1980 年代には輝きを取り戻したかに見えたが，業務の拡大に組織が追いつかず，資源の重複，縄張り意識の高まりが目立つようになっていた[110]。

1988 年になると First Boston はトレーディングで損失を続出させ，M&A では Wasserstein と Perella の独立により地位が後退した。この後，同社では Credit Suisse の影響力が徐々に強まるようになった[111]。ただし，この時期に同社では大規模な人員削減が行われなかった。これについて CS First Boston の会長に就いた Hennessy は「First Boston はバルジの中で最小だ。バルジに留まるなら最低限の規模を維持しなければならない。ブティックを目指すのでなければ，あまり大規模な規模削減はできない」と説明していた[112]。

すでに大手の投資銀行で金融仲介機関化は不可逆的な現象となっており，総合力とそれを支える資本規模が不可欠である。パートナー組織として残っていた Goldman にしても，住友から資金を調達して公開化までの時間稼ぎができるようになっていた[113]。それは同時に，同社も総合力に基づく競争を続け，規模の拡大に見合う収益獲得を目指すという意思決定でもある。

164　第4章　投資銀行業界における主体取引の定着

　選択と集中といっても，大手の投資銀行にできることは限られている。恐らくこの時に業界全体にわたる苦境は，ちょうど銀行破綻のピークとも重なっており，やはり FRB の大規模金融緩和によって解消されていったと考えられる。その後，同じようなサイクルが繰り返される中で，大手投資銀行は課題への答えを模索していくことになる。

【注】

1)　本書では一般に財務報告で投資銀行業務（引受と M&A 等の助言）とされる業務で，業界の大手になっている機関を指して投資銀行と呼んでいる。リテール・ブローカー等を含む場合は証券会社，流通市場業務に注目する時はディーラーという呼び方も併用する。

2)　Smith and Sylla（1993），pp.18–56.

3)　*II*, Jan. 1997.

4)　Bloch（邦訳，1992 年），10 ページ。

5)　井出，高橋（1977 年），216 ページ，237–238 ページ。

6)　Hayes, et al.（邦訳，1984 年），31–35 ページ。

7)　野村総合研究所（1999 年），114–116 ページ。

8)　*II*, Nov. 1983, p.84.

9)　関山（1985 年），28 ページ，34–36 ページ。同書では Capital Group が 1984 年に取引先に通知した手数料方針が紹介されている。それによると，簡単な取引（例えば GM 株 1 万株など）は 1 株 5–6 セント，証券会社が一部を自己売買で補助しなければならないような取引は 1 株 10 セント，証券会社が相当にリスクを負わなければならないような取引は 1 株 12–15 セントであった。また Goldman トレーダーが，ポジションで値上がり益を得ることはまず無く，いかに損失を最小化するかが重要であると語っていた。

10)　*II*, Nov. 1983, pp.86–87.

11)　1970 年代に機関投資家は固定金利証券への関心を高め，多くの商会が主体として市場に参加することを強いられるようになった。プリンシパル活動の大部分は固定金利証券だが，株式でも増加していた。証券業界のあらゆる業態，規模の商会がプリンシパル業務を手がけ，年末在庫水準は 1976 年，1977 年ともに平均 130 億ドルを超えていた。その数字には急増するレポが含まれていない。Schaefer and Blanchard（1978），p.8.

12)　SEC 登録期間中に市場環境が大きく変化していることが起こるようになり，米企業は迅速に資金が調達できるユーロ市場に目を向けたとの説明がある。Geisst（邦訳，2001 年），409 ページ。

13)　*II*, Aug. 1985a, pp.205–206. この記事では GMAC による 1985 年 4 月の 2.5 億ドル 7 年ノート発行の例が紹介されている。同社は市場の需要が強くなったタイミングを利用するため発行を行った。4 社の競争入札で First Boston が勝利し，1 社で全て買い取った後，機関投資家に販売した。全ての過程で 1 日もかからなかった。

14)　井出，高橋（1977 年），239 ページ。競争入札以外については，引受スプレッドが 1950 年代から業者間の暗黙の協定によって固定されていたが，Merrill と Salomon は売れ残りを覚悟して攻撃的な値付けによって案件を獲得するようになった。木畑（1980 年），162 ページ。

15)　*II*, Jun. 1975, p.24. 例えば Ingersoll Rand は伝統的取引銀行が Morgan Stanley と Smith Barney であったが，1975 年の 2 回の発行で Merrill を共同幹事に入れたことで分売が促進されたと同社は考えていた。

16)　*Euromoney*, Dec. 1979, p.62.

注　165

17)　競争相手を出し抜く慣行は，共同幹事案件で特に顕著であった。一方の幹事が他の幹事を顧客との会合に呼ばない，他の共同幹事と共謀してブックランナー提案に反対する，メディアに案件の詳細をリークするなどの行為が頻発したと報じられている。*II*, Aug. 1986, p.143, p.146. 1980年代初頭に Morgan Stanley のシンジケート責任者であった Saunders は「主幹事が2社なら，その間の競争で非効率性が追加される」と述べていた。*Euromoney*, Mar. 1982, p.32.

18)　アメリカでも幹事が割当証券をブローカー経由で処分することが頻発していた。そこで主幹事は割当を削減し，できる限り多くを自身で販売するようにした。それが発行証券の買い手を把握することにもつながった。*II*, Aug. 1985a, p.208.

19)　*Euromoney*, Mar. 1982, pp.21-23. 採用においても出自や財産よりも，MBA 取得が重視されるようになった。

20)　*Euromoney,* Oct. 1980, p.192.

21)　*II*, Jun. 1988, p.99.

22)　*II*, Nov. 1983, p.90. リテール分売を伴わないブロック発行では，伝統的なシンジケートより薄いスプレッドを提示できた。*Euromoney*, May 1986, p.209.

23)　*II*, Feb. 1987, p.137.

24)　1980年代の半ばで在庫規模は Salomon が380億ドル，First Boston が290億ドル以上と見られていた。*II*, Apr. 1986a, p.90.

25)　*II*, Apr. 1986a, p.93.

26)　*Euromoney*, Feb. 1990, p.65, p.71. Atena Life 私募投資責任者の Cartland は投資銀行の持ち込み案件に不満を持ちながらも，「我々が独自に顧客を開拓しないのは，必要な資源が大きすぎるから。加えて投資銀行との関係を維持したい。全体的な投資対象の中で，今でも主要な源泉になっているから」と取引継続の理由を説明していた。またウォール街からの報復を受けずに済むのは10社も無いと述べている。

27)　発行市場でボンドのありかを把握することでマーケットメイクが容易になり，マーケットメイクを行うことで発行市場の取引獲得が促されるというのは，特にクラッシュ後にボンドの供給が減少し，ディーラー間取引が縮小した時期に当てはまる。*II*, May 1988, p.106.

28)　*Euromoney*, Dec. 1982, p.45. Lehman の De St. Phalle はディーラーの立場から，「機関投資家がディーラーから購入すれば，ディーラーはその機関投資家に対してビッドを提示するだろう」と述べている。またもう一つの問題として，公募案件に直接ビッドすると，デューデリジェンスが必要になるということも指摘されている。

29)　*II*, Nov. 1985, p.348.

30)　*II*, Jan. 1990b, p.66.

31)　企業がスワップ，資産担保証券，ヘッジ，株式買い戻しなどの手法を利用してコスト削減や利益追求を行うようになった。Morgan Guaranty Trust の Gubert は「より多くの企業がダイナミックに負債管理を行う必要性を認識し，実行している」と述べている。*II*, Aug. 1985b, pp.211-212.

32)　神野（2011年），157-162ページ。

33)　Dale (1988), p.5. Dale は商業銀行の弱点として，投資銀行に比較してプロ投資家との接点が限定的である点を挙げている。また GS 法が適用されない国際市場においても，商業銀行系はランキングで投資銀行の後塵を拝していた。神野（2010年），10ページ。ただし，業界内の相互評価では投資銀行に劣らず商業銀行系の評価も高かった。名前が挙がるのは Bankers Trust，JP Morgan，Citicorp である。

34)　Lehman の推計によると，規則415が発効した1982年3月1日-1983年末までに263件の一括登録があった中で，77.6％は既存の取引先が主幹事を務めた。さらに競争入札では無く，交渉案件では94.1％が既存の取引先が主幹事であった。既存の取引先は直近2回の公募の主幹事業者と定義され

166 第4章 投資銀行業界における主体取引の定着

ている。*II*, Apr. 1984, p.90.

35) *Euromoney*, May 1986, p.211. 大手7社とは後述の1980年代バルジとDrexelである（153ページ参照）。新商品の例ではLION，イールド・ノート，証券化自動車ローンが挙げられている。

36) Schaefer and Smith（1980），pp.5–6. 1979年はNYSEの出来高が前年から急増し，指標も軒並み上昇した。しかし，証券業界ではコミッション依存が困難になっており，主体取引に向かった。それによりリスクも拡大したが，ポジション管理が精緻化したということが指摘されている。

37) Lucas, et al.（1977），p.44.

38) 1980年代にはレポとリバースレポを組み合わせた多様な金利裁定手法が開発され，それが現物市場の流動性を高めることになった。Lumpkin（1987），pp.15–19. レポを利用した取引手法としては，現物購入と先渡し売却を組み合わせ，資金繰りをレポで行うCash & Carry，含み損を抱える債券をレポに出し，代わり金で高利回り運用するReverse to Maturityなどがある。Taylor（邦訳，1997年），15–17ページ。

39) 1980年代初頭には大手がトレーディングを強化し，政府証券を地方債など流動性の低い証券のヘッジ手段として利用するようになっていた。*II*, Oct. 1983, p.215. 1980年代半ばには銀行でトレーディング関連収入の比率が高まり，役員入りするなどトレーダーの組織内部における地位が向上したということである。*II*, Oct. 1986, p.132.

40) 1985年のU.S. House（Apr. 1985），p.110. これはmatchedレポ勘定とは何かという議員からの質問に対する回答である。

41) Merrillではトレーディング部門の共同収益プールから報酬を支払うことで，他のトレーダーを支援しても報酬に結びつくようになり，結果としてデスク間のスワップ活動が活発化したということである。*II*, Apr. 1986a, pp.92–93.

42) 野村総合研究所は金融革新が起こった要因を次のように整理している。引受業務には事前のマーケティング活動に多くの時間と労力がかかるが，顧客との関係が希薄化したことで，コスト回収の不確実性が高まった。その一方で顧客の側からは価格変動リスクを管理するニーズが高まり，関係希薄化によってアイデア提供が重要になった。そして情報技術の応用的な発展がイノベーション競争を加速した。野村総合研究所（1999年），147ページ，151ページ。

43) 一定の引受収入を得るために必要な引受額は1983年まで低下したが，その後は高水準となった。その理由は一括登録制度によってシンジケートの規模が縮小したこと，そしてCMOなど低マージン商品の比率が高まったことである。SIA（Mar. 1987），p.8.

44) Salomon, Bankers Trust, JP Morgan, Merrillなどが，地銀向けにスワップでCMOのキャッシュフローを合成する商品提供を行っていた。地銀はCMOを購入するより，スワップ契約の方が所要自己資本が小さくなる。ディーラーにとっては利益が規格化スワップよりも大きくなった。*Euromoney*, Nov. 1990c, p.42.

45) 例えば1980年代半ばの上院公聴会で，DrexelのLintonがMBS引受のリスクを次のように説明している。「ホールローンの部分で，それが飛び抜けて収益的な部分であるが，何億ドルもの抵当を主体として購入し，それを複数の要素に分解し，買い手を見つけ，分売する間に1–6週間保有し続けなければならない」。U.S. Senate（Jun. 1985），pp.989–990. この証言は1980年代からホールローン購入がMBS業務の最大の収益源であったことを示唆する点も興味深い。

46) *Euromoney*, Nov. 1987a, p.80.

47) 1985年において，引受スプレッドは投資適格債が0.8％程度であったのに対して，ジャンク債は平均で2.6％であった。そして投資適格未満の普通債ではDrexelが1984年に70％を扱っていた。*II*, Jun. 1985, p.217, p.220.

48) 野村総合研究所（1999年），158ページ。1985年にDrexelのLA拠点では150人のジャンク債専門担当者を抱えていたのに対し，ニューヨークのライバルで20人を超えるような常勤の専門家を抱

注　167

えている会社はなかった。それらの会社では企業金融部門，M&A 部門などがジャンク債部門をサポートしていた。*II*, Jun. 1985, p.220.

49)　*Euromoney*, May 1985, p.85.

50)　例えば Salomon は 1984 年にカリフォルニア州の S&L である Gibraltar Financial Corp. のジャンク債引受で Drexel に競り勝った時，投資家を見つけることができなかった。それは Drexel が投資家に他社が引き受けた証券についての潜在的なデフォルトの危険を吹き込んでいたからということである。*II*, Jun. 1985, p.220. ただし，LBO ブームで Drexel が大型 LBO 案件に傾斜するようになると，ライバルは新興企業向けでニッチを追求するようになったと指摘されている。*Ibid*., p.220.

51)　*II*, May 1984, p.128. 堕天使とは格下げによって投資適格未満になった債券を指す。発行時から投資適格未満のジャンク債は，満期まで保有される傾向が強いということである。*Ibid*., p.128.

52)　*II*, Nov. 1987, p.112.

53)　Bookstaber（邦訳，2008 年），55–56 ページ。このヘッジはポートフォリオ保険と同じく，時間とともにヘッジの割合を調整する必要があり，それが常に円滑に行うことができることを前提としている。1987 年のクラッシュの結果，同社は在庫保有と財務省のショートの両面で損失を被ることになった。

54)　ブロック取引が可能になったのは，S&P500 や NYSE 指数の先物とオプションなどヘッジ手段発達が一因になっている。部分的にしかヘッジできないとの不満もあったが，Merrill の Hunter は「悪いヘッジでも，何もないよりまし」として，それらを利用していた。*II*, Nov. 1983, p.87.

55)　クラッシュ当時，株式市場への参入を模索していた Bankers Trust の Wheat は「固定金利市場ではあらゆる種類のヘッジ手段がある。しかし株式では売るか買うだけだ。一握りの上場オプションと先物を除いては」との感想を持ち，株式市場投資家向けにリスク管理商品を販売するようになった。*II*, Aug. 1990, p.55.

56)　*II*, Dec. 1991b, p.114. 店頭株式デリバティブは，投資家がユーロ債に慣れ，上場市場が未成熟な欧州でまず導入されたが，1989 年にはアメリカでの販売が拡大するようになった。早期に取り組みを開始したのは Salomon，Bankers Trust であり，Goldman もすぐに続いた。*II*, Aug. 1990, p.58.

57)　*Euromoney*, Nov. 1990b, p.38.

58)　*II*, Jan. 1990c, p.82. この記事では Goldman の Friedman による「No.1 になる必要は無いが，2 位と 3 位が最良のこともある。十分な市場シェアがないと顧客は我々のところに来ない」という証言が紹介されている。

59)　*Euromoney*, Nov. 1990b, p.36.

60)　世銀のドル調達担当者は，投資銀行が発行を勧めてくるのは，トレーディング在庫が欲しいからではないかと疑うようになった。*II*, Mar. 1987b, p.256. また投資家も個別の推奨商品に懐疑的であった。*II*, Mar. 1988a, p.116.

61)　*Euromoney*, Nov. 1987a, p.92.

62)　*Euromoney*, Feb. 1989a, p.72. ただし，観察可能な裁定関係が発見され尽くすと，将来の関係に賭けようとするようになり，ポジション取りと同じことになるとも指摘される。

63)　*II*, May 1989, p.205, p.216.

64)　*Euromoney*, Nov. 1987b, p.107.

65)　Bloch（邦訳，1992 年），12 ページ。1960 年代には NYSE の 1 日平均出来高が急増し，事務処理が追いつかなくなった。多くの商会で記録管理ができず，閉鎖に追い込まれた。その経験から技術導入が加速し，多額の資本が必要になった。また業界で議会に働きかけ，証券産業保護法が成立した。これにより SIPC 保険基金が設立され，閉鎖商会から投資家と債権者が保護されるようになった。その間，Shearson による Hayden Stone，Merrill による Goodbody 吸収などが起こった。SIA（2000），p.4. また同時期に Bache, Merrill Lynch, Dean Witter, E.F. Hutton, Paine Webber,

168 第4章 投資銀行業界における主体取引の定着

Shearson などが資本不足を解消するため法人化した。Bloch（邦訳, 1992年）, 11ページ。

66) SIA（2000）, p.8.

67) *NYT*, Jun. 24, 1971.

68) First Boston は 1930年代から公開企業で, 取引所規則により既得権を認められていた。1970年代に公開化した企業としては DLJ の名前が挙げられている。SIA（2000）, p.8.

69) *NYT*, Aug. 4, 1981.

70) Morgan Stanley の公開については *NYT*, Mar. 22, 1986 を参照されたい。この記事ではその数ヶ月内に Bear, Stearns, Alex. Brown, L.F. Rothschild も公開化したことが紹介されている。また, Morgan Stanley 公開を受けて, Goldman も 1986年秋には経営委員会で株式公開を決定していた。しかし, その時は一般パートナーの反対で公開化を見送った。*II*, Sep. 1995a, p.64.

71) *The Banker*, Sep. 1982, pp.34–35. この記事ではリテールの包括サービスを欧州ではすでに多くの機関が提供しているが, 違いはアメリカの場合に方法がコンピューター化されていることだと指摘されている。

72) 石原（1982年）, 28ページ。

73) U.S. House（Apr. 1991）, pp.215–216.

74) McGraw–Hill の調査では, *Business Week* 購読者 2000人の内, 32%しか全ての金融サービスを単一の機関から受けたいと考えていなかった。U.S. Senate（May 1985）, p.772.

75) Monahan（1986）, p.10. リテール網を保有する証券会社で利益率が低いのは, リテール網を拡張しているからという話もある。例えば Prudential Bache では 1982年に 125 だった支店が, 1986年には 360 まで増加していた。*Euromoney*, May 1986, p.220.

76) 1986年は投信販売が最大の成長分野で, 口座管理手数料も 55%の伸びであった。そしてそれらの収入ではフルライン 10 社が 43%を占めた。SIA（Mar. 1987）, p.7. しかも, その数字はブローカー・ディーラー子会社だけのもので, 多くの資産管理業務は持株会社の他の子会社で手がけられていた。Schaefer and Monahan（1988）, p.9.

77) Monahan（1991）, p.15.

78) SIA（1989）, p.11.

79) 1989年は NYSE 会員全体の「その他関連業務」収入が 203億ドルで, うち私募 21億ドル, M&A 関連 40億ドル, 金利その他が 142億ドルと推計されている。Schaefer and Monahan（1990）, p.6.

80) *II*, Jan. 1997.

81) 例えば Bankers Trust はそのような選択をしていた。*Euromoney*, Jan. 1990a, p.11.

82) 1985年の大統領経済報告には The Market for Corporate Control という章が設けられている。報告書ではエージェンシー問題の緩和に役立つとして, 敵対的企業買収の擁護論が展開されている。Council of Economic Advisers（1985）, pp.188–189. 一方, 買収を恐れた企業は株式買い戻しを行うようになった。これと M&A を合わせ, 1984–1991年にかけて 5000億ドル以上の株式が市場から消滅し, その供給減少が株価の上昇を促したと指摘されている。Schaefer and Toto（1991）, p.6.

83) 米投資銀行にとって, 1970年代に基本業務の停滞によって M&A 業務の重要性が高まっていた。Samuel Hayes の調査によると大手 5 社（Dillon, Read, First Boston, Goldman, Kidder, Peabody, Morgan Stanley）の収入で M&A と手数料収入が占める比率は 1973年の 16%から 1977年の 25%まで上昇した。*II*, Dec. 1978, p.133. 野村総合研究所によると, もともと M&A は引受の付随サービスという位置づけだったが, 1970年代に収益の柱となっていった。特に Morgan Stanley では 1972年に M&A 専門部署を設置し, 主体的に案件の発掘を行うようになった。そして 1974年には業界のタブーを打ち破って敵対的買取に助言を提供した。野村総合研究所（1999年）, 171ページ。

84) Morgan Guaranty は 1960年代初頭に M&A 部門を設置し, 1970年代半ばには 24人の専門担当者を抱え, その他部署でも 60人が助言業務に関わっていた。Citibank も投資銀行から関連の人材を

注　169

獲得し，1974-1975 年にかけて人員を倍増させた。*II*, Mar. 1975, p.24.

85）　石原は，裁判資料として株価に関する公正意見を提供できるのはバルジだけであると主張する。買収に利用される 1 株当たり株価が，当該企業の利用できる最善の M&A 顧問の意見に基づいていることを証明することができるということである。石原（1997 年），121 ページ。

86）　Salomon のパートナーだった Lowrey は「企業は大手の公正意見でなければ安心できない。社外取締役は株主訴訟からの保身のため，多くの資本を持つ助言者を求める。Morgan Guaranty が公正意見を求められれば，1500 万ドルではなく，500 万ドルでそれを出せるだろう。M&A 案件の価格は高すぎる。社外取締役は複数の銀行に提案を呼びかけるべきだ。同じサービスをよりよい価格で銀行から得られるのに，そうせずに高い手数料を払い続けているのは，アメリカ企業社会がいかに怠けているかを示している」と話していた。*Euromoney*, Oct. 1985, p.368. 実際，2000 年代に入るまでには企業が複数の助言業者を使い分けるようになり，その中で公正意見の提供はコモディティになる。

87）　*Euromoney*, Oct. 1985, p.368.

88）　邦銀のニューヨーク支店長座談会では，その点もあって，GS 法を廃止しても効果があるのか疑問視する発言が多かった。『週刊金融財政事情』1990 年 3 月 12 日，41 ページ。

89）　Dale (1988), p.6. Dale はその他の要因として，商業銀行は貸出関係を考慮して敵対的買収には関わらず，友好的な買収は金額が小さいという点を挙げている。しかし，敵対的買収への関与が取引関係に影響を与える可能性があるのは投資銀行も同じである。

90）　1991 年上院公聴会への SIA 提出資料によると，ジャンク債受額は 1985 年 181 億ドルから 1986 年 402 億ドルと急増し，1986 年には Merger-Related が半分程度になっている。U.S. Senate (Jan. 1991), p.127. この数字が図表 4-3 と全く異なるのは，恐らく私募を含めているからであろう。

91）　*Euromoney*, Feb. 1986, p.94, p.97. この記事で主要な参加者として紹介されているのは Prudential, First Boston のメザニンプール（主に Metoroplitan Life が拠出），Textron と GE の年金基金，Morgan Guaranty の統合転換債基金である。

92）　*Euromoney*, May 1988b, p.33. つなぎ金融の場合は後のジャンク債発行手数料と合わせて，リターンが取引総額の 6-10％になったと紹介されている。

93）　*Euromoney*, Dec. 1989a, p.56.

94）　*Euromoney*, May 1988b, p.33.

95）　*II*, Nov. 1987, p.103. Merrill の M&A 担当者も「主体として活動する 1 件だけで，私が入社した時に企業金融部門全体が上げていた利益よりも多くを獲得できる」と証言している。*II*, Mar. 1987b, p.254.

96）　Morgan Stanley は 1983 年にジャンク債部門を立ち上げ，1984 年には Cigna Corp. と共同の LBO ファンドを立ち上げた。そして次の段階としてマーチャントバンキング・グループを組織した。*II*, Nov. 1987, p.104.

97）　*Euromoney*, Mar. 1989, p.38. この記事では国内の株式，債券，国外のユーロ債のいずれでも上位 5 位に入らず，M&A でも急降下とある。図表 4-15 で 1989 年前半は M&A 首位であったが，この記事にはかつて首位を争っていたのに，1988 年は 8 位に後退したとある。

98）　*Euromoney*, Mar. 1989, p.41. 記事では出資した企業向けの取引として，資産の処分や出口だけでなく，年金資産管理を Morgan Stanley Asset Management に移すといったことも挙げられている。

99）　*Euromoney*, Mar. 1989, pp.43-45. マーチャントバンキングを優先する他の例として，企業担当が資金調達案件よりも M&A 案件を掘り起こすよう指示されること，LBO 金融で高い出資比率を要求すること，優秀なアナリストを M&A 部門に異動させ，調査サービスでのランキング低下を放置することなどが挙げられている。

100）　*II*, Mar. 1987b, p.253, p.256.

170　第4章　投資銀行業界における主体取引の定着

101)　SIA (Feb. 1987), p.9.
102)　*II*, Feb. 1988, p.117. この記事によると，1987年のクラッシュでジャンク債利回りが平均400bp
　　上昇した。Merrill は1億ドルしかつなぎ金融残高を抱えていなくても，打撃を受けた。Salomon で
　　は少なくとも6億ドル抱えていたと見られており，リファイナンスできなければ損失を受け取った
　　手数料では全くカバーできない状況であった。
103)　*Euromoney*, May 1988b, p.33, p.35.
104)　*Euromoney*, Feb. 1989b, p.89, p.92. 貯蓄機関には新規ジャンク債投資が禁止され，既存のジャ
　　ンク債投資にも処分が求められることになった。*II*, Oct. 1989a, p.194.
105)　*Euromoney*, Dec. 1989b, p.3.
106)　山田・遠藤（1990年），7ページ。
107)　*II*, Jan. 1990c, pp.80–81.
108)　*II*, Jul. 1998b. 1998年には Lehman も IPO によって American Express から独立したが，IPO 前
　　の資本注入として American Express と日本生命が2億ドルの転換可能優先株を取得し，Lehman は
　　年間利益の半分にもなる配当を負担することになった。
109)　*Euromoney*, Dec. 1987, p.44.
110)　例えば ABS 業務が拡大したために，抵当金融グループから独立した ABS 部門が設置されるな
　　どである。*II*, Jun. 1988, p.99.
111)　この時は CSFB, First Boston, CS Pacific が CS First Boston の傘下入りし，その会社に Credit
　　Suisse が出資するという形で資本注入が行われた。*Euromoney*, Jan. 1989, p.45. それまでは First
　　Boston と CSFB が相互に40％の株式を持ち合い，Credit Suisse は CSFB に60％出資するという関
　　係であった。*II*, Jun. 1988, p.103.
112)　*Euromoney*, Nov. 1990a, p.27. Hennessy は First Boston の会長であった。
113)　*II*, Jul. 1988, p.65. この時から Goldman の公開化は既定路線と周囲から見られていたようである。

第5章

投資銀行の収益性低下と収益変動拡大

5-1 MGM 体制から大手銀行グループとの競合激化へ

この章では，大手投資銀行の競争で規模の拡大に拍車をかけるようになった銀行系との競合激化，そしてトレーディングを取り巻く環境変化をとりあげ，それらが投資銀行の業務に与えた影響を考察する。

MGM 体制

LBO ブーム崩壊で始まった 1990 年代は，その後ニューエコノミーと呼ばれる活況に向かっていくが，それとともにサイクルの幅は大きくなった。その波は証券業界の業績に作用するだけでなく，業界の勢力図にも影響を与えることになる。

図表 5-1 は証券業界の基本的な収入を左右する証券発行と M&A の動向である。社債では投資適格債が 2002 年の一時的な落ち込み以外はほぼ一貫した発行増が見られるのに対して，高利回り債はかなり増減を繰り返している。私募債の動きはどちらかといえば高利回り債に近い。証券化商品では ABS に比較して，民間 MBS の変動が大きい。

株式では普通株発行と IPO でともに 2000 年がピークになっている。その後，落ち込みからの回復は見られるものの，2006 年でもピーク水準を回復していない。M&A では公表案件が 1998 年，2000 年に記録的な水準を達成し，大きく落ち込んだ後，2006 年までにかなり回復している。

次に投資銀行の勢力図の変化を確認しておきたい。1980 年代には 6 社がバルジと呼ばれていたが，1990 年代には Merrill, Goldman, Morgan Stanley がスーパーバルジ，あるいは MGM グループと呼ばれるようになった。ただし，

172　第 5 章　投資銀行の収益性低下と収益変動拡大

図表 5-1　米民間証券発行額および M&A 金額・件数　(10 億ドル)

	1991	1992	1993	1994	1995	1996	1997	1998
負債								
普通債（投資適格）	151.6	205.9	283.7	188.9	241.6	284.0	358.1	481.3
普通債（高利回り）	8.8	33.7	56.0	33.3	38.2	58.7	107.9	129.6
転換債	9.4	8.4	15.2	12.2	12.0	21.3	26.0	17.9
ABS	52.2	55.8	62.6	81.7	113.1	168.4	223.1	286.6
MBS	59.2	82.5	117.7	73.7	36.5	51.9	69.4	191.9
私募	107.3	112.8	174.2	117.1	112.8	159.0	286.3	376.9
株式								
私募	10.8	14.9	18.7	23.9	21.5	44.4	80.4	89.5
普通株	56.0	72.5	102.4	61.4	82.0	115.5	120.2	115.0
IPO（投信を除く）	16.4	24.1	41.3	28.3	30.0	49.9	43.2	36.6
M&A								
公表案件金額	155.0	161.7	279.3	376.3	612.9	730.5	1,030.6	1,735.3
件数	5,234	5,328	6,040	6,946	8,307	9,359	10,754	11,992
完了案件金額	124.5	111.8	166.7	269.1	382.6	592.0	718.0	1,314.3
件数	3,603	3,842	4,250	5,042	6,124	6,913	8,103	9,330

	1999	2000	2001	2002	2003	2004	2005	2006
負債								
普通債（投資適格）	544.9	553.2	698.3	579.5	644.7	642.8	656.5	912.3
普通債（高利回り）	84.3	34.3	77.8	57.2	131.1	137.9	96.3	146.6
転換債	26.9	49.6	78.3	30.5	72.7	32.5	30.1	62.8
ABS	287.1	281.5	326.2	373.9	461.5	651.5	753.5	753.9
MBS	140.5	101.7	218.8	288.5	440.6	532.7	901.2	917.4
私募	368.8	358.7	510.5	311.7	495.0	578.0	555.1	524.0
株式								
私募	77.7	124.4	80.6	45.8	30.0	30.9	59.6	76.2
普通株	164.3	189.1	128.4	116.4	118.5	169.6	160.5	157.2
IPO（投信を除く）	64.3	75.8	36.0	25.8	15.9	47.9	39.6	46.1
M&A								
公表案件金額	1,563.4	1,741.2	771.4	439.5	543.8	848.5	1,118.2	1,527.2
件数	11,045	11,080	7,676	7,025	7,721	8,548	9,289	10,310
完了案件金額	1,313.7	1,767.9	1,159.7	555.7	450.8	770.2	912.3	1,424.1
件数	9,105	9,095	6,405	5,868	5,962	6,836	7,908	10,265

（注）　普通債（投資適格）の数値は，元のデータにあった普通債の数値から普通債（高利回り）の
　　　　数値を差し引いて求めた。
（出所）　SIFMA, *Fact Book*, 2011 より作成。

分野によってランキングの顔ぶれが異なり，何がバルジの指標かがより一層不明確になった。その中で 3 社が上位を占めたものに M&A と株式があり，これらがバルジの指標の中で特に重要であると考えられるようになった[1]。

図表 5-2 は M&A 助言シェアである。期間中は大規模合併が頻発しており，それによってランキングが影響されるため，主要業者の下に，後に統合されることになる機関を付け足しておいた。1990 年代から 2000 年代初頭にかけて，やはり MGM が高い数値になっている。特に Goldman は 2001 年に 52.65％と，その前後の年では 3 社の中でも突出した実績を誇っていた。

しかし，2003 年あたりから様子が大きく変わっている。この年は完了案件が IT バブル崩壊以降で底に達する年であった。そのため，1 件の差が特に大きくなるとはいえ，Merrill と Morgan Stanley の数値が突然 20％を切った。この時はまだ Goldman が突出したシェアになっていたが，その Goldman は 2005 年から姿を消してしまった[2]。そしてシェア争いでは銀行系を含めた混戦模様になっている。

次に図表 5-3 で普通株と IPO の主幹事シェアを見ていく。こちらは 1990 年代前半の数値を入手できなかった。ここでも 1990 年代は MGM が強かったと言えるが，2000 年には DLJ と統合した CSFB が Merrill を上回り，2002 年には Merrill と Morgan Stanley の両方に打ち勝った。Salomon も Citigroup となって，IT バブル崩壊後には明らかにトップを争う位置に入っている。そして，JPMC でも，トップからはやや離れているが，追い上げている。

以上のように 1990 年代には確かに M&A と株式関連では MGM が強かったが，2000 年代に入って旧バルジの順位が回復に向かい，3 強体制では無くなった。旧バルジの 1 社は Citigroup に，もう 1 社は Credit Suisse にと，形式的には商業銀行グループの傘下に入っている。そして商業銀行免許から投資銀行の専門性を構築していった JPMC でも，上位陣を狙う位置までシェアを上げていた。

Institutional Investor 誌が 2007 年に企業とプライベートエクイティ・ファーム（PE ファーム）を対象に行った，投資銀行の M&A と引受に対する評価では，JPMC が総合首位になった。そして調査結果を紹介する記事は，貸出，現金管理，株式引受，M&A まで幅広く提供するユニバーサルバンクが，伝統的

図表5-2　M&A助言シェア

(%)

	1991	1992	1993	1994	1996	1997	1998	1999	2001	2002	2003	2004	2005	2006
Morgan Stanley (1998-1999は MSDW)	19.71	18.48	17.98	22.20	30.11	27.40	24.11	27.64	37.81	35.39	18.99	18.08	34.91	19.56
Dean Witter	0.76													
Goldman	25.69	18.49	23.91	27.52	25.10	26.06	32.75	47.63	52.65	47.15	44.67	35.92		
Merrill Lynch	15.35	10.84	11.49	18.28	24.46	29.18	33.21	22.99	33.37	32.96	18.02	21.23	20.57	19.70
Salomon (-1994) Salomon Smith Barney (1996-1999) Citigroup (2000)	17.10	12.12	9.13	19.72	14.39	15.05	21.39	17.40	26.62	27.02	14.67	21.12	23.30	27.66
Smith Barney	3.76	3.47	6.36	12.78										
Citicorp				1.64										
First Boston (-1991) CS First Boston (1992-1996) CSFB (1997-)	14.81	19.46	6.45	13.12	11.81	13.16	16.75	17.21	31.74	33.63	17.98	12.37	15.14	20.36
DLJ	3.94	3.87	6.86	7.37	5.59	7.43	6.89	19.70						
Lehman	15.88	6.25	11.91	9.20	13.71	6.99	16.49	6.08	8.91	11.73	12.63	25.52	19.52	29.70
JP Morgan (-1999) JPMC (2000-)	3.89	1.39	7.60	6.04	8.46	8.05	12.96	13.89	12.98	31.03	11.93	23.29	27.23	26.42
Chase	1.21		0.81				7.81	6.01						
BoA									4.97	4.30	5.20	15.87	12.34	11.04

(注)　数値は金額ベース。CSFBは2006からCredit Suisseになっている。

(出所)　1994年まではInstitutional Investor, 1996年以降はInvestment Dealers' Digest 各号より作成。

5-1 MGM体制から大手銀行グループとの競合激化へ　175

図表 5-3　普通株・IPO 主幹事シェア

普通株　(％)

	1996	1997	1998	1999	2000	2001	2002	2003	2004	2005	2006
Merrill	12.31	13.33	15.17	9.71	11.80	13.24	10.86	9.64	9.92	9.17	9.89
Goldman	14.48	13.44	14.74	19.82	22.09	21.36	16.66	16.04	13.38	11.04	15.06
Morgan Stanley	11.40	14.27	16.49	19.17	15.66	12.83	11.23	13.48	14.40	12.21	9.51
Citigroup	11.80	8.47	7.00	7.46	8.61	12.67	15.17	13.13	11.74	12.21	10.58
CSFB	4.85	4.26	4.11	8.37	13.53	13.19	12.96	8.27	7.20	6.33	7.30
DLJ	6.97	6.08	7.28	6.12							
Lehman	3.96	5.02	3.65	3.53	3.54	5.42	7.11	7.43	7.21	9.92	9.66
JPMC	1.13	2.93	5.59	5.63	5.04	3.76	4.71	6.85	8.03	8.37	7.87
Chase				1.91							
BoA	1.74	2.95	1.75	1.07	1.58	2.63	2.55	3.60	2.92	3.38	3.15
NationsBank	3.71										
BankBoston		1.71	1.61	2.61	2.86						

IPO

	1996	1997	1998	1999	2000	2001	2002	2003	2004	2005	2006
Merrill	7.25	11.02	19.48	11.20	9.21	5.87	11.24	9.20	9.57	8.34	7.94
Goldman	19.77	15.39	9.36	21.23	24.15	30.57	14.41	17.56	15.41	11.64	14.17
Morgan Stanley	14.47	12.64	21.52	20.26	15.47	21.74	9.12	8.10	16.01	11.21	10.19
Citigroup	9.27	4.70	6.77	3.67	12.09	13.63	26.66	9.28	8.51	11.90	8.83
CSFB	3.81	5.63	5.20	8.58	15.29	14.02	11.92	15.24	8.58	9.44	9.72
DLJ	4.99	5.01	3.31	5.65							
Lehman	4.83	3.88	2.17	4.21	3.39	3.82	11.52	3.68	4.77	9.20	10.35
JPMC	2.01	5.40	4.22	4.04	3.51	1.44	0.49	1.63	8.06	7.37	9.00
Chase				1.85							
BoA	2.41	3.05	1.80	0.75	0.92	1.20	0.83	4.37	2.95	3.23	2.28
NationsBank	2.60										
BankBoston		1.75	1.62	3.91	2.87						

（注）　数値は金額ベース。2000 年からの IPO は投信込みの数値になっている。Morgan Stanley は 1998-1999 年に MSDW。Citigroup は 1999 年まで Salomon Smith Barney。CSFB は 1996 年まで CS First Boston, 2006 年に Credit Suisse。JPMC は 1999 年まで JP Morgan。FleetBoston は 1998 年まで BankBoston。
（出所）　*Investment Dealers' Digest* 各号より作成。

176　第5章　投資銀行の収益性低下と収益変動拡大

な投資銀行に対してますます優位性を発揮している姿が浮き彫りになったと締めくくられている[3]。

M&A 助言業務をめぐる変化

1990年代に高いシェアを誇った上位3社が2000年代に入って数値を低下させるようになったのは，1980年代末にMorgan Stanleyが顧客を軽視していると批判されるようになったことと重なる。2000年代にも大手投資銀行は主体取引にのめり込むようになったと批判されていたことを想起されたい。競争環境の変化によって大手投資銀行のM&A助言に対する取り組み姿勢が変化したことは十分考えられる。

2000年代における大手投資銀行の業務展開は次章に譲るとして，ここではM&A助言業務の環境が1980年代からどのように変化したのかを概観しておく。

1990年代にはM&Aがアメリカ企業社会の日常に完全に定着した。金額と件数の大きさもそれを示している。1990年代初頭の低迷後，1994年には公表額が1988年のピークを超え，翌年からさらにペースを加速している。企業に対する株主の圧力が強まるにつれ，企業は業績拡大の手段としてM&Aを位置づけるようになった。そして大手優良企業でも敵対的買収に乗り出すようになった[4]。

敵対的買収といっても1980年代とは意味合いが異なる。SEC規則とDelaware Chancery裁判所の判決で，売り手は買い手候補の全てを公平に扱うよう求められるようになった[5]。また税制変更で，買収後の解体セールが困難になった代わりに，企業自身が部門を売却，あるいはスピンオフすることが日常になった。その理由はやはり株主からの圧力である[6]。そしてスピンオフは事業切出し（carve outs），分割（split offs），事業部門株（tracking stocks）と合わせて投資銀行の収入源となる。2000年頃には，主要IPO業者で関連収益がIPO事業の1/3近くを占めるようになった[7]。

つまり株価引き上げが至上命題となる中で，1990年代以降は企業がM&Aとスピンオフや事業売却を一連のプロセスとして繰り返し，新陳代謝を継続するようになったということである。そうすると，再編が活発化する業界でその核となる企業の案件を獲得すれば，連続的に他の案件に接触する機会が生じる[8]。

1990年代には特定の産業分野に対する知識がM&A助言業務獲得で重要性を高めた。投資銀行はM&A担当者を産業別に配置し，M&A部門を企業金融における産業分野カバーと対応させるようになった。カバーする産業で顧客を多く抱えていると，M&Aの取引が発生しやすい[9]。そしてM&Aが連続的なプロセスであれば，ライバルがその顧客関係の中に割り込むのがそれだけ難しくなる。1990年代におけるMGMの強さの背景には，こうしたメカニズムがあったのではないかと考えられる。

それでも，M&Aの性格の変化が既存の大手にとって有利に働くとは限らない。産業分野は細分化すれば膨大な数になり，その全てに専門性を持つのは不可能といって良い。1990年代からは非金融企業でもアンバンドリングが進み，各企業は特定の技術分野に特化して，それ以外を外注化するようになったと言われる[10]。そうするとニッチな技術分野での専門性に特化した業者の活躍余地は広がると考えられる。

また，M&Aの日常化に伴って，企業は独自に多くの作業をこなし，投資銀行への依存度を低下させた。そうすると手数料に低下圧力が生じる。一般的には金額の小さい案件は企業が独自にこなし，大型案件になると投資銀行を利用する傾向が強い[11]。大型案件では作業が複雑になり，手数料が高くなることを期待できるかもしれない[12]。また大型案件では資金調達が付随する可能性が高く，総合力を持つ大手に好都合とも考えられる。

しかし，大型案件で投資銀行を利用するのは，単に公開企業が対象になるため公正意見が必要になっただけかもしれない[13]。助言業務獲得の上で交渉をまとめる能力が求められているとしても，その専門性を構築してきた業者が強みを持つことになるが，それが資金調達のアレンジ力を持つ機関と同じであるとは限らない。

商業銀行の投資銀行業務に対する攻勢

商業銀行は法的な制限によって投資銀行業務を巡る競争への参加に後れを取ったが，1987年に20条子会社の設立が認められ，1989年に取り扱い可能な証券が企業債に広がると，徐々に引受で実績を積み上げていった[14]。1990年代初頭には銀行のタイイング行為をめぐる論争が激しくなったが，企業の中には

178　第5章　投資銀行の収益性低下と収益変動拡大

商業銀行を評価する声も上がっていた[15]。

　商業銀行の引受は当初もっぱら負債であった。しかしJPMではボンド発行でのデリバティブ利用を梃子にして，企業に株式のアイデアを持ち込み，負債での強みを株式案件の獲得につなげる取り組みを早い段階から開始していた。同社が抱えるプライベートバンキング部門を通じたリテール販売も利用し，発行者にリテール投資家リストを見せて，もし株式が機関投資家に吸収されてしまった場合は手数料を返却するというサービスまで提供していた[16]。

　1996年になると20条子会社とグループの関係を制約していた防火壁と呼ばれる制限の多くが取り払われ，その年末には非適格証券取扱からの収入上限が10%から25%に引き上げられた。そして1997年には防火壁のほとんどが撤廃された[17]。これにより商業銀行は投資銀行業務でグループの総合力を利用することが容易になった。さらに収入上限が引き上げられたことで，既存の投資銀行を買収するという選択肢が現実的なものとなった。GLB法の成立を前にして，商業銀行，そして外銀を交えた全面的な競争の前哨戦が開始されたと言える[18]。

　この時期にはジャンク債発行がブームになっており，銀行はレバレッジド金融を包括的に提供することができるようになった。例えばChaseはシンジケートローン業務での存在感を高め，それをジャンク債への足がかりとして利用した[19]。

　図表5-4は社債引受のシェアを表している。1996年の時点は投資適格債でまだMerrillが強さを誇っている。それに続くのはSalomonである。1996年の数値は1997年の前年分として公表されていたものを利用しているため，すでにCiticorpの分が合算されている。また，1999年までの投資適格債には短期債も含まれており，それがMerrillの数字を膨らませている。

　1996年にはJPMもGoldmanに次ぐシェアを獲得しており，Morgan Stanleyを上回っている。またNationsBankがランキングに入っている。株式やM&Aに比較して投資適格債では商業銀行系の攻勢が早かったことを確認することができる。その後，この分野はCitigroupとJPMCの2強という状況になっていく。Morgan StanleyやGoldmanには盛り返しも見られるが，MerrillはBoAにも抜かれてしまった。

図表5-4　米企業債主幹事シェア

投資適格債　　　　　　　　　　　　　　　　　　　　　　　　　　　　　　　　（%）

	1996	1997	1998	1999	2000	2001	2002	2003	2004	2005(1H)	2006(1H)
Merrill	17.95	18.89	19.54	19.88		9.62	7.08	8.30	6.40	6.60	5.97
Goldman	10.67	11.66	12.69	8.98	9.49	7.20	4.12	5.78	9.13	10.35	9.77
Morgan Stanley	9.72	12.29	12.15	11.30	12.14	9.23	8.01	9.69	8.97	6.92	10.54
Citigroup	15.25	13.45	12.59	12.63	15.88	22.20	21.82	20.53	20.17	16.67	15.38
CSFB	6.74	4.76	7.24	7.45	7.09	7.71	6.83	4.48	6.81	4.45	4.91
DLJ	0.72										
Lehman	10.18	8.52	5.16	5.56	8.35	10.69	10.91	9.94	7.87	8.22	8.92
JPMC	10.28	11.54	6.79	4.74	14.32	14.24	15.99	14.68	13.20	10.59	12.81
Chase	0.70	2.89	5.17	7.74							
BankOne					0.68	1.05	1.97	2.78			
BoA				3.86	6.36	6.65	7.72	6.42	5.13	8.76	8.37
NationsBank	2.83										

高利回り債

	1996	1997	1998	1999	2000	2001	2002	2003	2004	2005(1H)	2006(1H)
Merrill	12.26	10.89	8.35	6.59	6.09	6.33	2.98	2.40	3.89	6.22	7.41
Goldman	10.07	5.34	7.55	11.41	13.07	12.19	7.99	10.10	5.44	4.97	4.51
Morgan Stanley	7.91	10.20	12.85	0.98	10.96	7.95	5.88	4.93	8.49	5.90	5.56
Citigroup	12.95	11.49	13.09	14.09	12.42	12.70	10.55	11.94	14.74	11.13	15.12
CSFB	4.79	4.17	5.27	5.33	23.75	16.47	16.21	15.92	12.83	11.09	9.55
DLJ	14.71	11.53	14.43	16.27							
Lehman	3.35	3.89	5.28	5.26	4.38	6.72	8.14	7.20	6.17	6.54	6.23
JPMC	4.07	5.03	3.83	3.55	10.03	10.38	10.74	10.14	11.27	11.02	16.27
Chase	4.75	7.43	6.07	10.90							
BankOne					0.35						
BoA		2.75	1.96	3.05	5.53	9.46	9.75	9.13		12.45	9.77
NationsBank	0.79										

（注）　数値は金額ベース。
投資適格債：2000年は U.S. long-term investment grade corporate straight debt, 2001-2002年は
　　　　　U.S. high grade corporate debt の数値を利用。
高利回り債：2000年から U.S.long-term high yield corporate straight debt, 2001-2002年は U.S.
　　　　　high-yield corporate debt の数値を利用。
Morgan Stanley は1998-1999年に MSDW。Citigroup は1999年まで Salomon Smith Barney。CSFB
は1996年まで CS First Boston, 2006年に Credit Suisse。JPMC は1999年まで JP Morgan。
（出所）　*Investment Dealers' Digest* 各号より作成。

180 第5章 投資銀行の収益性低下と収益変動拡大

高利回り債では，1996年時点でもまだ投資銀行に分がある。特にDrexelから人員を引き継いだDLJはこの分野でMGMを凌いでいた[20]。それでもSalomonがCitiの力を得てこちらでも2位になっている。そして，高利回り債ではJPMよりもChaseの方が数値を高めており，高利回り債とシンジケートローンの結びつきが感じられる。

その後は，やはりJPMCとCitigroupの2強になっていく。こちらではJPMCの方がCitigroupよりも強い。またBoAが2006年前半には2強に続くポジションに付けている。このように負債の分野では大手銀行グループの優位性が目立つ。

銀行グループによるボンド引受への関与は，1990年代の半ばまで貸出に対する報酬という性格を持っていた。債券発行では100%をシンジケートのポットから販売する案件が増加し，発行企業としては分売力を持たない銀行を共同幹事に加えてもリスクが無かった。しかし，そこから主幹事を獲得するところも出てきた。また比較的手数料の高い案件でも実績を上げるようになったことから，1990年代の末にはもはや銀行系の実績が，単なる貸出に対する報酬とは言えなくなった[21]。

とはいえ，ボンド案件が貸出と無関係という訳ではない。100%ポットの案件が増加した背景には，1998年のロシア危機による急速な市場環境の悪化がある。発行者は流動性が枯渇する中，確実な分売のために単一の主幹事に任せた方が効果的と判断した。したがって手数料の配分は主幹事に偏っており，共同幹事ではほとんど何も得るものがない[22]。それでも実績の無い銀行は共同幹事から入っていくほかない。ちょうど借り手も市場環境の悪化で，銀行与信に頼らなければならないケースが増えた。それを喜んで提供したのは，米スーパーリージョナルや外銀であった[23]。

それまで銀行の引受活動ではタイイング疑惑が話題になったのに対して，この頃からはpay-to-playという言葉がよく利用されるようになった。これは，借り手の側から，引受などの案件に参加したければ，貸出を提供するよう要求する行為を指す。典型的なケースは，Tyco Internationalが企業分割関連で発生することが見込まれる引受業務を求めるなら，少なくとも10億ドルの信用枠を用意するよう明言したことである。この時，信用枠提供に応じたのは軒並

み銀行系であった[24]。

2001年以降はこうした与信が銀行にとって重荷になる。Enron は破綻直前に30億ドルの信用枠を引き出し，JPMC と Citi は多額の不良債権を抱えることになった。CP 市場で企業会計への不信から投資家が更新に応じなくなったことで，2002年2月には Tyco が59億ドルの信用枠を使い果たし，翌月には Qwest Communications が40億ドルを引き出した。こうした事態に直面し，小規模銀行はシンジケートローンに資金をコミットしなくなった[25]。

その環境でコミットを維持した銀行が交渉力を高めた。その結果，pay-to-play なのかタイイングなのかの判別が困難になる。2003年の AFP（Association for Financial Professionals）による調査では大手企業回答者の56%近くが，追加的な取引を依頼しなかったことで銀行から与信を断られたか金利を引き上げられたと回答した一方，引受や M&A で与信提供者を優先するとの回答も多かった[26]。

投資銀行は長年，ローンの提供に消極的であった。貸出と引受業務の結びつきが強くなったことで，貸出業務に力を入れ始めたが，主につなぎ金融や M&A 関連などの比較的収益性が高い案件に集中し，信用枠の提供は避けていた。Goldman は銀行の会計処理が不公正であるとして，会計規則の変更を求めるロビー活動まで展開した[27]。

ここで会計処理が変更されていれば，幾ばくかは投資銀行にとって有利になっていたかもしれないが，いずれにしても貸出で独立の投資銀行が不利であることには変わりない。いくら投資銀行が大規模化したといっても，大手銀行グループの大規模化はそれをはるかに凌いでいた。そのため，投資銀行は与信で選別的にならざるを得なかった。Goldman に至っては，投資適格債の引受が割に合わないため M&A と株式に集中するようになったと指摘されている[28]。

銀行グループは資金力だけで，専門性を持たないと言いたい訳ではない。企業は銀行系の専門性を評価するようになっていたし，そもそも引受で首位を争うようになったのは Citigroup と JPMC くらいである。またウォール街は人材の流動性が高いことで有名であり，知名度が上がればそれだけ人材を獲得しやすくなる。

ただ，銀行グループと独立の投資銀行では資金力に差があったことは明白な

事実である。1980年代に総合力で強みを発揮した大手投資銀行は，資本規模の順位でも最上位に位置していた。2000年代には，もはやそういう状況ではなくなった。

個別案件の低収益化

大手銀行グループの攻勢は手数料低下圧力に拍車をかけた。投資適格債では1980年代からほとんど利益がでない状況であった。1990年代に仮に手数料水準が一定水準を保っていたとしても，pay-to-playの事例が示すように，引受業者は他のサービスで割引を提供している可能性もある[29]。

ジャンク債ではより影響が大きかった。ブーム期の1997年には，引き下げ余地のあるBB-からB-の借り手で最も手数料交渉が厳しく，借り手は「価格に敏感だ」というだけで低めの提示が出てくる状態であった[30]。各社が案件を追求するために，より格付けの低い発行者向け案件が発掘されるようになり，その上でさらに手数料が低下した[31]。

2000年代に入っても，あるジャンク債担当者によると，「トップ10から落ちるか，四半期毎に1000-3000万ドル払ってトップ5に留まるかの選択を迫られている」といったランキング争いが相変わらず続いていた[32]。2004年にはジャンク債引受の公表手数料平均が2%を割り込んだ。こうした手数料低下の背景には，ランキング競争の激化に加え，ジャンク債市場の成熟化によって付加価値の提供が困難になったことが指摘されている[33]。

株式関連ではIPOの手数料がかなり高く，しかも交渉されることが少ない。初めて株式を公開する企業にとっては，調査の質，分売力，発行後の市場維持の方がわずかな手数料引き下げよりも重要だからということである[34]。しかし，ITバブル崩壊とSOX法成立によって，純粋なIPOの案件が減ってしまった。代わりに増加したスピンオフなどの案件ではあまり高い手数料を望むことができない[35]。しかも，信用逼迫の影響で株式発行でも与信への報酬という性格が強くなり，引受業者は少ない手数料を多くの参加者で分け合わなければならなくなった[36]。

株式のブロック取引案件が増加したことも，競争の激しさを物語っている[37]。2000年の株高の最終局面で，スピンオフ関係の発行は特に窓を利用する

ためにブロック発行が多かった[38]。この時のブームは株価下落とともに下火となったが，2003 年からは徐々に株価が回復に向かい，発行者側からのニーズで再びブロック取引が活発化するようになった[39]。そして，ブロック取引を含め，株価回復はスピンオフ案件や PE ファームによる出口案件を呼び起こすことになる[40]。こうした案件の比率増加がランキング競争による手数料低下圧力に拍車をかけた。

M&A でも手数料引き下げ圧力が起きていたことは既述の通りである。企業は助言業者を利用する際，数を増やして役割分担させるようになった。特に独立ブティックと，金融力を持った共同助言業者を利用するケースが多かったようである[41]。M&A が強みであった独立投資銀行の MGM の場合，助言業務では独立ブティックと，金融アレンジでは資金力を備えた銀行グループと競合するようになった。

一方，資金力を使って案件を獲得しようとする勢力は後を絶たない。Citigroupと JPMC は Enron 事件などで多額の不良債権を抱えてしまった。そのため取り組みが遅れて打撃を受けなかった Deutsche Bank や BoA から追い上げられることになった[42]。

総合力活用の追求

個別案件の収益性が低下する以上，既存の大手は総合力を生かすしかない。あるいは，総合力を生かすことのできる案件に注力すると言い換えても良いかもしれない。

Salomon は Citicorp との合併直後に，ボンド取引を梃子にして息を吹き返した[43]。そこからジャンク債でも首位を争うようになったが，ボンドの強さだけではそれを実現できない。

これについてあるジャンク債担当者は「競争圧力はかつて無く高いが，少数のグループ間の争いでしか無い。かつては Bear や CIBC がそこにいたが，今では株式から M&A までの強みを持っていなければ競争に参加するのは困難だ。発行者は洗練されてきて，業者を選択する。ジャンク債だけのために話をするなんてことはもう無い」と話している[44]。

貸出業務についても同じことが当てはまる。pay-to-play が広がる中で，貸

出を提供しなければ取引を失う危険もあったが，貸出だけではせいぜい共同幹事止まりである。それ以上の地位を狙うには総合的なサービスを提供するための専門性が必要である。

1990年代に収益性の低さから負債市場を敬遠し，M&Aや株式に集中していたところでも，2000年代には負債市場への取り組みを再強化するようになった。例えばMorgan Stanleyは2004年に株式市場でのシェアを高めており，それはその2年前の組織改革で投資適格債，ジャンク債，転換債，株式グループを全て統合してグローバル資本市場グループにしたことが効果を発揮していると評価されていた[45]。

そうした総合力を生かして各社が特に力を入れたのは私募の仕組み金融であり，ランキングでは見えない部分であった[46]。M&Aでも1990年代から関連するデリバティブ取引の利用が広がり，2000年代には大手ディーラーが企業から当該企業株のプット・オプションを購入するといった取引が一般化していた[47]。そして，デリバティブは仕組み案件で利用されると同時に，ボンド活動の収益性を高めるのにも役立つ。引受自体は収益性が低くても，ヘッジや入れ替え取引，それに関するリスク管理からの収入を期待することができる。さらに独立投資銀行は，信用枠の提供に代替する手法として，借り手が満期延長のオプションを持つ変動金利商品を顧客向けに販売するようになった[48]。

総合的な専門性を最も生かせるのがLBO関連のレバレッジド金融であろう。そのLBOでは貸出の能力が不可欠である。図表5-5を参照されたい。1990年代からレバレッジド貸出では投資銀行もランキングに入るようになっていた。2000年代には大手銀行グループの合併によって上位3社が圧倒的なシェアを握るようになっても，独立投資銀行はむしろ取り組みを強化している[49]。もはや投資銀行は，銀行が貸出を利用して案件を獲得していると批判しているだけでは済まなくなった。

ただし，総合力が全ての分野でランキングの上位に入ることを意味する訳では無い。むしろ総合的な能力が発揮できる領域を効率的に選別しなければならない。そしてリスクの問題もある。それは1980年代の経験からだけでなく，1990年代から2000年代初頭にかけても繰り返し対処が迫られてきた。この点は大手銀行グループも何ら変わるところは無い。リスク管理という視点からも

図表 5-5　米レバレッジド貸出シェア　　（%）

	1997	1998	1999	2000	2001	2002	2003	2004	2005	2006
JPMC				23.86	25.63	26.20	22.32	23.74	21.68	19.9
JP Morgan	7.30	4.07	3.54							
Chase	31.00	24.01	28.41							
BankOne		3.99	2.89	2.91	4.02	3.01	2.85			
BoA		15.72	22.65	22.96	17.87	20.97	19.14	19.10	17.23	16.4
BankAmerica	12.38									
Nations	19.20									
FleetBoston			5.64	5.97	4.38	4.24	4.87			
BankBoston	5.11	3.13								
Fleet	3.23	1.79								
Citigroup					10.29	9.98	9.34	10.09	12.18	10.1
Salomon		3.39	3.25	5.68						
Citicorp	13.66									
Goldman	6.93	1.52	1.49	1.71		1.06	2.50	2.52	3.92	4.9
Lehman	4.81	4.89	2.15		1.55	3.51	2.70	2.62	3.84	3.2
CSFB	3.49	2.51	2.28	5.36	6.02	4.59	4.60	7.40	4.42	5.8
DLJ	3.60	3.06	2.30							
Merrill		1.12	0.95	1.39	1.14		1.53	1.47	1.90	3.8
Morgan Stanley				1.99				1.10	1.29	3.1

（注）　数値は金額ベース。
（出所）　2005 年までは *Investment Dealers' Digest* 各号のデータ，2006 年は Thomson Syndicated Loan Reveiw データを利用して作成。

各社は効率的な総合力の発揮方法を模索しなければならなかった。

5-2 規模拡大とポジショニング模索をめぐる証券業界再編

銀行持株会社による証券会社の買収

前章の図表4-8を見ると，NYSE業者の数は1987年のクラッシュ後に淘汰の局面に入り，1993年頃には一度落ち着くものの，1996年頃から再び下降していった。その時には証券業界内部で再編の機運が高まっていた[50]。1996年は20条子会社の非適格証券業務からの収入上限が引き上げられた年である。つまり，証券業界の淘汰は銀行グループによる買収と並行して進んでいった。

銀行グループは多くの場合，買収した証券会社にかなりの資本を注入したと言われる[51]。図表4-8でも業界の資本規模が1990年代に入って加速度的に拡大していることが分かる。図表5-6によって個別ブローカー・ディーラーの資本を確認しておきたい。上位の顔ぶれは1990年からあまり変わりなく，それぞれにかなりの資本増強が見られる。大手投資銀行で長らくパートナー制を維持してきたGoldmanもついに1999年に株式公開を実現し，資本を増強した。

しかし，独立系の投資銀行はグループの資本を報告している。しかも，長期の負債が占める割合がかなり高い[52]。これに対して，ランキングで存在感を高めるようになった銀行グループは，全て子会社のみの数値である。また，業界のM&Aでは，銀行グループによる買収，あるいは銀行グループ間の合併が目立っていた。証券業界の集中と規模拡大は，銀行グループが主導したといっても過言では無い。1997年にCS First BostonがCredit Suisseに吸収され，資本を増強したこともその中に含まれる[53]。

そのため，資本ランキングの上位に来る投資銀行でも，買収候補であり続けた。例えばBear Stearnsは2006年に6位につけていても，早晩どこかに買収されると見られていた。業務範囲がかなり狭く，2006年に金利が上昇へと転じる中で，MBS業務への依存が危ぶまれていた[54]。Lehmanの場合，1994年のAmerican Expressからの独立直後は日々の資金繰りにも窮する状況で，大手外銀の買収対象でしか無いと見られていたが，運も味方し，時価総額を引き上げてきた。ただ，その勢いを保つ上で収益源の多角化を必要とされていた[55]。

（1,000 ドル）

図表 5-6　SIA 会員資本ランキング

	1995		2000		2006
*Merrill Lynch & Co., Inc.	20,680,928	*Merrill Lynch & Co., Inc.	60,544,000	*Merrill Lynch & Co. Inc.	171,101,000
*Salomon Inc.	19,694,000	*Morgan Stanley Dean Witter & Co. (as of 11/30/99)	39,699,000	*The Goldman Sachs Group, Inc. (as of 11/25/05)	128,009,000
*The Goldman Sachs Group, L.P.	19,189,000	*Lehman Brothers Holdings Inc.	37,600,000	*Morgan Stanley (as of 11/30/05)	125,891,000
*Lehman Brothers Holdings Inc. (as of 11/20/94)	14,716,000	*The Goldman Sachs Group, Inc. (as of 11/26/99)	31,097,000	*Lehman Brothers Holdings Inc. (as of 11/30/05)	79,103,388
*Morgan Stanley Group Inc. (as of 1/31/95)	13,369,000	*Salomon Smith Barney Holdings, Inc.	28,147,000	*Citigroup Global Markets Holdings Inc.	78,428,000
*The Bear Stearns Companies Inc.	5,810,697	*The Bear Stearns Companies Inc.	22,217,846	*The Bear Stearns Companies Inc. (as of 11/30/05)	54,281,048
*CS First Boston	5,556,572	*Donaldson, Lufkin & Janrette, Inc.	9,267,686	*Credit Suisse (USA), Inc.	45,936,236
*Paine Webber Group Inc.	4,131,883	*Paine Webber Group Inc.	8,534,833	UBS Securities LLC	13,584,234
Smith Barney Inc.	3,158,000	Deutsche Bank Securities, Inc.	6,187,612	Deutsche Bank Securities Inc.	8,949,007
*Donaldson, Lufkin & Janrette, Inc.	1,777,000	Credit Suisse First Boston Corporation	5,958,537	J.P. Morgan Securities Inc.	7,563,094
Dean Witter Reynolds LLC	1,746,950	Banc of America Securities LLC	3,572,387	*The Charles Schwab Corporation	4,964,000
Prudential Securities Incorporated	1,451,956	UBS Warburg LLC	3,108,594	*AllianceBernstein L.P.	4,709,965
J.P. Morgan Securities Inc.	1,036,461	*The Charles Schwab Corporation	2,728,935	Wachovia Capital Markets, LLC	3,911,433
A.G. Edwards Inc.	891,725	Chase Securities, Inc.	2,492,348	UBS Financial Services Inc.	3,202,280
UBS Securities Inc.	876,661	Prudential Securities Incorporated	2,218,880	E*Trade Brokerage Holdings, Inc.	3,130,439
Nomura Securities International, Inc.	860,189	SG Cowen Securities Corporation	1,968,818	RBS Greenwich Capital	2,459,109
The Bank of Tokyo Trust Company	811,238	J.P. Morgan Securities Inc.	1,882,673	Wachovia Securities, LLC	2,328,613
Chase Securities, Inc.	541,632	A.G. Edwards Inc.	1,720,740	Nomura Securities International, Inc.	2,203,643
Citicorp Securities, Inc.	530,303	Spear, Leeds & Kellogg	1,603,000	ABN AMRO Incorporated	2,164,564
Chemical Securities Inc.	491,648	DB Alex. Brown LLC	1,561,992	*Jefferies Group, Inc.	2,066,723
The Charles Schwab Corporation	467,014	First Union Securities, Inc.	1,356,384	A.G. Edwards Inc.	1,867,919
Greenwich Capital Markets, Inc.	458,208	Nomura Securities International, Inc.	1,342,729	Linsco/Private Ledger Corp.	1,831,514
Internationale Nederlanden (US) Securities Corporation	400,453	CIBC World Markets Corp.	1,320,984	Fidelity Brokerage	1,826,137
Kemper Financial Services, Inc.	381,503	Fidelity Brokerage	1,192,875	TD Ameritrade Holding Corporation	1,627,348
Alliance Capital Management L.P.	381,329	D.E. Shaw & Co.	1,106,613	CIBC World Markets Corp.	1,554,665

（注）記載が無い限り 1 月 1 日時点。＊が付いた商会は資本が long-term borrowings と ownership equity の合計になっている。
（出所）SIA, *Yearbook* より作成。

188 　第 5 章　投資銀行の収益性低下と収益変動拡大

Morgan Stanley でも微妙な位置にあった。Dean Witter と統合した際は，買収の脅威が去ったと見られていた[56]。ところが皮肉なことに，それが統合の動きを加速させた[57]。当の合併は Dean Witter の事業が足を引っ張ることになり，決して成功したとは言えない。興味深いのは Discover への評価である。この事業が業績の足を引っ張っており，同社は売却の決定を下すが，一方でカード事業がキャッシュフローを生み出していたため，ライバルの独立投資銀行より収入の変動が小さいと評価されていた[58]。

リテール業務の位置づけ

1980 年代に台頭した金融スーパーマーケットの多くが解体される結果に至った中で，Merrill の取り組みは例外的である。同社は 1990 年代にホールセールで MGM の一角をなすと同時に，リテール市場では商業銀行の脅威であり続けた[59]。他のリテール・ブローカーも商業銀行との競争を展開していたが，投資銀行業務での存在感はなかった。それが 1997 年には Morgan Stanley と Dean Witter が統合し，Smith Barney を傘下に抱える Travelers が Salomon を買収したことによってホールセールとリテールの統合が再び脚光を浴びるようになった。

GLB 法の成立は大手投資銀行によるリテール強化をさらに促進することになった。各社は貯蓄機関や非加盟銀行を傘下に収め，リテール貸出を強化した[60]。リテール銀行の設立でも，投資銀行業務を直接的に補完することはある。特に中間市場向けの取り組みでは，傘下銀行が存在することで，顧客向けにデリバティブ，現金管理，M&A，引受まで幅広いサービスを提供することが容易になる。実際，Merrill ではそうした取り組みが見られた[61]。ただし，Merrill の中間市場業務はリテールの派生である。

リテール自体はというと，1980 年代の経験からホールセール業務とさほどシナジーを持たないことが分かるはずである。小規模な銀行の保有についてはなおさら効果が不明である。一部には資金繰りが不安定なディーラーが，安定的な預金源を手に入れることになるとの見方もあるが，それにしては銀行の規模が小さすぎる[62]。

実のところ，1990 年代にはリテールとホールセールのそれぞれで，銀行業務

5-2 規模拡大とポジショニング模索をめぐる証券業界再編 189

と証券業務の融合が進展したのに対して，リテールとホールセールにはむしろ分離圧力が働くようになったと考えられる。それは製版分離という言葉で表現される。

ブローカーではコミッション自由化以来，新たな収入源の開発が模索され，その一つがCMAであった。これは顧客の資産を獲得する手段である。この登場を皮切りに，ブローカー業界では多様な品揃えで顧客資産を獲得する競争が始まった。金融スーパーマーケットの登場はその証である。あらゆる商品を販売するという試み自体はあまり成功しなかったかもしれないが，力点を資産獲得に広げることには寄与した。

1990年代の初頭にはブローカー業界でラップ口座，個人退職勘定などの資産管理収入が，投資信託の販売を超えた[63]。これら資産管理業務についてRaymond James社のJamesはSIAの会合において次のような説明をしている。同社は料金を手数料とコミッションの組み合わせか，ラップ手数料のどちらかを選択できるようにした。課題としては新たな手数料構造が有利であることを顧客担当者と顧客に説明することであり，何らかの形で報酬体系に盛り込まなければならないことであった[64]。

従来は銘柄推奨が営業担当の仕事であり，それで売買を促して会社はコミッションを獲得し，営業担当の報酬はそのコミッションに連動していた。しかし，こうした営業方法は高コストの割に，コミッション自由化で収入に減少圧力がかかる。しかも，売買を活発に行う顧客が割引ブローカーに流れれば，売買推奨の余地が縮小してしまう。こうした危機感から，1970年代にはすでに資産管理の助言型営業が目指されていたのであるが，顧客と営業担当者の理解が得られず，ほとんど注目されてこなかった。

ところが1990年代に入り，401kなどを通じて新たに運用に参加するようになった投資家層から助言型営業が理解を得るようになると，営業担当者も手数料ベースのプログラムを求めるようになっていった[65]。そして，1990年代には投資信託による資産運用が広がりを見せたことに加えてラップ口座のような商品が受け入れられるようになり，2000年代に入る頃にはラップ口座の伸びが投資信託の伸びを上回る状況になっていた[66]。

証券会社にとって，残高に応じた手数料はコミッションよりも安定した収入

に映る。また助言型の営業は割引ブローカーに対する差別化にもなる。問題は残高に応じた手数料できめ細かく財産管理の助言を提供し，専門の運用サービスを提供するのは，相当の資産残高を持つ顧客向けでしか割に合わないことである。上述の Raymond James 社の James も「全ての顧客が個別口座に適しているほど大きい訳ではない。十分大きくなければ，投資信託を売った方が良い」と述べていた[67]。

　ラップ口座型の商品が伸びるには，対象となる顧客層の広がりが必要である。そこで各社は超富裕層向けには専門の顧客担当者や特別仕様の運用を提供する一方，それ未満の顧客層にも手数料ベースで多様な商品の提供を行うようになっていった。その典型例が 1999 年に Merrill が提供を開始した Unlimited Advantage という証券口座である。この口座では売買手数料が無料になる代わりに，預かり資産の一定比率が手数料として徴収される。同様のサービスがライバルでも提供されており，その最低資産残高はかなり低い[68]。

　Merrill，Smith Barney などの大手ブローカーはターゲットを広げることで預かり資産を拡大していった[69]。そこで提供される商品は必ずしも専属の担当者が付く訳では無いが，多くの場合は投資信託を中心に運用商品の選択に対する助言が提供される。

　1990 年代になると，割引ブローカーでもオンライン取引を通じて預かり資産の増加を目指すようになった。その代表が Charles Schwab であり，同社は OneSource という商品名で顧客が何千もの投資信託を選択できるサービスの提供を開始した[70]。既存の総合証券会社もこれに対抗してオンライン・チャネルを用意し，対面での対応を補完した。

　1 社で多様な販売チャネルを取り揃え，資産残高に応じてきめ細かい助言を提供するよう体制を整えるのはどこにでもできることでは無い。例えば 401k の運営では大手の総合証券会社が他を寄せ付けなかった[71]。一方で，運用サービスの提供は参入ハードルが低く，1990 年代には運用会社やファンドの数が増加していった。そうすると，特にブランド力や運用成績の実績に劣るところが，直販以外の販売チャネルを利用するようになった。例えばその一つが OneSource である。運用会社は自社ファンドを OneSource に入れるため，販売資産の当初 25 bp の手数料が求められ，それが間もなく 35 bp に引き上げられ

た[72]。

　これを受けて総合証券会社も他社ファンドの販売比率を引き上げるように
なった。SEC が自社ファンド販売に対する自社販売員への高額報酬を懸念する
ようになっていたことが，その動きを後押しした。Merrill や Smith Barney は
強い販売力を持ち，T.Rowe Price など知名度があるところでも，自社の投資
信託を総合証券会社が運営するラップ・プログラムや 401k に入れてもらうた
めに大金を使ったと言われる[73]。

　総合証券会社経由での販売を促進するため，大金を使う方法にはいくつかあ
る。その中に「revenue sharing」と呼ばれる支払いがあり，これも SEC から
問題視されたが，さらに問題となったのは「directed brokerage」と呼ばれる
もので，純粋な販売の対価として，運用会社が取引注文をブローカーに出すと
いう証券法に違反するような行為も多々あったようである[74]。

　以上のように運用会社が販売を促進するため，オンライン・ブローカーや総
合証券会社の販売チャネルを利用するようになると，総合証券会社にとっては
自社ファンドの優遇，および他社ファンド販売の対価としての取引執行注文獲
得が疑われるようになる。この利益相反という面からも，預かり資産積み上げ
を狙う機関は，運用機能を外部化し，取引に一定の距離を保つことが求められ
るようになる。

資産管理とその支援業務

　業界再編の中で，効果は不明でも Morgan Stanley と Salomon は「販売」部
分を担うリテール中心の機関と統合した[75]。一方，投資銀行業界では「製造」
部分である資産管理業務を強化する動きも目立った。1980 年代の末にはトレー
ディング業務での収益変動が大きくなっており，あまり資本を必要とせず，安
定的な収入が見込める資産管理業務に各社は魅力を感じるようになった。そこ
で，それまで資産管理に近寄らなかった Goldman や Salomon でも，同業務に
参入するようになった[76]。

　資産管理業務が投資銀行の他の業務と相乗効果を発揮することはある。例え
ば Goldman は年金基金グループを設置し，年金顧客が運用管理とともに，ト
レーディング関連のサービスを同時に受けることができるようにしていた。し

192　第5章　投資銀行の収益性低下と収益変動拡大

かし，一般的には顧客との競合が懸念され，顧客側も利益相反を恐れてブローカーに資産管理を委託することに躊躇することが多かった。そこで，ほとんどの会社は資産管理業務を別会社にして，売買を基本的に外部のブローカーに発注していた[77]。

　1990年代にはその資産管理部門も再編の対象に入った。1997年にMerrillは英最大手の運用業者であるMercury Asset Management買収を発表した[78]。同時期には大手銀行グループとの合併も検討し，世界中で候補を探したが，結局は資産管理業務を選択したということである[79]。資産管理業務の強化は他の投資銀行にとっても有力な選択肢であり，Goldmanも株式公開による資金調達で資産管理会社の買収を行うとの見方もあった。ただし，当時は競争で買収価格がつり上がっていたことから，同社は買収合戦に参加しなかった[80]。

　1990年代には好調な株価が管理資産残高を増加させたため，資産管理業務の魅力が特に大きかった。ところがITバブル崩壊で株価が下落に転じると，資産管理業務の収入が決して安定的な訳ではないことが明らかになった。また資産価格が伸びない中で管理資産を増やそうとすると，販売強化しかない。そのため，この時期には上述の利益相反問題に対する注目が高まった。資産管理業界で再編が加速する中，特にブローカー業務の比重が大きい機関による撤退が目立った。代表例の一つは，2005年にCitigroupが資産管理業務の大部分をLegg Masonのブローカー業務と交換したことである[81]。

　Merrillの場合はブローカー業務が強くても資産管理業務の収入が大きい比重を占めるため，手放すことはないと周囲から見られ，Merrill Lynch Investment Managers（MLIM）トップのDollもMerrillがMLIMを手放すことは無いと断言していた[82]。ところが2006年にはMLIMがBlackRock主導の共同事業に統合されることになった[83]。手数料の低下圧力と販売コスト上昇で，資産管理業界そのものが集中に向かっていた[84]。その中でブローカーとの両立が割に合わなくなったのであろう。

　図表5-7は大手資産管理会社の預かり資産規模である。確かにMLIMの管理資産は2005年に首位の半分にも満たなかった。しかし，それより預かり資産が小さかったGoldmanやMorgan Stanleyは資産管理業務を維持しており，Citigroupでも代替運用の部門は残っている。資産管理業界で集中が進んだと

5-2 規模拡大とポジショニング模索をめぐる証券業界再編　193

図表 5-7　米資産管理会社預かり資産ランキング　　　　　　　（100万ドル）

	2006		2005		2004	
	順位	資産	順位	資産	順位	資産
Barclays Global Investors	1	1,813,820	1	1,513,043	1	1,361,949
State Street Global Advisors	2	1,743,517	2	1,436,328	2	1,347,760
Capital Group Cos.	3	1,403,053	4	1,165,361	4	1,020,750
Capital Research & Mgmt Co.		1,080,682		857,183		703,431
Capital Guardian Trust Co.		161,688		157,320		162,136
Capital International Ltd.		88,999		84,686		81,038
Capital International Inc.		43,774		42,150		48,046
Capital International S.A.		15,160		12,098		13,980
Capital International K.K.		12,750		11,924		12,119
Fidelity Investments	4	1,384,328	3	1,207,677	3	1,106,967
BlackRock	5	1,124,627	16	451,426		340,326
JPMorgan Asset Management	6	1,012,700	6	846,915	5	791,185
Highbridge Capital Mgmt		15,700				
Security Capital Research & Mgmt		6,206		5,635		5,540
Legg Mason	7	957,558	5	858,328	19	370,582
AXA Group	8	915,148	7	727,770	6	654,038
AllianceBernstein		716,895		578,552		538,764
AXA Rosenberg Investment Mgmt		120,140		84,330		56,024
Mellon Financial Corp.	9	879,658	9	707,699	7	640,738
Standish Mellon Asset Mgmt		158,090		136,279		207,103
Mellon Capital Mgmt Corp.		157,125		124,304		114,772
Dreyfus Corp.		135,438		124,346		124,498
Boston Co. Asset Mgmt		72,746		59,925		49,554
Newton Capital Mgmt		66,761		47,154		42,095
Mellon Private Wealth Mgmt		54,804		49,336		47,654
WestLB Mellon Asset Mgmt		46,538				
Franklin Portfolio Associates		34,478		32,389		26,641
Walter Scott & Prtners		30,846				
Mellon Equity Associates		21,925		21,300		20,100
Vanguard Group	10	832,394	10	663,214	9	582,082
Goldman Sachs Group	13	657,193	14	518,276	16	421,656
Morgan Stanley Investment Mgmt	14	586,346	15	487,964	13	471,643
FrontPoint Partners		5,807		5,274		
Lehman Brothers Holdings	34	228,775	39	179,458	42	140,499
Neuberger Berman				107,355		82,896
Lehman Brothers Asset Mgmt				41,517		36,194
Citigroup Alternative Investments	192	14,417	274	6,547		4,631
Merrill Lynch Investment Managers			12	538,861	12	496,171

（出所）　*Institutional Investor* 各号より作成。

いっても，メリットがあるのは主に販売面であり，運用自体に働く規模の経済
性は小さい。投資銀行の資産管理業務に対する取り組みは，規模拡大競争と別
の文脈で考えるべきであろう。この点については次章で述べる。

　一方，運用に対する支援業務には規模の経済が働く。これも投資銀行にとっ
て本業の延長として参入対象になり得る。例えば Morgan Stanley は 1987 年に
カストディ業務に参入し顧客のグローバル投資需要に対応しようとした[85]。し
かし，カストディ業務では特に一部の専門機関への集約が顕著であった。結
局，Morgan Stanley も Dean Witter との合併を機にカストディ業務とともにコ
ルレス精算業務からも撤退した[86]。

　このカストディ業務が重要な意味を持つのは，生き残った大手がサービス拡
充を競い，運用業者の事務処理を受託するようになったことである。中小の運
用業者は早くから運営管理を外部化していたが，1999 年には Bank of New
York が JPM の資産管理業務向けにポートフォリオ会計と関連業務サービスの
提供を開始した。カストディアンの規模拡大によって，大手運用業者でも事務
処理を外注できるようになったのである[87]。

　カストディアンが運営サービスを強化するにつれ，プライム・ブローカーや
コルレス・クリアリング業者との競合が強まるようになった。そうすると，そ
れらの会社もサービス拡充を競うようになる。例えばコルレス・クリアリング
業者の Penson Worldwide は複数の子会社を通じて市場データ分析，取引執
行，カストディ，クリアリング業務など包括サービスを提供するようになっ
た[88]。

　同社の Gregory は「コルレス・クリアリング業者，プライム・ブローカー，
カストディアンは基本的に同じことを別々の顧客向けにやっているというのが
正確な表現だ」と証言している。しかし実際は，運用業者は複数の支援業者に
外注を行うようになっていた。業務プロセスを分割する技術が発達すると，
ニッチ業者でも特定の専門性で取引を獲得する道が開ける。そして，ニッチ業
者の業務量が増加すると，より広い顧客層を持った大手に吸収されるというプ
ロセスが進んでいたということである[89]。

　幅広い支援業者の競争と分業を通じて，運用業務への新規参入が促進される
であろうことは間違いない。運用業者の場合も支援業務と同じように，ある程

度預かり資産が伸びると大手に吸収されるところも出てくるかもしれないが，逆に既存の大手から独立して新たに運用業務に参入することも考えられる。資産管理業務に取り組む大手投資銀行や大手銀行グループは，こうした業界における新陳代謝のプロセスに，深く関与することになる。

5-3 トレーディング収入の不安定性とマーケットメイクの困難

1994年のボンド危機

トレーディングは投資銀行にとって不可欠な要素であるにも関わらず，流動性の高い商品の取引からはほとんど利益を上げることができなくなり，複雑な商品を生み出すことが必要であった。LBOブームの崩壊で多くの収入源が絶たれた1990年代の初頭には，幸いにもその絶好の機会が訪れた。

図表5-8は1990年代から2000年代にかけての金利の推移である。1993年までは全体的な金利低下傾向の中で，高水準の長短金利差が続く展開であった。信用スプレッドも小さく，投資家にとっては徐々に利回りが失われていく中で金利低下からの利益を獲得する商品に人気が集まった。その典型はリバース・フローターとスーパーPOである[90]。こうした商品は1986年のREMIC創設で，MBSのキャッシュフローを自由に切り分けることができるようになったことで登場してきた。

当初CMOが登場してきた時にはディーラーの利益が額面の1-2%にもなったが，市場の拡大に伴う競争激化で1990年代初頭には2/32-4/32%まで低下していた。利益率を高めるために上記の2例を含む複雑な商品が開発された。売買スプレッドがCMOのPAC（Planned Amortization Class）でも満期によっては1/4%以上，サポートクラスで複雑な商品であれば5%以上にもなるからである。通常，サポートクラスの需要は少ないが，早期償還が予想範囲内であれば利回りがPAC＋130bp以上になり，利回り低下の中で投資家にも魅力が大きい。さらに積極的に金利低下に賭けようとする投資家も存在する[91]。

恐らく金利低下に対する楽観的な見方が支配的になり，財務省証券の利回りも低下傾向をたどっていた。ところが1993年末には長短金利がともに下げ止

図表 5-8　1990–2000 年代の金利動向

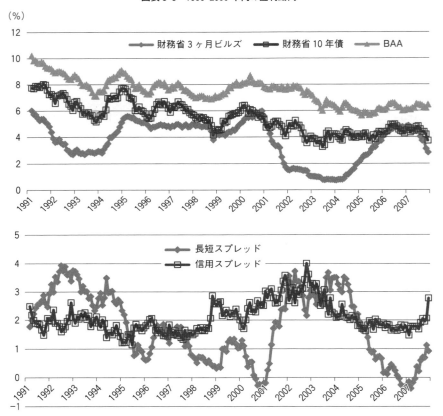

（出所）　財務省証券利回りは http://www.federalreserve.gov/releases/h15/data.htm, Moody's の BAA 利回りは Federal Reserve Bank of St. Louis の FRED のデータを利用して作成。

まると，むしろ長期金利がやや短期金利に先行する形で上昇している。そして，4月には長期金利が急騰した。これによりボンド投資家は打撃を被ったが，最大の影響は CMO に表れた。金利低下に賭けていた投資家はもちろん，サポートクラスの投資家も保有証券の大きな価格の下落に直面し，流動性が枯渇する中で投げ売りを迫られることもあった[92]。

　この時期には企業や地方自治体の年金など，あまり CMO 市場に詳しくない投資家がデリバティブによって大きなリスクを取っていたことが話題になっ

た。不慣れな投資家が利回りに殺到したことで，満期変動リスクの引受量を高める対価が小さくなりすぎていた[93]。加えて，不慣れな投資家はディーラーに操られやすかったこともある。後に訴訟が話題になったことも，デリバティブへの過度の注目につながったと考えられる[94]。

投資家からの批判が特に強かった Bankers Trust は 1994 年にトレーディング益が前年比 88% 減少した。ベンチマークを扱わず，特殊商品の販売に特化する戦略が，複雑な商品に対する需要の縮小で限界を露呈したと評価されている[95]。一連の事件をきっかけに，ディーラー業界では包括的な顧客との関係を重視するアプローチが再評価されるようになったが，それにはトレーディングの規模を維持しなければならない事情が透けて見える[96]。

特化戦略の限界以外に，1994 年のボンド危機で注目すべきは，ボンド価格が急落し長短スプレッドが跳ね上がった時に，信用スプレッドが縮小していることである。1993 年までは金利低下局面で長短金利差が拡大し，かなり短期調達で投資にレバレッジがかけられていたと考えられる。デリバティブの利用は，同じことを効率的に行っただけである。この時期には CMO に加え，財務省証券投資にもかなりレバレッジがかかっていたと見られる。

1998 年の金融危機

1994 年のボンド危機を抜けると，証券発行や M&A が勢いを取り戻し，投資銀行にとって良好な環境になっていった。また 1998 年までは短期金利の低下が限られる一方，長期金利は低下傾向を続けた。利回りの低下を受けて，1994 年までであれば CMO 関連の複雑な商品に需要が向かっていたであろうところを，1995 年からは投資家が信用リスクを積極的に取るようになった[97]。

投資家はディーラーに対して，電話をすれば常に建値を提示し，売買に対応することを求めた[98]。リレーションを重視するのであれば，ディーラーは売買に対応するため在庫を抱えなければならない。この時期は長短金利差が縮小しており，在庫保有は低コストでは無くなっていた。しかし，1996 年の一時期を除いて長期金利が下落傾向にあったことは在庫の評価益が期待できるということであり，それはディーラーにとって大きな救いであったに違いない。

この時期は引受業務で商業銀行との競争が強まった時期である。引受での地

位を上げようとする業者は，トレーディングを活発化させるのが普通である。ジャンク債のスプレッドは，従来の 1/4-1/2％という水準から 1997 年には 1/8％程度まで低下した。それだけ市場が流動的であったことにより，ディーラーにとって売れ残りを抱えるリスクは小さかった。むしろ投資家の強い需要と，引受業者の競争によって低格付け商品の取引が拡大し，Viacom など多くの BB 格証券が投資適格債のように取引されるようになった[99]。

1999 年まで，投資適格債の引受では Merrill がトップを維持していた。同社は案件を買い入れることもいとわず，買い手が現れなければ在庫積み上げで対応した。それでも金利低下によって在庫から利益を得ることができた。こうした戦略は一部の例外を除いてほとんどの投資銀行に共通していたとされる。しかも対象が投資適格債だけでは無かったことは，ジャンク債のスプレッドの話からも容易に想像できる[100]。

ディーラーが在庫を膨らませていた間，ボンドの流通市場では地殻変動が顕在化し始めた。投資家の多数派が利回りを求めてジャンク債や新興市場投資に向かう一方で，財務省証券市場ではヘッジファンドの影響力が高まった。レバレッジの水準を大きく変動させる彼らは，短期金利の見通しに応じてポジションを急激に調整する。

1996 年には年初から FRB の金利引き下げを予想してロングを積み上げ，3 月の雇用者報酬の伸びでその予想が外れたと見るやポジションを解消。7 月初旬に売りが殺到したかと思うと，8 月半ばには巨額のロングに転換。そして 9 月の FOMC 会合で 5 人が利上げを要求したという情報が流出すると，また金利が急反発するなど，激しい動きが繰り返された。多数派の投資家は，こうした値動きに追随できなかったと言われる[101]。

投資家のリスク許容度の高まりで，1997 年には長期金利が低下し，信用スプレッドも引き締まった[102]。こうした状況にバブルの懸念が高まったが，FRB はなかなか行動を起こすことができなかった。なぜならレバレッジをかけた投資家は短期の調達に依存しており，FRB の金利操作が効き過ぎてパニックにつながる恐れがあったためである。1994 年のボンド危機の経験が，FRB の慎重な姿勢の背景にあったと考えられている。しかし，そうした FRB の姿勢がレバレッジに拍車をかけることにもなる[103]。

1998年にはさらに長期金利が低下し，長短金利差が縮小した。レバレッジを利用して長期金利低下に賭けた取引が限界に挑戦していたと想像できる。そうした環境が8月のロシア危機で一変した。ロシアの通貨切り下げで質への逃避が発生し，信用スプレッドが急上昇した。影響は幅広い市場に及び，全くロシアとは関係ない取引をしていた投資家でも，借入に利用した証券の担保価値下落で，追加証拠金の請求に応えられず，破綻するところが出てきた。LTCMの経営危機もメカニズムは同じである。

　ヘッジファンドの危機はディーラーも直撃した。この時の危機についてHartford Investment ManagementのEcclesは次のように説明している。「流動性危機を生み出したのはレバレッジだ。ディーラーはヘッジファンドに貸し出ししており，証拠金をカバーできなかった。それでパニックに陥った。ヘッジファンドもレバレッジをかけていたが，ディーラーも同じだ。彼らは自己勘定トレーディング・デスクを持っている。ヘッジファンドに貸出を行って，自分自身もロングだった」[104]。

　特にボンド市場の最大手であったMerrillは危機から大きな打撃を受けた。トレーディングで多額の損失を計上しただけでなく，LTCM向けに14億ドルものエクスポージャーを抱えていた。上層部は負債部門のリスクを懸念するようになり，それまでの積極性は失われた。同社では1998年の末から負債部門を中心にリストラが進行し，少なくとも100人は負債部門の専門家が解雇されたと言われる[105]。

マーケットメイクをめぐる環境

　流動性の枯渇はすぐには改善しなかった。1999年の時点でSalomonの金利デリバティブ共同責任者Hirschは「世界のバランスシートの規模を，今と1年前で比べると，5000億–1兆ドル小さくなっていると推計できる」としていた[106]。

　引受案件を積極的に買っていたディーラーには，信用スプレッドが拡大する中で在庫処分を迫られ，過去数年間分の利益を吹き飛ばすことになった業者も存在した。多くの業者は在庫を圧縮しただけでなく，マーケットメイクを提供する対象顧客を絞り込んだ。また引受に参加しない発行についてもマーケットメイクを回避するようになった[107]。

引受証券の在庫を積極的に積み上げていた Merrill は，投資家向けの売買需要に対応する上で在庫の幅も広げていたと考えられる。1998 年の危機まで，同社の負債担当者はあらゆる商品の取り扱いでトップになることを目指していた[108]。

ところが危機後は固定金利責任者の Martin が「恐らく我々は大きすぎた。特に世界のトレーディング分野で，もし世界中の個々の取引単位では無く，ポートフォリオ単位でリスクを見ていれば，より小さいトレーディング活動で同じだけの収益的なビジネスを展開できていただろう」と反省するようになっていた[109]。

この発言の意味するところは必ずしも明確では無いが，少なくともトレーディングの規模と範囲，もしくはその両方を圧縮する必要があると認識されるようになったことは間違いない。まるで，手を広げすぎてコストが過大になっていても，市場の拡大で問題が隠されていた 1980 年代の問題が再現したかのようである。

顧客の大口取引に対応するためには資本をリスクにさらす必要がある。しかし，資産管理業者をはじめ，顧客となる投資家の規模は拡大しており，ヘッジファンドの活動も活発化していた。これらの取引をディーラーの資本だけによって支えるのはもはや現実的では無い。したがって，ディーラーはトレーディング業務の効率性を追求せざるを得ない。

この時にはそのための基盤が整いつつあった。2000 年までにはインターネットの登場で，ディーラーもオンライン取引プラットフォームを開発し，ベンチマークの大規模取引や小口販売の効率化を進めるようになっていた[110]。オンライン取引で注文を自動対応させることができれば，財務省証券など流動性の高い低収益取引向けにあまり多くの資源を割かなくて済むようになるということである[111]。

ボンドの直接発行にしても投資銀行の態度は変わっていた。例えば 2000 年 8 月には Dow Chemical が 3 億ドルの 5 年債を W.R. Hambrecht が運営する OpenBook 入札を利用して発行した。このシステムでは投資家が価格を決定し，落札する。1990 年代初頭に Wells Fargo がボンドの電子直接販売を計画した際は，投資銀行が流通市場での取引に対応しないと脅して抵抗したが，2000

年には，ある運用業者が「それは彼らが当時持っていた力で，現在は彼らがそんなことを言っても誰も気にしない」と自信を持つまでになっていた。しかし，実際には同様のシステムを大手投資銀行が保有したり，開発に出資しており，Dow の発行でも入札ボンドの分売に投資銀行が関わっていた[112]。

株式ではさらに自動化の傾向が顕著であった。従来はブロック取引に資本をつぎ込むことが投資銀行にとって強みの核になっていたが，1997 年の SEC 規則による指し値注文公開義務や，2001 年の建値十進法化によって各社はマーケットメイクへの態度を消極化していた。代わって力を入れたのが自動取引の推進である。SOR（Smart Order Routing）によって大口注文は分解され，最良建値に回送される。効率的な処理によって人件費が削減され，非常に小さいコミッションでも収益獲得が可能になった[113]。

電子取引の究極の姿は，ディーラーが反対取引に応じなくても，売買が成立するようになることである。ディーラーにとっては中抜きのリスクが高まる一方で，資本を節約しながら特別仕様商品の販売に集中する可能性も開ける[114]。1998 年の危機後はディーラーの与信削減で活動を抑制されていたとはいえ，ヘッジファンドをはじめとする運用機関が市場の牽引役として勢力を強めていた。そして運用機関に対する支援サービスの充実がその基盤を提供するようになっていた。

証券業界および大手投資銀行のトレーディング活動と収益動向

それでは次章に進む前に，証券業界を取り巻く環境変化が，業界全体と大手投資銀行の財務諸表にどのように反映されているのか，基本的なデータを確認しておきたい。

図表5-9 ではトレーディングに関連する項目を資産に対するパーセンテージで表示している。登録ブローカー・ディーラーは金融資産合計の数値しか得られず，内訳は企業債を除いてネットの数値になっているため，参考にならない。そこでリバース・レポとレポの数値だけを載せておいた。1980 年代からの傾向でレポによる資金調達とリバース・レポによる放出がバランスシートでかなりの比重を占めている。

順調に金融資産を積み上げていくのを基本的にレポでファイナンスしている

第5章　投資銀行の収益性低下と収益変動拡大

図表 5-9　証券業界と大手 3 社のトレーディング勘定

	1991	1992	1993	1994	1995	1996	1997
登録ブローカー・ディーラー							
金融資産合計	651,500	789,500	969,600	942,500	1,159,300	1,310,600	1,552,400
リバース・レポ	48.96	51.64	50.63	51.75	51.00	51.45	49.81
レポ	67.83	71.87	69.66	69.18	71.38	68.53	68.34
Merrill							
総資産	86,259	107,024	152,910	163,749	176,857	213,016	292,819
リバース・レポと証券借入	31.50	36.04	37.37	39.97	36.70	39.01	36.07
トレーディング資産	28.88	29.59	33.71	32.21	33.98	35.45	36.47
	60.38	**65.63**	**71.08**	**72.18**	**70.68**	**74.46**	**72.54**
レポと証券貸出	31.31	30.28	36.90	31.67	32.13	29.42	26.59
トレーディング負債	11.12	13.62	14.17	21.44	18.86	20.44	23.93
長期負債・劣後債	9.23	10.16	8.81	9.08	9.80	12.25	14.72
株主資本	4.43	4.27	3.59	3.55	3.47	3.24	2.84
	56.09	**58.33**	**63.46**	**65.74**	**64.26**	**65.35**	**68.09**
Morgan Stanley							
総資産	63,709	80,353	97,242	116,694	143,753	196,446	302,287
リバース・レポと証券借入	45.08	42.90	46.31	47.95	50.75	50.97	46.24
金融商品ロング	41.71	44.38	40.97	40.37	40.76	36.01	29.12
	86.80	**87.28**	**87.28**	**88.32**	**91.51**	**86.99**	**75.36**
レポと証券貸出	52.64	50.43	44.91	45.40	48.75	46.97	41.62
金融商品ショート	13.89	18.05	19.67	21.69	19.27	18.92	17.97
長期負債	4.45	4.93	7.00	7.55	6.70	7.38	8.20
株主資本	4.70	4.27	4.60	3.90	3.60	3.33	4.62
	75.68	**77.67**	**76.18**	**78.55**	**78.32**	**76.60**	**72.41**
Goldman Sachs							
総資産							178,401
リバース・レポと証券借入							50.69
金融商品ロング							37.21
							87.90
レポと証券貸出							34.58
金融商品ショート							26.05
長期負債							8.78
株主資本							3.42
							72.83

（注）　金融資産合計と総資産の単位は100万ドル。後はそれぞれに対する比率のパーセンテージ。下の太字は各項目の合計。

Morgan Stanley の年度は 1991 が 1991 年末，1992-1994 年は翌年 1 月末，1995 年からは同年 11 月末までの 1 年間。

Goldman の長期負債は 2005 年まで担保付き，担保無しの合計。2006 年は担保無しのみの数値。株主資本は 1998 年までパートナー資本。

（出所）　登録ブローカー・ディーラーは Board of Governors of the Federal Reserve System, *Financial Accounts of the United States,* 大手 3 社は *Merger Bank & Finance Manual* 各号の数値を利用して作成。

1998	1999	2000	2001	2002	2003	2004	2005	2006
1,602,500	1,727,700	2,019,800	2,375,600	2,352,200	2,649,000	3,159,800	3,568,700	4,168,200
42.51	42.06	39.53	38.31	43.23	39.11	41.61	40.40	34.22
61.50	60.05	59.13	57.34	63.24	62.40	61.73	65.02	64.95
299,804	328,071	407,200	419,419	447,928	494,518	628,098	681,015	841,299
29.26	30.40	28.14	29.72	26.98	23.71	27.60	37.52	35.30
33.94	29.48	22.47	22.15	24.91	27.16	27.79	21.84	24.23
63.19	**59.89**	**50.61**	**51.86**	**51.88**	**50.87**	**55.39**	**59.35**	**59.53**
22.39	21.82	25.51	20.79	20.77	21.68	28.03	31.94	31.63
21.25	20.66	16.91	18.10	17.68	18.06	15.86	13.06	11.75
19.20	16.30	17.25	18.26	17.53	16.84	19.52	19.90	22.02
3.38	3.90	4.50	4.77	5.11	5.59	4.99	5.23	4.64
66.22	**62.68**	**64.16**	**61.91**	**61.08**	**62.18**	**68.40**	**70.12**	**70.04**
317,590	366,967	426,794	482,628	529,499	602,843	775,410	898,523	1,120,645
46.89	42.36	36.60	36.34	39.15	38.49	42.74	46.58	42.34
27.06	30.53	30.65	31.26	32.75	33.45	28.73	29.00	33.99
73.95	**72.89**	**67.26**	**67.59**	**71.90**	**71.93**	**71.47**	**75.59**	**76.33**
36.36	36.66	31.03	33.04	33.94	35.17	36.86	42.43	41.35
19.32	16.89	16.73	16.50	16.30	18.49	15.94	16.36	16.34
8.64	7.79	9.85	10.29	10.42	10.88	12.29	12.29	12.94
4.45	4.64	4.52	4.29	4.13	4.12	3.64	3.25	3.16
68.76	**65.98**	**62.13**	**64.12**	**64.78**	**68.66**	**68.72**	**74.33**	**73.78**
217,380	250,491	289,760	312,218	355,574	403,799	531,379	706,804	838,201
49.06	46.12	41.32	41.26	44.82	38.63	37.51	38.97	35.97
32.51	32.66	32.88	34.87	36.50	39.80	39.86	39.19	39.91
81.57	**78.78**	**74.20**	**76.13**	**81.31**	**78.43**	**77.37**	**78.16**	**75.88**
26.39	19.70	13.88	14.81	20.29	15.01	12.60	24.39	20.25
25.71	25.90	25.85	23.93	23.48	25.43	24.86	21.09	18.59
9.16	8.36	10.83	9.93	10.89	14.24	15.19	14.15	14.66
2.90	4.05	5.70	5.84	5.34	5.36	4.72	3.96	4.27
64.17	**58.02**	**56.26**	**54.51**	**60.00**	**60.04**	**57.37**	**63.59**	**57.76**

204　第5章　投資銀行の収益性低下と収益変動拡大

が，1998年にはややその比率が低下し，金融資産の伸びも緩やかになっている。しかしその後は伸びが回復し，レポによる調達も2002年からは60％を超えている。一方でリバース・レポは比率が低下しており，レポとの差を広げている。1998年のボンド危機で一時的にバランスシートの伸びが抑制されたものの，その後はむしろ金利の期間裁定という性格を強めながら金融資産を積み上げていったように見える。

　大手のケースを見ると，Merrill は1997年までトレーディング在庫を積み上げた後，1998年の危機から2001年までそれを圧縮している。2002年から在庫の比率が上昇に転じるものの，2005年には再び落ち込み，2001年の水準に戻ってしまった。資産側ではむしろリバース・レポの動きが目立つ。1996年まではこれがトレーディング在庫の水準を超えており，比率の低下局面でもそれを上回っている年が多い。そして2005-2006年は1990年代半ばの水準まで比率が高まっている。資産の動きから分かるようにかなり急激な金額の増加である。

　負債側では期間中にレポがほとんどの年にリバース・レポの水準を下回っている。そして1990年代半ばからは長期負債が急激に比率を高めた。1999年に一時落ち込んだ後も10％代後半を維持し，2006年には22％まで上昇した。2004年からはレポの伸びが長期負債を上回っているとはいえ，リバース・レポより少ない状況は変わっていない。つまり，部分的には短期貸出を長期負債によってファイナンスしていることになる。

　Morgan Stanley の場合はロングが1990年代に比率を高めておらず，1996年には早くも低下に向かっている。1999年からは緩やかな回復基調になっているが，2004-2005年に一時途切れた。同社でも資産の中心はリバース・レポになっている。1993年以降は常にロングを上回っている。1997-2001年は比率が低下しているが，その後は回復に向かい，ロング上昇基調が途切れた2004-2005年は特に伸びが大きい。2006年の低下にしても，資産自体の伸びが大きく，金額は増加している。

　負債側に目を移すと，やはり基本的にレポがリバース・レポを下回って推移している。ただし，こちらは連動性が高く，差は大きくない。そして，こちらも Merrill ほどでは無いにせよ長期負債が比率を高めている。Morgan Stanley は資産の伸びが Merrill をはるかに上回り，1997年の Dean Witter との合併時

に100億ドル程度だった差が，2006年には3000億ドル近くまで開いた。長期
負債の伸びはそれに負けていない。

1990年代前半の数値は得られないが，Goldmanも載せておいた。1998年を
見るとロングの比率が低下しており，在庫の伸びを抑制した可能性はある。し
かし，その後は比率が低下すること無く，資産の急速な伸びを牽引している。
リバース・レポは2003年からロングに抜かれているが，あまり離されていな
い。そして長期負債の比率がMorgan Stanleyを超える程度に高まっている[115]。

業界全体を見ると好調期にレポを利用してバランスシートを膨らませている
と表現しても違和感は無い。しかし，大手3社の場合は長期負債を拡大しなが
らリバースレポで資金提供を行っているという姿が見られ，単純にレバレッジ
を強めているとはいい難い。資産規模を拡大していても，資本水準を高めなが
ら，効率的にバランスシートを活用していると見た方がよいであろう。

次に図表5-10で収入源の推移を確認しておく。NYSE会員のデータでは図
表4-10と同じでリバースレポを含む金利収入という項目が無いため，その他
関連業務で代用している。1980年代の傾向を引き継いで，それが収入の変動を
規定する最大の要因になっており，2000年代にはさらにその度合いが強まって
いる。そこで，金利費用を差し引いたネット収入に対する比率で他の収入項目
を表示している。

NYSE会員では1990年代にトレーディング益の比率が最大になっている。
しかし，循環しながら比率が低下傾向を見せ，2000年代にはコミッションを下
回ることが多くなった。引受はそれより下の比率を安定的に推移している。

伸びた項目は何かというと，マージン金利が循環的に10%台になることを除
くと，資産管理が徐々に水準を高め，1998年以降は一貫して10%を超えるよう
になった。大手では資産管理が別会社になっていることを考えると，これらは
リテールの重要性が回復したことを反映しているのであろう。

収益性は1994年，1998年，2001-2003年の市場低迷期に低くなっている。そ
の後バブルが膨らむ時期にも収益性が低下している。SIFMAの資料ではエク
イティと総資本がこの間かなり増強されている。金利費用の上昇と合わせ，こ
の資本強化が収益性を引き下げていると推察される。これは大手の動きに規定
されていると考えられる。

206　第5章　投資銀行の収益性低下と収益変動拡大

図表5-10　NYSE会員と大手3社の収入内訳

	1991	1992	1993	1994	1995	1996	1997
NYSE会員							
グロス収入	60,718	62,840	73,182	71,355	96,303	120,249	145,004
その他証券関連	26.15	23.16	23.05	28.48	38.00	39.15	40.32
金利費用	31.08	25.43	23.22	33.26	39.64	40.91	43.87
ネット収入	41,847	46,857	56,187	47,624	58,128	71,053	81,390
コミッション	25.30	24.72	24.40	28.36	27.52	25.90	26.21
トレーディング	38.48	34.88	31.81	27.79	30.19	26.74	26.09
投資	2.35	0.96	1.07	0.22	2.33	1.60	2.20
引受	14.51	15.96	17.91	12.30	13.42	15.71	15.35
マージン金利	6.29	5.60	5.57	9.50	10.73	10.02	12.38
投信販売	5.08	5.95	6.30	6.70	5.86	6.29	6.65
資産管理手数料	6.02	6.51	6.17	8.14	7.59	7.53	8.78
調査	0.06	0.05	0.04	0.07	0.05	0.07	0.07
商品	2.18	3.28	1.62	4.10	-0.77	1.60	-0.26
その他証券関連-金利費用	-7.16	-3.05	-0.23	-7.16	-2.72	-2.98	-6.32
その他証券関連以外	6.89	5.14	5.33	9.99	5.80	7.52	8.84
課税前利益／エクイティ	0.22	0.22	0.25	0.03	0.19	0.29	0.24
課税前利益／総資本	0.15	0.14	0.15	0.02	0.12	0.16	0.13
Merrill Lynch							
グロス収入	12,360	13,426	16,586	18,230	21,513	25,011	31,731
金利・配当収入	46.61	43.24	42.80	52.53	56.81	51.57	53.85
金利費用	41.31	36.01	36.35	47.22	52.28	47.56	50.62
ネット収入	7,254	8,591	10,557	9,622	10,265	13,116	15,669
プリンシパル取引	26.10	24.98	27.66	24.26	24.54	26.33	24.05
資産管理関連	10.67	10.00	14.75	18.07	18.41	17.24	17.80
コミッション	29.46	27.92	27.41	29.83	30.45	28.87	29.78
投資銀行業	16.20	17.27	17.34	12.88	12.74	14.83	17.54
その他	8.55	8.52	2.70	4.90	4.37	5.08	4.28
ネット金利収入	9.03	11.30	10.14	10.07	9.48	7.65	6.54
課税前利益／株主資本	0.27	0.35	0.44	0.30	0.29	0.37	0.37
課税前利益／総資本	0.09	0.10	0.13	0.08	0.08	0.08	0.06
Morgan Stanley							
グロス収入	6,785	7,382	9,176	9,376	9,124	13,144	27,132
金利・配当収入	61.62	65.21	61.68	68.32	65.09	58.59	50.06
金利費用	57.84	59.09	54.71	62.66	60.29	56.06	39.83
ネット収入	2,861	3,020	4,156	3,501	3,623	5,776	16,326
投資銀行業	28.79	31.95	29.79	26.25	33.43	33.66	16.50
トレーディング	46.13	31.56	35.11	31.53	30.97	38.26	19.55
投資	0.68	4.24	3.80	3.97	2.82	1.49	2.84
コミッション	9.48	10.32	9.46	12.82	12.06	10.61	12.78
資産管理関連	5.58	6.64	6.21	10.00	8.56	10.08	15.34
その他	0.39	0.34	0.24	0.26	0.08	0.14	15.99
ネット金利収入	8.96	14.95	15.40	15.17	12.09	5.77	17.01
課税前利益／株主資本	0.26	0.23	0.27	0.13	0.17	0.24	0.41
課税前利益／総資本	0.13	0.11	0.11	0.04	0.06	0.07	0.15
Goldman Sachs							
グロス収入						17,289	20,433
金利収入						67.67	68.94
金利費用						64.55	63.55
ネット収入						6,129	7,447
投資銀行業						34.48	34.74
トレーディング・プリンシパル投資						40.72	30.93
資産管理・証券サービス						16.01	19.55
ネット金利収入						8.79	14.78
課税前利益／株主資本							0.49
課税前利益／総資本							0.14

（注）　グロス収入，ネット収入は単位100万ドル。金利収入と費用はグロス収入に対するパーセンテージ。その他の収入項目はネット収入に対するパーセンテージ。収益率は単純な比率。

大手3社の総資本は株主資本と長期負債の合計。Goldman のネット収入からは cost of power generation を差し引いていない。

（出所）　NYSE会員は SIFMA, *Fact Book*, 2011, 大手3社は *Merger Bank & Finance Manual* 各号および各社 Form 10-K の数値を利用して作成。

1998	1999	2000	2001	2002	2003	2004	2005	2006
170,805	183,367	245,201	194,766	148,674	144,516	160,197	229,819	331,336
44.63	36.39	40.63	40.93	37.22	33.14	36.99	48.63	52.92
48.59	38.36	45.07	41.90	32.58	26.42	31.89	52.68	60.00
87,803	113,022	134,688	113,164	100,234	106,332	109,113	108,758	132,532
27.55	25.93	25.01	23.70	27.50	24.13	24.14	23.55	20.12
22.44	32.23	33.20	22.02	13.62	21.76	15.91	15.64	26.05
1.76	2.10	1.37	0.26	0.17	1.99	1.52	1.43	2.50
16.69	14.18	12.63	13.81	13.15	14.19	15.27	15.87	15.76
13.80	11.87	16.58	11.35	5.98	4.49	5.63	10.36	15.68
7.08	5.90	5.75	5.59	5.87	5.70	6.27	6.59	5.92
10.24	10.13	11.78	11.66	12.46	11.06	12.78	14.04	13.73
0.06	0.14	0.18	0.16	0.16	0.16	0.19	0.12	0.16
−2.23	−7.72	−7.17	4.34	4.95	−1.79	0.85	0.97	0.04
−7.72	−3.21	−8.09	−1.67	6.88	9.14	7.49	−8.55	−17.69
10.33	8.45	8.76	8.77	9.27	9.16	9.95	19.98	17.75
0.17	0.23	0.25	0.12	0.08	0.19	0.14	0.09	0.19
0.09	0.13	0.15	0.07	0.05	0.11	0.08	0.05	0.10
35,853	34,879	44,872	38,757	28,253	27,745	32,619	47,783	68,622
53.87	43.28	47.24	51.97	46.64	42.09	45.95	55.61	59.15
51.06	37.30	40.30	43.55	34.14	27.36	32.37	45.57	52.36
17,547	21,869	26,787	21,880	18,608	20,154	22,059	26,009	32,690
15.11	19.94	22.38	17.96	12.58	16.06	10.19	13.78	21.52
23.95	21.73	21.23	24.46	26.41	23.30	24.66	23.19	20.00
33.05	28.96	26.05	24.07	25.03	21.81	22.10	20.65	18.21
18.60	16.53	15.12	16.17	12.97	13.04	14.81	13.82	14.32
3.55	3.29	3.61	2.41	4.04	5.51	8.16	10.12	11.71
5.74	9.54	11.61	14.93	18.99	20.28	20.08	18.44	14.24
0.21	0.32	0.31	0.07	0.16	0.20	0.19	0.20	0.27
0.03	0.06	0.06	0.01	0.04	0.05	0.04	0.04	0.05
31,131	33,928	45,413	43,727	32,415	34,933	39,549	52,081	76,551
52.80	40.54	46.76	55.18	48.95	45.07	47.00	54.10	59.07
43.41	33.57	40.02	47.52	36.93	36.67	37.57	46.90	54.78
17,617	22,538	27,237	22,948	20,445	22,124	24,690	27,656	34,614
18.96	20.07	18.39	14.88	12.36	11.03	13.53	13.90	13.74
18.68	26.55	27.14	23.97	13.13	27.74	22.38	26.63	33.91
0.51	3.22	0.71	−1.38	−0.17	0.39	2.07	3.55	4.82
13.36	12.96	13.38	13.74	16.04	13.42	13.22	12.16	11.01
16.17	14.07	15.49	17.77	19.30	16.75	17.87	17.93	15.28
15.74	12.65	13.66	16.42	20.28	17.40	15.82	12.28	11.77
16.59	10.49	11.23	14.59	19.06	13.27	15.11	13.56	9.47
0.42	0.49	0.48	0.33	0.28	0.28	0.27	0.28	0.33
0.14	0.18	0.15	0.10	0.08	0.08	0.06	0.06	0.07
22,478	25,363	33,000	31,138	22,854	23,623	29,839	43,391	69,353
66.78	50.16	52.72	53.38	49.31	45.51	39.93	48.97	50.73
62.10	47.38	49.73	49.22	38.80	32.17	29.79	41.84	45.69
8,520	13,345	16,590	15,811	13,986	16,023	20,951	25,238	37,665
39.53	32.66	32.18	23.26	18.39	14.98	15.68	14.26	14.90
23.65	43.15	39.35	39.55	29.05	53.39	57.20	61.23	63.79
24.47	18.91	22.53	29.01	35.39	11.96	12.67	12.24	12.02
12.35	5.28	5.94	8.18	17.17	19.67	14.44	12.27	9.29
0.46	0.20	0.30	0.20	0.17	0.21	0.27	0.30	0.41
0.11	0.06	0.10	0.08	0.06	0.06	0.06	0.06	0.09

208 第5章 投資銀行の収益性低下と収益変動拡大

　Merrill でもプリンシパル取引は 1997 年まで 20％台半ばで推移しているが，それ以降はほとんどの年で 10％台に落ちている。コミッションは 20％台を維持している。比率を高めているのは資産管理業務である。ただ，1998 年以降は Mercury 買収の影響が大きいと考えられる。投資銀行業務はあまり比率が変わっていない。ネット金利収入はリバース・レポがレポを上回っていたことに加え，マージン金利も含むためプラスで推移している。

　収益性は業界全体を下回ることも多く，特に長期負債を含む総資本を分母にしたときにそれが当てはまる。それでもネット金利収入がプラスになっていることには留意すべきである。

　Morgan Stanley はトレーディング収入シェアがロングの対資産比率の動きとほぼ対応しており，最大の収入源の地位を維持している。期間を通じて比率を下げたのは投資銀行業務で，逆に上げたのは資産管理業務といえるであろう。Goldman もトレーディング・プリンシパル取引の数値が上昇し，投資銀行業務の比率がかなり下がっている。しかしこちらは 2002 年まで水準を上げてきた資産管理・証券サービスが 2003 年から 1996 年を下回る数値になっている。

　収益だけ見ると，後の 2 社で本業よりも主体取引を重視するようになったとの批判が当てはまるように見える。しかし，それではレバレッジド貸出や電子取引への取り組みが理解できない。やはりバランスシートの効率的利用がどのようなものであるか考察する必要がある。

【注】

1)　1996 年の記事に次のような内容がある。今日では Goldman, Merrill, Morgan Stanley が明らかなトップ層。Greenwich Associates 調査では Fortune500 の投資銀行サービス利用において 3 社が独占的な地位を占めた。*IDD,* Nov. 25, 1996, p.17. 一方でややトーンが異なる記事もある。それによると，負債の中で収益性が高いジャンク債では DLJ が 3 社を上回っていた。また負債と株式の両方でトップクラスなのは Merrill だけであった。3 社をスーパーバルジとする見解では株式が強調されるが，その強さを支えるのは国外の民営化案件で，かつての企業との関係ではない。*II,* Jan. 1997.

2)　このあたりから Investment Dealers' Digest 誌のランキング掲載が少なくなっている。掲載を見つけることができた両年の第 1 四半期に限定すると，Goldman は 2005 年が首位で 32.57％，2006 年は 3 位で 34.89％であった。

3)　*II,* Dec. 2007.

4)　Bankers Trust の M&A 責任者 Zacamy Jr. は「CEO は業績向上に奔走している。大部分それは活発な株主の圧力に起因している」と述べている。また Lehman の M&A 共同責任者 Tuckman は「戦略的 M&A では，大手ブルーチップ企業が敵対的買収に乗り出している」と指摘している。*II,* Jul. 1995, p.110.

5) *II,* Mar. 1996, p.131.

6) スピンオフは 1970 年代に流行ったが，1990 年代に再び流行になった。1993 年の企業 CFO 対象の調査によると，スピンオフを考えている回答者は 8.1％と少なかったが，それは全ての企業がスピンオフ可能な資産を持つ訳では無いため，かなり高い割合と言える。スピンオフを考えている回答者は，81.8％が株主価値の向上をその理由として挙げている。*II,* Nov. 1993b, p.165.

7) *IDD,* Nov. 13, 2000. 事業切出しでは役員会や資産所有権が残る。事業部門株は特定部門を裏付けとする新たな株式クラスが生み出されるだけである。いずれも支配権の大部分は握ったままとなる。しかし，事業切出しのほとんどは最終的にスピンオフに至るということである。

8) ただし競争は激しく，企業は必ずしも同じ投資銀行を利用するとは限らない。例えば 1999 年の調査によると，IPO 時の投資銀行をその後も主取引先にしている CFO は回答者の 15％であった。*II,* Jan. 2000a.

9) Morgan Stanley の M&A 責任者 Fiedorek は「M&A 担当者は，産業毎に特化している企業金融部門の中で，対応する担当者と密接に協力している」と証言している。また Lehman の M&A 担当者は「Goldman と Morgan Stanley は企業顧客の大きなリストを抱えており，M&A 取引は企業顧客リストから発生している」とそれらの強さの源泉を説明している。*II,* Mar. 1996, p.132.

10) *IDD,* Mar. 13, 2000. この記事は特にハイテク・通信など，当時の用語で言うニューエコノミー産業での買収活動についてのものである。

11) 1996 年における財務担当役員向け調査では，その 12 ヶ月内に買収を完了した回答者の 49％が自社の分析だけに依存しており，45％は一部の取引で自社の分析だけに依存していた。もっぱら投資銀行に依存したと回答したのは 4.2％のみであった。1996 年は 11 月 8 日までに公表された M&A が 10790 件（7840 億ドル）で，うち 1485 件（14％）だけが助言金融業者を指名していたが，金額ではそれらが 5520 億ドル（70％）になった。*II,* Dec. 1996.

12) Morgan Stanley の M&A 共同責任者 Munger は，大型化するほど例えば独占禁止法の問題で実現可能性評価のための労力が必要になるなど，案件が複雑になる傾向があると証言している。*IDD,* Oct. 18, 1999. ただし，労力は大きくても手数料が下がっている可能性も否定できない。

13) 注 11 の調査で Interpublic Group 社は公正意見が必要になった時のみ投資銀行を利用し，その時でも事前に手数料を交渉すると答えていた。*II,* Dec. 1996. JP Morgan が公表手数料に基づいて 1988-1990 年と 1995 年の手数料水準を比較した結果，2.5-5 億ドル規模の案件では平均手数料が上昇しているのに対して，20 億ドル超の案件では低下している。*II,* Mar. 1996, p.131. この結果はここでの話と矛盾するように思えるかもしれないが，小規模案件では企業が全て独自に行った案件が母数から消えてしまい，手数料が高くなるような案件だけが残ったと考えることができる。一方で大型案件ではほとんど公開企業が対象になり，投資銀行が公正意見のみを提供するという案件も含むことが，水準低下の要因になっている可能性がある。

14) 1989 年 1 月 18 日に取扱可能証券が追加され，同年の 9 月 13 日には非適格証券取扱からの収入上限が 5％から 10％に引き上げられた。Lown et al. (2000), p.41.

15) 1992 年秋に KATZ Communications が 1 億ドルのジャンク債発行を計画した際，主幹事の Merrill が案件に失敗し，共同幹事だった Citicorp が再挑戦を提案して単独主幹事の地位を獲得した。KATZ 社 COO の Sheiffer は「Citi は信用について知識があり，かなりの宿題もこなした。力尽くでやらせた訳ではない」と Citi を評価した。同じ年に 2.5 億ドルの発行で JPM を単独主幹事に選定し，シンジケートに CP 回転信用で利用している 2 行を入れた Norfolk Southern Corp. の財務担当も「圧力を感じたことはない」と証言している。一方で，企業側には，表面上は利益相反が無くても，借り手が暗黙の圧力を感じれば同じだという意見もあった。*II,* May 1993, p.149. 結局この問題は会社の立場によって全く受け止め方が違うということであろう。

16) *II,* Dec. 1993, p.58, p.61. この記事によるとバルジ業者は，JP Morgan が株式では弱い，引受経験

が乏しい，貸出と引受を違法に抱き合わせているといった内容をささやく作戦をとっていたとのことである。*Ibid.*, p.54. タイイング疑惑の一部はライバル業者によってねつ造されているのかもしれない。

17) Lown et al.（2000），p.41. 防火壁は，20条子会社に対する資金的な支援，業務の間接的な支援に関する禁止規定，および20条子会社への投資と与信を資本から控除する規定によって構成されていた。この撤廃理由については U.S. Senate（Mar. 1997），pp.7-12 を参照されたい。

18) 1996年の収入上限引き上げで，買収が活発化することが見込まれていた。特に外銀は本国で米投資銀行から競争圧力を受けており，例えば Deutsche Bank の Kopper は「前と同じようにやっていると，欧州でも No.1 では無くなることに気づいた」と話している。*IDD*, Nov. 25, 1996, p.20.

19) 例えば Chase は Sprint Spectrum 向け20億ドルのローン提供の際，後の7.5億ドルのジャンク債調達で主幹事を得るためにローン条件を引き下げたと指摘される。この案件で JPM，Citi，Tronto Dominion 主導のシンジケートはベスト・エフォートを提示していたが，Chase は後から交渉に入って銀行ファシリティ増額で合意し，5億ドルを引き受けることで案件を獲得した。*II*, Feb. 1997.

20) DLJ は Drexel からジャンク債担当だった人員を獲得した。企業金融責任者の Kenneth Moelis もその1人であった。*II*, Feb. 1997.

21) *IDD*, Feb. 8, 1999.

22) *IDD*, Jun. 14, 1999.

23) *IDD*, Mar. 12, 2001. 共同幹事によく入るようになった銀行として First Union，Bank One，Fleet，Nova Scotia，Commerzbank，Bank of New York などが挙げられている。

24) *IDD*, Feb. 11, 2002a. BoA，JPMC，Citi，CSFB，Wachovia，FleetBoston の名前が挙げられている。

25) *II*, Apr. 2002b.

26) *IDD*, Mar. 24, 2003. Greenwich Associates の Bernett は銀行と借り手の会話が次のようなものになると説明している。「我々の関係は良好だ。経営陣も同意見だ。我々の資本要求からいって，ROE が7％にしかなっていない。15％が必要だ。それを達成する方法を一緒に考えてくれないか」。*IDD*, Jul. 28, 2003b, p.36.

27) 銀行が貸出を時価評価せず，不良化してもすぐに収益に影響しないことが不採算貸出で競争できる理由であるとの主張であった。*II*, Aug. 2001. 2001年に出された FASB の提案ではローンコミットにおける時価評価の範囲が大幅に拡大され，バックアップ信用枠もデリバティブ扱いになる可能性が高いと見られていた。*IDD*, Jan. 7, 2002a. しかし，結果的にバックアップ信用枠はデリバティブに分類されなかった。*IDD*, Apr. 22, 2002.

28) Jun. 10, 2002. この記事では Merrill の負債責任者 Kim による「我々はバランスシートを使って選別的に信用を提供するようになっている。投資銀行部門と共同作業を行い，顧客が必要とするサービスを提供できるよう先手を打って行動している」という証言が紹介されている。

29) 大型で頻繁な発行を行う企業ほど手数料交渉で有利になる。また Fitch アナリストの Fahey は「一般的に，投資銀行は恐らく引受よりも財務など周辺的なサービスの手数料を引き下げている。ローンの金利を引き下げているかもしれない。しかし，競争上，できるだけ引受手数料は高く見せようとする」と指摘している。*IDD*, Feb. 28, 2005b, p.31.

30) *IDD*, Feb. 17, 1997, p.17.

31) 1990年代のほとんどでB向け LBO 案件は3.5％程度の手数料を維持していたが，銀行による進出が拡大したことで，1990年代末には3％程度に低下した。*IDD*, Feb. 1, 1999.

32) *IDD*, May 14, 2001.

33) 公表手数料は公募案件のみで，ジャンク債であれば投資適格未満の全ての格付けを含む。1件あたりの平均は1994年2.417％，2002年2.083％だったが，2004年は1.887％であった。Leverage

World 誌の Fridson は「高利回り債は完全なコモディティにはならないだろう。なぜなら常にストーリー・ボンドが存在するから。しかし，カジノや住宅建設業者など一部の業界には比較対象が多い。そのため個別の価格設定について傾向を外れる余地は小さい」と手数料低下の傾向について説明している。*IDD,* Jan. 17, 2005a, p.12.

34) IPO 手数料は 6.9–7％という水準である。*IDD,* Feb. 28, 2000b.

35) 2003 年 5 月の記事で JPMC 米株式責任者 Hernandez による「1999–2000 年は手数料が 7％の小型株 IPO が多かった。ここ 24 ヶ月は小型株案件が少ない」という話が紹介されている。*II,* May 2003. また 2002 年の話として，ある中規模銀行の資本市場担当者によると「金額上位 10 件の IPO で，5 件は部門切出しだった。すでに親会社との確立された銀行関係があり，それらの手数料は通常の IPO よりかなり低い」ということである。*IDD,* Jan. 20, 2003.

36) ある銀行関係者によると「商業銀行や投資銀行に裏で支払いを行う機会は限られている。だから株式取引があると，困難な時期に助けてくれたところを案件に含めるのは簡単な方法だ」ということである。*IDD,* Feb. 5, 2001a. 米株式案件の内，複数ブックランナーであった比率は 2000 年 9％，2001 年 20％，2002 年 26％，2003 年 26％と推移した。*IDD,* Feb. 2, 2004c, p.23.

37) 銀行が市場シェアを購入するため，発行者に翌日物案件を提示して，ロード・ショーを節約するという戦略に出た。例えば BoA は Novellus Systems Inc. による 839 万株を発行価格の 1 株 59.652 ドルから 1.45 ドルの割引で全株購入した。*IDD,* May 1, 2000. 2003 年には欧州と米市場の両方で，株式案件獲得を巡る国際競争が激化し，週 2–3 回のペースでブロック取引が起こっているという状況になった。*IDD,* Nov. 24, 2003, p.8.

38) 株式リストラが短期株価上昇による安価な資金調達手段となった。しかし投資家が価格評価の差が続かないことに気づくにつれリターンが消滅した。またスピンオフによる超過リターンの一因は，新規の買い手が支払う買収プレミアムであるため，親会社が支配権を残す切出しではプレミアムが無いことも株価引き上げがうまくいかない理由になっている。*IDD,* Nov. 13, 2000.

39) 2004 年の最初の 1 ヶ月ほどで 2 ダースものブロック取引があったが，ランキング争いというより，発行者が投資家需要の強い間に市場に出ることを急いでいたことが理由と説明されている。*IDD,* Feb. 9, 2004, p.11.

40) 2004 年は株価回復で投資銀行では株式発行増加に期待が寄せられていた。特に注目されたのはスピンオフ関連で，Citigroup 株式資本市場責任者の Dickson は「大企業は嵐を乗り切り，可能な場合はバランスシートを修復した。今では中核事業の成長に焦点を当てている。IPO 市場が強いことで，多くは部門分割を非中核事業の効率的な切り落とし策として見ている」と期待を語っている。*IDD,* Jan. 12, 2004, p.35. また IPO 市場の復活はネット関連の発行も呼び起こしたが，Google は 2004 年の IPO でダッチ入札方式を採用した。ブックランナーは Morgan Stanley と CSFB の 2 社で，手数料は 2.8％であった。*IDD,* Feb. 28, 2005b, p.31.

41) *II,* Jun. 2006. 同記事では 50 億ドル超の案件で共同助言業者の数が 2003 年平均 3.7 から 2005 年 4.2 に増加したという推計が紹介されている。また Thomson Financial 社は 2004 年に規模別の M&A 手数料推計をやめてしまった。理由は，手数料が助言者の数，それぞれの役割，案件の複雑さなどの要因によって決まっており，案件規模だけで見た手数料ではそれらが考慮されないからということであった。*IDD,* Feb. 23, 2004b, p.30.

42) Deutsche Bank のケースについては *IDD,* Dec. 2, 2002, BoA のケースについては *IDD,* Feb. 17, 2003 を参照されたい。

43) 1998 年の一連の事件によって他の大手がマーケットメイクから引き下がり，ボンド市場の流動性が枯渇した際に，運用機関からのニーズを感じ取った Salomon のトレーディング部門が Sandy Weill と John Leed を説得してボンド業務へのコミットを取り付けた。*IDD,* Apr. 30, 2001.

44) *IDD,* Jun. 11, 2001.

212　第5章　投資銀行の収益性低下と収益変動拡大

45)　*IDD*, May 31, 2004a, p.9.

46)　私募市場はプロジェクト金融や資産担保金融など，新たな分野で利用されてきたが，1990年代後半にはPEとメザニン負債分野での利用が拡大した。*IDD*, Mar. 2, 1998, p.15.

47)　*II*, Feb. 2001. 企業が自社株買いと同時にプット・オプションを売却する取引は，1980年代半ばにBankers Trustが開拓し始めたものである。1994年のデリバティブ危機で一時下火になっていたが，1990年代には復活していた。1990年代から行われるようになったものとして，オプションを使って買収価格を固定したり，売り手が価格の下限を交渉したりする取引が挙げられる。*II*, Jun. 1997.

48)　投資銀行はROEを重視しているが，それでもランキングで一定の存在感は必要である。そこで収益性の高い分野に注力し，引受の獲得によって一般的には2-3倍程度のトレーディング収入が得られると言われる。また延長可能変動金利商品はCP投資家向けに販売された。*IDD*, May 26, 2003.

49)　Goldmanは2003年頃，ライバルから同社が貸出に積極的になっていると見られるようになっていた。これに対して同社のWinkelriedは，顧客の要望に対応して貸し出すことはあっても，商業銀行とは異なる方法で対応していると主張していた。*IDD*, May 12, 2003. またMorgan Stanleyは2002年には貸出を強化するようになったと指摘されているが，2004年にはさらに人員を拡充したと言われている。特に販売，トレーディングの分野で増員し，一部はBoAとFleetBostonの合併で出てきた人材を獲得した。*IDD*, May 10, 2004, p.10.

50)　1995年にLazard FreresのパートナーWilsonは「業界はより集約が進む。我々は1970年代半ばのような断崖に立っている。当時は固定コミッション廃止で多くの商会が消え，ウォール街の文化に劇的な変革をもたらした」と述べている。1995年当時の集約促進要因には技術革新による投資コスト上昇，商品ライフサイクルの短期化，競争激化が挙げられている。*II*, Apr. 1995b, p.77.

51)　Schaefer（1998），p.9.

52)　例えばMerrillについては，図表5-6の2006年分は年初時点のものであるため，同社10-K報告書の2005年末の数値を見ると，株主資本が356億ドルに対し，長期負債が1324億ドル，劣後ノートが30億ドルになっている。合計するとちょうど1711億ドルになる。

53)　図表で1995年のCS First Bostonの数値には長期負債が含まれているのに対して，2000年のCSFBにはそれが含まれていないことに注意されたい。

54)　*II*, Nov. 2006b.

55)　*II*, May 2005a. 運も味方したとは，1998年の危機を乗り越えると，他社のリストラで人材獲得が容易になったこと，ITバブルの崩壊ではその分野に強みを持っていなかったことである。

56)　Brown Brothers Harrimanの証券業界アナリストSoiferは，その当時「もしMorganがいくつかの銀行の買収候補に入っていたとしても，今ではもう入らない」と述べていた。*II*, Apr. 1997.

57)　SalomonのCEOだったMaughanは「MSDWが競争環境を変えた。我々は独立を保つことができたかもしれないが，最上位にいようとも無理だ。最終的に最後の戦いに挑むべきだとの結論に至った」と衝撃を語っている。それが同社のTravelersへの身売りにつながった。一方，Sandy Weillは「投資銀行を構築しようとしてきた。しかし辺りを見渡してみると，時間が無いと感じるようになった」と語っていた。*II*, Oct. 1997.

58)　*IDD*, Apr. 11, 2005a, p.9.

59)　1995年の下院公聴会で，ABAのJonesは「Red Wing, Minnesotaでの最大の競争相手はMerrill Lynch, Edward D. Jones, IDS, GMACなどだ」と主張している。U.S. House（Jun. 1995），p.231. また同年の別の公聴会ではWachoviaのRobertsが，MerrillはFDIC被保険で資産17億ドルの銀行を保有して，住宅ローンから小規模事業向け貸出，個人向け資産管理など幅広く業務を展開していると訴えていた。U.S. House（Mar. 1995），p.94.

60)　Morgan StanleyはGreenwood Trustを買収し（2000年にDiscover Bankに改名），Lehmanは

Delaware Savings を買収した（1999 年に Lehman Brothers Bank, FSB に改名）。*IDD,* Nov. 22, 2004b, p.27. この記事では Merrill Lynch Bank USA が設立されたとある。しかし National Information Center で確認したところ，その銀行は 1988 年に設立された非加盟銀行 National Financial が，1998 年に社名変更したものであった。

61) *IDD,* Nov. 22, 2004b, pp.24–25.

62) Merrill では CMA の一部を傘下銀行の預金に転換し，それについて CEO の Kormansky は「我々は個人顧客向けの銀行サービスを向上させようとしている。これは利便性と価値を提供するだろう。一方で我々の資金コストが低下し，革新的な貸出商品・サービスを提供することも可能になる」と発言している。*II,* Apr. 2000. つまり資金源はあくまでリテール業務向きであると解釈できる。この記事でも，リテール預金をリテール貸出以外で何に利用できるのかは不明としている。住宅ローンと投資銀行業務の関係については次章で考察する。

63) Monahan（1992），p.11. この時期の SIA による調査では，ブローカーの 2/3 はラップ口座を提供していたが，5 年以上続けていたのはその内 21％であった。つまり急激に取扱が広がったということである。また 86％はラップ口座を収益的であると答え，17％は非常に収益的と答えた。*Ibid.,* p.12.

64) SIA（1992），pp.8–9.

65) プラニングサービスの浸透については野村総合研究所（1999 年），269–287 ページが詳しい。同書によると，新たな投資家層は退職後の所得保障に関心があり，売買推奨よりも税制対策やリスク管理に関心があった。また，大手証券会社によるアナリストのカバーしていない銘柄推奨の禁止，州法による電話営業の制限，SEC による適合性の原則強化などによって，銘柄推奨による営業スタイルが困難になったと説明されている。

66) 1990 年代の末には投資信託の伸びが鈍化しており，投資信託業界もラップ口座向け投資サービスに乗り出していた。AIM Private Asset Management の McMeans は「マネージド口座は投資信託市場のごく一部だ。しかし成長率は全く逆だ。投資信託業界は成熟しており，これが業界の進む方向だと考えている」と述べていた。同時期にはラップ口座の競争で手数料の低下が生じており，運用会社に残るのは 50 bp 程度であったが，規制の少なさが大きな理由で運営コストは投資信託よりもラップ口座の方が低いと投資信託会社は見ていた。*II,* Dec. 2000.

67) SIA（1992），p.8.

68) Merrill の Unlimited Advantage については，安岡（2005 年），15 ページの記述を参考にしている。Merrill の場合は最低残高を設定していなかったようであるが，年間最低手数料が 1500 ドルとなっており，実質的には 10 万ドル以上の残高が無いと割に合わない。"Flat-fee brokerage and you", CNN Money, Dec. 7, 1999.

69) 米国富裕層市場（預かり資産 100 万ドル以上の顧客市場）で活動する金融機関の内，2005 年の預かり資産残高で Merrill, Citigroup, UBS Wealth Management が上位 3 を占めた。それらの 1 人あたり預かり資産中央値は 100 万ドル台で，JP Morgan に代表されるプライベートバンクの伝統的顧客と比べると，桁が一つ少ないと指摘される。沼田（2006 年），89 ページ。

70) *IDD,* May 10, 1999. この記事の時点でオンライン・ブローカーの預かり資産が銀行預金の 17％に相当する規模まで拡大していた。Schwab の小切手口座では，金利が地銀の MMA に支払う水準をかなり上回っていたということである。ちなみに OneSource が導入されたのは 1992 年である。

71) 1990 年代初頭には 401k で独自商品が多く，Merrill や Smith Barney が運用商品の成果は芳しくなくても，事務処理機能が高いために圧倒的シェアを握ったと言われる。*II,* Aug. 1993, p.66.

72) *II,* May 2001a.

73) *II,* May 2001a. この記事によると通常の投資信託販売でも，運用会社が支払う資金の多寡によって，ブローカー機関の preferred リストに入るかどうかが決まる。通常のリストは 10 社以内で，自社の販売員に知らされないこともある。

74）　*II*, Jun. 2003.「revenue sharing」とは表向き販売会議，技術セミナー，研修という目的で支出されるが，実際には運用会社が自社商品の販売実績が好調だったブローカーを報償するものである。

75）　Morgan Stanley は Dean Witter から引き継いだリテール・ブローカー業務を 2009 年に Citigroup が抱えていた Smith Barney と統合し，ジョイントベンチャーにした。2012 年には Morgan Stanley が Citigroup の持ち分を買い取り，完全子会社へと転換した。同社にとってそれは金融危機後にトレーディングを中心とするホールセール業務が困難になる中，富裕層向け資産管理を強化するという選択であった。*NYT*, Sep. 11, 2012.

76）　*II*, Jan. 1990c, p.82.

77）　*II*, Aug. 1993, pp.62–66. それでも顧客の懸念が払拭される訳ではなかった。Morgan Stanley Asset Management の Biggs は投資銀行の関連会社であるという理由で，多くの潜在的顧客から取引相手として除外されていると証言していた。*Ibid.*, p.66.

78）　*II*, Dec. 1997. Merrill の資産管理業務はそれまで国内のリテール資産に偏っており，預かり資産の配分について買収によって内外および機関向けとリテール向けのバランスを取ろうとした。

79）　Merrill は Chase とかなり真剣な交渉を行い，他に HSBC や JPM とも交渉した。しかし CEO の Komansky は「我々は地球の一方から全く反対側までの組み合わせを検討した。それらの組み合わせは我々に巨大なバランスシートをもたらし，それは役に立つだろう。しかし我々はバランスシートで制約されている訳では無い」との結論に達した。*II*, Jul. 1999a. 資産管理では Mercury の他に，国外でいくつもの小型買収を行っていた。

80）　Paulson は株式公開直前に，「今すぐに出かけて買収相手を見つけるという訳ではない。正直なところ，現在の価格では望ましい案件が見当たらない。過去にいくつか機会があって，しておけば良かったというのはあるが」と語っていた。*II*, Jul. 1998c.

81）　これにより Citi は 2005 年第 1 四半期に収入の 1% しか占めなかった割に，潜在的な利益相反問題や評判への影響といったリスクを伴う資産管理業務の大部分を処分した。それと引き換えに 1540 人ものブローカー部隊を獲得し，Merrill に並ぶ規模を手に入れた。*IDD*, Jan. 16, 2006c, p.54.

82）　*II*, Jul. 2005, *IDD*, Jul. 4, 2005, p.8.

83）　*II*, Jul. 2006.

84）　Delalex（2006），p.17.

85）　*II*, May 1990b, p.152.

86）　*II*, Jul. 1998d. 1996 年には Barclays のカストディ業務を買収して規模を拡大していたが，国内のカストディ業務を欠いていたため，設備投資の負担を分散できず，Chase に売却してしまった。

87）　*II*, Jul. 1999b. Chase London の投資サービス責任者 Ternant は「業界では投資をコア業務で行う必要性を知っているのに，誰も外注を考えてこなかった。しかし JP Morgan と BoNY の取引で，ファンド・マネジャーは外注をより真剣に考え始めた」と指摘している。*II*, Nov. 2000b.

88）　*II*, Mar. 2005.

89）　*II*, Mar. 2005. 事業プロセス管理ソフト開発会社 Singularity 金融部門責任者の Muir は「事務機能を 20-30 の部分に分割できる。多くの組織ではそれを別々に外注に出すことを目指している」と話している。

90）　リバース・フローター購入は実質的に短期調達と長期債購入の組み合わせと同じであるが，より小さい金額で同等の取引を行うことができ，しかも短期調達を繰り返す必要も無い。一方，スーパーPO は MBS の早期償還を集中させる商品である。大幅な割引販売がされるにも関わらず，金利低下で MBS の早期償還が拡大すると短期間で元本を回復することができる。*II*, Dec. 1992, pp.30-31.

91）　*II*, Jul. 1994, pp.89–90. リバース・フローターの逆である通常の変動金利商品も，サポートクラスへの投資を促すため，変動金利負債の主体向けに開発された。ただ，Invista Capital Management の

Schafer は「フローターやインバースと同じものをスワップ市場でも購入できる。しかし多くの人間が CMO を好むのは，それがエージェンシーの信用に基づいており，元本が保証されているからだ」と指摘している。*Ibid.*, p.89.

92)　MBS 関連の損失は合計で何百億ドルの水準になったと推計されている。*II*, Jul. 1994, p.82. 多くの運用担当者は早期返済リスク管理でウォール街の CMO 調査に依存していた。Trust Co. of the West の MBS 共同責任者は「早期返済のボラティリティというリスクを過小評価するよう歪められている。疑問の多い CMO 商品を大量に販売するためだ」と投資銀行を批判していた。*II*, Sep. 1995b, p.156. Trust Co. of the West は満期変動のリスクを独自モデルによって評価していた。

93)　CMO に明るくない投資家の存在が，1993 年の薄いスプレッドの説明になると指摘されている。*II*, Jul. 1994, p.91. 多くの投資家が 5-10 bp 利回りを引き上げるために，知らずに多大なリスクを負っていた。CRAM の Rahl のサンプル調査によると，1 億ドルの額面のノートに 15 億ドルもの価値に相当するデリバティブが埋め込まれていたということである。*II*, Mar. 1995a, p.32.

94)　Gibson Greetings はデリバティブ販売主体の Bankers Trust に対して訴訟を起こした。CFTC と SEC の調査によると，Bankers Trust は Gibson を釣るために損失を過小評価し，ポジションの閉鎖よりもスワップの追加を勧め続けたということである。*II*, Apr. 1995a, p.42.

95)　*II*, Apr. 1995a, p.44.

96)　商業銀行との競争に関する発言であるが，Morgan Stanley の Benardete は「振り子が逆に振れて投資家がより重要になるにつれ，幅広い証券分売で投資家と関係が深い投資銀行がより有利になる」と自信を見せていた。一方，KPMG の Solway は「みんなリレーションに向かっているという。それは素晴らしいが，それでも彼らはディールを求めている。あなたがディールしないなら，彼らはあなたの周りにいようとしない」と批判的な見方をしていた。*II*, Sep. 1994, p.150.

97)　GE Investments の MacDougall は「1995 年は米投資家が負のコンベキシティを信用リスクと交換した」と述べている。また BlackRock の Kapito も「抵当で金を失うより，企業債で失う方がポリティカリー・コレクトになった」と説明している。*II*, Dec. 1995.

98)　Bessemer Trust Co. の固定金利責任者 Woolley は「相手にプリンシパルとして行動ができることを求める。単なるエージェントではなく」と述べている。*II*, Dec. 1995.

99)　*II*, Feb. 1997.

100)　Merrill の固定金利責任者 Martin は 1999 年に「我々の過去数年の考え方は，新規発行を持ち込んで，ビッドがなければ全て買ってしまえというものだった」と話している。また CSFB 米負債資本市場責任者 Romanelli は「いいビジネスだった。どんなものでも購入すれば，利回り曲線が正で，正のキャリーを得られた。そして売るときはより良いスプレッドになっていた。まるで保養地に住宅を購入し，抵当金利より高い家賃収入を得て，そして数年で Southampton の不動産価格が上昇するようなものだ」と当時の状況を説明している。*IDD*, Jun. 14, 1999. 例外的な業者としては Morgan Stanley の名前が挙げられている。

101)　*II*, Nov. 1996.

102)　当時は同じ案件を多数の投資家が争うことで，私募で 100 bp を超えるスプレッドがほとんど無くなった。Ohio National Life の私募責任者 Boedeker は「29 年間この仕事をやってきたが，こんな市場は見たことが無い。より多くの人間がより多くを買おうとしている」と証言している。*IDD*, Feb. 24, 1997, p.17.

103)　1994 年から FRB は明瞭なシグナルの発信で，トレーダーが混乱なくポジションを解消するよう促すようになったとされる。Arbor Trading Group 調達責任者 Bianco によると，1994 年 2 月までは市場コンセンサスが FOMC の決定を正しく予想する割合が 50% であったのに対し，それ以降は 81% になったということである。*II*, Jul. 1997.

104)　*IDD*, Jun. 14, 1999.

216　第5章　投資銀行の収益性低下と収益変動拡大

105)　*IDD,* Jun. 10, 2002. ちなみにこの時に Merrill を去ったジャンク債のチームが，Deutsche Bank で活躍するようになった。

106)　*II,* Sep. 1999.

107)　*IDD,* Jun. 14, 1999.

108)　1996年の時点で Merrill 負債市場責任者の Fuscone は「特にこの1年くらいは，新商品の幅を拡充して，さらに顧客基盤を多様化することに注力した」と述べていた。*II,* Nov. 1996. さらにその翌年にはグローバル負債市場共同責任者の Voldstad が「大手の資金運用者に全ての固定金利商品と関連する調査商品を見せて，安定した緊密な関係を維持することが不可欠。どの一商品でも弱さを見せる余裕は無い」とさらにトーンを強めていた。*II,* Nov. 1997.

109)　*II,* Nov. 1999b.

110)　1990年代初頭には JPM による引受システム CapitaLink や，トレーディングシステム EJV Partners などが存在したが，ディーラーの対抗であまり成功しなかった。インターネット普及でリテール投資家へのアクセスや機関投資家相互のアクセスが容易になり，ディーラーには中抜きされる脅威が高まった。ディーラーが対応を迫られたことで，39もの電子ボンド取引，引受システムが登場した。投資家への発行者からの直接販売に関しても，FHLMC 調達責任者 Lienhard は「Meriill と Warburg Dillon Read が別々に各自のウェブ引受，販売システムを売り込みに来た。ウォール街から話が来たんだ。逆じゃ無い」と話していた。*II,* Feb. 2000a.

111)　ある大手投資銀行では，1999年に財務省取引の10%が電子形式であったのに対し，2000年には40-50%に上昇した。UBS Warburg 固定金利 E コマース責任者 Clenaghan は「昨年と今年の違いは，トレーダーが技術を脅威と見なさなくなり，より効率化を進める方法と見るようになったこと」とその理由を分析していた。*II,* Nov. 2000a.

112)　*IDD,* Feb. 19, 2001.

113)　*II,* Nov. 2004. 建値が十進法になる前は，最小値動きが12.5セントであったが，十進法で1セント単位になった。また SOR は，当初，単純に最良建値に注文を回送するだけであったが，リスク許容度に応じたコスト削減戦略を計算したり，執行に締め切り時間を設定して可能な限り執行するなど，ニーズに応じて細かく改良されるようになっている。しかし，機関投資家には大口注文を分解するのでは無く，単一価格で1回の取引によって執行するニーズが大きく，その取引が Liquidnet など機関投資家相互の取引ネットワークに流れた。そこで2006年には Citigroup, Goldman, Lehman, Merrill, Morgan Stanley, UBS が BIDS というシステムを立ち上げた。このシステムでは投資家が6社のどこかを経由してネットワークにアクセスする。*II,* Nov. 2006a. 大手がこうしたシステム開発を行うのは，自分たちの関与しないシステムに取引が流れるのを恐れているからであり，それは単にコミッションの問題では無く，ブロック取引への対応や引受業務にも関係していると指摘される。*II,* Jan. 2000b.

114)　例えば対顧客トレーディングで Merrill は資本をコミットしなくなったとして評価が下がったのに対して，Salomon は評価が高まった。これについて UBS Warburg アナリストの Glossman は，Salomon の評価が高まったのは Citigroup 商品とのクロスセルが奏功したからであり，固定金利部門により多くの資本をコミットしたからではないと指摘している。*II,* Nov. 2001.

115)　Goldman ではレポ比率が非常に低いが，負債の中で大きい項目として payable to customers and counterparties というものがある。2006年にはレポと証券貸出の合計が1696億ドルなのに対して，その項目は2175億ドルにもなっていた。

第6章

投資銀行のセルサイドとしての効率性追求とバブル

6-1　金融スポンサー業務とプリンシパル投資への注力

プライベートエクイティ・ファームの影響力拡大

　個別取引の手数料水準が低下する中で，大手投資銀行にとって総合力を発揮することが重要になったが，それが可能な分野を見つけることは容易ではない。IT ブーム期に技術分野に注力してきた各社はブーム崩壊で戦略修正を迫られた。

　しかしこの時，ロシア危機後にリストラで負債分野の地位を後退させた Merrill をはじめ，各社は IPO 担当者を非公開金融や戦略 M&A 分野に再配置するなどで人員削減を抑制した[1]。その後に生じた M&A の激減にしても，各社は解雇を抑制するため，M&A 担当者を各産業グループに再配置するようになった。それによって，顧客の戦略的なニーズをつかみ，案件の発掘を促すことが期待された[2]。

　ところが肝心の産業理解については，Enron 事件の結果，重大な制約がかかった。アナリストの多くが解雇され，残ったアナリストは経験が乏しいか，もしくは調査担当範囲を広げられて専門分野を失った。そして，投資銀行部門との接触を厳しく制限されるようになった。結果として各商品部門が業界や顧客のニーズを理解しないまま，協調がとれず，ランダムに営業活動を展開することになった[3]。

　一方，PE ファームが M&A 市場での影響力を高めていた。図表 6-1 で PE の資金調達額を見ることができる。メザニンおよびバイアウト・ファンドの調達額は IT ブーム崩壊後の減少額が比較的小さく，2002 年を底に急増している。実は非公開株への投資で1980年に2/3を占めていたベンチャーキャピタル形態

218 第6章 投資銀行のセルサイドとしての効率性追求とバブル

図表6-1 プライベートエクイティの資金調達額

	ベンチャーキャピタル・ファンド		メザニンおよびバイアウト・ファンド	
	ファンド数	金額(100万ドル)	ファンド数	金額(100万ドル)
1998	297	31,351	185	74,065
1999	459	61,911	172	70,500
2000	635	106,082	160	76,729
2001	305	37,961	117	44,685
2002	172	3,820	86	24,831
2003	146	10,708	91	28,953
2004	203	18,557	139	51,236
2005	214	28,002	178	96,087
2006	200	28,597	138	102,941

（原資料） Thomson Venture Economics & National Venture Capital Association.
（出所） 安岡彰「転機を迎えるプライベートエクイティ-その実態と社会経済面の功罪」NRI『知的資産創造』2007年8月，10ページ。

図表6-2 プライベートエクイティ・ファンドによる米ターゲットのLBO

	2000	2001	2002	2003	2004	2005	2006	2007
金額（100万ドル）	29,019	17,050	27,811	57,093	86,491	122,715	219,052	486,090
件数	203	113	143	209	326	615	804	581

（注） 1999年12月31日以前に公表され，その後に完了した案件はデータから外されている。Dealogicのデータに基づくGAOの分析。
（出所） U.S. Government Accountability Office, *Private Equity: Recent Growth in Leveraged Buyouts Exposed Risks That Warrant Continued Attention,* Report to Congressional Requesters, Sep. 2008, p.9.

が，1999年には1/3に比率を低下させていた。残りの大部分はLBOファンドである。これらファンドは1990年代に中間市場にも活動を広げていた[4]。

　図表6-2はPEファンドによるLBOの推移である。2001年の底に達してから急激な伸びを見せており，2007年には金額ベースで28％近くを占めるようになった[5]。この年には金額の増加が大きい割に件数は前年に対して減少しており，大型案件が多発したことを示唆している。図表6-3は2006年末時点の運用金額上位10ファンドのリストである。全て2005年か2006年に組成されており，知名度の高い大手PEファームがブームに乗って大型ファンドを次々立ち

図表 6-3　2006 年末時点のバイアウト・ファンド運用金額上位 10

ファンド	運用会社	組成年	金額（億ドル）
Blackstone Capital Partners V LP	Blackstone Group	2006	156
TPG Partners V LP	Texas Pacific Group	2006	142
Permira Europe Ⅳ	Permira	2006	140
Apollo Investment Fund Ⅵ LP	Apollo Advisors	2005	100
GS Capital Partners V LP	GS Capital Partners	2005	85
The Fourth Cinven Fund	Cinven	2006	83
Bain Capital Ⅸ LP	Bain Capital	2006	80
Warburg Pincus Private Equity Ⅸ LP	Warburg Pincus	2005	80
Carlyle Partners Ⅳ LP	Carlyle	2005	78.5
First Reserve Fund X LP	First Reserve	2006	78

（原資料）　Private Equity Analyst.
（出所）　岩谷賢伸「米国バイアウト・ファンドの興隆と変貌」NRI『資本市場クォータリー』
　　　　2007 年冬，200 ページ。

上げたことが分かる。

　2002 年頃から世界的にリストラサイクルが進行し，価格が下落したことで
PE ファームに機会が広がった。企業が不要部門を処分する意欲を強めたこと
も，LBO の増加につながった[6]。この期間でも LBO が大型案件に限定された訳
ではない。2006 年前半に中間市場 M&A（金額 10 億ドル未満の取引）で PE
ファームが占めるシェアは金額ベースで 2005 年の 17.5％から 21.3％に上昇し
た。件数ベースでも 9.1％から 10.5％に上昇している[7]。

　PE ファームの案件推進でまず問題となるのがターゲット獲得である。もと
もと PE ファームでは投資銀行出身者が中心的な役割を果たしているが，1990
年代の末には PE ファームが運用先を開拓する一環として，潜在顧客との接触
を維持するウォール街の人材獲得を競った[8]。それでも 2000 年代の資金流入を
前に独自開拓が追いつかず，TA Associates のような大手でも案件の 2/3 程度
であった[9]。

　もう一つの問題は出口の確保である。図表 6-4 は LBO 出口の内訳である。
最大の出口である戦略的買い手への売却は，1990 年代後半から IPO の比率が
低下する中で比率を高めている訳ではない。IPO に取って代わったのは二次バ
イアウトと，それに続くスポンサー傘下企業への売却といえるであろう。

　このように PE ファームが取引の発掘と出口で M&A を繰り返し，それに付

220　第6章　投資銀行のセルサイドとしての効率性追求とバブル

図表 6-4　世界 LBO の出口内訳

(%)

	1970– 1984	1985– 1989	1990– 1994	1995– 1999	2000– 2002	2003– 2005	2006– 2007
破綻	7	6	5	8	6	3	3
IPO	28	25	23	11	9	11	1
戦略的買い手への売却	31	35	38	40	37	40	35
二次バイアウト	5	13	17	23	31	31	17
LBO 中の企業への売却	2	3	3	5	6	7	19
経営陣への売却	1	1	1	2	2	1	1
その他・不明	26	18	12	11	10	7	24
継続中（2007 年 11 月時点）	3	5	9	27	43	74	98

(注)　件数ベースで，1970 年 1 月 1 日から 2007 年 6 月 30 日のそれぞれの期間に公表され
　　　た金融スポンサー案件に占める比率。
(出所)　Kaplan, Steven N. and Per Strömberg, "Leveraged Buyouts and Private Equity",
　　　Journal of Economic Perspectives, Vol.23, No.1, Winter 2009, p.129.

随して各種の資金調達を行うことで，投資銀行には幅広い収益機会が生じる。
例えば 2006 年初頭の時点で，Morgan Stanley の推計では IPO の 1/3，高利回
り債の 1/3，レバレッジド貸出の 1/2 が金融スポンサーによるものであった。
M&A 助言も合わせると，金融スポンサーの活動が投資銀行手数料の 30％程度
を生み出していたと見られている[10]。ただし，収益性が高いとは限らない。

　PE ファームによる LBO に関わるには，恐らく取引発掘の支援が最も有効な
方法である。特に最初の LBO 時に取引に関わることによって，当該ターゲッ
ト企業に関連するその後の取引に参加し続ける可能性が高まる[11]。しかし，大
手になるほど独自の発掘が多くなる。CSFB の M&A 責任者 Melzer によると
「金融スポンサーや買収専門家は元投資銀行家であることが多く，買い手側助
言に対する手数料を払うことは希」であった。そのため，利益を得るには売り
手の代理になるか，調達アレンジを行う必要がある[12]。

　売り手助言を行うには，地方の中間市場で企業とのコンタクトが必要とな
る。そこには地方投資銀行や M&A 業務に取り組む地方銀行の壁が存在する。
IT ブーム崩壊後はほとんどの大手投資銀行が中間市場専門の M&A チームを
設置し，ブティックに対抗するようになった[13]。しかし，広大な国土に広がる
中間市場の企業を全てカバーするのは不可能であり，地方商会ほど資源を集中

できない[14]。また空白地帯があると，大手投資銀行の人材が独立してそこに参入した[15]。結局，大手が獲得する中間市場案件は金額が大きいものに偏っていたようである[16]。

　一方，調達アレンジに注力しすぎると，助言を独立業者に奪われかねない。企業の間では投資銀行の利益相反に対する懸念が高まり，そのニーズに対応してBlackstoneやLazard Greenhillなどは助言機能を強化するようになった[17]。売り手への助言業者が買い手向けの金融にも関与する場合は，法的な問題が生じる可能性も高く，2004年以降に資金調達が容易になると金融付属の買収提案自体が減少していった[18]。

　出口にしてもIPOの場合，PEファームはベンチャー企業と異なり手数料の交渉に長けており，ブロック発行もいとわない[19]。二次売却を含む他社への売却では，通常のM&Aと同じく厳しい手数料の引き下げ圧力を受けることは明らかである。

金融スポンサー取引と主体投資

　投資銀行にとっては個々の取引で手数料が低くても，取引が連続すれば意味がある。案件の回転率を高め，できる限り規模を拡大し，多面的に関与できる案件を増やせばよい。そこで必要になるのがバランスシートの効率的な利用である。

　レバレッジド金融については，プライムレート・ファンドが銀行からレバレッジド貸出のタームBを購入することで，銀行の貸出余力が向上した。つなぎ金融についても，つなぎ金融向けのファンドが設定される[20]。そしてメザニンについてはジャンク債市場が不調であった2000年頃に各社がメザニン専門のファンドを立ち上げるようになった。これらはLBO取引を実現し，関連する投資銀行業務の獲得につながり，しかも資金提供のリスクを抑制する効果を持った[21]。

　PEファームが運営するファンドに少額出資するケースが増えたことも，リスク抑制の効果を持つと考えられる。ただし，これについては取引促進の役割が大きい。1990年代にLBO金融を巡る競争が激化した際，ファンド出資についても一種のpay-to-playが生じた。Citigroup高利回り債責任者のStewartは

222　第6章　投資銀行のセルサイドとしての効率性追求とバブル

「参加するために金を払わないといけない」と表現している[22]。

　取引を獲得した後にその案件に出資するケースも多い。特にM&AでPEファーム向けに買い手助言を提供する際，投資銀行のPE部門が参加する傾向がある。それは自身の助言が適切であることを示す効果を持っており，PEファーム側も大手の参加を歓迎した[23]。そして，ファンドへの出資や案件への参加は，一つの案件から得られる収入を引き上げることにつながる[24]。

　一歩進むと1980年代と同じく自社でPE投資を行うこともできる。この活動でも投資先企業から証券発行やM&Aなど関連する取引を獲得することができる[25]。そして，PE投資もファンド化して売り出すことができる。そうすると，投資銀行業務の獲得機会を増やしながら，投資家顧客向けの運用商品提供にもなる[26]。

　しかし，投資銀行が自社PE活動に注力しすぎると，案件が失敗した際に損失が投資金額と不相応に膨らむ恐れがある[27]。さらに顧客と競合してしまうことも増える。2003年に英製薬会社Warner Chilcott買収を巡る競争入札で，大手PE会社と並んで入札に参加したJPM PartnersとDLJ Merchant Banking Partnersが他社に打ち勝ってしまったケースが，その典型的な例として挙げられる[28]。

　多面的な関与で損失が膨らむのはやむを得ないし，顧客との衝突は他の業務でも起こり得る。したがって，これらの問題に対する根本的な解決策は存在しない。それでも各社はリターン最大化と問題抑制のバランスを模索してきた。

　顧客との衝突を避ける最も単純な対策はPE活動をスピンオフすることである。JPM Partnersは上記の入札後，運営チームが独立した。その翌年にはMorgan StanleyがPE部門をMetalmark Capitalとしてスピンオフした。しかし，スピンオフの主目的が顧客との衝突回避かどうかは分からない。Morgan Stanleyは2006年に活動を再開しており，撤退や参入が循環的なものであることを示唆している[29]。

　2004年頃からPEファンドによるLBOが拡大する中で，投資銀行も自社PE活動を再び活性化させたが，各社は顧客と対立しない方法を試みた。BearやLehmanは顧客が手を出しそうに無い小口案件に注力し，入札には参加しないことにしていた。Goldmanの場合は，顧客の投資案件で受動的な共同投資を行

い，手数料獲得を促進する方針であった[30]。

　顧客との競合回避にせよ顧客案件への参加にせよ，活動の目的は投資銀行業務からの収益最大化といえる。この目的で自社 PE 活動を行う場合，投資資金の源泉が親会社の資金に限定されるか，もしくはファンドへの出資で一般パートナー部分がかなり大きくなる[31]。これに対して，投資家顧客向けの資産管理サービスを重視するのであれば，限定パートナーへの販売を拡大することになる。そうすると，運用担当者の誘因を投資家ニーズと整合化するため，ファンド運営は独立性を強めざるを得ない[32]。

　JPMC の場合は，図表5-7 を見ても資産管理残高が上位に入っており，投資家向けサービスによる資産管理手数料の獲得を重視していたと見られる[33]。運営チーム独立後に，新会社は JPM Partners の投資管理を契約に従って継続している[34]。これは傘下の運用部門を，報酬体系を含めて独立した運営にしていることと大差ない。

　投資銀行業務の獲得とリターン引き上げであれば，顧客ファンドへの出資でもそれなりの効果はある。これを効率化するには，効果に応じて投資先を入れ替えなければならない。2000 年代初頭の市場低迷期には外部ファンドへの出資を効率化するため限定パートナーシップ流動化に対する需要が高まり，専用の取引システムが生み出された[35]。また PE ファンドの持ち分の流動化に証券化を利用する動きも出てきた[36]。証券化であれば，一般パートナーとの関係を維持しながら，代わり金を新たなファンドへの投資に回せる。

　バランスシートを効率的に利用しながら，リスク抑制とリターン最大化の組み合わせを最適化するための選択肢が，1980 年代に比較するとかなり増えたと言える。

6-2　トレーディング業務の手数料化とヘッジファンド取引

LTCM 危機

　投資銀行のトレーディング業務ではヘッジファンドとの取引が重要性を高めていた。その象徴が LTCM である。1990 年代にディーラーはヘッジファンド

224 第6章 投資銀行のセルサイドとしての効率性追求とバブル

向けにリバースレポとトータルリターン・スワップを通じて「バランスシート貸出」を行い，ヘッジファンドのレバレッジ利用を支援していた。Merrill と Bear は LTCM との取引だけで年間 2500 万ドルをそれぞれ稼いでおり，LTCM はケチな顧客として知られていたにも関わらず，恐らく 2 億ドル以上をウォール街に支払っていたと見られている[37]。

　ロシア危機後の流動性逼迫で，この取引関係が逆回転した。LTCM 救済に関する下院公聴会において SEC の Lindsey は，ディーラーによる LTCM への貸出はもっぱら財務省証券や G7 政府債など流動的な資産で担保されており，毎日値洗いが行われていたことを強調していた。それでも，取引相手が一斉にデリバティブのポジションを閉じ，担保を流動化しようとすると，世界中の金融市場を麻痺させかねないと判断し，NY 連銀は取引相手を会議室に集めた[38]。

　LTCM のケースでは取引相手の協調行動によって秩序だったポジション解消が進められたが，他の取引ではそうではなかった。ディーラーから一斉に追加証拠金を請求された多くのヘッジファンドが，下げ相場の中で資産処分を迫られた。場合によっては，追証請求するディーラーが，投げ売りで価格の下がった証券を拾っていることもあり，ヘッジファンドからディーラーが自分たちを食い物にしていると批判が出るほどであった[39]。

　LTCM 危機を受けて，バーゼル委員会は報告書を発表し，仲介機関がヘッジファンドとの取引リスク管理で担保とその値洗いに依存し，その他の与信管理の基本的な要素とのバランスを欠いていると指摘した[40]。NY 連銀の McDonough もこの報告書を引用しながら，不安定な市場では潜在エクスポージャーが担保価値を簡単に超えてしまうと訴えかけた[41]。

　しかし，SEC の Lindsey は，1994 年ボンド危機時のヘッジファンド調査を持ち出し，仲介機関は相手の全体ポジションが分からないため，迅速に変化するヘッジファンドの信用力を継続的に評価するのが困難であることがすでに明らかになったと述べた[42]。財務省の Sachs も「市場では既に新たな規律が，少なくとも短期的なレバレッジ抑制に効果を発揮し始めている。銀行やその他与信供給者がデリバティブ取引とレポに対してより多くの担保と証拠金を求めるようになったという証拠がある」と証言した[43]。

　結局，ディーラーのヘッジファンド向け与信管理が重要との点で大筋の合意

はあったが，具体的な妙案がある訳ではない。むしろこの時期にヘッジファンド側が，ディーラーに対する不信感を強めた。一部のヘッジファンドはディーラーに対して双方向の担保を求め始めた。また，それまでであればディーラーに担保を残していたファンドでも，ポジションが有利になるとすぐに決済を求めるところが出てきた[44]。

ヘッジファンドの増殖と金融市場における役割

図表6-5を参照されたい。1998年の危機を経験しても，ヘッジファンドへのネット資金流入はマイナスにならなかった[45]。そして2000年代に入ると順調に資金が流入している。特に2001年にCalPERSが10億ドルの投資を決めると，投資家層が保守的な年金の世界にも広がり，資産の拡大に弾みがついた[46]。

図を見るとファンド数も資産規模と似たような動きになっている。投資銀行では早い時期から人材が独立してファンドを立ち上げたり，大手ヘッジファンドに移籍することが多かった。2000年代の急増にも投資銀行からの人材流出が多大な貢献をしているのは間違いない[47]。ヘッジファンドの方が高額報酬になる可能性が高く，自信があるトレーダーほどヘッジファンド業界に向かうであろう[48]。

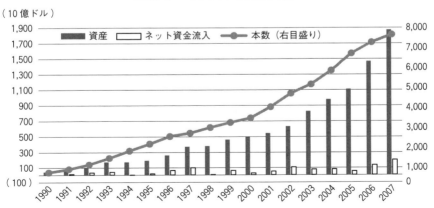

図表6-5 ヘッジファンド資産と本数

（出所） Hedge Fund Research, Inc., HFR Media Reference Guide, Alternative Investment Industry Performance and Trends, May 16, 2011.

226　第6章　投資銀行のセルサイドとしての効率性追求とバブル

　本数と資産規模の拡大によってヘッジファンドは金融市場における影響力を
高めることになる。いくつかヘッジファンドのシェアに関する推計を挙げる
と，2005年には米転換債，ETF，ディストレスト負債取引の70％，NYSE取
引の40-50％，米高利回り債取引の1/3を占めた[49]。別の推計で2005-2006年
にはジャンク債流通取引の25％，信用デリバティブ取引の58％，ディストレス
ト負債の47％であった[50]。2007年発表分では米レバレッジド貸出の40％，
ディストレスト負債の85％以上，信用デリバティブの80％以上のシェアとい
うことであった[51]。

　ヘッジファンドの戦略は大部分がロング・ショートを利用した何らかの形の
裁定である[52]。各種のロング・ショートにより個別株の相対価値が計られ，さ
らには指数裁定で指数と現物バスケットの価格差が裁定される。固定金利裁定
は金利の分野で同様のロング・ショートを行う。また複合ヘッジのような方法
で固定金利と株式の裁定を行うこともできる。これらの取引が各種の市場を連
動させ，価格体系を規定している。

　特定の分野でヘッジファンドの取引シェアが著しく高くなっているのは，そ
の分野で魅力的な裁定機会が生じていることを示唆する。その一つが転換債を
利用したボラティリティ裁定である。図表5-1で2000年代初頭に転換債発行が
増加しているのは，この時期にヘッジファンドの間で転換債裁定が流行したこ
とを反映している[53]。

　他にヘッジファンドの取引シェアが高いものにジャンク債やレバレッジド貸
出がある。1998年のボンド市場における流動性の枯渇が，ヘッジファンドによ
る相対価値裁定の縮小から影響を受けていた可能性は高い[54]。しかし，当時，
ヘッジファンドがジャンク債取引でどの程度のシェアを占めたのかは分からな
い。利回りを追求してジャンク債投資に傾注していた投資家は，信用スプレッ
ドの急拡大に見舞われたが，この時はまだリスク管理の手段が普及していな
かった。

　この経験がCDSへの注目度を高めたと考えられる。その後，2000年に損保
業界がCDSを売り出したことも手伝って，市場が一気に拡大した[55]。ヘッジ
ファンドは2000年代初頭の段階ではさほどこの市場で存在感を持っていな
かったが，2000年代半ばには急激に関与を拡大し，最大のリスクを取っている

と見られるようになった[56]。そして，CDS市場の急成長と，ヘッジファンドの関与拡大が，ジャンク債やレバレッジド貸出の取引に占めるヘッジファンドの高いシェアとも関連していると考えられる。

ヘッジファンドがCDSを利用して活発に行っていたと言われる取引が資本構造裁定である。これは同一企業の異なる負債クラスや資本と負債の相対価格変動に賭ける取引である。2003年までにはMoody's KMVやRiskMetrics Groupが信用リスクと株式ボラティリティの関係を分析するモデルを提供し，それらがディーラーやその顧客に利用されるようになっていた[57]。そして2004年頃には転換債裁定の機会が縮小したことで資本構造裁定がブームとなり，それにCDS取引が利用された[58]。ジャンク債やレバレッジド貸出はその参照資産である。

ディーラーのヘッジファンド向けサービス

ヘッジファンドが増殖し，市場への流動性提供において影響力を高めてきたことは，ディーラーの業務展開を規定する。

各種商品は流動性の高いものから取引の電子化が進み，運用会社はコミッションを圧縮し続けた。そこで大手ディーラーは販売・トレーディングデスクを再編し，ほとんどの投資家向けにはもっぱら電子手段で対応する一方，資源を取引が活発な顧客や収益性の高い商品を購入する顧客に集中させるようになった。そこに含まれるのは機関投資家の上位15-20%，そして大手のヘッジファンドであった[59]。

ヘッジファンドは多様な商品に手を出すため，ディーラーとしても新たな商品やアイデアの提供に力を入れやすい。そして，複雑な取引ではコミッションも大きくなる。その上，ヘッジファンドの取引を受けていると，それが重要な情報源にもなる。一部の運用会社は巨大化とともに，セルサイドの領域に踏み込むようになったが，同様の衝突はPEファームとの間でも生じており，その問題への対処はもはや通常業務の一環になった[60]。

ディーラーがヘッジファンド向けに資源を投入することで，ヘッジファンドの拡大が可能になっている側面もある。その支援にはトレーディング業務だけでなく，投資銀行業務も関わっている。

228 第6章 投資銀行のセルサイドとしての効率性追求とバブル

　最も基本的なサービスはプライム・ブローカレッジである。これはクリアリングと取引執行を基礎とする関係であり，それだけでは単なる事務処理支援である。そこに収益を獲得するための様々なサービスが付加されていく。したがって，一口にプライム・ブローカレッジといっても，その構成要素は徐々に変化していく。

　1990年代後半にこの業務はGoldman，Morgan Stanley，Bearを含む5社の独占状態であった[61]。ヘッジファンドの取引はプライム・ブローカーに集中する傾向があり，ヘッジファンドの取引拡大はプライム・ブローカーの収入増に結びついた[62]。こうした収入拡大は新規参入を刺激する。

　ヘッジファンドの規模拡大とともに平均的な取引先が増加し，新規参入余地が大きくなった[63]。そこにMerrillやLehmanだけでなく，銀行グループが資金力を生かして入っていった[64]。また2005年に約30社で構成されるプライム・ブローカー業界で上位10社が収入の80％程度を占めたということであるが，増え続けるヘッジファンドにそれらだけで全て対応することは不可能であり，小規模業者にも参入余地はあった[65]。

　多様な参加者によって各種支援サービスが充実する中，ディーラーの収益面で与信の重要性が高まった。ちょうど株式市場では自動化が進み，裁定機会が瞬時に捕食されるようになったことで，ヘッジファンドは新たな収益分野を求めていた。その対象が転換債，ディストレスト負債，信用デリバティブなどであった[66]。固定金利分野は株式よりレバレッジ利用が大きい傾向にあり，ディーラーにとっては与信提供の機会になる。

　そこで各社は固定金利関連サービスの提供を競うことになる[67]。与信を促すため，証拠金は各種取引関係を一括する水準に圧縮された。また全体的に貸出期間が長くなり，ヘアカットも引き下げられた[68]。2000年代に大手ディーラーの資産が急拡大していたが，その中でヘッジファンド向けが占める割合はかなり高いと推測できる[69]。

　直接的な与信だけでなく，投資銀行はファンドの募集にも関わっている。法的責任を追及されないよう，ヘッジファンドを投資家に紹介するサービスに対して課金することはほとんど無かったが，投資家にとってみると投資銀行の知名度は安心感につながった[70]。

そしてヘッジファンド業界で競争が激化し，業界再編が起こるようになると，投資銀行にとってはM&A助言の機会が生じる。関連する資金調達があれば，それを手がけることもできる。以上のように，あまりに関係が多面的になったため，新たに専門部署を立ち上げ，全ての取引関係の窓口にするところが出てくるようになったほどである[71]。

ヘッジファンドの証券化利用

ヘッジファンドと投資銀行の複雑な関係を語る上で証券化への言及は避けられない。ヘッジファンドの証券化利用は彼らにとっての資金調達というよりも，運用戦略の一部でもあった。

ヘッジファンドが活用する証券化は主にCDOである。図表6-6はCDO残高の推移である。CDOは1980年代からすでに存在していたが，本格的に市場が拡大し始めるのは1990年代後半であり，LBOブーム期にはすでにジャンク債の需要を支える存在になっていた。しかし，その発行者は主に銀行であり，目的はバランスシートからの資産切り離しであった[72]。

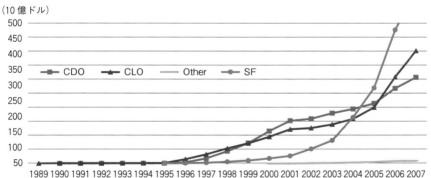

図表6-6 グローバルCDO残高

（注） CDOはCBO，担保不明，複合担保，信託型優先CDO，一部の公的金融・インフラ担保を含む。CLOは企業貸出，レバレッジド貸出（高利回り債の割合によってCDOに入る場合もある）担保からなる。小規模事業向けと一部の中間市場向けは含まない。Structured Finance（SF）はABS/MBSなどの仕組み金融担保および企業不動産CDOからなる。SFの2007年残高は6226億ドルになっている。その他にはCFO，未分類スワップなどが含まれる。
（出所） SIFMA, Global CDO Outstandingより作成。

230　第6章　投資銀行のセルサイドとしての効率性追求とバブル

2000年代に入るとSFが指数的な伸びを見せている。SFはほとんどが裁定型と考えて間違いない。つまり2000年頃から裁定型の勢いが増し，すぐにバランスシート型を追い抜いたということである。SIFMAのデータでは2005年から新規発行の目的別数字を公表しており，その年にはバランスシート型が379億ドルであったのに対して，裁定型は2133億ドルと完全に主役の座についていた。

証券化は例外なく裁定の性格を持つが，裁定型は担保を新規に調達することで裁定の機能だけを追求したと考えれば分かりやすい。1990年代の末には運用会社がその目的でCDOを発行することが注目されるようになっていた。

運用会社はジャンク債などの高利回り資産を購入して，格付けの高いCDOを発行すればスプレッドを獲得することができる。しかもエクイティの保有に障害がなければ，そこにリスクとリターンを凝縮することができる。本体の信用力によってボンドを発行し，その資金でジャンク債などを購入するよりも効率的な投資になり得る。Trust Co. of the WestのGoldも「CLOを利用して資本にレバレッジをかけると，その他の調達よりかなり安くなる」と話している[73]。

投資銀行にとっては，低格付け資産の受け皿ができることによって，投資銀行業務の拡大が容易になる。ジャンク債やレバレッジド貸出がCDOに吸収されれば，それらの発行業務とLBO業務にとってプラスになる。MBSやABSでもかつては劣後クラスの消化が問題となっていたが，SF CDOがそれらを拾うことで発行を促進することができる。さらにCDOの発行自体も販売・トレーディング商品の獲得につながる。

一度，発行に勢いがつくと，さらに多様なCDOが創出されていった。2000年にはJPMから独立したZugelが立ち上げたZais GroupによってメザニンCDOを担保にしたCDOが発行された。JPMはこの発行を支援し，特殊な信用補完を提供した[74]。当初，投資家はCDOをABSの変種と考えており，質の悪い担保が詰まった発行を忌避していたが，2000年代に入る頃には理解が深まってきたということである[75]。

CDS担保のCDOも当初はバランスシート型であったが，2000年代には裁定型合成CDOが拡大した。合成CDOであれば現物担保を購入する必要がなく，

運営の柔軟性が高い。エクスポージャーの追加が容易であるという点で，マネージド型での利用に適していると考えられる[76]。このマネージド型では，もはやヘッジファンド自体を証券の形式にしているといっても過言では無い。

このように証券化を利用すれば，効率的に運用戦略を実施することができる。それがディーラーに直接・間接の恩恵をもたらすことにもなる。

ディーラーによる自社ファンドの運営とトレーディングの外部化

これまでヘッジファンドを独立運用業者によるものであり，したがってディーラーの顧客であるとの前提で話を進めてきたが，その境界は極めて不明瞭である。

ディーラーは自己勘定トレーディング部門で，ヘッジファンドと何ら変わらない活動を行っており，その活動は少なくとも組織上，対顧客業務から分離されている。しかもトレーダーは好成績であるほど独立を求める傾向にある。そうであれば，ディーラーにとってトレーディング業務を手数料化するというのも，独立志向のトレーダーに応えながら収益を確保する一つの選択肢になる。

例えば1999年にBearが転換債の自己勘定トレーディングに並行して運用するファンドを売り出した[77]。そこから一歩進んで，自己勘定トレーディングをヘッジファンド商品に転換することもできる。ただ，一般的には従業員が独立してファンドを立ち上げることの方が多いと見られる。その際はそれらファンドに出資するという方法がある[78]。

外部ヘッジファンドへの出資が単なる配当目的という可能性はあるが，投資銀行が他の投資家からのヘッジファンド投資を集約すれば，ヘッジファンドの実質的な投資家数を拡大するメリットがある。投資銀行にとっても，そうすれば出資を資産管理手数料にすることができる。典型的な方法がファンド・オブ・ファンズである。ファンド・オブ・ファンズであれば，広範な販売が可能になる一方，ヘッジファンドより低いとはいえ，成果連動の手数料収入がある[79]。投資銀行はファンド・オブ・ファンズを担保に，CFO（Collateralized Fund Obligation）を発行することもできる。

図表6-7はヘッジファンドおよびファンド・オブ・ファンズ運用会社の資本規模ランキングである。1990年代には投資銀行業界で資産管理業務を強化する

232   第6章　投資銀行のセルサイドとしての効率性追求とバブル

図表 6-7　ヘッジファンドおよびファンド・オブ・ファンズ運用会社ランキング

Hedge Funds

2002			2003		
順位		firm/fund capital ($millions)	順位		firm/fund capital ($millions)
1	Moore Capital Mgmt（NY）	8,000	1	Caxton Associates（NY）	10,000
2	Farallon Capital Mgmt（SF, CA）	7,794	2	Andor Capital Mgmt（Stamford, CT）	9,600
3	Andor Capital Mgmt（Stamford, CT）	7,500	3	Citadel Investment Group（Chicago）	8,500
3	Maverick Capital（Dallas, TX）	7,500	4	Farallon Capital Mgmt（SF, CA）	8,040
5	Citadel Investment Group（Chicago）	7,150	5	Moore Capital Mgmt（NY）	8,000
6	Angelo, Gordon & Co.（NY）	7,000	6	Angelo, Gordon & Co.（NY）	7,500
6	Soros Fund Mgmt（NY）	7,000	7	Soros Fund Mgmt（NY）	7,200
8	Pequot Capital Mgmt（Westport, CT）	6,500	8	Maverick Capital（Dallas, TX）	7,100
9	Och-Ziff Capital Mgmt Group（NY）	6,050	9	Och-Ziff Capital Mgmt Group（NY）	7,000
10	Renaissance Technologies Corp.（NY）	5,570	9	Pequot Capital Mgmt（Westport, CT）	7,000
23	Bear Stearns Cos.（NY）	3,863	16	Barclays Global Investors（SF, CA）	5,200
27	UBS O'Connor（Chicago）	3,500	39	Lazard Asset Mgmt（NY）	3,300
41	Lazard Asset Mgmt（NY）	2,500	40	Bear Stearns Cos.（NY）	3,247
75	Merrill Lynch Inv. Managers（NJ）	1,100	61	UBS（Zurich）	2,200
91	J.P. Morgan Europe（London）	750		UBS O'Conner（Chicago）	1,600
				GAM（London）	616
			81	Goldman Sachs Asset Mgmt（NY）	1,785

Funds of Hedge Funds

2003			2004		
順位		total assets ($million)	順位		total assets ($million)
1	UBS（Zurich）	18,510	1	UBS（Zurich）	38,388
2	Man Investors（London）	15,057	2	Man Investors（London）	18,586
3	HSBC Private Banking Hld.（Suisse）	9,200	3	Union Bancaire Privee（Geneva）	15,876
4	Quellos Capital Mgmt（Seattle）	8,300	4	Permal Asset Mgmt（NY）	15,099
5	Ivy Asset Mgmt Corp.（Garden, NY）	7,532	5	Ivy Asset Mgmt Corp.（Garden, NY）	14,130
6	Notz, Stucki & Cie（Geneva）	7,200	6	HSBC Private Banking Hld.（Suisse）	13,800
7	Blackstone Alt. Asset Mgmt（NY）	7,000	7	Quellos Capital Mgmt（Seattle）	12,600
8	Permal Asset Mgmt（NY）	7,479	8	Goldman Sachs A.M.H.F.S.G（NJ）	11,759
9	Union Bancaire Privee（Geneva）	8,798	9	Grosvenor Capital Mgmt（Chicago）	11,388
10	Financial Risk Mgmt（London）	6,104	10	Financial Risk Mgmt（London）	11,203
14	CSFB Alt. Capital Division H.F. Inv.（NY）	5,322	15	J.P. Morgan Alt. Asset Mgmt（NY）	8,039
15	J.P. Morgan Alt. Asset Mgmt（NY）	5,072	16	CSFB Alt. Capital Div. H.F. Inv.（NY）	8,036
17	Citigroup Alt. Investments	4,600	19	DB Absolute Return Strategies（NJ）	6,877
18	DB Absolute Return Strategies（NJ）	4,415	23	Morgan Stanley Alt. Inv. P.（PA）	5,385
21	Morgan Stanley Alt. Inv. Partners（PA）	3,779			
32	Lehman Brothers Alt. Inv. Mgmt	2,700			
43	Merrill Lynch Inv. Mgrs. Alt. Strtg.（NY）	1,641			

（出所）　*Institutional Investor* 各号より作成。

6-2 トレーディング業務の手数料化とヘッジファンド取引　233

	2005	firm/fund capital ($millions)		2006	firm/fund capital ($millions)
順位			順位		
1	Farallon Capital Mgmt（SF, CA）	12,500	1	Goldman Sachs Asset Mgmt（NY）	21,023
2	Bridgewater Associates（CT）	11,500	2	Bridgewater Associates（CT）	20,886
3	Goldman Sachs Asset Mgmt（NY）	11,242	3	D.E.Shaw Group（NY）	19,900
4	GLG Partners（London）	11,200	4	Farallon Capital Mgmt（SF, CA）	16,400
5	Man Investments（London）	11,081	5	ESL Investments（Greenwich, CT）	1,500
6	Citadel Investment Group（Chicago）	11,000	6	Barclays Global Investors（London）	14,330
7	Caxton Associates（NY）	10,800	7	Och-Ziff Capital Mgmt Group（NY）	14,300
7	D.E.Shaw Group（NY）	10,800	8	Man Investments（London）	12,700
9	Och-Ziff Capital Mgmt Group（NY）	10,700	9	Tudor Investment Corp.（CT）	12,683
9	Vega Asset Mgmt（NY）	10,700	10	Caxton Associates（NY）	12,500
16	Barclays Global Investors（SF, CA）	9,545	22	J.P. Morgan Chase & Co.（NY）	8,826
51	Citigroup Alt. Investments（NY）	4,631		Highbridge Capital Mgmt（NY）	8,093
71	Bear Stearns Asset Mgmt（NY）	3,684		JF Asset Mgmt（Hong Kong）	613
				J.P. Morgan Alt. Asset Mgmt（NY）	120
			51	Citigroup Alt. Inv.（NY）	6,547

	2005	firm/fund capital ($millions)		2006	firm/fund capital ($millions)
順位			順位		
1	UBS（Zurich）	44,974	1	Man Investments（London）	39,800
2	Man Investments（London, UK）	35,600	2	UBS（Zurich）	37,762
3	Union Bancaire Privee（Geneva）	20,767	3	Union Bancaire Privee（Geneva）	30,039
4	HSBC Private Bank（Suisse）	20,200	4	Permal Asset Mgmt（NY）	26,023
	/HSBC Republic Inv.（London）		5	HSBC Private Bank（Suisse）	25,210
5	Permal Asset Mgmt（NY）	18,813		/HSBC Republic Inv.（London）	
6	Societe Generale（Paris, France）	15,868	6	Societe Generale（Paris）	24,490
7	Quellos Capital Mgmt（Seattle, WA）	15,000	7	Credit Suisse（Zurich）	20,000
8	Ivy Asset Mgmt Corp.（Jericho, NY）	14,919	8	Julius Baer Group（Zurich）	18,899
9	Grosvenor Capital Mgmt（Chicago, IL）	14,703	9	Credit Agricole A.M. Alt. Inv.（Paris）	17,573
10	Goldman Sachs H.Fund Strtg.（NJ）	14,222	10	Grosvenor Capital Mgmt（Chicago）	17,397
18	J.P. Morgan Alt. Asset Mgmt（NY）	8,825	12	Goldman Sachs H.Fund Strtg.（NJ）	15,873
29	Morgan Stanley Alt. Inv. P.（PA）	5,104	20	J.P. Morgan Alt. Asset Mgmt（NY）	9,526
48	Citigroup Alt. Inv. F.of H.Funds G.（NY）	3,228	27	Morgan Stanley Alt. Inv. P.（PA）	6,033
			49	Citigroup Alt. Inv. F. of H.Funds G.（NY）	4,028

234 第6章 投資銀行のセルサイドとしての効率性追求とバブル

動きが生じていた。ヘッジファンド人気が高まるに応じて，その中にヘッジ
ファンド商品を取り入れたと考えられる。

　資産管理業務で顧客資産を獲得するには魅力的な商品の品揃えが必要であ
る。Merrill の場合は，管理資産の残高を少しでもライバルに近づけるため，社
内の運用担当者で好成績を上げたものに，ヘッジファンド運用の余地を与え
た。それにより，2005 年 5 月には英株運用で好成績を上げた担当者が運用する
UK Absolute Alpha を立ち上げた[80]。

　ファンド・オブ・ファンズでは投資先ファンドを確保しなければならない。
Goldman は 1997 年に Commodities Corp. を買収し，管理資産を伸ばしたが，
同社が行っていたマネージド口座では委託側が外部運用者を細かく監視してい
た。ヘッジファンドへの資金流入が拡大すると，外部運用者が監視を嫌うよう
になり，外部ファンド確保の制約となった。そこで，Goldman は徐々にマネー
ジド口座の要求を撤回していった[81]。

　図表 6-7 の上の表がヘッジファンド運用会社であり，Merrill は MLIM が運
営主体になっていた。そうすると 2006 年には BlackRock ブランドになったと
考えられる[82]。一方，2002 年にはランキングに入っていなかった Goldman 傘
下の運用会社が 2006 年には首位になっている。この年の上位 100 に他の大手独
立系投資銀行の名前は見られず，銀行系の JPMC と Citigroup が入っていた。
下の表はファンド・オブ・ファンズである。こちらは上位 50 の範囲に JPMC，
Citigroup に加え，Morgan Stanley が期間中に一貫して入っている。Goldman
は 2004 年に 8 位で登場し，2006 年には 12 位になっている。

　JPMC では資産管理業務で管理資産が図表 5-7 で 2006 年に 1 兆ドルを超えて
おり，その内訳で代替運用は比較的小さい。これに対して Goldman は代替運用
の比重がかなり大きい[83]。Goldman Sachs Asset Management は PE 投資も手
がけているはずである。それも含めて Goldman はこの分野への注力度合いが
他の仲介機関よりも高いといえるであろう。そして，これらは資産管理業務で
あるが，主体取引との区別が難しい。

　図表 5-10 では Goldman のトレーディング・プリンシパル投資収入が 2003 年
に突然シェアを高め，それに対応して資産管理・証券サービス手数料が低下し
ていた。10-K 報告書によると，同年にマーチャントバンキング・オーバーライ

ド，株式コミッション・クリアリング・執行手数料，レポ関連（matched book）収入が資産管理からトレーディング・プリンシパル投資に移管された[84]。

　マーチャントバンキング・オーバーライドとは自社 PE ファンドの成果が一定水準を上回った際に受け取る報酬のことである。この部分は資産管理業務が主体投資にもなっていることが分かる。その他のコミッションやレポ関連はプライム・ブローカレッジで提供されるようなサービスである。これらが資産管理収入に含まれていたことは，ファンドとの取引から生じる収入がファンド運営と関連付いていたことを示唆している。

　一口に資産管理といっても，その中でどのような役割を果たしているのかは明らかでない。運用指図を Goldman 本体が行っている場合もあれば，外注している場合もある。さらには Goldman が他の運用会社から運用部分を請け負っていることもあり得る。同社がプライム・ブローカレッジで高いシェアを占めたことは，少なくともそれが傘下ファンドの運営と矛盾しないということなのであろう。

6-3　証券化業務の抵当依存

ABS 部門の固定化

　証券化の中で，ABS は担保分野が偏ったまま市場が拡大してきた。図表 2-9 から分かるように，1990 年代には「その他」に含まれるものを代表に，様々な担保が試されたが，全てを含めてもカードや自動車の規模には全く及ばない。

　2000 年代初頭には，Deutsche Bank の ABS 責任者 Weingord が「恒常的な発行案件がないと，競争から脱落してしまう。多様なタイプの資産を扱うことが必要だ」と言うように，各社は数の確保を競った。しかし，CSFB の ABS 責任者 Donovan によると「現在はすでにほとんどの仕組みが発明されている。3 回目，4 回目，5 回目の発行が珍しくない」状況で，収益の展望は乏しかった[85]。

　それでも ABS 業務は資本市場部門の不可欠な要素として各社に定着していた。Weingord はもともと CSFB の仕組み金融部門でキャリアを積んだ人材で，2000 年に Deutsche Bank へと移籍し，2004 年にグローバル市場部門の米拠点

責任者となった。Weingord は「証券化部門での経験を持つことで，顧客カバー，仕組み設計，トレーディング，リスク管理など，グローバル市場で他の商品にも応用できる技術を身につけることができた。長年，ABS はニッチ商品だったが，現在ではかなり中心的な商品になっている」と ABS 業務の重要性を説明している[86]。

1990 年代の後半には CDO の利用が進んだこともあり，各社は仕組み金融の名称で多様な証券化活動を集約するようになった。例えば Merrill は 2003 年に Global Principal Investments and Secured Finance グループを設置し，企業顧客向けに証券化を提供すると同時に，CDO では単一の部門で全ての担保を扱うようにした[87]。Goldman は ABS を資本市場業務の一部にし，ランキング目的で低収益の取引を手がけないようにしていた[88]。

両社の動きから見えることは，証券化の力点が CDO に移っていることである。CDO 市場では上述のように 2000 年代に入って次々に新商品が誕生した。それは裁定活動に牽引されており，裁定機会が存在する限り案件数の確保が期待できる。応用範囲が広ければ，他の業務とも関連付けやすい。

これに対して ABS はコモディティ化が進行し，新たな担保分野を開拓しても数を確保する見通しが立たず，かといって 1 件毎に仕組みを設計するのは採算の上で疑問が多い。Moody's の Eisbruck によると，2000 年代に入って新たな格付け提案のペースが 1990 年代からかなり落ち，新しいものを試そうとする積極性が業界から失われた[89]。

残った分野では発行者が限られている。最大分野のカードでは大手銀行グループの合併による規模拡大に伴って，カード専業会社もその中に吸収されていった。ABS 市場における競争条件は，こうした分野の固定化と発行者の集約に規定された。

図表 6-8 は米 ABS 引受シェアの推移である。1990 年代には，Goldman のシェアが低くなっているのを除くと，まだ 1980 年代バルジが上位を占めていた。しかし 2000 年には Citigroup がかなり高いシェアを占め，JPMC がそれに続くようになった。この時から ABS 市場は主要業者が発行体をグループに抱えるキャプティブ市場になったと指摘される[90]。

対象期間は短くなるが，図表 6-9 によって CDO を除くシェアを確認してお

図表6-8　米 ABS 引受シェア

(%)

	1996	1997	1998	1999	2000	2001	2002	2003	2004	2005 (1H)	2006 (1H)
Merrill	15.43	13.24	12.40	8.21	6.41	4.49	3.61	4.72	6.10	7.96	8.69
Goldman	7.75	4.81	4.11	4.44	3.77	2.15	3.40		2.71	4.87	3.94
Morgan Stanley	8.59	10.05	13.08	7.90	8.73	5.42	7.66	8.34	7.56	7.38	6.75
Citigroup	5.79	10.72	11.79	13.57	17.15	13.87	10.75	11.18	9.68	8.92	10.50
Citicorp	0.80										
CSFB	9.87	9.94	10.68	14.48	11.19	13.69	11.22	8.69	7.97	7.21	7.18
DLJ	3.17	4.50	1.58								
Lehman	15.06	11.11	10.32	13.27	10.05	10.08	7.71	8.79	8.53	9.47	8.19
JPMC	7.02	6.56	4.48	4.18	11.96	12.13	11.37	9.39	6.65	4.83	6.19
Chase	7.37	4.33	5.49	3.95							
Bank One	0.98					2.71	3.79	4.04			
BoA		1.34	3.41	4.74	5.94	6.34	8.28	6.27	6.22	5.68	5.38

（注）　数値は金額ベース。Morgan Stanley は 1998-1999 年に MSDW。Citigroup は 1999 年まで
　　　　Salomon。CSFB は 1996 年まで CS First Boston，2006 年に Credit Suisse。JPMC は 1999 年ま
　　　　で JP Morgan。
（出所）　*Investment Dealers' Digest* 各号より作成。

きたい。引受シェアの数字が図表6-8 から劇的に変わる訳ではないが，この資
料からは自己調達比率を見ることができる。それによると，Citigroup は3割前
後をグループ発行から獲得しており，2006年にはその比率が5割を超えている。
　合併時から指摘されてきたことは，Citigroup の ABS が自社カード案件で支
えられているということである。2001 年第1四半期には Salomon がカード
ABS で 35％を占め，その活動が同社の ABS 業務で 1/3 近くを占めていた[91]。
同じように大規模なカード業務を行う JPMC も総じて高い自己調達比率になっ
ている。BoA も 2006 年に数値が大きくなっているのにはMBNA との合併の影
響があると考えられる。Morgan Stanley ではいずれの年も上の3社を超えてい
る。Discover の発行が大きな割合を占めていると考えられる。

238　第6章　投資銀行のセルサイドとしての効率性追求とバブル

図表6-9　CDO を除く ABS の引受シェアと自己調達比率

(%)

	2000	2001	2002	2003	2004	2005	2006
Merrill	7.01	4.70	3.80	4.45	5.04	6.25	5.46
				22.77	30.62	27.81	38.87
Goldman	3.14	1.41	3.01	1.64	2.67	4.81	4.18
			36.76	36.65	51.70	46.67	41.22
Morgan Stanley	8.22	5.15	7.19	8.69	7.62	6.63	5.45
	48.64	53.17	55.12	47.86	57.69	43.57	71.56
Citigroup	18.64	14.69	11.07	11.53	9.89	8.06	9.46
	20.69	28.38	26.09	33.72	18.36	36.74	53.80
CSFB	10.54	12.74	10.62	8.41	7.92	8.26	5.87
	2.70	20.63	26.22	47.92	43.85	27.37	31.07
Lehman	10.04	10.27	8.13	9.03	8.99	9.14	8.71
	1.79	20.70	49.87	50.33	56.54	64.06	51.18
JPMC	13.00	12.72	12.13	14.92	6.70	5.78	6.85
	15.40	33.86	36.96	36.36	36.20	37.49	46.89
BoA	5.26	6.88	9.07	7.14	6.83	5.69	5.62
		3.64	40.63	26.04	19.57	23.44	50.35

(注)　上段の引受シェアは金額ベース。下段の自己調達比率はグループ ABS 発行金額
　　の発行主幹事取扱金額に対するパーセンテージ。
(出所)　*Asset Securitization Report* 各号より作成。

独立系投資銀行の MBS への注力

　1990年代に比較すると落ちたとはいえ，カード業務を抱えない投資銀行が
ABS市場でそれなりのシェアを維持している。しかも自社調達比率がカード
事業を抱えるところと遜色ない。考えられるのはホームエクイティの分野であ
る。図表2-8と図表2-9を見比べてみると分かるように，残高でホームエイク
イティは1999年からカードを超えており，ホームエクイティを ABS に分類す
る場合は，その中で最大の分野になった。

　1990年代に ABS で最上位にいた Merrill は1999年に順位を落としてから脇
役になっていたが，2003年には上述の部門を設立することで，ABSでも地位
回復を目指していた。そこでまず力を入れたのがHEL証券化であった[92]。しか
し，HELでも集約が進み，証券化を利用する大手の貸し手は銀行グループに買

6-3 証券化業務の抵当依存　239

図表 6-10　MBS 引受シェア

(%)

	1996	1997	1998	1999	2000	2001	2002	2003	2004	2005	2006
Merrill	4.46	7.01	9.38	10.30	9.85	4.08	3.84	4.89	3.81	3.78	3.62
Goldman	3.99	7.70	6.69	8.15	7.04	13.93	9.46	10.91	6.35	5.84	5.75
Morgan Stanley	6.83	4.92	5.17	2.99	4.40	1.35	4.67	7.38	7.07	5.19	5.44
Citigroup	13.96	15.87	13.13	11.58	10.81	10.57	9.44	7.66	6.97	4.82	5.03
CSFB	2.97	3.70	6.69	9.22	15.71	11.25	11.01	9.02	7.23	7.44	7.31
DLJ	12.36	8.71	8.70	6.68							
Lehman	17.31	14.09	16.82	13.88	15.16	10.43	11.24	10.35	10.02	10.19	9.81
JPMC					5.50	3.51	3.21	3.46	3.31	6.03	6.92
Chase	1.06	1.41	0.96	1.22							
BoA		1.37	2.12	4.22	5.22	6.33	6.10	8.29	9.63	6.43	5.96
NationsBank	0.72										

（注）　数値は金額ベース。Morgan Stanley は 1998-1999 年に MSDW。Citigroup は 1999 年まで
　　　Salomon。CSFB は 1996 年まで CS First Boston，2006 年に Credit Suisse。
（出所）　*Investment Dealers' Digest* 各号より作成。

収されることが多くなっていた[93]。そうすると，HEL 自体が増えたとしても証
券化される割合が低くなりやすい。図表 2-8 を見ても，2000-2003 年あたりは
残高の伸びが緩やかになっている。

　独立系の投資銀行にとって，HEL 以上に有望だったのは MBS であった。特
に民間 MBS は 1990 年代の末から残高の伸びが徐々に高まり，2004 年あたりか
ら一気に加速して HEL を抜き去っている。それだけパイが膨らんだことを意
味する。図表 6-10 は MBS 全体の引受シェア推移である。ここでは Lehman が
1990 年代から強みを持ち，2000 年代にも高い水準を保っている。CSFB は DLJ
を吸収したことで一時 Lehman を抜いた[94]。

　一方，当初強かった Salomon は Citigroup になってむしろシェアを落として
いる。JPMC は MBS 残高が急増した 2005-2006 年にシェアを高めたが，ABS
での地位を超えたとまでは言えない。BoA は同時期にシェアを低下させた。こ
れらグループはバランスシートに大量の住宅ローンを抱えている。しかし，そ
れが MBS 事業のボリュームには必ずしもつながっていないことが分かる。

240   第6章 投資銀行のセルサイドとしての効率性追求とバブル

図表6-11　民間MBS引受シェアと自己調達比率

(%)

	2000	2001	2002	2003	2004	2005	2006
Merrill	5.80	4.30	3.23	6.05	4.85	3.82	2.91
	122.18	12.96	14.90	60.50	62.55	76.57	97.02
Goldman	4.42	2.88	6.68	8.56	6.78	6.15	6.17
	30.43	10.15	54.58	35.96	59.21	60.15	94.86
Morgan Stanley		0.20	2.42	7.07	6.02	4.90	5.69
		100.00	11.93	29.41	55.80	65.01	55.64
Citigroup	3.72	6.40	3.51	3.17	5.07	3.66	4.51
	83.92	83.27	75.75	61.09	66.50	84.29	66.35
CSFB	19.12	16.01	14.09	12.32	8.53	7.39	6.78
	4.42	48.18	54.61	67.24	73.32	80.60	69.24
Lehman	19.45	11.78	13.52	11.65	10.65	10.88	10.08
	0.00	62.12	51.23	62.86	75.52	75.05	70.32
JPMC	3.62	2.31	0.81	3.14	3.47	7.17	7.33
	49.43	82.82	152.64	119.64	123.81	92.61	99.47
BoA	10.73	9.93	7.83	8.40	9.75	6.81	5.33
	28.79	85.43	88.67	85.55	77.73	91.80	98.98

（注）　上段の引受シェアは金額ベース。下段の自己調達比率はグループMBS発行金額の発行主
　　　幹事取扱金額に対するパーセンテージ。
（出所）　*Asset Securitization Report* 各号より作成。

　図表6-11は民間MBSのみのシェアである。公的MBSを含むシェアと若干
の相違はあるが，この表で目を引くのは全体的な自己調達率の高さである。機
関によっては100％を超えている時期もある。このような自己調達率の高さは，
オリジネートがMBS発行と切り離されていることを反映している。

　住宅ローンは，貸出自体の規格化が進んでも，各種条件の組み合わせは多様
である。借り手にとっては，金額が大きく，重大な決断となるため，対面での
説明を求める。したがってオリジネートの簡素化には限界があり，その部分に
は規模の経済が働きにくい。1980年代のS&L危機以降，保有では銀行が主役
になっていったが，オリジネートでは抵当ブローカーが台頭し，1990年代にオ
リジネートの50％以上を占めるようになった[95]。

　住宅ローンでブローカーの役割が大きくなったことは，ローンがホールロー

ン市場で活発に取引されるようになったことと対応している。他の消費者向け貸出同様，住宅ローンも審査は自動化され，貸出は比較可能になった。貸し手は引受基準を決めて，その条件に合うローンを流通市場で購入することができる。2000 年代には住宅ローンの大部分がホールセール経由になっていた[96]。

そうすると，すでに大手銀行グループの独占状態になってしまったカードとは異なり，MBS では独立系の投資銀行でもローンを集めてくれば発行取扱で上位を狙える可能性が残っていることになる。それが，MBS や HEL 証券化で独立系の投資銀行が比較的ランキングの上位に入る背景である。

MBS 業務の垂直統合の動き

しかし，比較的参入が容易で，業務全体の中で証券化活動が不可欠な要素であったとしても，あまりに収益性が低ければ，MBS から手を引いて，資本市場業務全体の中で必要最小限の証券化業務を行うという選択肢もあり得る[97]。

ジャンク債同様，1998 年のロシア危機を受けてディーラーは MBS の在庫も削減した。HEL 証券化などで，発行業務獲得のために在庫蓄積向けの信用枠を提供していた大手ディーラーは，オリジネーターの破綻による不良債権を抱えることになった[98]。Lehman に至っては，導管体を提供していた First Alliance が破綻した際，Lehman が First Alliance の略奪的な貸出慣行を知っていたのではないかとして共同被告人となった[99]。

これで大手ディーラーの MBS 活動が一時下火になったが，2002 年には危機前の勢いを取り戻した。Goldman と Morgan Stanley は積極的なホールローンの購入で価格をつり上げていると指摘されるようになった。そして，購入したローンを担保に，自らが運営主体となって MBS を発行した[100]。2003 年には他社がその動きに追随し，ウォール街がサブプライムで最大のリスクを取っていると言われるまでになった[101]。

2002 年の初めには AA までの高格付け商品に対するリスク加重が公的 MBS と同じ 20％に引き下げられ，銀行の MBS 需要が強まった[102]。ちょうどサブプライム分野の専業貸し手が破綻や買収により姿を消していたところに，投資銀行業務の全体的な不調で既存の大手が MBS への取り組みを強めた。それが信用力の高いスポンサーによる証券発行の増加にもなった[103]。

242　第6章　投資銀行のセルサイドとしての効率性追求とバブル

　抵当関連に注力する独立系投資銀行や外銀がABSでも順位を上げるように
なると，2004年にはContrywideなど抵当金融会社が単一の分野だけでABSの
上位に食い込むようになった。それに既存の大手が対抗し，証券化で抵当分野
の比率が低かったCitiでも専門会社を買収してサブプライムの分野に注力する
ようになった[104]。これは証券化をめぐる競争が，よりオリジネートに近いとこ
ろまで及ぶようになったことを意味する。

　Bearは，それまで不良物件の買取と回復に専念していた子会社EMC Mortgage
をホールローン買取に利用するようになった。これについてMBS・ABS責任
者のMaranoは「ウォール街の役割は全体の中で最も収益性が低い。もしリス
クを取って全ての証券を抱えたければ，件数の減少が見えていたし，我々は担
保供給源にもっと近づかなければならないと決めた」と述べている[105]。

　この発言は，民間MBSであっても発行業務だけで利益を得ることができな
いことを示唆している。この時期には他の機関も次々とオリジネーター，サー
ビサー，ローン買取機関を買収し，担保の供給源に近づいていった[106]。これは
単に発行業務を獲得するためではなく，証券化プログラム全体の運営によって
1件の取引から得られる収益の最大化を狙ったものである。確立された市場で
あるからこそ，垂直統合によって回転率を上げることが容易であった。そし
て，他のABS分野で強みを持たないところほど，この分野への注力度が高
かったのであろう。

6-4　投資銀行の仲介活動とファンドの投資活動の相互作用

プライベートエクイティ・ファームへの投資回転率引き上げ圧力

　以上のような投資銀行の注力分野において，その分野の参加者の活動が2000
年代半ばに向けて互いに増幅する作用を強めた。

　PEファームにとって2000年代初頭の株価下落は好機のはずであったが，す
ぐには動けなかった。IT関連はLBOに不向きな上，売り手も売却に消極的に
なっていた[107]。ディストレスト案件は，破産申請前に資産への入札を呼びかけ
るようなケースも見られた。それはビジネスモデル自体が弱いと見なされる企

業が多かったためであり，回復を期待することが難しかった[108]。

　2003年頃にようやく景気回復の兆しが見えてきた。PEファンドは通常，集まった資金を投資するまでに5年間の期間を持ち，その間に年間でポートフォリオを20%程度入れ替える。ところが2002年までの2年間は企業への市場評価が低く，年5-10%しか売却できなかった。同時にそれまでの5年間に2000億ドル以上調達してきた内，半分以上は投資できていなかった。ちょうど2003年頃には新規投資と退出による利益実現を急がなければならない状況になっていた訳である[109]。

　投資が動き出すと，ファンドへの資金流入拡大がその活動を後押しした。2003年時点ではまだ慎重姿勢を続けていた戦略的買い手でも，市場が活況になるとともに自信を深め，M&Aで高値を付けるようになった。それがPEファンドには収益的な出口を提供することになった[110]。

　しかし，企業によるM&A活発化はPEファンドによる買収コストを引き上げる。ファンドへの資金流入拡大によるPEファーム間の競争激化もそれに拍車をかけた。各社は投資対象を求めてあらゆる分野に乗り出しており，競争の範囲は広がった。その結果，2005-2006年には超大型の投資が実現するようになった。それらはもっぱら共同投資として行われており，大規模化したファンドが手を組むことで初めて可能になったと同時に，巨額の投資資金を抱えるファンドには効率的な投資対象であった[111]。

　競争が激しくなると，買収で競争入札を強いられることも多くなる。そうするとデューデリジェンスや案件の設計に多大な時間と経費をかけたにも関わらず，落札できない可能性が出てくる。入札で勝つためには競争的な条件を設定しなければならず，デューデリジェンスの程度も低くなる[112]。それでは落札できても高いリターンを実現するのが難しくなる。LBOが活発化する中で，PEファームはこうした状況に直面していた。

LBO関連負債の拡大と条件の弛緩

　競争による買収条件悪化の中で，LBOブームを支えたのは負債の調達環境が良好になったことであった。2003年夏頃からは投資家の需要が高まったのを受けて，ローン条件の引き下げが試みられるようになった。借り換えた企業は

大きい時で1ポイントも金利を削減できた[113]。この頃には銀行も貸出余力が大きくなっており，プロラタだけでなく，タームBの取得にも向かうようになった。それがスプレッド低下に拍車をかけた[114]。

同時期にジャンク債市場も復活を通り越して，加熱状態になった。財務省10年債が4%強を維持していたにも関わらず，BBの格付けが7%を下回ることも多く，CCCでも10%を下回ることがあった。夏頃にはジャンク債でも借換が中心になっていたが，年末に向けてLBOや通常のM&Aに加え，配当向け発行が増加するようになった[115]。

例えばDex MediaはLBO時の資金調達から2ヶ月も経たない11月に，7.5億ドルのジャンク債を発行した。代わり金はLBOスポンサーへの特別配当に利用された。さらに年明けの1月には2回目の配当向け2.5億ドルの発行が行われた。これによりCarlyleとWCASは16億ドルの出資に対して，4ヶ月で6億ドルの利益を手にした[116]。

2003年9月にはHM Publishingがスポンサーへの配当支払目的で1.5億ドルの10年債を発行した。それは買収から8ヶ月後であった。そして，買収時にスポンサーのThomas H. Lee, Bain Capital, Blackstoneは5000万ドルの特別管理手数料を徴収していた[117]。

レバレッジド貸出でも状況は同じである。図表6-12を参照されたい。レバレッジド金融ではローンが圧倒的比重を占めている。そして，配当向けローンが2003年には100億ドルを超えており，その後さらに増加している。PEファーム向け配当案件の増加に牽引されて，他の企業まで配当向け調達を拡大している。

PEファームは，2002年までの低いリターンを挽回する必要があった。ファンドは投資家から20%以上ものリターンを継続的に求められており，しかもITバブルの経験から評価益では安心できなかった。JPMC金融スポンサー・グループ責任者のWeissは「2000年と2001年には，一部の案件から抜け出す機会があった。しかしみんなそうしなかった。だから次のブル市場では機会を逃すまいとしている」と状況を説明している[118]。

2003年には未だ株価やM&A市場が回復途上にあり，利益を実現するために時間のかかるIPOや他社への売却よりも負債比率の引き上げが有利であった。

図表 6-12　レバレッジド金融の動向

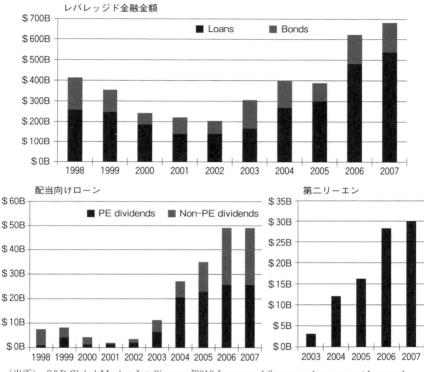

（出所）　S&P Global Market Intelligence, "2010 Leveraged finance volume recap: A record rebound (and dividends)", Dec. 22, 2010,
https://www.lcdcomps.com/lcd/f/article.html?rid=800&aid=12324101

2004年以降はM&Aが活発化し，株価も基本的に上昇基調にあった。その中で他社による売却や再上場を使っても，PEファームは短期間で高いリターンを実現できるようになった[119]。

それにも関わらず，配当向け負債発行はますます増加している。投資家には，突然の負債増加によって既存の負債まで格下げされる恐れがある。それでも負債拡大は止まらなかった。Merrillの高利回りストラテジストGarmanは「信用市場は株式市場と比較して価格がつり上がっている。それが負債を調達して，配当リキャップや単純な増配など，株主を利する誘因になっている」と

指摘している[120]。

　投資家の不安に関わらず，借り手は負債を拡大した。その背景にはローン市場とボンド市場の融合があった。

　図表6-12右下にあるように，2004年以降，第二リーエンのローンが急増した。これはすでに担保になっている資産に第二リーエンを設定して貸出を行うものである。利回りは二桁になることが多く，ほとんどのジャンク債のそれを超えていた。しかし借り手にとっては，メザニンほど高くなく，コール可能で条件が柔軟になっているという利点もある。そして，こうした負債まで配当向けに利用されていた[121]。

　もう一つこの時期に急増したのが，制限条項の緩いローンである。ターム B の部分では，特にそれが顕著であった[122]。負債比率を抑制する制限条項は配当向け調達の障害になる。可能であれば，PE ファームがそうした条件を利用するのは自然である。

　一方，投資家がこれらの条件を受け入れた要因として，ボンド投資家がモニタリングの発想を持っていないことが指摘されている。LBO 金融ではボンドとローンを組み合わせることが一般化していた。ボンドには通常，メンテナンス条項が付いていない。シンジケートローンの中でも LBO 向けレバレッジド貸出では独立系投資銀行のシェアが比較的大きく，それらが軽制限条項をローンに持ち込んだと言われる[123]。

　その結果，投資家はレバレッジを放置するようになった。Acharia らは，これによって問題の早期発見が困難になり，本当に返済不能になるまで借り手はデフォルトしなくなると指摘している[124]。そして，デフォルト率が低下する中で，負債やその関連商品が多様化したことが，裁定活動を活発化させたと考えられる。

LBO 金融におけるヘッジファンドの役割

　ヘッジファンドにも活動を活発化させなければならない事情があった。2003年に株価が上昇に転じると空売り戦略が機能しなくなった。2004年の春には一部のファンドが転換債裁定で多額の損失を出した。この時期，プライム・ブローカーは貸出意欲が強かったにも関わらず，個別のファンドではむしろレバ

レッジを縮小する動きが起こっていた[125]。

　レバレッジ縮小は，魅力的な機会が少なかったことに加え，それでも投資家からの資金流入が生じていたことにもよる。この資金流入がリターンの低迷に拍車をかけることになる。そのため各ファンドはコスト削減と新たな収益機会を模索し，PE 投資に乗り出すところまで出てきた[126]。LBO 関連の負債急増は，彼らに活動の舞台を提供することになった。

　すでに 1990 年代には一部のヘッジファンドが CLO を利用して高リターンを実現していた事例がある[127]。しかし，当時はまだ銀行によるバランスシート型の発行が主流であり，投資家の認知度も高くなかった。また一部の企業債市場に通じていない運用業者が，統計的なデフォルト予測だけで CDO を組成し，失敗に終わることが多かった[128]。

　裁定型の成長を最初に牽引したのは PE ファームであったと見られる。PE ファームは，業界調査と企業分析という CLO 運営の専門性をすでに持っていたからである[129]。しかし，ローンに対する需要が高まると，受け皿である CLO には裁定機会が少なくなる。そこで急増したのが第二リーエンのローンであった。

　この頃になるとヘッジファンドもアナリストやポートフォリオ管理担当者を置いて，ローン取扱の体制を整えていた。そして，利回りの高いローンを CLO 担保に組み込むようになった[130]。第二リーエンの人気は極めて高く，流通市場に出るとすぐ飲み込まれた。第一リーエンでは必要なスプレッドが確保できないため，第二リーエン専門の CLO が登場したほどであった[131]。

　その下になるとディストレスト負債が控えている。この分野に PE ファーム，投資銀行と並んでヘッジファンドも注力するようになった。中間市場向け金融会社 CIT の副会長 Wolfert によると，2000 年代初頭には 10 件に 1 件ほどであったヘッジファンドの関与が，2004 年には半分以上になっていた[132]。このディストレスト負債も証券化の担保に利用されたと見て間違いない。

　レバレッジド金融やディストレスト負債を利用した証券化は資本構造裁定の一部である。ジャンク債では 2003 年にようやく市場が回復に向かいだした段階で投資が拡大した。これはディストレスト案件での資本構造裁定を反映していると指摘される[133]。つまり信用スプレッド縮小に賭けているのである。

248　第6章　投資銀行のセルサイドとしての効率性追求とバブル

　これと同じ効果をより効率的に得られるのが CDS である。2005 年には多様な会社のスプレッド相関を予想して賭けることは，それ自体が独自の資産クラスになっていた[134]。Fitch の調査によると，2004 年における信用デリバティブの成長はもっぱら単一銘柄を参照したものであった。そして，格付けでは AAA 格の比率が 2003 年の 17％から 14％に低下する一方，BBB は 29％から 32％に上昇した[135]。そして，CDS のかなりの割合が合成 CDO になったと見られている[136]。

　Altman は 2007 年にレバレッジド金融，軽制限条項ローンの豊富な投資が低いデフォルト率を実現し，ディストレスト投資の拡大によってさらに問題が先送りされていると指摘していた[137]。そうであるとすれば，CDS 取引を含むスプレッド縮小への賭けは，かなり自己実現的なものであったことになる。そして，この自己実現的な賭けが，PE ファームに限界まで負債比率を高め，リターンを引き上げることを可能にしていた訳である。

CDO 担保に占める抵当関連のシェア拡大

　2000 年代に入っての CDO 需要拡大と，CDO 発行は 2000 年半ばにさらに勢いを増した。その中で CDO 担保に占める抵当関連の比率が高まった。

　2004 年春頃になると，ジャンク債と ABS の両方で現物への需要が高まり，CDO スポンサーにとって，CDO を発行するよりも取得した担保をそのまま売却する方が容易に利益を確保できるような状況になった[138]。レバレッジド貸出ではちょうどこの頃から第二リーエンや軽制限条項ローンが増加し始めた。レバレッジド貸出ではその後も需要が供給を上回る状況が継続し，裁定機会が縮小した。それでも CLO の発行が拡大し続けたのは，CLO 投資家がさらに薄いスプレッドでも受け入れたからであった[139]。

　こうしたスプレッド縮小傾向の中で，救世主となったのが抵当関連である。図表 6-6 では，SF CDO が CLO をはるかに上回る勢いで残高を伸ばしていた。1999 年に SF CDO が誕生したときには，多様な担保が利用されていた。それが 2000 年代に入ると急激に抵当関連に偏っていった。Moody's の Hu によると，1999 年には 10％に満たなかった RMBS が，一貫してシェアを高め，2006 年発行分では 80％台半ばを占めるようになった[140]。

RMBS では原資産が複雑化しており，2005 年には MBS に対する懸念が高まっていた[141]。実は，そうした懸念がむしろ SF CDO の発行を促進していた。懸念があれば担保の取得コストが下がり，裁定機会が大きくなるからである。例えば Merrill の仕組み金融責任者 Ricciardi は抵当市場に対する懸念は根拠が無く，しかもシニア CDO は追加の信用補完があるため，単純な HEL の ABS よりも安全であると断言していた[142]。

MBIA Asset Management の CDO 責任者 Cutting は 2007 年初めに「今でも格付けの高い CDO 案件は行われているが，発行者は創造的にならなければいけない。利回りを引き上げる担保を入れたり，創造的な仕組みを利用して売れる商品をつくる必要がある」と語っている。同社によると ABS 担保 CDO ではサブプライムのエクスポージャーが 85–90％に達しており，中には 100％の案件も出ていたとのことである[143]。

住宅抵当関連が突出して大きくなったのは，恐らく最も粗製濫造が容易だったからであろう。ちょうど独立系投資銀行や外銀グループが垂直統合によって住宅ローンの買い集めを強化していた。住宅金融会社やブローカーがそのニーズに応えて詐欺的な方法で借り手にローンを組ませたことはよく知られている。一件の金額は小さくても，高利回りのレバレッジド貸出を探すより効率的であったのかもしれない。

しかし，CDO 組成に必ずしも原資産は必要ないことを忘れてはならない。CDO 発行者はまさに創造的になっていた。CDS がその創造性を刺激したといえるであろう。Hu による SF CDO の担保内訳には CDS が含まれていないが，図表 6–6 では少なくとも部分的にはそれがどこかに含まれている[144]。

2004 年までは ABS を参照する CDS が無かったため，CDO スポンサーは担保を探すのが難しくなっていた。しかし，2005 年半ばからは CDS に頼ることができるようになった。BCBS によると，それ以降はほとんどの ABS 担保 CDO で少なくとも一部に CDS を組み込み，徐々にその比率を高めていった[145]。さらに 2006 年 1 月には HEL 担保 ABS 参照の CDS 指数である ABX.HE を Dow が創出し，CDO の創出を後押しした[146]。

2006 年には米住宅市場に対する懸念が高まっており，一部の投資家が住宅価格の下落に賭け始めていた。それが ABS 参照の CDS を急増させたと指摘され

250 第6章 投資銀行のセルサイドとしての効率性追求とバブル

ている[147]。CDO スポンサーにしてみれば，その CDS 契約を受ければ，CDO を
創出することができる。極めて入手が容易な CDS 契約が，CDO の担保に占め
る比率を高めたのは驚くに当たらない。

CDO への需要が膨らむ中で，通常の担保では十分なスプレッドを確保する
ことが難しくなっていた。バブルの最終局面では，まさにそのバブルに対する
懸念が燃料になっていた。

図表 6-13　米 CDO 発行者ランキング

（100 万ドル）

2001		2004	
Greenwich Street Capital	1,563.5	Capitalsource Inc	1,874.1
Melrose Financing No.1 plc	1,016.1	Lakeside CDO 2	1,501.5
Sutter IG CDO	985.0	William Street 2004 3,4&5	1,500.0
Melrose Financing No.1 plc	828.6	Radian Group Inc	1,331.2
Metropolitan Life Insurance Co.	806.7	South Coast Funding Ltd 5	1,108.2
Deutsche Bank AG	792.2	Centurion CDO 7 Ltd.	1,100.0
Stanfield Capital Partners LLC	782.0	Yeatman & Associates Inc.	1,022.5
Syndicated Loan Funding Trust	780.0	Margate Funding 1 Ltd.	1,000.0
Eaton Vance Corp.	761.3	Streeterville ABS CDO	998.0
Credit Suisse Group	690.0	Duke Funding High Grade 1	960.0
MM Community Funding 2 Ltd.	685.0	CAMBRIDGE PLACE INV MNGNT	919.5
Eastman Hill Funding 1 Limited	596.0	Morgan Stanley Group Inc.	834.3
Phoenix Funding Limited	589.0	Jupiter High grade CDO	753.3
Pacific Coast ABS CDO	576.0	Mercury CDO 2004-1	753.1
Ark 2 CLO	566.0	Duke 7 ABS CDO	750.0
Oak Hill Capital Partners LP	565.5	MEMICap Real Estate Fund	748.4
ZAIS IG Ltd.	556.0	GE Business Loan Trust 2004-2	745.2
MM Community Funding Ltd.	525.4	Special Value Opp Fund LLC	711.0
MKP Capital Management	516.1	Trust Co of the West	700.0
Franklin CLO 2 Limited	509.5	Duke 6 ABS CDO	694.5
Endeavor CLO 2001	497.0		
Centurion CDO 5 Ltd.	495.0		
Helios CBO 2001	494.0		
Clearwater Funding CBO 2001-A	488.5		
Valeo 2 CDO Ltd.	485.0		
Fleet Boston Corp.			
ARK CLO 2000-1 Ltd.			
JP Morgan Chase & Co.	346.4		
total	52,120.9	total	87,470.6

（出所）　*Asset Securitization Report* 各号より作成。

CDO 市場におけるヘッジファンドと仲介機関

　断片的な指摘はあっても，ヘッジファンドが CDO にどの程度関与したかを示す情報は少ない。ある投資銀行の推計によると，CDO 保有でヘッジファンドが占めるシェアは AAA トランシュが 12.1％，エクイティが 19.1％，全てのトランシュを合計すると 46.5％になっている[148]。一方，発行については 1983–2008 年と期間の長い推計で，ヘッジファンドが 46.7％を占めているというものがある[149]。2000 年代に絞ればもっと高くなるはずである。

(100 万ドル)

2005		2006	
Black Diamond Mining Corp	2,055.0	Cohen & Co.	6,428.8
Jupiter High Grade CDO 3	2,010.0	Seawall 2006–1	4,320.0
Duke Funding High Grade 3	1,998.0	Duke Funding High Grade 2–S	3,242.0
Morgan Stanley Group Inc.	1,547.7	Amstel–SCO 2006–1	3,018.0
Trust Co of the West	1,533.8	Goldman Sachs Specialty CLO–1	3,000.0
Orient Point ABS CDO	1,505.8	General Electric Co.	2,992.8
Monroe Harbor CDO 2005–1	1,502.0	Arran Corporate Loans No1	2,966.0
ALTIUS 2 CDO	1,500.0	Nautic Partners LLC	2,716.2
Duke Funding High Grade 4	1,500.0	Oak Hill Credit Opportunities	2,650.6
Westways Funding 4	1,500.0	Diversey Harbor ABS CDO	2,500.0
PALMER SQUARE 2 PLC	1,409.6	Jupiter High Grade CDO 4	2,500.0
Hereford Street	1,200.0	Silver Point Capital LP	2,397.6
BERNARD NAT LOAN INVESTORS	1,195.0	Millstone 3 CDO Ltd	2,190.5
South Coast Funding Ltd 7	1,178.4	Phenix Cos Inc	2,100.0
Duke Funding 8 CDO, Ltd	1,160.0	Belle Haven Investments, Inc	2,011.0
CapitalSource CLO 2005–1	1,121.9	Citius 2 Funding	2,000.0
ACT 2005–RR	1,055.0	Citius 1 Funding Limited	2,000.0
Fortress Credit Funding CLO	1,050.0	Maxim Capital Inc	2,000.0
Taberna Pref Funding 2	1,042.8	Vertical Vergo 2006–1 Ltd	2,000.0
Pioneer Valley CDO 1	1,021.0	Ridgeway Court Funding 1 Ltd.	1,982.0
total	154,623.7	total	333,550.4

252 第6章 投資銀行のセルサイドとしての効率性追求とバブル

　図表6-13で米CDO発行主体のランキングを見ることができる。見た目では
スポンサーが分からないことが多いが，運用会社，不動産開発会社，PE
ファームなどがそれぞれ発行体を組織してCDOを発行している。ヘッジファ
ンドによる発行が大きければ，エクイティの保有でもヘッジファンドが大きい
シェアを占めているのは自然である。ヘッジファンドにとってCDO利用は投
資にレバレッジをかける手段であった。またヘッジファンドは，投資家として
CDOのあるトランシュを購入しながら，同じCDOの他のトランシュをショー
トすることが多かったと指摘されている[150]。CDOが資本構造裁定の対象に
なっていたということである。

　一方，図表6-13では大手仲介機関の名前も散見される。彼らも資産管理部
門にヘッジファンドを抱え，自己勘定トレーディング部門ではヘッジファンド
と同じことをしている。CDOを利用した裁定を活発に行っていても何ら不思
議では無い[151]。ただし，彼らは同時に仲介業者でもある。先ほどのCDO保有
シェア推計によると，銀行は全トランシュ合計で24.9%のシェアであるが，エ
クイティ部分は4.9%と小さいのに対して，AAA部分は14.5%とヘッジファン
ドのシェアを超えている。

図表6-14　米CDO引受シェア

(%)

	2000	2001	2003	2004	2004	2005	2005	2006
Merrill	2.15	3.32	8.41	17.20	16.27	16.26	15.75	15.01
Goldman	9.96	5.82	7.65	5.34	5.01	1.43	2.58	2.84
Morgan Stanley	8.36	7.71	4.84	7.66	7.22	7.23	7.49	5.79
Citigroup	6.72	9.28	7.95	8.02	7.71	11.98	10.72	10.93
CSFB	15.73	18.48	11.92	8.12	7.79	6.00	5.89	6.73
Lehman	11.49	9.36	5.78	5.11	4.85	4.03	4.83	2.78
JPMC	8.44	6.47	4.42	5.70	6.38	5.44	5.91	4.48
BoA	3.32	3.43	2.23	3.81	7.25	6.38	6.14	6.10

（注）　数値は金額ベース。各年の数値で重複する部分の数値に無視できない開きがあるため，それ
　　　ぞれ載せておいた。最初の2003-2004は2005年掲載分，次の2004-2005は2006年掲載分，最
　　　後の2005-2006は2007年掲載分である。
（出所）　*Asset Securitization Report* 各号より作成。

6-4 投資銀行の仲介活動とファンドの投資活動の相互作用 253

　保有主体の分類が保険，ヘッジファンド，銀行，資産管理業者だけであるため，ここでの銀行は商業銀行に限定される訳ではないであろう。図表6-14は CDO の引受シェアである。この図表のもとになったランキングには当たり前のように仲介業者の名前が並び，独立系の投資銀行が多数含まれている。ほとんどが他の証券化市場でもランキングに入っている機関である。

　しかし，シェアを見ると，図表6-10，6-11 にある MBS とは大きく異なる。民間 MBS で強かった CSFB と Lehman は当初 CDO でも強かったが，CSFB は民間 MBS と同じように数値が下がり，Lehman に至ってはかなり下の順位に後退した。それに代わって，民間 MBS でシェアの高くない Merrill と Citigroup が 2006 年に高いシェアになっている。

　CDO で SF CDO が驚異的な伸びを見せ，担保に占める MBS の比重が高まったからといって，MBS でのランキングが CDO にも反映される訳ではない。裁定型が CDO の中心となり，CDS も利用されるのであるから，CDO 取引のボリュームを膨らませるために，MBS への関与は必ずしも必要ない。

　MBS 分野で垂直統合が進み，オリジネートが強化されていた時，ABCP が活発に利用されたとの話がある。確かに抵当担保蓄積向けの延長可能 ABCP が 2000 年に誕生し，2005 年には 451 億ドルまで残高が急増した。しかし，同年の ABCP 残高合計 8148 億ドルのごく一部である[152]。むしろ，ABCP で抵当分野の証券化を過熱させたのは証券裁定や SIV，そして CDO である[153]。

　CDO の引受業者は，スーパーシニアを手元に残すか，SIV などの ABCP 導管体に売却していた。ABCP 導管体にはスポンサーが流動性補完を提供していたし，仮にそれが無くても資金提供を迫られる立場にあった[154]。そして，流動性補完の提供が困難になったことで，スーパーシニアの留保が増加した[155]。Euromoney 誌がいくつかの推計を組み合わせた数字によると，2007 年 11 月時点で Merrill は 100 億ドル，Citi は 60 億ドル，Goldman は 40 億ドル強の損失となる可能性のあるスーパーシニアのエクスポージャーを抱えていた[156]。

　引受業者によるスーパーシニアの留保拡大は，バブルの最終局面において生じた現象である。これによって CDO 発行継続に対する一つの障害が取り除かれたが，増加する CDO の中には，スーパーシニア以外にも需要の少ないトランシュが存在する。それらは他の CDO によって購入されることが多くなっ

254　第 6 章　投資銀行のセルサイドとしての効率性追求とバブル

た[157]。こうした状況が，CDS 普及と相まって，裁定活動を促したと考えられる。それがさらに合成 CDO 創出の機会となる。

　こうして，PE ファーム，ヘッジファンド，仲介機関の活動が相互作用することによって膨張した負債バブルに，最後の大きな一押しが加えられた。

【注】

1)　*IDD,* Feb. 5, 2001b. 例えば Morgan Stanley 技術部門の Grimes は「現状では，顧客は IPO よりも非公開金融や戦略 M&A を求めている。そのため，我々はそれら顧客にサービス提供する人員を，そうした分野に再配置している」と話していた。*IDD,* Feb. 5, 2001c.

2)　Goldman の M&A 共同責任者 Sykes は「我々は組織の再編によってほとんど全ての銀行家を四つの産業グループのどこかに配置している。これによって顧客が戦略的に何を考えているのかに集中し，取引の適切なタイミングへの感応度を上げることができる」としている。Morgan Stanley でも同様の組織再編を行っており，より多くの M&A 担当が顧客発掘に注力したということである。*IDD,* Jan. 13, 2003a. 明確な記述は無いが，M&A 担当者が顧客カバー担当につくということは，他の資本市場業務担当とも協力することになると考えられる。

3)　企業側から見ると，投資銀行で自社を担当するアナリストがいなくなったか，もしくは多い時で以前の倍にもなる担当範囲を抱えたアナリストに担当されることになった。例えば Pitney Bowes 財務担当 Nolop は「我々は自分たちが以前よりもセルサイドへの依存を低下させていることに気づいた。自分たちで直接投資家とのコミュニケーションを高めなければならない」と感じるようになった。また Taubman Centers の分析担当 Payne によると「投資銀行がしていることは電話リストを持って，そこにかけている。売り込み文句はどこでも同じで，最近この案件をやったから，貴社にもすばらしい」というものであった。*IDD,* Jul. 28, 2003b, pp.34–35. ただ，ある PE 業者は「大きい声では言えないが，調査は IPO 引受業者を選択する中で上位 2 か 3 以内に重視する項目だ。投資からのリターンを最大にしたいんだ。当たり前のように，アナリストが会社のストーリーを知っていて，バイサイドの声に耳を傾けているところに行きたいと望む」と証言している。*II,* Dec. 2007. つまり，投資銀行業務の獲得でアナリストの果たす役割は続いている。

4)　Gensler 財務次官による議会証言。U.S. Senate（Jun. 2000），pp.59–60. 1980 年代の LBO ブーム終了で，投資銀行と機関投資家が中間市場に注目するようになった。企業側でも設備投資に多額の費用がかかることが多くなり，貸出余力が低下していた銀行に代わる資金源が必要になっていた。*II,* Jun. 1991, p.17.

5)　図表 5-1 では 2006 年までしか数字を載せていないが，同じ資料で 2007 年の米 M&A 完了案件金額は 1792 億ドルであった。

6)　*IDD,* Jan. 13, 2003b.

7)　*IDD,* Aug. 7, 2006a, p.7. 中間市場 M&A は金額 10 億ドル未満の案件を指す。中間市場では公表されない取引も多いため，実際には中間市場における PE ファームのシェアがこれらの数値よりもさらに高い可能性がある。

8)　Appollo Advisors を立ち上げたのは Drexel 出身の Leon Black であったし，KKR を創設したのは Bear の Henry Kravis と George Roberts であった。また Hicks, Muse, Tate & Furst の Charles Tate は Morgan Stanley 出身である。1990 年代末には大移動が加速していた。*IDD,* Mar. 1, 1999. 1990 年代後半はバイアウト・ファンドも急激に資金調達が拡大しており，1999 年はピーク間の谷間になっている。そして 1998 年と 1999 年はそれまでの推移から見ると，ベンチャーキャピタル以上の調達額の伸びがあった。データについては関（2002 年），3 ページを参照されたい。

9)　*IDD,* Jan. 19, 2004b, pp.10–11. TA Associates は取引発掘プログラムだけのために毎年多大な投

資を行い，20 人以上の担当者が特定の市場分野を追跡し，投資アイデアを作成していた。また Thomson Financial と Association for Corporate Growth が1301 人の企業役員に 2004 年の見通しについてアンケートを行った結果，PE ファームとベンチャーキャピタルの回答 250 の内，独自にターゲット企業と接触したいと希望していたのは 40％であったが，それが投資銀行経由でのコンタクトより効果的と答えたのは 26％であった。*Ibid.,* p.10.

10） *IDD,* Mar. 20, 2006, pp.7–8.

11） UBS 金融スポンサーグループ責任者 Woo による指摘。*IDD,* Feb. 2, 2004a, p.8.

12） *IDD,* Jan. 13, 2003b. 支払うのは複雑な公開企業買収案件の時くらいということである。

13） 例えば 2000 年前半に Goldman はグローバル M&A で首位を獲得していたが，件数の 2/3 は中間市場の取引であり，80％が 10 億ドル未満の評価額であった。*IDD,* Jul. 16, 2001.

14） Edgeview Partners は中間市場に上級職を割り当てていた。同社の Salisbury は「企業価値が 1 億ドルを上回るようになると，多くのウォール街が狙うようになる。しかし 1 億ドル以上であってもウォール街が上級の経験豊かな人員を送ってくるとは思えない」と話している。*IDD,* Dec. 10, 2001. また Piper Jaffray は特定業界の専門性に集中することによって，大手投資銀行に対する優位を維持しようとしていた。*IDD,* Feb. 11, 2002b. Piper Jaffray は 1997 年に US Bancorp 傘下に入ったが，2003 年にはスピンオフされることになった。運営の独立性が高かったと考えられる。

15） *IDD,* Dec. 8, 2003, pp.26–32.

16） 従業員 5 万人の SG Cowen から 27 人の America's Growth Capital に移籍した Howe は「小型株企業はバルジのカバーにほとんど入っていない。NASDAQ の 45％ほどはアナリストが調査していない」と指摘している。同社はその少ない人員で調査とトレーディングも行っていた。*IDD,* Dec. 8, 2003, p.26.

17） Blackstone 副会長 James は「助言者ミックスの中に，信頼できる助言者，利害対立を持たない誰か，貸出やトレーディングのポジションを気にしない誰かを入れておく需要が高まっている」と語っている。*IDD,* Jul. 14, 2003, p.41. Blackstone は 2002 年 11 月に CSFB から Hamilton James を獲得し，M&A の助言活動範囲を拡大した。それはファイナンスの無い企業金融の助言であり，引受業者の選定から交渉条件などが含まれていた。その一部が自社 PE ファンドに向かった。*IDD,* Sep. 27, 2004, p.28.

18） Credit Suisse が PE ファンドの連合体による Toys R Us 買収で，売り手側助言と資金提供の役割を務めた際，Credit Suisse は Toys R Us 株主から訴えられた。Delaware 裁判所では利益相反が認定されなかったが，その懸念が示された。*IDD,* Apr. 3, 2006, p.7.

19） Carlyle Group は 2004 年に関連会社保有の United Defense Industries の 700 万株を事前に一括登録し，競争入札によって時間外売却した。購入したのは JPM であった。*IDD,* Feb. 23, 2004a, p.9. 引受業者のランキングを巡る競争を PE ファームが利用している面もある。2004 年には Citi の米ブロック取引が 56 件 90 億ドル，Morgan Stanley は 41 件 87 億ドルであった。それらを除くと米株式ランキングで首位の Morgan Stanley は 2 位に，3 位の Citi は 5 位に転落することになる。2 位の Goldman はブロック取引を除くと首位になるが，それでも 32 件 68 億ドルのブロック取引を手がけていた。*IDD,* Jan. 24, 2005a, pp.7–8.

20） *II,* Jul. 1995, p.112. つなぎ金融ファンドでは Chase の Roebling Fund, Merrill の ML Bridge Fund が紹介されている。

21） Lehman のレバレッジド金融責任者 Redmond はつなぎ金融について「その能力を持つことは，この市場で競争する上で不可欠な要素だ」と話している。Lehman は BoA と共同で 6.75 億ドルのつなぎ金融ファンドを運営していた。また独自につなぎ金融を提供する場合でもシンジケートを通じて分売することが目指された。*II,* Feb. 1997. メザニン・ファンドについては 2000 年 1 月に CSFB が CSFB Mezzanine Club を立ち上げ，翌月 Merrill が ML Mezzanine Investors で続いた。*IDD,* Aug.

256　第6章　投資銀行のセルサイドとしての効率性追求とバブル

21, 2000. Goldman や DLJ はそれより早くメザニン・ファンドを運営していた。*II,* Oct. 2000.

22）　*II,* Feb. 1997. 例えば KKR の58億ドルのファンドは，10数の仲介機関から合計10億ドル以上の投資を受け入れていた。投資を受ける側のあるファンドは「我々に出資する銀行は，間違いなく我々が取引を手がける時にまず声をかける先だ」と出資の必要性を指摘する。ただし「アイデアが LBO ビジネスでは不可欠だ。投資家で無くても，我々は良いアイデアを持ってくる銀行を利用する」とも話していた。

23）　*IDD,* Feb. 12, 2001.

24）　Goldman 会長の Friedman は1993年の SIA 会合で，仲介からの収入は少ないので，自己勘定での取引と顧客への助言・サービス提供を組み合わせることが重要であると訴えていた。SIA（Jun. 1993），p.4.

25）　例えば Goldman は Western Wireless が Voice-Stream をスピンオフした際，同社の株式4.9％を取得した。後に Voice Stream が Deutsche Telekom と統合すると，Goldman は助言手数料に加え，投資から20億ドル近い収入を獲得した。*IDD,* Jul. 31, 2000.

26）　JPM は1999年にラテンアメリカ向けの PE ファンドを立ち上げることで，新たな投資家層獲得を目指すと同時に，投資対象の民営化案件で現地の商業銀行業務が有利になることを期待していた。*IDD,* Jan. 11, 1999. また Bear アナリストの Butte は「マーチャントバンキングはウォール街で成長分野になっており，多くの商会がより多くの資源をそれらのファンドに投入している。彼らは潜在的な証券発行企業に早くアクセスすることを望むし，彼らの富裕層顧客はそれらファンドがもたらす高いリターンを望む」と指摘する。ファンドの資金源で取引が拡大する例として，Lehman のファンドは2001年2月時点で13社に投資しており，うち10社はそこからスピンオフした会社が Lehman に投資銀行部門の取引をもたらした。二つ目のファンド投資案件5件でも，すでに4社は親会社と取引関係にあった。スピンオフ企業に対してファンドを利用できることが，取引関係を広げた。*IDD,* Feb. 12, 2001.

27）　Lehman が CP Kelco という会社の設立に関わった際，資金調達案件も手がけると，CP Kelco の業績が投資家に提示した予想を下回ったことで，Lehman はボンド買い戻しと追加出資を迫られた。詳しくは *IDD,* Feb. 12, 2001 を参照されたい。

28）　*IDD,* Oct. 2, 2006b, p.12. 入札で争った Bain Capital と Thomas H. Lee は最終的に両社に合流したが，Carlyle，KKR，Blackstone はそのまま投資案件から立ち去った。

29）　PE 活動スピンオフの説明には，公開企業の場合に PE 活動の成果が四半期報告に響くというものと，顧客との対立を回避するためというものがある。しかし Morgan Stanley が2004年に PE 部門をスピンオフした際，同部門が足かせになっていた訳でも，利害対立を生み出していた訳でもなかったということである。*IDD,* Oct. 2, 2006b, pp.12-13. また Citi の場合は PE 活動が活況の2006年に CVC Equity Partners をスピンオフした。この件で同社は顧客との利害対立の存在を否定している。*IDD,* Sep. 18, 2006, p.5.

30）　*IDD,* Oct. 2, 2006b, p.13. Bear は投資案件を10億ドル未満に限定し，大手との競合を避けていた。投資自体からの収入は小さく，投資先の IPO 獲得がメインになっていたそうである。*II,* Nov. 2006b. Lehman は2006年に立ち上げた新規ファンドで Goldman と同じく顧客投資に参加するスタイルを採用した。*IDD,* Oct. 2, 2006b, p.13.

31）　Merrill は PE 活動を全額自己資金で行っていた。投資銀行共同責任者の Fleming は「もし外部資金を調達すると，利益相反管理のハードルが上がる。なぜなら資金調達した相手に対する受託者責任を持つことになる。今日，我々の責任は Merrill 株主に対するものだけだ。その株主に最良のことをする」とその理由を説明している。*IDD,* Nov. 14, 2005b, p.24. それでも必要な場合に外部資金調達を行う可能性は否定していなかった。また投資銀行系のファンドは独立系のファンドよりも一般パートナーの出資比率が相当高いそうである。日本政策投資銀行（2005年），11ページ。

注　257

32)　Bear は Bear Stearns Merchant Banking Partners II LP を外部に販売する際，運用担当者の利害を投資家と一致させるため，他の投資銀行では会社全体の業績からも一定の報酬が出るのに対して，報酬を投資活動からの成果のみに限定した。ただし，Portfolio I は全額が親会社によるコミットであった。*IDD,* Oct. 25, 1999.

33)　Chase Capital Partners が JPM との合併で JPM Partners になった時から，外部資金調達で管理手数料を収益源とするモデルへの移行が目指されていた。ただし，当初目標が JPMC から 80 億ドル，外部から 50 億ドルだったのに対して，外部資金が 8.25 億ドルしか集まらず，目標金額自体を引き下げた。*II,* Jan. 2002.

34)　Form 10-K, JPMorgan Chase, For 2005, p.24.

35)　PrivateTrade が 2001 年に PE 取引システムを発表した。NY Privte Place Exchange なども独自のネット流通市場を計画していた。当時はパートナーシップ投資の効率化が求められるようになっており，2000 年に Chase Capital が顧客の新規ファンドに投資するため，既存の投資を処分したのに続き，2001 年には BoA もやはり顧客ファンドに出資するため，顧客で無くなったファンド持ち分を売りに出していた。*II,* May 2001b.

36)　Aon Corp. は保険引受部門をスピンオフする上で，Aon Capital Partners が運営するファンドの同部門が持つ限定パートナーシップを SPV に移管し，そこから証券を発行した。*IDD,* Feb. 4, 2002c. 当時，限定パートナーシップを証券化する候補として JPMC，AIG，BoA，Fleet Bank，GE Credit，CSFB，Wachovia などの名前が挙げられていた。*IDD,* May 20, 2002a.

37)　*II* Dec. 1998. トータルリターン・スワップでは，ディーラーがリバースレポ相当の金利受取の代わりに参照証券のリターンを支払う。この時ヘッジ目的で参照証券を保有すればやはり資産になる。なお，本書では一般的な慣例に従い，レポとリバースレポの用語で，ディーラーを主体とする。ヘッジファンドが証券を担保に資金調達を行うのは，ヘッジファンドにとってレポ取引であるが，ディーラーにとってはリバースレポである。

38)　SEC 市場規制部長 Lindsey の証言は U.S. House（Oct. 1998），p.82. この公聴会では NY 連銀総裁 McDonough が会議開催の経緯を詳細に説明している。その中で連銀はあくまで会議をアレンジしただけで，内容には関わらず，税金の投入も何らの保証も行っていないことが強調されている。*Ibid.,* pp.16-21.

39)　*II,* Dec. 1998.

40)　BCBS（1999），p.15. その他の要素の例として事前の信用調査，エクスポージャー計測，限度設定，事後的モニタリングが挙げられている。

41)　U.S. House（Mar. 1999），p.7.

42)　U.S. House（Oct. 1998），p.90.

43)　U.S. House（Mar. 1999），p.21.

44)　*II,* Nov. 1998.

45)　ヘッジファンドのロックアップ期間は多様であるが，多くは毎年年末の 1 回償還を認めており，1998 年の危機後には資金流出が危惧されていた。しかし，実際には償還日までに説得されたためか，実際の引き出しは多くなかった。また底値で売るのを嫌ってヘッジファンドに資金を残していた投資家が，大きく利益を得た場合もあった。例えば Zweig-DiMenna International は 8 月に 21% の損失を出していたが，年末には手数料を差し引いても 26.5% の利益を上げていた。*II,* Feb. 1999.

46)　*II,* Jun. 2002. 2000 年代初頭には，下げ相場の中で空売りをできるヘッジファンドが，買い専門の投資信託などより人気を高めた。

47)　Goldman が 2004 年に公開後の最後の株式付与を行うと，従業員が一斉にヘッジファンドに移籍したという話もある。*IDD,* Nov. 22, 2004a, p.8.

48)　Greenwich Associates の調査によると，固定金利投資・トレーディングの専門家の場合，ディー

258 第6章 投資銀行のセルサイドとしての効率性追求とバブル

ラーであれば2005年に平均で基本給16.5万ドル, ボーナス27.5万ドルであったのに対し, ヘッジファンドなら基本給21万ドル, ボーナス62.5万ドルであった。*IDD,* Oct. 2, 2006a, p.7. ヘッジファンド運用担当者の報酬は, 典型的なもので投資利益の20%と言われている。*II,* Jun. 2002.

49) CSFB Equity Research による推計。Mills（2005), p.13.

50) Greenwich Associates による調査。*IDD,* Oct. 2, 2006a, p.7.

51) Greenwich Associates による調査。U.S. GAO（Jan. 2008), p.1.

52) Hedge Fund Industry Research Report の戦略内訳では, ほとんどがロング・ショートと同じ性格を持っており, 例外はロングのみのマクロなど方向性に賭ける戦略である。レバレッジの推計では固定金利裁定が最も高く, ロングのみの戦略が最も低い。Blundell-Wignall（Jul. 2007), pp.47-48.

53) 2003年には1650億ドルのグローバル発行の内90%をヘッジファンドが購入したと言われる。*IDD,* Mar. 29, 2004, p.33. ボラティリティ裁定の基本的な方法は, 予想するボラティリティからオプション価格の割高, 割安を判断して売買すると同時に, 原資産価格の値動きによる影響を回避するため, 原資産を利用した動的ヘッジを行うというものである。こうした取引が原資産の値動きに基づく需給とは異なる視点の需給を市場に提供することになる。

54) 1999年に Bear 固定金利責任者 Spector は「私の感覚ではウォール街全体で流動性供給が少なくなっている。相対価値トレーダーがウォール街に提供する流動性総額も小さくなっている。以前は大手ヘッジファンドと自己勘定デスクが, ボンドが不人気になった時に頼られた。今では彼らの活動が鈍化している」と話していた。*II,* Nov. 1999b.

55) *II,* Feb. 2000b. BIS の3年に1度の市場調査では1998年に初めて1080億ドルという残高の数字が提示され, それが2001年には6930億ドルになった。この2001年には ISDA が9190億ドルという推計を公表している。Committee on the Global Financial System（2003), p.10. その後の ISDA 調査では CDS 想定元本残高が2001年9188億ドルから2007年62兆ドルまで急拡大している。ISDA Market Survey, 2010.

56) *IDD,* Dec. 4, 2006b, p.27. また Bank of England の推計では2006年にヘッジファンドがネット売りポジションを急増させ, 1兆ドル程度になった。Bank of England（2007), p.34.

57) *II,* Jan. 2003. 基本的な発想は, 会社の資産価値変動が大きくなると, その価値が負債価値を割り込む可能性が高くなるというものである。

58) *IDD,* Feb. 28, 2005a, p.8. 取引の方法はボラティリティ裁定とほとんど同じである。株価のボラティリティから CDS のスプレッドが割高か割安かを判断し, CDS のポジションを取って, 現物取引で動的ヘッジをする。

59) *IDD,* Sep. 26, 2005, p.30, p.32. 2005年に Greenwich Associates が1300の米機関投資家を調査したところ, 多くがバルジからのサービスが低下していると回答していた。すでに2002年には, ディーラーが顧客毎の収益性分析システムを開発し, 節約志向の運用会社では無く, 収益性の高いヘッジファンド向けに資源をシフトするという話が出ていた。*II,* Apr. 2002a.

60) アナリスト推計ではウォール街のコミッションでヘッジファンドが30-50%を占めるようになっていた。ある銀行家は「ヘッジファンドとの取引は面白い。間違いなく, 新たなアイデアがあれば, まずヘッジファンドに連絡する」と話していた。*IDD,* Nov. 28, 2005, p.26. 取引からの情報については, LTCM は取引先を分散して戦略がばれないようにしていたが, それでも多くのディーラーは見ているだけで利益になると考えていた。*II,* Dec. 1998. ヘッジファンドとの衝突に関して, Morgan Stanley のグローバル資本市場責任者 Shear が「利害対立の管理が今日の事業で重要な位置を占めている」と話している。同社の場合は, 顧客である割合が高いヘッジファンドにより多くの資源を投入し, 競合することの多いヘッジファンドへの資源投入を減らしていた。*IDD,* Nov. 28, 2005, p.29.

61) *II,* Dec. 1998. 他の2社は ING Barings Furman Selz, NationsBanc Montgomery である。後者は1995年に業務を立ち上げたばかりであった。

62) 2004 年に Deutsche Bank アナリスト Strauss が発表した報告書によると，ヘッジファンドとの株式取引からの収入で Morgan Stanley と Goldman が合計 50%，Bear が 13% を占めた。株式関連の収入にはプライム・ブローカレッジ（ここでは証拠金貸出と貸株を指す），コミッション，転換債取引が含まれる。*IDD*, Sep. 20, 2004, p.27. 2002 年時点でも Goldman と Morgan Stanley は，それぞれ最低年 6 億ドルをヘッジファンド関連から収入として得ていると推計されていた。*II*, Jun. 2002.

63) Greenwich Associates の Feng によると，以前は各ファンドが 1 社のプライム・ブローカーを利用していたが，2005 年には 3–4 社になった。*IDD*, Jan. 31, 2005, p.9.

64) Merrill は参入と撤退を繰り返していたようであるが，2004 年に Morgan Stanley から人材を獲得して本格参入した。*IDD*, Sep. 20, 2004, pp.27–28. またある投資家によると「みんな気づいていないかもしれないが，Deutsche Bank のヘッジファンド取引は大きい。大手ヘッジファンドがどこで勘定を維持しているかを見れば，それは銀行だ。投資銀行は資金調達でかなわない」ということである。*II*, Jun. 2002.

65) 大手の収入シェアはコンサルの Celent Communications による推計。*IDD*, Jan. 31, 2005, p.10. Mayer & Hoffman Capital Advisors 投資責任者 Valentine は「大手は全てにおいて優れている。しかし容量の問題があって，彼らがもっと小規模運用業者に対応していく可能性は低下している。小規模なプライム・ブローカーでも，デリバティブやその他特化分野で専門性を発揮できれば，大規模運用業者に食い込むことはできる」と話していた。*IDD*, Mar. 7, 2005, p.27. 実際，2006 年頃にはミニプライムと呼ばれる小規模業者の活動が活発化した。その中にはデー・トレーダー向けブローカーがコミッション低下に耐えかねてヘッジファンド向けサービスに進出したものも多かった。*IDD*, Nov. 6, 2006, p.18.

66) *IDD*, Nov. 15, 2004, p.16.

67) 2002 年に Credit Suisse と Barclays が先陣を切り，2003 年 Lehman，2004 年 UBS と続いた。Goldman，Morgan Stanley，Merrill，JPMC が参入したのは 2005 年であった。*IDD*, Aug. 7, 2006b, pp.9–10. Bear はもともと固定金利トレーディングが収益の柱であり，2002 年にはプライム・ブローカレッジで幅広い商品のクロスセルに取り組むようになっていた。*IDD*, Nov. 4, 2002.

68) トレーディングデスクで用いる VaR に基づき，多様な取引を総合して証拠金を設定するようにしていることがレバレッジ拡大を促進した。*IDD*, Sep. 20, 2004, p.28. 2004 年の Greenwich Associates の調査によると，対象 36 ファンドの内，1/4 は取引先プライム・ブローカーが 6 ヶ月前より多くの与信を提供するようになったと回答し，20% は彼らが同期間にヘアカットを引き下げたと回答した。*Ibid.*, p.28. 同時に 2004 年には一定期間，固定金利で貸し出すというロックイン合意が目立つようになった。それまでは 1 日ごとの更新で，担保の値洗いも毎日行っていた。*IDD*, Nov. 1, 2004, p.8.

69) Blundell-Wignall は 2006 年末時点における大手プライム・ブローカーの取引相手向けエクスポージャーの中で，ヘッジファンドが占める比率を証券貸出では 40%，リバースレポ 25%，デリバティブの正のポジション 33%，マージン貸出 66% と推計している。Blundell-Wignall（Jul. 2007），p.51.

70) 投資銀行から紹介されることについて，ある財団は「Morgan と一緒だからあるヘッジファンドに投資しやすくなるかと聞かれれば，間違いなくなる」と話している。また取引配分について FrontPoint パートナーの Litt は「資本獲得をかなり重視している。この点での成果がビジネスを彼らの内のどこに配分するかで重要な役割を果たすだろう」と語った。*II*, Jun. 2002.

71) UBS では代替資本グループを設置し，同社の異なる部門での取り組みを調和させる役割をそのグループに担わせることにした。背景にはヘッジファンドが PE 活動に乗り出してきたことがある。そこで Goldman や Morgan Stanley では金融スポンサー・グループでヘッジファンドをカバーした。*IDD*, Sep. 12, 2005, p.11.

72) 1997 年には CDO への新規投資が 550 億ドルであった内，350 億ドルがジャンク債に向かったと

260　第6章　投資銀行のセルサイドとしての効率性追求とバブル

する記事がある。記事では CBO と記載されているが，担保にジャンク債とレバレッジド貸出がある
としている。*II,* Feb. 1998. 1999 年には CLO，CBO，CMO の発行が拡大したが，それらの主な発行
主体である銀行が登録を嫌うため私募になるという記事があった。*IDD,* Feb. 15, 1999.

73)　*IDD,* Nov. 26, 2001a.

74)　JPM が提供した流動性スワップは，メザニンの利払いが停止されると，JPM が PIK 証券を受け
取る代わりに，現金をボンド保有者に提供するというものであった。*II,* Jan. 2000c.

75)　*IDD,* Oct. 30, 2000.

76)　裁定合成 CDO はバランスシート合成 CDO に少し遅れて登場した。裁定合成 CDO は参照プール
の積極管理を可能にする。Moody's Investors Service（2003b），p.3.

77)　*II,* Feb. 1999.

78)　Silverpoint や Taconic Capital Advisors は元 Goldman 職員が立ち上げたファンドであり，
Goldman はそれらに出資を行っていた。*II,* Feb. 2003. GLG Partners は Lehman 出身者が立ち上げ
た運用会社で，Lehman が 20％出資した。*II,* May 2005a.

79)　一般的な水準では，個別のヘッジファンドの年間管理手数料は資産の 1-2％，成果連動手数料は
利益の 15-20％であるのに対し，ファンド・オブ・ファンズは年間管理手数料が資産の 1.25％，成果
連動手数料が利益の 5％程度である。*II,* Dec. 2001.

80)　*II,* Jul. 2005.

81)　*II,* Feb. 2003. これは実質的にマネジャー・オブ・マネジャーズをファンド・オブ・ファンズに転
換していったということであると考えられる。

82)　BlackRock はヘッジファンド順位で 2006 年（2005 年末数値）に 95 位であった。

83)　図表 5-7 の元になった II 誌では JPMC の代替運用管理資産が JPM Asset Mgmt 分 684 億ドル，
Highbridge 分 157 億ドルになっているが，10-K 報告書によると代替運用による管理資産残高は 1000
億ドルである。Goldman の場合は II 誌で 1050 億ドル，10-K 報告書で 1450 億ドルになっている。

84)　Form 10-K, The Goldman Sachs Group, Inc., For 2003, p.98.

85)　*IDD,* Jul. 30, 2001b.

86)　*IDD,* Mar. 15, 2004a, p.11.

87)　*IDD,* Jul. 7, 2003. 2005 年の 10-K 報告書では Global Credit, Real Estate and Structured Products
Group となっている。Form 10-K, Merrill Lynch & Co., Inc., For 2005, p.31.

88)　ライバルからは，大口案件だけを狙って取引を他に奪われていると批判されていた。*IDD,* Jul.
30, 2001b.

89)　*IDD,* Sep. 22, 2003, p.30.

90)　*IDD,* Jan. 7, 2002b. この記事によると JPMC は統合してから GMAC, Ford, American Honda な
どの案件を手がけた。また CSFB は年末に Provident Bank 向け自動車リース ABS を手がけて首位
に立ったが，その直後に Citi が自社のカード案件をリオープンして首位を奪い返したということで
ある。

91)　*IDD,* Jul. 30, 2001b. ただし，この記事では Citi が 9 月までカード証券化を行わなかった 2000 年
にも Salomon が通年で ABS 首位を維持したことが指摘されている。

92)　グループ責任者 Blum は「まさしくこの業務に再び投資し始めた。1 年前までは仕組み金融事業
への投資が足りなかった。昨年を通じて，この分野に十分な資源を投入する取り組みを進めてきた」
と話しており，この 2003 年前半に Merrill は 70 億ドルの HEL 証券化を実現したということである。
IDD, Jul. 7, 2003, p.6. この年は Asset Securitization Report 誌で担保別のランキングを見つけるこ
とができたが，同年の不動産 ABS 上位 10 に Merrill の名は無かった。首位は Lehman で 12.3％，2
位 RBS の 9.3％，3 位 Citigroup の 8.8％であった。*Asset Securitization Report,* Jan. 12, 2004, p.25.

93)　HEL では Money Store を First Union が，Green Tree Financial を Conseco が買収した。*IDD,*

注　261

Jul. 30, 2001b. この記事ではリースや自動車ローン会社を含めた全体的な傾向として，専業の貸し手が買収されていることを紹介している。

94）　ちなみに 2006 年の順位でいうと，1 位 Bear（10%），2 位 Lehman，3 位 RBS（9.2%），4 位 Credit Suisse である。

95）　抵当ブローカー協会会長 Hix による 1998 年下院公聴会での証言。U.S. House（Mar. 1998），p.15.

96）　2006 年までには住宅抵当の 63% がホールセールチャネルを経由するようになっており，その 53% はコルレス・チャネルであった。Stanton, et al.（2013），p.3.

97）　1996 年には MBS の公表手数料が 1000 万ドルであった。1994-1995 年は各年 2300 万ドル近かった。低下の原因は発行数の減少に加え，手数料をほとんど期待できない標準発行が大部分を占めたことであった。*IDD*, Feb. 17, 1997, p.20. このように MBS はコモディティ化が顕著になっていたようである。

98）　*IDD*, May 17, 1999b. この時期から地方銀行や外銀が MBS 市場で台頭し始めた。

99）　*IDD*, May 8, 2000.

100）　ホールローンの平均価格は 1998 年に 106 まで上昇した後，2002 年初頭の 102 まで下落したが，そこから夏には一部で 107 の価格がつくようになった。*IDD*, Aug. 12, 2002.

101）　*IDD*, Feb. 3, 2003. 名前が挙がっているのは CSFB, Morgan Stanley, Lehman, Bear, Deutsche Bank である。

102）　*IDD*, Feb. 3, 2003.

103）　2000-2001 年の株式バブル崩壊と景気後退，住宅市場の強さが，証券会社と外銀による証券化活動の拡大を牽引していると考えられる。これら証券会社と外銀の参入拡大が，投資適格スポンサー比率の上昇につながっている。Moody's Investors Service（2006），p.15.

104）　2004 年第 1 四半期には首位の Citi に Lehman が迫り，その下は Deutsche Bank, Merrill, Morgan Stanley, CSFB, RBS と続いた。ABS 取扱で不動産分野が半分未満であった Citi を除くと，上位は総じて不動産関係が活動の大部分を占めていた。*IDD*, Apr. 5, 2004a, p.12. 2004 年 7 月までの期間になると Countrywide が首位になった。首位になった引受業者で単一分野しか手がけていないのは Countrywide だけであった。*IDD*, Aug. 9, 2004, p.8. 大手もサブプライムのオリジネートに注力し，GE は WMC Mortgage Corp. を買収して参入。Citi は 2000 年に買収した Associates First Capital を CitiFinancial に改名し，貸出を強化した。*II*, Dec. 2004.

105）　*IDD*, Jan. 10, 2005, p.11. Bear は 2004 年から MBS で首位になっている。

106）　Barclays は 2006 年 HomeEq Servicing を買収した。同社はすでに他の子会社でホールローン買取・証券化事業を手がけており，新たな買収で MBS の垂直統合を進めた。2005 年には Credit Suisse が SPS Holdings を買収，2004 年には Deutsche Bank が Berkshire Mortgage Finance からサービシング資産を購入した。また Lehman は Aurora Loan Services, Merrill は Wilshire Credit を保有していた。*IDD*, Jul. 3, 2006, pp.30-31.

107）　IT バブル期に投資に乗り出したファンドは出口を失った。*IDD*, Oct. 7, 2002. 株価が下落しても，有形資産を持たず，キャッシュフローが不十分な企業は LBO に向かない。企業側は株価が下げすぎと見て，反転を待つ傾向があった。*IDD*, Feb. 5, 2001c.

108）　再生よりも資産処分に向かう傾向は，債権者間での合意形成が難しくなり，助言銀行の企業再生に対する期待が低下していたことも影響していたようである。回復率はそれまでの 20 年間平均が 46% であったのに対し，2001 年は 7 月までの段階で 22% になっていた。*IDD*, Jul. 2, 2001.

109）　*IDD*, Jan. 13, 2003c.

110）　*II*, May 2006. 企業買い手は，後の売却を前提にする金融買い手よりも高値を付ける傾向があると指摘されている。

111）　2006 年末時点の LBO 案件歴代上位 10 は，首位の Blackstone による Equity Office Properties

262　第6章　投資銀行のセルサイドとしての効率性追求とバブル

Trust 買収 325 億ドルから 10 位 Madison Dearborn 等による Univision Communications 買収 126 億ドルに至るまで，3 位の KKR による RJR Nabisco 買収 311 億ドルを除いて，全て 2005-2006 年の案件である。うち共同案件が 8 件を占める。岩谷（2007 年），203 ページ。

112)　*IDD,* Jan. 19, 2004b, p.10.

113)　*IDD,* Jul. 28, 2003a, p.11. 例えば TRW Automotive を買収した Blackstone は 2003 年 2 月の調達時に機関向けが LIBOR＋400 bp であったが，7 月には借換で＋300 bp に引き下げることができた。Blackstone は浮いた資金で短期調達の一部を返済することができた。*Ibid.,* p.12. 2003 年の平均 LIBOR スプレッドは機関向けが第 1 四半期 315 bp から第 3 四半期 278 bp に，プロラタは前半 296 bp が，第 3 四半期 269 bp に低下した。*IDD,* Oct. 20, 2003, p.34.

114)　BoA シンジケートローン責任者 Stewart は LSTA 会合で，銀行がターム B の取得を拡大しており，プロラタが 30％しかない状況が定着するという見通しを示していた。一方，プロラタへの関心は，それまで投資適格主体に投資していた銀行からのもので，格付けが投資適格に近いものに限定されていた。*IDD,* Nov. 3, 2003, p.34.

115)　*IDD,* Dec. 1, 2003, p.24.

116)　*II,* May 2004. Nalco も買収時に負債を膨らませた 2 ヶ月後に，配当目的で 4.5 億ドルのジャンク債を発行した。Moody's は新発債を Caa2 と格付けしたのに加え，2009 年に始まる利払いの可能性に対して懸念を表明した。

117)　*IDD,* Dec. 1, 2003, p.28.

118)　*II,* May 2004.

119)　2004 年 7 月に Blackstone 他 3 社が Texas Genco Holdings を CenterPoint Energy から 36.5 億ドルで買収した。4 社の出資は 9 億ドルで，残りは負債であった。2005 年 10 月に 4 社は Texas Genco を NRG Energy に 58 億ドルで売却することに成功した。2004 年に KKR 他 2 社が PanAmSat を Intelsat に 32 億ドルで売却した時も，投資が 1 年間に 4 倍になっていた。KKR 他 2 社は同じグループで Burger King を上場させる予定も持っており，3 年間で投資がやはり 4 倍程度になる見込みであった。*II,* May 2006. 株価の動きは FRED で Wilshire 5000 Full Cap Price Index を見ることができる。

120)　*IDD,* Apr. 25, 2005, p.13.

121)　*IDD,* May 31, 2004b, p.12. *II,* Jun. 2004.

122)　AMC Entertainment による Loews Cineplex 買収向けに Citigroup がアレンジしたローンでは，6.5 億ドルのターム B の制限条項が，EBITDA（Earnings Before Interest, Taxes, Depreciation and Amortization）の 3.25 倍を超えるレバレッジになるような追加資金調達でなければ，債権者会議が開かれない内容であった。一方，2 億ドルの回転信用では，理由が収益減少であっても，レバレッジが EBITADA の 3.25 倍を超えるには貸し手の承認が必要になる条件であった。Neiman Marcus の調達でも同じような軽制限条項であった。*IDD,* Jan. 16, 2006a, pp.11-12.

123)　*IDD,* Feb. 5, 2007, p.12. 2005-2007 年の LBO 向けレバレッジ貸出の金額上位 10 が U.S. GAO（Sep. 2008），p.47 に掲載されている。上位 10 のシェア 77.1％から計算すると，首位 JPMC（15.03％）に対し，2 位 Goldman（9.19％），4 位 Credit Suisse（8.66％），7 位 Lehman（6.34％），8 位 Merrill（5.28％），9 位 Morgan Stanley（4.55％）と図表 5-5 の数値と比較して高めになっている。ちなみに 2003-2004 年 5 月までの第二リーエンでは順位が Goldman，CSFB，Citi の順であった。*IDD,* May 31, 2004b, p.12.

124)　Acharya et al.（2007），p.6.

125)　Blundell-Wignall が紹介するデータによると，MSCI 指数は世界株価指数を 2000-2002 年に上回っていたが，2003-2006 年は下回っている。特に 2004-2005 年はリターンが一桁になっていた。Blundell-Wignall（Jul. 2007），p.45. BoA のプライム・ブローカレッジ責任者 Peace によると，「我々

注 263

の独自リスク管理モデルによって，より多くのレバレッジを顧客に提供することに問題を感じていないが，現在の市場ではほとんどの顧客がそれほどのレバレッジを利用していない」状況であった。*IDD,* Sep. 20, 2004, p.26.

126) *IDD,* Apr. 11, 2005b, p.32. Hamilton Lane Advisors の Giannini は，多額の新規流入資金を運用しなければならず，新規ファンドの続出でみんなが公開市場の非効率性を探しているため，収益獲得が困難になっていると説明している。*IDD,* Oct. 24, 2005, p.24.

127) Invesco はレバレッジド貸出で運用する Pendragon Capital を立ち上げ，初年は24％のリターンを上げた。*II,* Oct. 1998a. シンジケート以外のレバレッジド貸出買い手に占めるローン・ファンド，ハイブリッド・ファンドのシェアは1994年17.2％から1998年25.8％に上昇した。*IDD,* Feb. 22, 1999.

128) *IDD,* May 6, 2002.

129) Bain Capital は20-30社に1人の割合でアナリストがいた。Blackstone の場合は1999年にメザニン・グループを立ち上げ，その信用調査担当の力を使って CLO 案件分析を行った。*IDD,* Jan. 21, 2002.

130) *IDD,* May 31, 2004b, p.13. 2004年の第二リーエンは平均で LIBOR＋673bp になっており，第一リーエンより327bp 高かった。他には中間市場のローンも CLO に組み込まれた。*IDD,* Jan. 24, 2005b, p.33.

131) *IDD,* Feb. 7, 2005, p.13.

132) CIT は，ヘッジファンドが劣後負債を獲得し，同社が優先負債を獲得するという戦略的提携関係をヘッジファンドと持っていたということである。*IDD,* Nov. 22, 2004b, p.28.

133) *IDD,* Dec. 1, 2003, p.27. 例えば American Airlines の親会社 AMR Corp. は2003年3月に破綻寸前まで追い込まれ，2012年8月満期9％債の価格が13まで下落したが，年末には85まで回復した。記事ではこれをヘッジファンドによる資本構造裁定の結果と見ている。

134) S&P の Azarchs による指摘。*IDD,* May 16, 2005, p.28.

135) *IDD,* Dec. 5, 2005, p.14.

136) ISDA 推計では2004年末の想定元本残高は8.4兆ドルで，その2/3は合成 CDO になったと推計されている。JPMC の推計は保守的で，2004年末の CDS 残高が4.8兆ドル，うち1.63兆ドルが合成 CDO になったとしている。しかし，それには非公開でアレンジされた合成 CDO が含まれていない。*IDD,* May 16, 2005, p.29.

137) Altman（2007），p.24, p.27.

138) *IDD,* Apr. 5, 2004b, p.14.

139) CLO エクイティ投資から得られるリターンは2000年代初頭の20％台半ばから，2005年初めには10％台後半まで縮小していた。*IDD,* Jan. 17, 2005b, p.15. その後，さらにレバレッジド貸出のスプレッドが縮小したが，CLO 投資家はさらに薄いスプレッドを受け入れた。2005年後半には AAA トランシュが LIBOR＋26bp か，それ未満になっていた。*IDD,* Jan. 16, 2006b, pp.15-16.

140) Hu（2007），p.8. 2006年は40％程度がサブプライムで，残りはプライムと Alt-A であったが，2005年にはサブプライムが50％程度であった。BCBS が紹介する Citigroup の資料によると，2005-2007年の高格付け ABS 担保 CDO ではサブプライム RMBS が50％，その他 RMBS が25％，メザニン ABS 担保 CDO ではサブプライム RMBS が77％，その他 RMBS が12％を占めていた。BCBS（2008），p.5.

141) *IDD,* Mar. 14, 2005, p.32. この記事で当初に HEL を追加して抵当保険を節約する商品が提供されるようになっていたことを伝えている。Structured Risk Advisers の Goldstein は「複雑な取引は何らかの潜在的なショックを内在していることが多い。例えば，不動産価格が下落すれば，ABS 担保 CDO は全て同じように動く。だから考えているほど流動性がないかもしれない」と懸念してい

264 第6章 投資銀行のセルサイドとしての効率性追求とバブル

た。*Ibid.*, p.33.

142) *IDD*, Jan. 23, 2006, p.12. TIAA-Cref 証券化商品責任者 Handa は，住宅市場への懸念があるため，むしろ裁定が活発化していると指摘している。

143) *IDD*, Jan. 15, 2007, p.6.

144) SIFMA の別の内訳では，合成担保の残高が 2004 年 430 億ドル，2006 年のピークが 990 億ドルであった。注 136 の推計とはかなり差がある。BCBS が紹介するデータでは 2004-2006 年の CDO 発行で現物担保と合成担保はほぼ同じ程度になっている。BCBS（2008），p.32.

145) BCBS（2008），p.36.

146) *IDD*, Jan. 30, 2006, p.10. ただし，2005 年には企業向け CDS の指数も誕生している。BCBS によると CDS 指数の 90％は投資適格企業向けの信用である。BCBS（2008），p.33.

147) *IDD*, Dec. 4, 2006c, p.24.

148) Blundell-Wignall（Nov. 2007），p.45.

149) Cetorelli and Peristiani（2012），p.55.

150) FCIC（2011），p.192.

151) Bear 傘下のヘッジファンドは，CDO 投資を行うだけでなく，マネジャーが CDO 管理も担当していた。CDO の担保はファンドのポートフォリオから選択されていた。FCIC（2011），p.136.

152) 数値については Moody's Investors Service（2008）を参照されたい。

153) 2007 年 7 月時点で各プログラムが ABCP 残高に占める比率は，マルチセラーが 45％，抵当以外のシングルセラーが 11％，抵当シングルセラーが 2％，証券裁定 13％，SIV が 7％，CDO が 4％，ハイブリッドとその他が 18％であった。Covitz et al.（2009），p.38. シングルセラーがほぼ延長可能プログラムに相当する。

154) BCSC（2008），pp.16-17. 危機時にいくつかのプログラムは評判への悪影響を回避するため，契約上の義務の範囲を超えて流動性保証を提供した。Board of Governors（2010b），p.48.

155) Citi では流動性補完が 2006 年初頭に財務部門によって設定された上限に達したため，かわりにスーパーシニアを留保するようになった。Merrill は 2006 年春に AIG が保証の提供を停止した後，Citi にならってスーパーシニアを留保し始めた。FCIC（2011），p.196, p.204.

156) *Euromoney*, Nov. 2007.

157) FCIC（2011），p.203.

結　語

　金融が「肥大化」したと評価されるのは，金融仲介システムが信用循環の振幅に対する制約を小さくし，それを増幅するように進化してきたためであろう。簡単にいうとその推進力は仲介に関わる各種機関が仲介過程を効率化し，ボリュームを追求してきたことである。これは単に仲介機関の役割を市場が代替するという話ではないし，運用専門機関が仲介の大部分を担うようになるという話でもない。

　銀行業界では，競争環境の変化に対応して，外部への売却や市場取引を利用しながら，従来の仲介プロセスを再編する動きが生じた。

　リテールでは専業の金融会社が業務の革新を主導し，合併によって規模を拡大した銀行も処理業務の集約を進めた。こうした動きが合流し，効率化が与信部分にも及ぶことで，銀行集中が全国レベルに広がることになった。これは組織だけでなく，銀行業自体の変質を伴った。預貸関連の取引でも手数料化が可能な部分は手数料化され，ローン自体はポートフォリオ管理の対象となった。そして ALM の一環として証券化が利用された。

　かつてマネーセンター銀行が主導していたホールセールでは，銀行貸出が資本市場型の分業体制に組み込まれ，ボンドとの差が不明瞭になった。リテールと共通していることは，ローン業務がモニタリングや事後対応の必要性を低下させるように効率化されたことである。こうした性質の変化が一時は「伝統的銀行業」の衰退として議論されていた。

　性格は共通していても，ターゲットが全く異なるホールセールとリテールにどれほどのシナジーがあるかは不明であるが，実際にはそれらの中間部分も存在し，それぞれの銀行を綺麗にどちらかに色分けすることは難しい。そして，業際規制の緩和が進むにつれリテールとホールセールが入れ混ざった異業種合併が活発化し，銀行業界がその動きを牽引した。GLB 法が成立すると，最終的には少数の巨大複合機関が誕生した。

266 結　語

　一方，投資銀行業界では 1980 年代までにコミッション業務と引受のトレーディング化が進行し，大手にはバランスシートの利用が不可欠になった。それは，投資銀行が実質的に金融仲介機関の一種になったことを意味する。

　業務全体の中でトレーディングの重要性が高まると，当初は業務を革新し，資本規模を引き上げた大手が寡占体制を形成した。しかし 1980 年代には異業種の参入，そして 1990 年代には外銀を含む銀行からの参入が資本規模のハードルを大幅に引き上げた。その結果，バルジと呼ばれたことのある機関でも大手銀行グループ傘下に入るところが出てきた。他方で業界の激しい人材移動は，多様な専門会社を生み出した。

　1990 年代までなら，大手投資銀行の強みを革新のスパイラルと関連付けることができたかもしれない。金融商品の標準化が進んでも，各社はその流動性を利用して新たな分野を開拓し続けた。しかし，次々と戦線を拡大したことで，コスト管理が追いつかず，収益性を高めるためにリスクを取ると，大きな収益変動に晒された。

　1990 年代には M&A や引受の機会が大きくなったものの，顧客は手数料の引き下げ圧力を強め，独立系投資銀行は巨大銀行とブティックを交えた競争環境においてそれら案件の獲得を争わなければならなくなった。そしてトレーディングでは，自動化の進展もあり，もはやあらゆる商品で大量の在庫を抱え，流動性提供の主役であり続けることが不可能になっていた。

　そこで主要な投資銀行がとった方針は，総合力を発揮することが可能な分野に注力し，ボリュームを拡大しながら 1 件あたりのリターンを最大化すると同時に，バランスシートの利用を効率化することであった。規制や規模の差はあったが，大手銀行グループも目指した方向は同じであった。

　投資銀行業務の核となったのは金融スポンサー業務である。助言業務とレバレッジド金融業務が連続して獲得できる上，顧客ファンドへの出資や自社 PE 部門による案件への参加でリターンを引き上げることができた。

　流通市場業務ではヘッジファンド取引が中心となった。ヘッジファンド向けにバランスシートを貸し出し，特別仕様の商品を提供すれば，在庫を大量に抱えて薄いスプレッドの取引に応じるよりも効率的なバランスシートの利用方法になったのであろう。ちょうどヘッジファンドが市場の流動性を高める役割を

果たしており，マーケットメイクの範囲を限定することが容易になっていたと考えられる。

そして，自社 PE 活動や自己勘定トレーディングは，自社ファンドとして売り出すこともできた。またファンド・オブ・ファンズを組成して，PE ファンドやヘッジファンドに対する出資を手数料業務にすることもできた。こうした資産管理業務も投資銀行業務やトレーディング業務のボリュームを拡大することに貢献していた。

MBS での垂直統合は，導管体業務の延長である。ABS で新規担保の開拓が滞り，量産化が容易な分野に資源が集中されたと考えられる。特にカードなどその他の ABS 分野で強みを持たないところほど，注力度合いが高かったように見える。

これらの分野に取り組んだのは独立系の大手投資銀行だけではない。業界の上位を目指すところは，どこでも同じである。投資銀行業界における競争と，投資家の代替運用への需要が，これら分野に多くの資金を誘導した。そして，各分野のプレーヤーの活動が連鎖しながら負債のボリュームを膨らませた。

各分野の連鎖において，裁定型の証券化が中心的な役割を果たした。証券化を利用すれば，運用会社は効果的にレバレッジを高めることができた。そして仲介機関にとっては証券化が容易に規制裁定を実行する手段にもなった。バーゼル II に向けた議論が進み，2004 年に大手投資銀行が CSE プログラムに参加したことが，火に油を注ぐ形になった訳である。

バブル崩壊後で証券化に注目が集まったのは当然である。しかし，その背景には仲介機関各社が重点分野で自己資金も使って本業のボリュームを拡大し，そこからのリターンを最大化させようとしていたことがあった。そのためそれぞれの分野に関連した損失を抱えることになった。損失額の大きさが予想できず，どこにあるのかも分からないため，弱いと見なされたところから取引が流出し，資金繰りが逼迫していった。担保の効率的な利用を徹底していたことが状況の悪化に拍車をかけた。

膨らませる勢いが強ければ，それだけ収縮も厳しいものになりやすい。しかも，各分野の負債がそれぞれ相互作用によって膨らんでいれば，やはり収縮時に負のスパイラルが生じることは避けられない。したがって，金融システムの

柔軟性を評価するには，ショックへの耐性よりも，むしろ膨らませる圧力に注目すべきであろう。

2000年代半ばのバブルについては，バーゼルⅡの規定を利用した規制裁定に対して歯止めをかけることができず，それがPEファンドが投資と出口を急ぎ，ヘッジファンドが負債分野に活動をシフトさせるタイミングと重なったことが大きいのかもしれない。しかし，循環を増幅する力が強まっていることも見逃せない。

各種ファンドに加え，それらの支援業務，そして仲介機関が細分化された分業体制を構築し，それぞれにボリュームを追求すると，同じタイミングで勢いがつくことになりやすい。審査が標準化され，モニタリングや事後的対応を回避するよう与信が設計されると，勢いがついた際に，効率的にボリュームを拡大することができる。歯止めの役割はもっぱら資本に期待され，それが取引毎のリターンを最大化させる圧力になる。

ただし，金融機関に効率的なボリューム追求と収益性の確保を迫る圧力は，非金融部門にも共通している。非金融企業でも経営陣は株価引き上げの動機付けを行われており，不採算部門を素早く処分し，新分野の自社開発よりも買収を優先することになりがちである。さらには自社株買いや配当向けに負債発行が行われることもある。

こうして引き上げられた株価水準に対応できない企業がLBOのターゲットになると見られる。オペレーションの改善で収益性が飛躍的に高まることもあるかもしれないが，多くの場合は負債比率が引き上げられる。最終的にリバースLBOか，他社に売却されることによって再び株式市場の圧力を受けるようになるまでに，財務や事業の再構成によって迅速に企業価値を高めなければならない。

これらは全てPEファームや仲介機関による活動の源泉である。そうすると，金融部門の活動拡大をもって，金融の「肥大化」というのには違和感を感じざるを得ない。ここで生じているのは，効率性を高めようとする意識が，特定の指標に対する執着に帰結するという事態である。それが，周囲との対話を通じて目標自体の検証を繰り返したり，数値化困難な情報を伝達しようとすることよりも効率的だからである。

金融仲介システムに限らず，社会全体が匿名化の追求によって経済的な効率性を高めてきたところがある。金融仲介において銀行が中心的な役割を果たすようになれば，安定性や歯止めの機能が強化されるとは思わないが，少なくとも効率性によって何ができなくなっているかに目を向ける必要がある。

参考文献

(和文)

21世紀研究所「研究主幹に聞く，『金融と世界経済―リーマンショック，ソブリンリスクを踏まえて』プロジェクト，『金融資本主義』について。慶應義塾大学経済学部教授，池尾和人氏」21 PPI NEWS LETTER, No.29, Jan. 2013。

飯村慎一「金融機関のリスク・マネージメントの潮流～ERM（Enterprise Risk Management）への動き」NRI『資本市場クォータリー』1999年夏。

飯村慎一「チェース・マンハッタン・コーポレーションの低迷・再生・成長―我が国銀行経営へのインプリケーション―」NRI『資本市場クォータリー』2000年春。

飯村慎一「変貌する米国の公的住宅金融機関」NRI『資本市場クォータリー』2002年冬。

飯村慎一「拡大する米国金融機関の住宅ローン・ビジネス」NRI『資本市場クォータリー』2003年夏。

石原定和『米国証券市場の変貌と証券政策』千倉書房，1997年。

石原淳一「米国の証券会社をめぐる金融再編成の動き―メリル・リンチのCMAがもたらしたもの」『月刊金融ジャーナル』1982年1月。

井出正介，高橋由人『アメリカの投資銀行』日本経済新聞社，1977年。

伊東政吉『アメリカの金融政策』一橋大学経済研究叢書19，岩波書店，1966年。

伊東政吉『アメリカの金融政策と制度改革』一橋大学経済研究叢書35，岩波書店，1985年。

岩谷賢伸「米国バイアウト・ファンドの興隆と変貌」NRI『資本市場クォータリー』2007年冬。

内田聡「金融危機後のメインストリート金融」『日本政策金融公庫論集』第9号，2010年11月。

大野克人「米国の証券化の現状について」日本銀行金融研究所『金融研究』第15巻第2号，1996年4月。

小野傑「国際的ローン・パーティシペーションの実際と法的諸問題―日本市場での展開を展望して」『月刊金融ジャーナル』1986年2月。

加藤史夫「米国の1982年預金取扱機関法（Depository Institutions Act of 1982）の成立とその背景」『金融』1982年11月。

神野光指郎「1980年代の国際資本市場における米系金融機関の競争力」大阪市立大学経営学会『経営研究』第60巻第4号，2010年2月。

神野光指郎「グローバル・トレーディングと金融機関の国際競争（3）―トレーディング業務の変化と米系金融機関の地位―」『福岡大学商学論叢』第56巻第2号，2011年9月。

神野光指郎「アメリカ大手銀行組織の変容（1）―Citigroup, Inc.のケース―」『福岡大学商学論叢』第61巻第4号，2017年3月。

神野光指郎「アメリカ大手銀行組織の変容（2）―JPMorgan Chase & Co.のケース―」『福岡大学商学論叢』第62巻第1号，2017年6月。

神野光指郎「アメリカ大手銀行組織の変容（3）―Bank of America Corporationのケース―」『福岡大学商学論叢』第62巻第2号，2017年9月。

小立敬「証券化市場の信頼回復のための欧米の取り組み」NRI『資本市場クォータリー』2009年冬。

小畑二郎「1970年代アメリカの投資銀行」『証券経済学会年報』1980年5月。

小林「最近の米国商業銀行の動向」三菱銀行『調査』，1982年12月。

小林襄治「投資銀行とトレーディング業務」『証券経済研究』第85号，2014年3月。

関雄太「拡大する欧州のプライベート・エクイティ投資と米国の動向」NRI『資本市場クォータリー』

2002 年春。

関雄太，井上武「欧米で注目されるリファイナンス問題」NRI『資本市場クォータリー』2010 年春。

関山豊成『ウォール街―国際金融ビジネスの内幕―』日本経済新聞社，1985 年。

高木仁『アメリカ金融制度改革の長期的展望』原書房，2001 年。

日本政策金融公庫総合研究所『米国銀行における中小企業金融の実態』日本公庫総研レポート No.2013-8，2014 年 3 月 25 日。

日本政策投資銀行ニューヨーク駐在員事務所「米国における一般事業会社の負債調達の概観―シンジケート・ローンを中心として―」国際部駐在員事務所報告 N-83，2003 年 10 月。

日本政策投資銀行ニューヨーク駐在員事務所「米国の投資銀行の状況にみる金融・資本市場の流れ―機能の高度化と業際化・融合化が重なり合う展開―」国際・協力部駐在員事務所報告 N-88，2005 年 3 月。

沼田優子『（図解）米国金融ビジネス』東洋経済新報社，2002 年。

沼田優子「米国クレジット・カード業界の再編の動き」NRI『資本市場クォータリー』2005 年夏。

沼田優子「変容する米国証券会社」NRI『資本市場クォータリー』2006 年春。

野村総合研究所著，遠藤幸彦執筆『ウォール街のダイナミズム―米国証券業の軌跡―』野村総合研究所広報部，1999 年。

淵田康之「シンジケートローン市場の拡大と証券規制」NRI『資本市場クォータリー』2005 年夏。

淵田康之「変貌する米国銀行業界」NRI『資本市場クォータリー』2014 年夏。

淵田康之「米国における地銀再編の展開」NRI『資本市場クォータリー』2014 年秋。

前多康男，永田貴洋「金融コングロマリットと範囲の経済」金融庁金融研究研修センター，ディスカッションペーパーシリーズ，Vol.9，2003 年。

松本和幸「アメリカの銀行監督と破綻処理」大蔵省財政金融研究所『フィナンシャル・レビュー』1990 年 6 月。

馬淵紀壽『アメリカの銀行持株会社』東洋経済新報社，1987 年。

宮内惇至『金融危機とバーゼル規制の経済学：リスク管理から見る金融システム』勁草書房，2015 年。

御代田雅敬『米銀の復活』日本経済新聞社，1994 年。

ムーディーズ SF ジャパン株式会社，Moody's Investors Service,「クレジットカード債権を裏付けとした証券の格付け手法（日本語版）」，International Structured Finance, December 2010

森田修「アメリカ法における預金口座担保と相殺」日本銀行金融研究所『金融研究』2008 年 12 月。

安岡彰「変貌したアメリカのリテール証券市場（上）―退職期に入るベビーブーマーと金融機関の対応」NRI『知的資産創造』2005 年 11 月。

安岡彰「変質する米国の銀行経営」NRI『知的資産創造』2007 年 6 月。

安岡彰「転機を迎えるプライベートエクイティ―その実態と社会経済面の功罪」NRI『知的資産創造』2007 年 8 月。

安田隆二，田村達也『米銀だけがなぜ強い』日本経済新聞社，1998 年。

山下親昭「アメリカ商業銀行にみる中小企業金融の動向」『月刊金融ジャーナル』1981 年 2 月。

山田耕司，遠藤幸彦「"覚醒の時代"を目指す米国金融産業」『財界観測』1990 年 5 月。

由里宗之『日米地域銀行の存続と再編』ミネルヴァ書房，2018 年。

吉川浩史，磯辺昌吾「米国社債市場における社債権者保護の仕組み―社債権者の利益を代表するトラスティー―」NRI『資本市場クォータリー』2010 年春。

吉永高士「規制改革による米国金融業界の構造変化―日本の金融機関と IT ベンダーの米国市場への参入機会―」『IT ソリューションフロンティア』2012 年 12 月。

272　参考文献

週刊金融財政事情

「資料・金融サービス法構想」，1990 年 1 月 1 日。

「在 NY 邦銀証券企画担当者匿名座談会，証券会社の経営悪化で制度論議は新局面に入る」，1990 年 3 月 12 日。

「(資料)『提言』の要旨」，1991 年 2 月 25 日。

（英文）

Acharya, Viral V., Julian Franks, and Henri Servaes, "Private Equity: Boom and Bust?", *Journal of Applied Corporate Finance,* Volume 19 Number 4, Fall 2007.

Acharya, Viral V. and Matthew Richardson eds., *Restoring Financial Stability: How to Repair a Failed System*（大村敬一監訳『金融規制のグランドデザイン：次の「危機」の前に学ぶべきこと』中央経済社，2011 年）.

Adrian, Tobias, and Hyun Song Shin, "The Changing Nature of Financial Intermediation and the Financial Crisis of 2007-09", Federal Reserve Bank of New York, *Staff Reports,* no. 439, March 2010.

Altman, Edward I., "Global Debt Markets in 2007: New Paradigm or the Great Bubble?", *Journal of Applied Corporate Finance,* Volume 19 Number 3, Summer 2007.

Altman, Edward I. and Robert Haldeman, "Corporate Credit-Scoring Models: Approaches and tests for successful implementation", *The Journal of Commercial Bank Lending,* May 1995.

American Securitization Forum, Securities Industry and Financial Markets Association, Australian Securitisation Forum, European Securitisation Forum, *Restoring Confidence in the Securitization Markets,* December 3, 2008.

Anderson, Richard G. and Charles S. Gascon, "The Commercial Paper Market, the Fed, and the 2007-2009 Financial Crisis", Federal Reserve Bank of St. Louis, *Review,* November/December 2009.

Armstrong, Jim, "Syndicated Loan Market: Developments in the North American Context", *Bank of Canada Working Paper 2003-15,* June 2003.

Aschcraft, Adam B. and Til Schuermann, "Understanding the Securitization of Subprime Mortgage Credit", Federal Reserve Bank of New York, *Staff Reports,* No. 318, March 2008.

August, James D., Michael R. Grupe, Charles Luckett, and Samuel M. Slowinski, "Survey of Finance Companies, 1996", *Federal Reserve Bulletin,* July 1997.

Avraham, Dafna, Patricia Selvaggi, and James Vickery, "A Structural View of U.S. Bank Holding Companies", Federal Reserve Bank of New York, *Economic Policy Review,* July 2012.

Bank for International Settlements, *Recent Innovations in International Banking,* BIS, 1986.

Bank for International Settlements, *Recent Developments in International Interbank Relations,* BIS, 1992（日本銀行オフバランス取引研究会訳『変貌する国際金融市場』金融財政事情研究会，1993 年）.

Bank of England, *Financial Stability Report,* Issue No. 21, April 2007.

Baer, Herbert L. and Christine A. Pavel, "Does regulation drive innovation?", Federal Reserve Bank of Chicago, *Economic Perspectives,* March/April 1988.

Basle Committee on Banking Supervision, *International Convergence of Capital Mesurement and Capital Standards,* Basle, July 1988.

Basle Committee on Banking Supervision, *Amendment to the Capital Accord to Incorporate Market Risks,* January 1996.

Basle Committee on Banking Supervision, *Banks' Interactions with Highly Leveraged Institutions*, January 1999.

Basle Committee on Banking Supervision, *The Joint Forum, Credit Risk Transfer, Developments from 2005 to 2007*, Bank for Interantional Settlements, July 2008.

Bassett, William F. and Egon Zakrajsek, "Profits and Balance Sheet Developments at U.S. Commercial Banks in 2000", *Federal Reserve Bulletin*, June 2001.

Bassett, William F. and Egon Zakrajsek, "Recent Developments in Business Lending by Commercial Banks", *Federal Reserve Bulletin*, December 2003.

Bassett, William F. and Mark Carlson, "Profits and Balance Sheet Developments at U.S. Commercial Banks in 2001", *Federal Reserve Bulletin*, June 2002.

Block, Ernest, *Inside Investment Banking*, 2nd ed., 1989 (佐藤隆三監訳, 箱木禮子, 岡三経済研究所訳『投資銀行の内幕』勁草書房, 1992年).

Bloomenthal, Walter J., "Loan Trading: Past, Present, and Future", *Commercial Lending Review*, A Publication of Institutional Investor, Inc., Volume 14, Number 4, Fall 1999.

Blundell-Wignall, Adrian, "An Overview of Hedge Funds and Structured Products: Issues in Leverage and Risk", OECD, *Financial Market Trends*, No.92, Vol.2007/1, July 2007.

Blundell-Wignall, Adrian, "Structured Products: Implications for Financial Markets", OECD, *Financial Market Trends*, No.93, Vol.2007/2 November 2007.

Blundell-Wignall, Adrian, Paul Atkinson and Caroline Roulet, "Bank business models and the Basel system: Complexity and interconnectedness", OECD, *Financial Market Trends*, Volume 2013/2, 2014.

Board of Governors of the Federal Reserve System, *Report to the Congress on the Availability of Credit to Small Business*, 1997.

Board of Governors of the Federal Reserve System, *Report to the Congress on the Availability of Credit to Small Business*, 2002.

Board of Governors of the Federal Reserve System, *Report to the Congress on the Availability of Credit to Small Business*, 2007.

Board of Governors of the Federal Reserve System, *Report to the Congress on the Use of Credit Cards by Small Businesses and the Credit Card Market for Small Businesses*, 2010a.

Board of Governors of the Federal Reserve System, *Report to the Congress on Risk Retention*, 2010b.

Board of Governors of the Federal Reserve System and U.S. Securities and Exchange Commission, *Report to the Congress on Markets for Small-Business and Commercial-Mortgage-Related Securities*, 1998.

Board of Governors of the Federal Reserve System and U.S. Securities and Exchange Commission, *Report to the Congress on Markets for Small-Business and Commercial-Mortgage-Related Securities*, 2000.

BofA Global Capital Management, *Asset-Backed Commercial Paper: A Primer*, Bank of America Corporation, February 2011.

Bookstaber, Richard, *A Demon of our own Design – Markets, Hedge Funds, and the Perils of Financial Innovation*, 2007 (遠藤真美『市場リスク　暴落は必然か』日経BP社, 2008年).

Bord, Vitaly M. and Joao A. C. Santos, "The Rise of the Originate-to-Distribute Model and the Role of Banks in Financial Intermediation", Federal Reserve Bank of New York, *Economic Policy Review*, July 2012.

Borio, Claudio. E.V., "Banks' Involvement in Highly Leveraged Transactions", *BIS Economic Papers*,

274　参考文献

No.28, October 1990.

Borio, Claudio E.V. and Renato Filosa, "The Changing Borders of Banking: Trends and Implications", *BIS Economic Papers,* No.43, December 1994.

Boyd, John H. and Mark Gertler, "Are Banks Dead? Or, Are the Reports Greatly Exaggerated?", Federal Reserve Bank of Chicago, *The Declining Role of Banking,* The 30th Annual Conference on Bank Structure and Competition, Proceedings, May 1994.

Brady, Thomas F., "Changes in Loan Pricing and Business Lending at Commercial Banks", *Federal Reserve Bulletin,* January 1985.

Brunner, Allan D. and William B. English, "Profits and Balance Sheet Developments at U.S. Commercial Banks in 1992", *Federal Reserve Bulletin,* July 1993.

Bryan, Lowell L., *Bankrupt,* Mckinsey & Company, Inc., 1991（大澤和人，志村真紀訳『銀行の破産』ダイヤモンド社，1992 年）.

Calomiris, Charles W. and Joseph R. Mason, "Credit Card Securitization and Regulatory Arbitrage", *Journal of Financial Services Research* 26:1, 2004.

Cantor, Richard and Rebecca Demsetz, "Securitization, Loan Sales, and the Credit Slowdown", Federal Reserve Bank of New York, *Quarterly Review,* Summer 1993.

Carey, Mark, Stephen Prowse, John Rea and Gregory Udell, "The Economics of Private Placements: A New Look", *Financial Markets, Institutions & Instruments,* New York University Salomon Center, Vol.2, No.3,, August 1993.

Carlson, Mark and Roberto Perli, "Profits and Balance Sheet Developments at U.S. Commercial Banks in 2002", *Federal Reserve Bulletin,* June 2003.

Cetorelli, Nicola, Benjamin H. Mandel, and Lindsay Mollineaux, "The Evolution of Banks and Financial Intermediation: Framing the Analysis", Federal Reserve Bank of New York, *Economic Policy Review,* July 2012.

Cetorelli, Nicola, James McAndrews, and James Traina, "Evolution in Bank Complexity", Federal Reserve Bank of New York, *Economic Policy Review,* December 2014.

Cetorelli, Nicola and Stavros Peristiani, "The Role of Banks in Asset Securitization", Federal Reserve Bank of New York, *Economic Policy Review,* July 2012.

Clark, Timothy, Astrid Dick, Beverly Hirtle, Kevin J. Stiroh, and Robard Williams, "The Role of Retail Banking in the U.S. Banking Industry: Risk, Return, and Industry Structure", Federal Reserve Bank of New York, *Economic Policy Review,* December 2007.

Cole, Rebel A. and John Wolken, "Financial Services Used by Small Businesses: Evidence from the 1993 National Survey of Small Business Finances", *Federal Reserve Bulletin,* July 1995.

Cole, Rebel A., John D. Wolken and R. Louise Woodburn, "Bank and Nonbank Competition for Small Business Credit: Evidence from the 1987 and 1993 National Survey of Small Business Finances", *Federal Reserve Bulletin,* November 1996.

Committee on the Global Financial System, *Credit risk transfer,* Report submitted by a Working Group established by the Committee on the Global Financial System, Bank for International Settlements, January 2003.

Comptroller of the Currency, *Asset Securitization,* Comptroller's Handbook, November 1997.

Copeland, Adam, "Evolution and Heterogeneity among Large Bank Holding Companies: 1994 to 2010", Federal Reserve Bank of New York, *Economic Policy Review,* July 2012.

Council of Economic Advisers, *Economic Report of the President,* USGPO, 1985.

Covits, Daniel M., Nellie Liang, and Gustavo A. Suarez, "The Evolution of a Financial Crisis: Panic in the Asset-Backed Commercial Paper Market", Board of Governors of the Federal Reserve System, *Finance and Economics Discussion Series*, 2009-36, August 2009.

Crane, Dwight B., Robert C. Merton, Kenneth A. Froot, Zvi Bodie, Scott P. Mason, Erik R. Sirri, Andre F. Perold, Peter Tufano., *The Global Financial System*, Harvard Business School Press, 1995（野村総合研究所訳『金融の本質』野村総合研究所，2000 年）.

Crawfor, Ralph J., Jr. and Charles F. Hazelrigg, "Whose Middle Market Is It?", *The Journal of Commercial Bank Lending*, September 1979.

Cuca, John V. and Mary M. McLaughlin, "Developments Affecting the Profitability of Commercial Banks", *Federal Reserve Bulletin*, July 1990.

Dale, Betsy, "The grass may not be greener: Commercial banks and investment banking", Federal Reserve Bank of Chicago, *Economic Perspectives*, November/December 1988.

Delalex, Isabelle, "The Revenue Drivers, Current Trends and Outlook", SIA, *Trends*, Vol.32, No.1, March 14, 2006.

Demsetz, Rebecca, "Recent Trends in Commercial Bank Loan Sales", Federal Reserve Bank of New York, *Quarterly Review*, Winter 1993-1994.

De Young, Robert and Tara Rice, "How do banks make money? A variety of business strategies", Federal Reserve Bank of Chicago, *Economic Perspectives*, 4Q/2004.

De Young, Robert and William C. Hunter, "Deregulation, the Internet, and the Competitive Viability of Large Banks and Community Banks", 2001, https://chicagofed.org/~/media/.../wp2001-11-pdf.pdf

Dilger, Robert Jay, "Small Business Administration 7（a）Loan Guaranty Program", *CRS Report for Congress*, 2013.

Dinc, Serdar, "Bank Reputation, Bank Commitment, and the Effects of Competition in Credit Markets", *The Review of Financial Studies*, Vol.13, No.3, Fall 2000.

Duffie, Darrell, *How Big Banks Fail and What to Do About It*, Princeton University Press, 2011（本多俊毅『巨大銀行はなぜ破綻したのか』NTT 出版，2011 年）.

Edwards, Franklin R., *The New Finance*, The AET Press, 1996（家森信善，小林毅訳『金融業の将来』東洋経済新報社，1998 年）.

Edwards, Franklin R. and Frederic S. Mishkin, "The Decline of Traditional Banking: Implications for Financial Stability and Regulatory Policy", Federal Reserve Bank of New York, *Economic Policy Review*, July 1995.

Elliehausen, Gregory E. and John D. Wolken, "Banking Markets and the Use of Financial Services by Small and Medium-Sized Businesses", *Federal Reserve Bulletin*, October 1990.

English, William B. and Brian K. Reid, "Profits and Balance Sheet Developments at U.S. Commercial Banks in 1994", *Federal Reserve Bulletin*, June 1995.

English, William B. and William R. Nelson, "Profits and Balance Sheet Developments at U.S. Commercial Banks in 1997", *Federal Reserve Bulletin*, June 1998.

European Central Bank, *The Incentive Structure of the 'Originate and Distribute' Model*, 2008.

Fama, Eugene F., "What's Different about Banks?", *Journal of Monetary Economics*, Volume 15, Issue 1, January 1985.

Federal Deposit Insurance Corporation, Division of Supervision and Consumer Protection, *Credit Card Securitization Manual*, March 2007.

Federal Deposit Insurance Corporation, *Community Banking Study*, December 2012.

Ferris, Paul, *The Master Bankers: Controlling the World's Finances*, 1984（東力訳『ザ・マスター・バ

ンカー：国際金融市場を支配するのは誰か』ダイヤモンド社，1986 年）．

Financial Crisis Inquiry Commission, *The Financial Crisis Inquiry Report*, Final Report of the National Commission on the Causes of the Financial and Economic Crisis in the United States, January 2011.

Financial Stability Forum, *Report of the Financial Stability Forum on Enhancing Market and Institutional Resilience,* April 7, 2008.

Flood, Mark D., "Deposit Insurance: Problems and Solutions", Federal Reserve Bank of St. Louis, *Review*, January/February 1993.

Fox, Justin, *The Myth of the Rational Market*, 2009（遠藤真美訳『合理的市場という神話』東洋経済新報社，2010 年）．

Geisst, Charles R., *Wall Street: A History*, 1997（中山良雄訳，入江吉正編『ウォールストリートの歴史』フォレスト出版株式会社，2001 年）．

Gilson, Stuart C., "Bankruptcy, boards, banks, and blockholders", *Journal of Financial Economics*, Volume 27, Issue 2, October 1990.

Gilson, Stuart C., Kose John and Larry H.P. Lang, "Troubled debt restructurings – An empirical study of private reorganization of firms in default", *Journal of Financial Economics*, Volume 27, Issue 2, October 1990.

Goldstein, Morris, David Folkerts-Landau, Mohamed El-Erian, Steven Fries, Liliana Rojas-Suarez, *International Capital Markets: Developments, Prospects, and Policy Issues*, International Monetary Fund, World Economic and Financial Surveys, September 1992.

Gorton, Gary B. and Andrew Metrick, "Securitized Banking and The Run On Repo", *NBER Working Paper*, 15223, August 2009.

Gorton, Gary and George G. Pennacchi, "The Opening of New Markets for Bank Assets", Alton Gilbert ed., *The Changing Market in Financial Services*, Proceedings of the 15th Annual Economic Policy Conference of the Federal Reserve Bank of St. Louis, 1992.

Gorton, Gary and James Kahn, "The Design of Bank Loan Contracts", *The Review of Financial Studies*, Vol.13, No.2, Summer, 2000.

Hannan, Timothy H., "Retail Fees of Depository Institutions, 1994-99", *Federal Reserve Bulletin*, Jan 2001.

Hanweck, Gerald A., "Interstate Banking, Bank Expansion and Valuation", Gilbert, R. Alton, ed., *The Changing Market in Financial Services*, Proceedings of the 15th Annual Economic Policy Conference of the Federal Reserve Bank of St. Louis, 1992.

Hayes, Samuel L.,Ⅲ, A. Michael Spence, David Van Praag Marks, *Competition in the Investment Banking Industry*, 1983（宮崎幸二訳『アメリカの投資銀行』東洋経済新報社，1984 年）．

Hector, Gary, *Breaking The Bank: The Decline of BankAmerica*, 1988（植山周一郎訳『巨大銀行の崩壊』共同通信社，1989 年）．

Hendershott, Patric H., "The Market for Home Mortgage Credit: Recent Changes and Future Prospects", Alton Gilbert ed., *The Changing Market in Financial Services*, Proceedings of the 15th Annual Economic Policy Conference of the Federal Reserve Bank of St. Louis, 1992.

Hendricks, Darryll and Beverly Hirtle, "Bank Capital Requirements for Market Risk: The Internal Models Approach", Federal Reserve Bank of New York, *Economic Policy Review*, December 1997.

Herring, Richard and Til Schuermann, "Capital Regulation for Position Risk in Banks, Securities Firms and Insurance Companies", 2003, http://citeseerx.ist.psu.edu/viewdoc/download?doi=

10.1.1.203.4313&rep=rep1&type=pdf.

Hills, Thomas D., "The Rise of Southern Banking and The Disparities Among The States Following The Southeastern Regional Banking Compact", *North Carolina Banking Institute Journal,* Vol.11, 2007.

Hirtle, Beverly and Christopher Metli, "The Evolution of U.S. Bank Branch Networks: Growth, Consolidation, and Strategy", Federal Reserve Bank of New York, *Current Issues in Economic and Finance,* Vol.10, No.8, July 2004.

Hu, Jian, "Assessing the Credit Risk of CDOs Backed by Structured Finance Securities: Rating Analysts' Challenges and Solutions", August 31, 2007, https://fcic-static.law.stanford.edu/cdn_media/fcic-docs/2007-08-31%20Hu%20Assessing%20Credit%20Risk%20of%20CDos%20backed%20by%20Structured%20Finance%20Securities.pdf.

Issac, William M., "Loan Participations and the Securities Laws", *The Journal of Commercial Bank Lending,* October 1975.

James, Christopher, "Some Evidence on the Uniqueness of Bank Loans", *Journal of Financial Economics,* Volume 19, Issue 2, December 1987.

James, Christopher, "When Do Banks Take Equity in Debt Restructurings?", *The Review of Financial Studies,* Vol. 8, No.4, winter 1995.

Kaplan, Steven N. and Per Strömberg, "Leveraged Buyouts and Private Equity", *Journal of Economic Perspectives,* Vol.23, No.1, Winter 2009.

Kapstein, Ethan B., "Supervising International Banks: Origins and Implications of The Basle Accord", Princeton University, *Essays in International Finance,* No.185, December 1991.

Kaufman, Henry, *On Money and Markets −A Wall Street Memoir−,* 2000 (伊豆村房一訳『カウフマンの証言、ウォール街』東洋経済新報社、2001 年).

Kavanagh, Barbara, Thomas R. Boemio and Gerald A. Edwards, Jr., "Asset−Backed Commercial Paper Programs", *Federal Reserve Bulletin,* February 1992.

Kemp, Robert S., Jr. and George A. Overstreet, Jr., "A Study of the Information Needs of Commercial Loan Officer", *The Journal of Commercial Bank Lending,* February 1990.

Kerr, Donald E. and Jean−Louis Lelogeais, "Loan Sales: No Immediate Threat to Traditional Lending", *The Journal of Commercial Bank Lending,* February 1989.

Kester, George W. and Thomas W. Bixler, "Why 90−Day Working Capital Loans Are Not Repaid on Time", *The Journal of Commercial Bank Lending,* August 1990.

Klee, Elizabeth C. and Fabio M. Natalucci, "Profits and Balance Sheet Developments at U.S. Commercial Banks in 2004", *Federal Reserve Bulletin,* Spring 2005.

Kovner, Anna, James Vickery, and Lily Zhou, "Do Big Banks Have Lower Operating Costs?", Federal Reserve Bank of New York, *Economic Policy Review,* December 2014.

Liang, J. Nellie and Donald T. Savage, "The Nonbank Activities of Bank Holding Companies", *Federal Reserve Bulletin,* May 1990.

Lown, Cara S., Carol L. Osler, Philip E. Strahan, and Amir Sufi, "The Changing Landscape of the Financial Services Industry: What Lies Ahead?", Federal Reserve Bank of New York, *Economic Policy Review,* October 2000.

Lucas, Charles M., Marcos T. Jones and Thom B. Thurston, "Federal Funds and Repurchase Agreements", Federal Reserve Bank of New York, *Quarterly Review,* Summer 1977.

Lummer, Scott L. and John J. McConnell, "Further Evidence on the Bank Lending Process and the Capital−Market Response to Bank Loan Agreements", *Journal of Financial Economics,* Volume

278　参考文献

25, Issue 1, November 1989.

Lumpkin, Stephen A., "Repurchase and Reverse Repurchase Agreements", Federal Reserve Bank of Richmond, *Economic Review*, January/February 1987.

Lumpkin, Stephen A., "The Integration of Corporate Bond and Commercial Loan Markets", OECD, *Financial Market Trends*, No.85, October 2003.

Mahoney, Patrick I., "The Recent Behavior of Demand Deposits", *Federal Reserve Bulletin*, April 1988.

Mills, Rob, "Securities Industry Profitability Update: Final 2004 Results and Detailed 2005 Forecasts", SIA, *Trends*, Vol.31, No.3, May 6, 2005.

Mitchell, Karlyn, "Capital Adequacy at Commercial Banks", Federal Reserve Bank of Kansas City, *Economic Review*, September/October 1984.

Monahan, George R., "Charting a Course for the Future: How Different Firm Categories Navigated a Profitable 1985", SIA, *Trends*, Vol. 12, No. 6, May 30, 1986.

Monahan, George R., "Securities Industry Posts First Annual Loss Since 1973", SIA, *Trends*, Vol. 17, No. 1, April 5, 1991.

Monahan, George R., "For the Record: 1991 Securities Industry Record Profitability", SIA, *Trends*, May 8, 1992.

Monahan, George R., "A Primer on Corporate Finance in 1994: 'Down But Not Out'", SIA, *Trends*, April 5, 1995.

Moody's Investors Service, *The Fundamentals of Asset-Backed Commercial Paper*, Structured Finance Special Report, 2003a.

Moody's Investors Service, *Moody's Approach To Rating Synthetic CDOs*, Structured Finance Rating Methodology, 2003b.

Moody's Investors Service, *Deal Sponsor and Credit Risk of U.S. ABS and MBS Securities*, Special Comment, December 2006.

Moody's Investors Service, *2007 Review and 2008 Outlook: US Asset-Backed Commercial Paper*, Structured Finance, Special Report, February 27, 2008.

Moulton, Janice M., "New Guidelines for Bank Capital: An Attempt to Reflect Risk", Federal Reserve Bank of Philadelphia, *Business Review*, July/August 1987.

Neal, Robert S., "Credit Derivatives: New Financial Instruments for Controlling Credit Risk", Federal Reserve Bank of Kansas City, *Economic Review*, Second Quarter 1996.

Nelson, William R. and Ann L. Owen, "Profits and Balance Sheet Developments at U.S. Commercial Banks in 1996", *Federal Reserve Bulletin*, June 1997.

Nelson, William R. and Brian K. Reid, "Profits and Balance Sheet Developments at U.S. Commercial Banks in 1995", *Federal Reserve Bulletin*, June 1996.

Nigro, Peter J., Jonathan D. Jones and Murat Aydogdu, "Some Evidence On The Secondary Market Trading Of Syndicated Loans", *Journal of Business & Economics Reserch*, Volume 8, Number 5, May 2010.

Olson, Peter, "Regulation's Role in Bank Changes", Federal Reserve Bank of New York, *Economic Policy Review*, July 2012.

Opinion Survey, "Are Loan Sales Beneficial for Commercial Banks?", *The Journal of Commercial Bank Lending*, April 1986.

Organisation for Economic Co-operation and Development, *Systemic Risks in Securities Markets*, Paris, 1991.

Peek, Joe and Eric S. Rosengren, "The Use of Capital Ratios to Trigger Intervention in Problem Banks: Too Little, Too Late", Federal Reserve Bank of Boston, *New England Economic Review*, September/October 1996.

Post, Mitchell A., "The Evolution of U.S. Commercial Paper Market since 1980", *Federal Reserve Bulletin*, December 1992.

Pozsar, Zoltan, Tobias Adrian, Adam Ashcraft, and Hayley Boesky, "Shadow Banking", Federal Reserve Bank of New York, *Economic Policy Review*, December 2013.

Radecki, Lawrence J., "The Expanding Geographic Reach of Retail Banking Markets", Federal Reserve Bank of New York, *Economic Policy Review*, June 1998.

Rajan, Raghuram G., "Has Financial Development Made the World Riskier?", A Symposium Sponsored by the Federal Reserve Bank of Kansas City, *The Greenspan Era: Lessons for the Future*, August 25–27, 2005, http://www.kansascityfed.org/publicat/sympos/2005/pdf/rajan2005.pdf.

Rajan, Raghuram and Andrew Winton, "Covenants and Collateral as Incentives to Monitor", *The Journal of Finance*, Vol.50, No.4, September 1995.

Rizzi, Joseph V., Michael G. Maza, and Michael McIntyre, "Getting More with Less: Commercial Loan Securitization", *Commercial Lending Review*, A Publication of Institutional Investor, Inc., Volume 14, Number 4, Fall 1999.

Robinson, David A., "Are Receivables Good Security for a Loan?", *The Journal of Commercial Bank Lending*, December 1978.

Sabarwal, Tarun, "Common Structures of Asset–Backed Securities and Their Risks", *Corporate Ownership & Control*, Vol. 4, Issue 1, Fall 2006.

Salem, George M., C.F.A., "Selling Commercial Loans: A Significant New Activity for Money Center Banks", *The Journal of Commercial Bank Lending*, April 1986.

Salem, George M., C.F.A, "Loan Selling: A Growing Revolution That Can Affect Your Bank", *The Journal of Commercial Bank Lending*, January 1987.

Samolyk, Katherine, "The Future of Banking in America", *FDIC Banking Review*, Vol.16, No.2, 2004.

Santomero, Anthony M. and David L. Eckles, "The Determinants of Success in the New Financial Services Environment: Now That Firms Can Do Everything, What Should They Do and Why Should Regulators Care?", Federal Reserve Bank of New York, *Economic Policy Review*, Vol.6, No.4, October 2000.

Schaefer, Jeffrey M., "Mergers, Acquisitions and an Industry Overview: First Half of 1998", SIA, *Trends*, Vol.24, No.5, July 10, 1998.

Schaefer, Jeffrey M. and Alan F. Blanchard, "The State of the Industry: A Special Greenbrier Report", SIA, *Trends*, Vol.4, No.4, May 30, 1978.

Schaefer, Jeffrey M. and George R. Monahan, "You Can Run But You Can't Hide – – 1987's Knockout Punch", SIA, *Trends*, Vol. 14, No. 2, March 28, 1988.

Schaefer, Jeffrey M. and George R. Monahan, "From Riches to Rags: Performance of the Securities Industry in 1989", SIA, *Trends*, Vol. 16, No. 4, May 31, 1990.

Schaefer, Jeffrey M. and Grace Toto, "International Trends & Other Developments Affecting the U.S. Securities Industry", SIA, *Trends*, Vol. 17, No.4, August 10, 1991.

Schaefer, Jeffrey M. and Timothy Y. Smith, "Adapting to Changing Market Conditions: A Review of 1979", SIA, *Trends*, Vol.6, No.5, May 30, 1980.

Scolari, Rafael, "The Role of Nonbanks in Commercial Lending", Federal Reserve Bank of Chicago,

280 参考文献

Game Plans for the '90s, The 26th Annual Conference on Bank Structure and Competition, 1990.

Securities Industry Association, "Opportunities in the 1990s – A Summary of Presentations at the 1987 Trends Conference –", SIA, *Trends*, February 25, 1987.

Securities Industry Association, "A Tale of Two Industries", SIA, *Trends*, Vol. 13, No. 2, March 30, 1987.

Securities Industry Association, "Investment Banking: The Only Game In Town", SIA, *Trends*, Vol. 15, No. 4, May 30, 1989.

Securities Industry Association, "Trends in Retail & Other Strategic Business Lines", SIA, *Trends*, June 29, 1992.

Securities Industry Association, "Keys to Profitability in the 1990s", SIA, *Trends*, June 1, 1993.

Securities Industry Association, "Four Decades of Change: A History of Securities Industry Consolidation", SIA, *Trends*, Vol.26, No.4, November 9, 2000.

Sinclair, Alford C., "A Primer on Buying Commercial Loans", *The Journal of Commercial Bank Lending*, July 1988.

Smith, George David and Richard Sylla, "The Transformation of Financial Capitalism: An Essay on the History of American Capital Markets", New York University Salomon Center, *Financial Markets, Institutions & Instruments*, Vol.2, No.2, May 1993.

Snyder, Christopher L., "The Loan Asset Sales Market, What Lies Ahead?", Federal Reserve Bank of Chicago, *Game Plans for the '90s*, The 26th Annual Conference on Bank Structure and Competition, 1990.

Spieker, Ronald L., "Bank Branch Growth Has Been Steady – Will It Continue?", FDIC, *Future of Banking Study*, Draft FOB-2004-08.1, 2004.

Stanton, Richard, John Walden and Nancy Wallace, "The Industrial Organization of the U.S. Residential Mortgage Market", November 4, 2013, http://faculty.haas.berkeley.edu/walden/HaasWebpage/18._mortgageio.pdf.

Stiroh, Kevin J., "Diversification in Banking, Is Noninterest Income the Answer?", (FRB NY), September 23, 2002 (draft), https://www.newyorkfed.org/medialibrary/media/research/staff_reports/sr154.pdf.

Taylor, Ellen, *Trader's Guide to the Repo Market*, 1995 (日本興業銀行総合資金部訳『レポ市場ガイド』金融財政事情研究会，1997 年).

U.S. General Accounting Office, *Financial Derivatives: actions needed to protect the financial system*, USGPO, 1994.

U.S. Government Accountability Office, *Hedge Funds: Regulators and Market Participants Are Taking Steps to Strengthen Market Discipline, but Continued Attention Is Needed*, Report to Congressional Requesters, January 2008.

U.S. Government Accountability Office, *Private Equity: Recent Growth in Leveraged Buyouts Exposed Risks That Warrant Continued Attention*, Report to Congressional Requesters, September 2008.

U.S. Government Accontability Office, *Proprietary Trading: Regulators Will Need More Comprehensive Information to Fully Monitor Compliance with New Restrictions When Implemented*, Report to Congressional Committees, July 2011.

U.S. House, Hearing before the Subcommittee on Domestic Monetary Policy of the Committee on Banking, Finance and Urban Affairs, *Capital Adequacy Guidelines for Government Securities*

参考文献　281

Dealers Proposed by the Federal Reserve Bank of New York, 99th Cong., 1st sess., April 1985.

U.S. House, Hearing, Subcommittee on Financial Institutions Supervision, Regulation and Insurance, Committee on Banking, Finance and Urban Affairs, *Globalization of Financial Markets and Related International Banking and Supervision Issues,* 100th Cong., 1st sess., July 1987.

U.S. House, Hearings, Subcommittee on General Oversight and Investigations of the Committee on Banking, Finance and Urban Affairs, *GAO Report: "Bank Powers: Activities of Securities Subsidiaries of Bank Holding Companies",* 101st Cong., 2nd sess., March–May 1990.

U.S. House, Hearing before the Subcommittee on Financial Institutions Supervision, Regulation and Insurance, Task Force on International Competitiveness of U.S. Financial Institutions of the Committee on Banking, Finance and Urban Affairs, *Problems Confronting U.S. Banks Attempting to Implement Global Strategy,* 101st Cong., 2nd sess., May 1990a.

U.S. House, Field Hearing, Subcommittee on Financial Supervision, Regulation and Insurance, Committee on Banking, Finance and Urban Affairs, *Oversight Hearing on Foreign Competition in the Banking Industry,* 101st Cong., 2nd sess., May 1990b.

U.S. House, Hearing before the Subcommittee on Financial Institutions Supervision, Regulation and Insurance and the International Competitiveness of United States Financial Institutions Task Force of the Committee on Banking, Finance and Urban Affairs, *Competitive Problems Confronting U.S. Banks Active in International Markets,* 101st Cong., 2nd sess., June 1990.

U.S. House, Hearings before the Subcommittee on Financial Institutions Supervision, Regulation and Insurance of the Committee on Banking, Finance and Urban Affairs, *Restructuring of the Banking Industry,* 102nd Cong., 1st sess., Part 1, April 1991.

U.S. House, Hearing before the Subcommittee on Policy Research and Insurance of the Committee on Banking, Finance and Urban Affairs, *Asset Securitization and Secondary Markets,* 102nd Cong., 1st sess., July 1991.

U.S. House, Hearing before the Subcommittee on Economic Growth and Credit Formation of the Committee on Banking, Finance and Urban Affairs, *Secondary Market for Commercial Business Loan,* 103rd Cong., 1st sess., April 1993.

U.S. House, Hearing before the Subcommittee on Economic Growth and Credit Formation of the Committee on Banking, Finance, and Urban Affairs, *The Business, Commercial, and Community Development Secondary Market Development Act,* 103rd Cong., 1st sess., September 1993.

U.S. House, Hearing before the Committee on Banking, Finance and Urban Affairs, *Safety and Soundness Issues Related to Bank Derivatives Activities*–Part 1, 103rd Cong., 1st sess., October 1993a.

U.S. House, Hearing before the Subcommittee on Financial Institutions Supervision, Regulation, and Deposit Insurance of the Committee on Banking, Finance, and Urban Affairs, *Interstate banking and branching,* 103rd Corg., 1st sess., October 1993b.

U.S. House, Hearing before the Committee on Banking, Finance and Urban Affairs, *Safety and Soundness Issues Related to Bank Derivatives Activities* – Part 3, 103rd Cong., 1st sess., October 1993c.

U.S. House, Hearing before the Subcommittee on Economic Growth and Credit Formation of the Committee on Banking, Finance, and Urban Affairs, *The Business, Commercial, and Community Development Secondary Market Development Act,* 103rd Cong., 1st sess., October 1993d.

U.S. House, Hearings before the Committee on Banking and Financial Services, *The Financial Services Competitiveness Act of 1995, Glass–Steagall reform, and related issues,* pt.1, 104th Cong.

282　参考文献

1st sess. February 1995.

U.S. House, Hearings before the Committee on Banking and Financial Services, *The Financial Services Competitiveness Act of 1995, Glass–Steagall reform, and related issues*, pt.2, 104th Cong., 1st sess., March 1995.

U.S. House, Hearings before the Committee on Banking and Financial Services, *The Financial Services Competitiveness Act of 1995, Glass–Steagall reform, and related issues*, pt.4, 104th Cong., 1st sess., March–April 1995.

U.S. House, Joint hearings before the Subcommittee on Telecommunications and Finance and the Subcommittee on Commerce, Trade, and Hazardous Materials of the Committee on Commerce, *The Financial Services Competitiveness Act of 1995*, 104th Cong., 1st sess., June 1995.

U.S. House, Hearing before the Subcommittee on Financial Institutions and Consumer Credit of the Committee on Banking and Financial Services, *Recent Trends in Bank Consolidation and Interstate Mega–Mergers*, 104th Cong., 1st sess., October 1995.

U.S. House, Hearings before the Subcommittee on Financial Institutions and Consumer Credit of the Committee on Banking and Financial Services, *Financial Services Modernization*, 105th Cong., 1st sess., February 1997.

U.S. House, Hearing before the Subcommittee on Capital Markets, Securities, and Government Sponsored Enterprises of the Committee on Banking and Financial Services, *Examination of Financial Modernization within the Jurisdiction of the Committee on Banking and Financial Services*, 105th Cong., 1st sess., March 1997.

U.S. House, Hearings before the Committee on Banking and Financial Services, *Financial moderniza-tion*, pt. 2, 105th Cong., 1st sess., May 1997.

U.S. House, Hearing before the Subcommittee on Housing and Community Opportunity of the Committee on Banking and Financial Services, *The Role of Mortgage Brokers in the Mortgage Finance Market*, 105th Cong., 2nd sess., March, 1998.

U.S. House, Hearing before the Committee on Banking and Financial Services, *Bank Mergers*, 105th Cong., 2nd sess., April 1998.

U.S. House, Hearings before the Committee on Banking and Financial Services, House of Representatives, *The Financial Derivatives Supervisory Improvement Act of 1998 and The Financial Contract Netting Improvement Act*, 105th Cong., 2nd sess. July 1998.

U.S. House, Hearing before the Committee on Banking and Financial Services, *Hedge Fund Operations*, 105th Cong., 2nd sess., October, 1998.

U.S. House, Hearings before the Committee on Banking and Financial Services, *The Financial Services Modernization Act of 1999*, 106th Cong, 1st sess., February 1999.

U.S. House, Hearing before the Subcommittee on Capital Markets, Securities, and Government Sponsored Enterprises of the Committee on Banking and Financial Services, *The Operations of Hedge Funds and Their Role in the Financial System*, 106th Cong., 1st sess., March 1999.

U.S. House, Hearing before the Subcommittee on Financial Institutions and Consumer Credit of the Committee on Financial Services, *The New Basel Accord: in search of a unified U.S. position*, 108th Cong., 1st sess., June 2003.

U.S. House, Hearing before the Subcommittee on Financial Institutions and Consumer Credit of the Committee on Financial Services, *The New Basel Accord: private sector perspectives*, 108th Cong., 2nd sess., June 2004.

U.S. House, Joint Hearing before the Subcommittee on Financial Institutions and Consumer Credit and the Subcommittee on Domestic and International Monetary Policy, Trade and Technology of the Committee on Financial Services, *Basel II: capital changes in the U.S. banking system and the results of the impact study,* 109th Cong., 1st sess., May 2005.

U.S. Senate, Hearings before the Committee on Banking, Housing, and Urban Affairs, *Comprehensive Reform in the Financial Services Industry,* part 1, 99th Cong., 1st sess., May 1985.

U.S. Senate, Hearings before the Committee on Banking, Housing, and Urban Affairs, *Comprehensive Reform in the Financial Services Industry,* part 2, 99th Cong., 1st sess., June 1985.

U.S. Senate, Hearing before the Committee on Banking, Housing, and Urban Affairs, *Modernization of the Glass-Steagall Act,* 100th Cong., 1st sess., July 1987.

U.S. Senate, Hearings, Committee on Banking, Housing, and Urban Affairs, *Changes in Our Financial System: Globalization of Capital Markets and Securitization of Credit,* 100th Cong., 1st sess., October 1987.

U.S. Senate, Hearing, Subcommittee on Securities of the Committee on Banking, Housing, and Urban Affairs, *The Financial Condition of the Securities Industry,* 102nd Cong., 1st sess., January 1991.

U.S. Senate, Hearing before the Subcommittee on Financial Institutions and Regulatory Relief of the Committee on Banking, Housing, and Urban Affairs, *The Federal Reserve's proposed changes to section 20 firewalls,* 105th Cong., 1st sess. March 1997.

U.S. Senate, Joint Hearing before the Subcommittee on Financial Institutions and the Subcommittee on Securities of the Committee on Banking, Housing, and Urban Affairs, *Merchant banking regulations pursuant to the Gramm-Leach-Bliley Act of 1999,* 106th Cong., 2nd sess., June 2000.

U.S. Senate, Hearing before the Committee on Banking, Housing, and Urban Affairs, *Examination of the Gramm-Leach-Bliley Act five years after its passage,* 108th Cong., 2nd sess, July 2004.

Van Tine, Kirk K. and Robert G. Boggess Ⅱ , "'Financial Services Modernization': A Cure for Problem Banks?", *Washington University Law Review,* Volume 69, Issue 3, 1991.

Waldrop, Ross, "New Reporting Offers Insight Into Bank Activities", FDIC, An Update on Emerging Issues in Banking, FYI, April 18, 2002, https://www.fdic.gov/bank/analytical/fyi/2002/041802fyi.html

Wolfson, Martin H. and Mary M. McLaughlin, "Recent Developments in the Profitability and Lending Practices of Commercial Banks, *Federal Reserve Bulletin,* July 1989.

American Banker

Lisabeth Weiner, "As Bank Loan Market Comes of Age, Sellers Pursue Nonbank Purchasers", Sept. 30, 1986.

Barbara A. Rehm, "Banks Get Nod on Corporate Debt Equity Powers to Follow In a Year, Fed Decides", Jan. 19, 1989.

Rose, Sanford and Michael Cacace, "Japanese Banks Boost Structured-Finance Footings", Mar. 6, 1989.

Robert M. Garsson, "Securities Group to Give Some Ground On Opposition to Glass-Steagall Repeal", Nov. 30, 1989.

Tarquinio, J. Alex, "Merger in New England: Robertson Stephens Unit CEO Sees Major Plus to Fleet Deal: Affiliation with Quick & Reilly", Mar. 16, 1999.

Business Week

Frederic A. Miller and Amy Borrus., "Banks Just Love Those LBO Loans", Nov. 14, 1988.

284 参考文献

Euromoney

John D. Wilson, "Latest developments in US bank loan pricing", May 1974.

Nigel Adam and Colleen Sullivan, "How IBM stumbled and nearly fell", Dec. 1979.

Alena Wels, "How Citicorp restructured for the 'eighties", Apr. 1980.

Alena Wels, "The Renaissance at First Boston", Oct. 1980.

James M. Walsh, "The growing use of the commercial paper market", May 1981.

Peter Field, "Why Deregulation May Turn Out to be a Damp Squib", Dec. 1981.

Peter Field, "Competitive Urge of the New Morgan Stanley", Mar. 1982.

Johnson, Robert A. and A. Scott Anderson, "When a bank becomes too friendly", Oct. 1982.

Nigel Adam, "Exxon's Quiet Auction Brings Uproar to Wall Street", Dec. 1982.

Charles Grant, "How banks revamp assets", Apr. 1984.

Peter Field, "California, Here They Come", May 1984.

Neil Osborn, "Is International Banking Still in Fashion?", Oct. 1984.

Stanley Hurn, "Transferable loan magic", Jan. 1985.

Helen Maisels, "Wall Street Stampedes After Drexel", May 1985.

John Thackray, "The Commercial Bank Changelings", Jun. 1985.

Eamonn Fingleton, "Is Wall Street Heading For Another Crash?", Oct. 1985.

Nick Gilbert, "The shape of things to come", Nov. 1985.

John Thackray, "The LBO Craze Flourishes Amid Warnings of Disaster", Feb. 1986.

Charles Grant, "The Super-League Breaks Away", May 1986.

William Ollard, "There Are Still Gold Nuggets in Junk", Feb. 1987.

Carol Cavenport, "Ways to Secure an Advantage", May 1987.

Martin French, Peter Lee, Tony Shale, "Dealing rooms lit by falling stars", Nov. 1987a.

Peter Lee, Tony Shale, "Sorting out the lucky from the losers", Nov. 1987b.

Matthew Crabbe, "All Change in the Eurobond Market", Dec. 1987.

Mary Tobin, "Debt Markets Return to Basics", May 1988a.

Rosamund Jones, "Warnings Sound Above the Melee", May 1988b.

Syndicated Loans (Special Supplement), May 1988c.

Matthew Crabbe, Paul Keller, "Gut's Secret Plan", Jan. 1989.

Christopher K Cornish, "When the trader may relax", Feb. 1989a.

Lori loannou, "Can the hunt be stopped by law?", Feb. 1989b.

Garry Evans, "Is Morgan Stanley walking away from its clients?", Mar. 1989.

Ron Cooper, "Whither Weatherstone's Morgan?", Dec. 1989a.

Financing Corporate America (Special Supplement), Dec. 1989b.

Banks of the Decade (Special Supplement), Jan. 1990a.

Funding Techniques (Special Supplement), Jan. 1990b.

Julian Lewis, "Cutting out the middle man", Feb. 1990.

Simon Brady, "Dressing up, without a killing", Apr. 1990.

Peter Lee, "Syndicators feel the chill", Aug. 1990.

Ron Cooper, "Gut's gang of four", Nov. 1990a.

Peter Lee, "Who wants to be a primary dealer?", Nov. 1990b.

Inside the Global Derivatives Market (Special Supplement), Nov. 1990c.

Caren Chesler-Marsh, "Banc One sticks to what it knows - Leaders of the pack", Dec. 1990a.

Caren Chesler-Marsh, "Putting the obvious into practice - Leaders of the pack", Dec. 1990b.

参考文献   285

Louise Bowman, "CDOs: Super senior is super bad", Nov. 2007.

Institutional Investor
John Thackray, "Commercial banks move in on investment banking", Mar. 1975.
Julie Connelly, "The rise of co-managerships", Jun. 1975.
Cary Reich, "How foreign companies are buying up America", Dec. 1978.
Neil Osborn, "Foreign banks keep rolling along", Sept. 1980.
Gregory Miller, "The commercial banks' new bid for corporate finance business", Oct. 1983.
Lenny Glynn, "The return of the trader", Nov. 1983.
Suzanna Andrews, "Foreign Banks Take Aim at the Middle Market", Mar. 1984.
Beth McGoldrick, "How Rule 415 Has Put CFOs in the Catbird Seat", Apr. 1984.
Steven Solomon, "The Art of Managing Junk Bonds", May 1984.
Barbara Donnelly, "The Rush for Fixed-Income Research", May 1985.
Barbara Donnelly, "The Battle for the Junk-Bond Dollar", Jun. 1985.
Beth Selby, "The Twilight of the Syndicate", Aug. 1985a.
Gregory Miller, "Borrowing as a profit center", Aug. 1985b.
Cary Reich, "The agony of Sam Armacost", Oct. 1985.
Andrew Marton, "Mastering the bond market", Nov. 1985.
Barbara Donnelly, "Fighting for an edge in trading", Jan. 1986a.
Suzanna Andrews, Henny Sender, "Off Balance Sheet Risk: Where Is It Leading The Banks?", Jan. 1986b.
Julie Rohrer, "Revenge of the Bond Trader", Apr. 1986a.
Lenny Glynn, "A day - and night - in the life of the global market", Apr. 1986b.
Beth Selby, "Playing dirty tricks", Aug. 1986.
Suzanna Andrews and John W. Milligan, "The rise of bank traders", Oct. 1986.
Saul Hansell, "Don't look now, but that broker is a bank", Feb. 1987.
Suzanna Andrews, "John Reed builds his dream house", Mar. 1987a.
Henny Sender, "The client comes second", Mar. 1987b.
Beth McGoldrick, "The remaking of Morgan Stanley", Nov. 1987.
Amy C. Pershing, "The perils of merchant banking", Feb. 1988.
Claire Makin, "The big fixed-income bet", Mar. 1988a.
Suzanna Andrews, "The remaking of America's banks", Mar. 1988b.
Kevin Muehring, "The new heroes of the Eurobond market", May 1988.
Beth Selby, "Hanging tough at First Boston", Jun. 1988.
Ida Picker, "Take the money and run", Jul. 1988.
Hilary Rosenberg, "The unsinkable junk bond", Jan. 1989.
Saul Hansell, "Inside Morgan Stanley's black box", May 1989.
Janet Lewis, "How bad is the junk-bond backlash?", Oct. 1989a.
Fredric Dannen, "The failed promise of asset-backed securities", Oct. 1989b.
Saul Hansell, "Revenge of the banks", Jan. 1990a.
Kevin Muehring, "Underwriting: The Euromarket's new lease of life", Jan. 1990b.
Beth Selby, "The reeducation of investment bankers", Jan. 1990c.
Janet Lewis, "Can a nice guy really run the Morgan Bank?", May 1990a.
Harvey D. Shapiro, "Custody wars, round two", May 1990b.

Saul Hansell, "Is the world ready", Aug. 1990.

Leigh S. Cruess, "Money troubles", Jun. 1991.

Beth Selby, "Rummaging through the wreckage of the '80s", Jul. 1991.

Suzanne Wittebort, "Asset-backeds come of age", Dec. 1991a.

Claire Makin, "Hedging your derivatives doubts", Dec. 1991b.

Ida Picker, "Private placements' growing global public", Oct. 1992.

Wayne King, "Remodeling the Mortgage", Dec. 1992.

Lyn Perlmuth, "Tying Wall street firms in knots", May 1993.

Ann Monroe, "Wall Street's toughest sell", Aug. 1993.

Lyn Perlmuth, "An asset-backed upsurge", Nov. 1993a.

"Spin-offs get a new spin", Nov. 1993b.

David Fairlamb, "Morgan unshackled", Dec. 1993.

"The tricky business of securitizing business loans", Jan. 1994.

Paul Gibson, "Chemical's new equation", Feb. 1994.

Michael Carroll and Alyssa A. Lappen, "Mortgage-backed mayhem", Jul. 1994.

Michael Peltz, "The detoxing of derivatives", Sep. 1994.

David Carey, "Getting risk's number", Feb. 1995.

Kevin Muehring, "Derivatives: The year of the client", Mar. 1995a.

"Commercial Mortgage-Backed Securities", Mar. 1995b.

Michael Peltz, "Paradigm lost", Apr. 1995a.

Michael Carroll, "Ranking America's Biggest Brokers: Poised on the precipice", Apr. 1995b.

Lyn Perlmuth, "Pumping up the ABS", May 1995.

Michael Peltz, "Greasing the merger gears", Jul. 1995.

Michael Carroll, "Which way out?", Sep. 1995a.

Miriam Bensman, "Flourishing in a toxic wasteland", Sep. 1995b.

Michael Peltz, "Psyching out the bond market", Dec. 1995.

Michael Peltz, "Wall Street's no-name merger gang", Mar. 1996.

Steve Murray, "Inventing a credible C&I loan database", Apr. 1996.

Mindy Rosenthal, "A billion-plus of credibility for CMBS", Jun. 1996.

Kevin Muehring, "Second- (and third-) guessing the Fed", Nov. 1996.

Beth McGoldrick, "Going it alone", Dec. 1996.

Riva Atlas, "The bulge racket", Jan. 1997.

Riva Atlas, "You gotta have leverage", Feb. 1997.

Riva Atlas, "Ranking America's Biggest Brokers: Good news, bad news", Apr. 1997.

Robert Clow, "Tailor-made", Jun. 1997.

Kevin Muehring, "The boy in the bubble", Jul. 1997.

Riva Atlas, "The new look in leveraged buyouts", Sep. 1997.

Riva Atlas, "The great consolidator strikes again", Oct. 1997.

Kevin Muehring, "Going with the flow", Nov. 1997.

Michael Carroll, "Merrill seeks gold in Mercury", Dec. 1997.

Riva Atlas, "The art of the comeback", Feb. 1998.

"Breathing new life into repo", Jul. 1998a.

Robert Clow, "Fuld's gold", Jul. 1998b.

Michael Carroll, "Goldman's public deliberations", Jul. 1998c.

参考文献　287

Harvey Shapiro, "And then there were?", Jul. 1998d.
Robert Clow, "Going it a loan", Oct. 1998a.
Robert Clow, "Risk rediscovered", Oct. 1998b.
Robert Clow, "No credit", Nov. 1998.
Robert Clow, Riva Atlas, "Wall Street and the hedge funds", Dec. 1998.
Riva Atlas, "Hedge funds: Beyond redemptions", Feb. 1999.
Robert Clow, "Back to basics", Apr. 1999.
Riva Atlas, "Not such risky business", May 1999a.
Robert Clow, "Much obliged", May 1999b.
Robert Clow, "Institutionalized", Jun. 1999.
Robert Clow, "Mea culpa, mea culpa, mea Merrill culpa", Jul. 1999a.
Ian Rowley, "Outsourcing everything", Jul. 1999b.
Robert Clow, "Spread alert", Sep. 1999.
Riva Atlas, "Really distressed investing", Nov. 1999a.
Robert Clow, William Gaston, "Is fixed income broken?", Nov. 1999b.
Howard Rudnitsky, "Changing of the guard", Nov. 1999c.
Justin Schack, "Leveraged burnout?" Dec. 1999.
"Open-door policy", Jan. 2000a.
Michael Carroll, Hal Lux, Justin Schack, "Trading meets the millennium", Jan. 2000b.
Robert Clow, "In debt to Morgan", Jan. 2000c.
Robert Clow, "Bonds yield", Feb. 2000a.
Robert Clow, "Swapping identities", Feb. 2000b.
Robert Clow, "Put it in the vault", Apr. 2000.
Justin Schack, "Stuck in the middle", Oct. 2000.
Jeanne Burke, "Split decision", Nov. 2000a.
Ian Rewley, "Faulty forecast", Nov. 2000b.
Alexandra Alger, "It's a wrap", Dec. 2000.
Jeanne Burke, "The synthetic solution", Jan. 2001a.
"The one that didn't get away", Jan 2001b.
Robert Clow, "Blocking volatility's punch", Feb. 2001.
Rich Blake, "How high can costs go?", May 2001a.
Justin Schack, "Sweet liquidity", May 2001b.
Tom Groenfeldt, "Market makers", May 2001c.
Justin Schack, "The new battle for the bulge", Aug. 2001.
Deepak Gopinath, "Starting over", Nov. 2001.
Hal Lux, "Keeping up with the Joneses（A.W., that is）", Dec. 2001.
Justin Schack, "Can a nice guy finish first?", Jan. 2002.
Nina Mehta, "Stress test", Feb. 2002.
Rich Blake, Justin Schack, "The buy side wakes up", Apr. 2002a.
Jenny Anderson, Justin Schack, "Riskier business", Apr. 2002b.
Hal Lux, "Who wants to be a billionaire?", Jun. 2002.
Lewis Knox, "Selecting the safest rout", Jan. 2003.
Hal Lux, "What becomes a legend?", Magazine Platinum, Feb. 2003.
Jenny Anderson, "Fee fall", Magazine Platinum, May 2003.

Rich Blake, "Misdirected brokerage", Magazine Platinum, Jun. 2003.

Suzanne McGee, "Recap happy", May 2004.

Justin Schack, "Mortgaging the future?", Jun. 2004.

Justin Schack, "The orders of battle", Nov. 2004.

Steven Brull, "Subprime time", Dec. 2004.

Heather McKenzie, "Attracting a crowd", Mar. 2005

Justin Schack, "Restoring the house of Lehman", May 2005a.

Michael Carroll, "Morgan Stanley's white-shoe blues", May 2005b

Andrew Capon, "Doll's house", Jul. 2005.

Pierre Paulden, "Untying the knot", Nov. 2005.

Pierre Paulden, "Junkyard blues", Dec. 2005.

Pierre Paulden, "Leveraged Burnout?", May 2006.

Pierre Paulden, "Supply and command", Jun. 2006.

Michael Shari, "Come toghether", Jul. 2006.

Pierre Paulden, "The Street strikes back", Nov. 2006a.

Pierre Paulden, "Dealer's choice", Nov. 2006b.

"America's Top 300 Money Managers", Jul. 2007.

Justin Schack, "The Best Investment Banks'07", Dec. 2007.

Investment Dealers' Digest

Phillip Maher and Ron Cooper, "The New Bulge Bracket", Nov. 25, 1996.

Michael Bender, Gregg Wirth, Mark Kollar, Mahua Dutta, Amy Sticket, Mark S. Porter, "A Magic Year for Fees", Feb. 17, 1997.

Randall Devere, "The Buy Side Strikes Back", Feb. 24, 1997.

Adam Reinebach and Brian Garrity, "In Search of Fees", Jan. 26, 1998.

Lisa Tibbitts, "Getting Comfortable", Mar. 2, 1998.

Jeffrey Keegan, "Institutioanl Buyers Ride Out First Test of Bank Loan Market", Jan. 4, 1999.

George Moriarty, "J.P. Morgan debuts new family of priv. equity funds", Jan. 11, 1999.

Brian Garrity and Chris O'Leary, "Relentless forces erode fee structure", Feb. 1, 1999.

Jeffrey Keegan, "Bulge bracket beware: Commercial banks now dominate some syndicates", Feb. 8, 1999.

Christopher O'Leary, "The search is on in ABS", Feb. 15, 1999.

Brian Garrity, "A battle joined", Feb. 22, 1999.

Erica Copulsky, "Merrill's Webb is latest senior banker to join the rush into private equity", Mar. 1, 1999.

Christopher O'Leary, "Chase soup-to-nuts plan would open up credit card ABS", Mar. 22, 1999.

David Wanetick, "Commercial banks also thretened by online frenzy", May 10, 1999.

Erica Copulsky, "Montgomery name disappears, as Banc of America Securities debuts", May 17, 1999a.

Christopher O'Leary, "Banks and finance companies seize on Street MBS retreat", May 17, 1999b.

Jeffrey Keegan, "Scrambling for the top", Jun. 14, 1999.

Dave Lindorff, "The battle to rule tech banking", Sep. 13, 1999.

Christopher O'Leary, "Chase ABS model could become industry standard", Sep. 27, 1999.

Judy Radler Cohen, "The Empire Builders", Oct. 18, 1999.

参考文献　289

Robert Dunn, "Bear joins private equity competitors in search of funds", Oct. 25, 1999.

Christopher O'Leary, "Agencies and banks bypassing HEL securitization", Nov. 1, 1999.

Bill Shepherd, "Spotting for the market", Dec. 6, 1999a.

Jeffrey Keegan, "Citi's LEOs spin bank debt into synthetic bonds", Dec. 6, 1999b.

Christopher O'Leary, "Citi looks to tap new investors for credit card ABS", Jan. 17, 2000.

Christopher O'Leary, Michael Gregory, "For third time, regulators try for ABS reform", Feb. 28, 2000a.

Avital Louria Hahn, Christopher O'Leary, "It's the Stock Market, stupid! Equities drive fees to new record", Feb. 28, 2000b.

Rose Darby, "The new economy beckons", Mar. 13, 2000.

Christopher O'Leary, "CBO managers set to fight softening with spicy tactics", Apr. 3, 2000.

Christopher O'Leary, "Winning Ugly", Apr. 24, 2000.

Avital Louria Hahn, "BofA swipes Merrill deal, climbs table", May 1, 2000.

Michael Gregory, "ABS world warily eyes new suit against Lehman", May 8, 2000.

Laura Santini, "Convertibles traders say hedge funds are godsend", Jun. 26, 2000.

Barbara Etzel, "Goldman's two roles on deal: no conflict here", Jul. 31, 2000.

Paul Sweeney, "Staying Upbeat", Aug. 21, 2000.

Barbara Etzel, "Bad loans, junk woes turn tide against the Street", Oct. 16, 2000.

Christopher O'Leary, "CBO market to get an all-distressed debt deal by 2001", Oct. 30, 2000.

Ian Springsteel, "Engineering Run Amok", Nov. 13, 2000.

Laura Santini, "The Return of the Risk Trader", Nov. 27, 2000.

Ani Laura Hadjian, "Jimmy Lee holds LBO hands as Chase securitizes stakes", Dec. 4, 2000.

Simon Boughey, "Chaos in Credit Derivatives", Dec. 18, 2000.

Mark Cecil, "Wall Street invades regionals' middle market turf", Jan. 15, 2001.

Britt Tunick, Mairin Burns, "In a Mixed Year, Underwriting Fees Increase, But Suffering is Widespread", Feb. 5, 2001a.

Avital Louria Hahn, "All Shook Up", Feb. 5, 2001b.

Avital Louria Hahn, "Wall Street redeploys tech bankers to M&A, private equity", Feb. 5, 2001c.

Gregg Wirth, "Bum Deal", Feb. 12, 2001.

Christopher O'Leary, "Ignored by the Street", Feb. 19, 2001.

Christopher O'Leary, "The CDO Revolution Continues as Market Awaits Issue Backed by Hedge Fund Debt", Mar. 5, 2001.

Christopher O'Leary, "Big Bond Shop Grouse that Co-Manager These Days Really Means Money Lender", Mar. 12, 2001.

Laura Santini, "In bleak landscape trading shine for Wall Street firms", Apr. 23, 2001.

Christopher O'Leary, "Solly's Big Climb", Apr. 30, 2001.

Christopher O'Leary, "Hold That Shovel! CSFB Rises From The Dead to Edge Solly in High Yield: A genuine rivalry looms for king of all high yield in 2001", May 14, 2001.

Christopher O'Leary, "Investors' Unlikely Best Friend: At long last, junk surges to the top of the investment class, but will it last?", Jun. 11, 2001.

Ian Springsteel, "Worse Than Imagined: With speculative credit at all-time high and turnarounds iffy, restructuring takes a severe turn", Jul. 2, 2001.

Avital Louria Hahn, "Middle Market Rises In a Tough Time: Profitable but unglamorous smaller deals now get Wall Street's attention", Jul. 16, 2001.

290　参考文献

Mairin Burns, "Revolvers Face A Tough Sell: Investors resist both the carrot and the stick of lenders", Jul. 30, 2001a.

Adam Tempkin, Michael Gregory, "Muscling In: Commercial banks take over ABS", Jul. 30, 2001b.

Mairin Burns, "Leveraged Loan Index Lifts Off S&P: LSTA hook up with institutional buyers", Oct. 15, 2001a.

Mairin Burns, "Loans: On The Edge", Oct. 15, 2001b.

Mairin Burns, "Are Assignment Fees Obsolete? Many banks cave in, but Chase remains obstinate", Oct. 22, 2001.

Mairin Burns, "All That Jazz New CDO built for managers who like improvising", Nov. 19, 2001.

"Securitizing Bad Debt: Following Fleet and CIBC, more banks prepare to offload bum loans", Nov. 26, 2001a.

Mairin Burns, "Bear's New Financing Vehicle: Putting repos and swaps off the balance sheet could save capital", Nov. 26, 2001b.

Avital Louria Hahn, "The Coveted Middle Ground: Once shunned, mid-market gets attention of giants, boutiques like Edgeview", Dec. 10, 2001.

Gregg Wirth, Mairin Burns, "FASB Ruling Stirs Pay-to-Play Pot", Jan. 7, 2002a.

Michael Gregory, Kevin Donovan, "Down to The Wire", Jan. 7, 2002b.

Avital Louria Hahn, "Blackstone Catches The CLO Bug", Jan. 21, 2002.

Adam Tempkin, "A Rough Ride", Feb. 4, 2002a.

Christopher O'Leary, Dan Gelling, "Superbanks Share Wealth in Junk", Feb 4, 2002b.

Mairin Burns, "Aon's Private Equity Coup", Feb. 4, 2002c.

Laura Santini, Avital Louria Hahn, "A Big Moment For Pay-to-Play", Feb. 11, 2002a.

Denise Lugo, "Middle Market Is The Ticket", Feb. 11, 2002b.

Simon Boughey, "Pricing In A downgrade", Feb. 18, 2002.

Mairin Burns, "Some Good News on Loans", Apr. 22, 2002.

Christopher O'Leary, "CDOs Eschew Junk Market", May 6, 2002.

Christopher O'Leary, Michael Gregory, "The New Fusion: Private Equity/ABS", May 20, 2002a.

Dan Colarusso, "Derivatives Under Fire", May 20, 2002b.

Christopher O'Leary, "Merrill's Incredibly Shrinking Debt Franchise", Jun. 10, 2002.

Christopher O'Leary, "Hard Times a Boon for ABCP", Jul. 22, 2002.

Kevin Donovan, "Looking to Exit Whole Loans?", Aug. 12, 2002.

Mairin Burns, "Know When To Fold'em", Oct. 7, 2002.

Ian Springsteel, "The Contrarian", Nov. 4, 2002.

Mairin Burns, "Deutsche's Leveraged Bet", Dec. 2, 2002.

Michael Gregory, "Serving the Mid Tier", Dec. 9, 2002a.

Britt Tunick, "The Volume Prime Broker Play", Dec. 9, 2002b.

Ian Springsteel, "The Scramble in M&A", Jan. 13, 2003a.

Ian Springsteel, "The LBO Savior", Jan. 13, 2003b.

Avital Louria Hahn, "A Middle-Market M&A Explosion?", Jan. 13, 2003c.

Britt Tunick, Mairin Burns, Michael Gregory, "The Big Fee Haircut", Jan. 20, 2003.

Bill Shepherd, "Perils and Phantasms", Feb. 3, 2003.

Christopher O'Leary, "Turmoil, Again", Feb. 17, 2003.

Mairin Burns, "Modernizing Loan Trading", Mar. 10, 2003a.

Christopher O'Leary, "Cracking Open Credit Derivatives", Mar. 10, 2003b.

Christopher O'Leary, "Pay to Play Now De Rigueur in Debt", Mar. 24, 2003.

Laura Santini, "Corporations Balk At Loan Trading", Apr. 14, 2003.

Christopher O'Leary, "CDOs Move To Firmer Ground", Apr. 21, 2003.

Christopher O'Leary, "Goldman's Sudden Debt Resurgence", May 12, 2003.

Jerrrey Keegan, "Aiming for The Second Tier", May 26, 2003.

Michael Gregory, Colleen Marie O'Connor, "Merrill Says It's Ready For a Big ABS Comeback", Jul. 7, 2003.

Avital Louria Hahn, "The New Old Days", Jul. 14, 2003.

Mairin Burns, "Repricing Flood Boosts Loan Market", Jul. 28, 2003a.

Leah Nathans Spiro, "The New 'Attention'", Jul. 28, 2003b.

Avital Louria Hahn, "Playing Both Sides", Aug. 18, 2003b.

Christopher O'Leary, "Fat and Happy", Sep. 22, 2003.

John Mintze, "Overall, Loans Slide 13% in Q3", Oct. 20, 2003.

Judy McDermott, "Hungry Banks Look For Leveraged Loans", Nov. 3, 2003.

Britt Erica Tunick, "Bulge Bracket's Costly League Table War", Nov. 24, 2003.

Bill Shepherd, "Pushing The Envelope", Dec. 1, 2003.

Constance Gustke, "The Wall Street Diaspora", Dec. 8, 2003.

Britt Erica Tunick, Christopher O'Leary, Mairin Burns, "The Face-Off", Jan. 12, 2004.

Christopher O'Leary, Laura Santini, Kevin Donovan, "J.P. Morgan/Bank One: The Dimon Effect", Jan. 19, 2004a.

Mairin Burns, "Private Equity's Solitary Ambitions", Jan. 19, 2004b.

Mairin Burns, "Guess Who's Leading LBO Financing Rush?", Feb. 2, 2004a.

Laura Santini, "Prime Broker Add Fixed-Income To Menu", Feb. 2, 2004b.

Britt Erica Tunick, "Lowering Fees, Hurting Trading", Feb. 2, 2004c.

Britt Erica Tunick, "Block Trade Fever Continues in '04", Feb. 9, 2004.

Laura Santini, "JPM Nets Tidy Sum On Overnight Deal", Feb. 23, 2004a.

Avital Louria Hahn, "The Problem With Estimating M&A Fees", Feb. 23, 2004b.

Christopher O'Leary, "The ABS Finishing School", Mar. 15, 2004a.

Mike Gregory, "Lessons of Risk In AAA-Rated ABS", Mar. 15, 2004b.

Caren Chesler, "Along for the Ride", Mar. 29, 2004.

Kevin Donovan, "Citigroup's Precarious ABS Dominance", Apr. 5, 2004a.

Christopher O'Leary, "CDOs: Know When to Fold'Em"Apr. 5, 2004b.

Joe Bel Bruno, "Merrill Wants Back in Junk", Apr. 19, 2004.

Judy McDermott, "Morgan Stanley's Leveraged Loan Spurt", May 10, 2004.

Britt Erica Tunick, "Morgan Stanley, King of Equity", May 31, 2004a.

Sandra Lea Abrams, "Second-lien Loans Are Taking Off", May 31, 2004b.

Christopher O'Leary, "Countrywide's Quiet Dominance in ABS", Aug. 9, 2004.

"The Multiplier Effect", Sep. 20, 2004.

Avital Louria Hahn, "The New Gatekeeper For Investment Bankers", Sep. 27, 2004.

Josh Friedlander, "Prime Broker Lock It In", Nov. 1, 2004.

Josh Friedlander, "Hedgies Look for The Next Thing", Nov. 15, 2004.

Britt Erica Tunick, "Goldman's Pain, Morgan Stanley's Gain", Nov. 22, 2004a.

Avital Louria Hahn, "Merrill's Latest Charge", Nov. 22, 2004b.

Carolyn Sargent, "Savvy Bets in MBS Pay Off for Bear", Jan. 10, 2005.

Carolyn Sargent, "Fees Edge Down In High Yield", Jan. 17, 2005a.

Judy McDermott, "Healty CLO Issuance Expected into '05", Jan. 17, 2005b.

Britt Erica Tunick, "Foreget Raising Capital; Block Trades Rule", Jan. 24, 2005a.

Kerry Kantin, "Nothing Radical Seen For Loans in 2005", Jan. 24, 2005b.

Josh Friedlander, "Upstarts Battle for Prime Brokerage Share", Jan. 31, 2005.

Savita Iyer, "CLOs Looking at Second-Lien Loans", Feb. 7, 2005.

Josh Friedlander, "Coming Attractions: Exchange-traded CDS Indexes", Feb 28, 2005a.

Bill Shepherd, "Shaving Fees for the Privileged Few", Feb. 28, 2005b.

Josh Friedlander, "The Expanding Pie Of Prime Brokerage", Mar. 7, 2005.

Colleen Marie O'Connor, "CDOs: The New Real Estate Play", Mar. 14, 2005.

Avital Louria Hahn, "Morgan Stanley: Delaying the Inevitable", Apr. 11, 2005a.

John Hintze, "Crossing Boundaries", Apr. 11, 2005b.

Carolyn Sargent, "Bonds' New 'Event Risk'", Apr. 25, 2005.

Bill Shepherd, "The Synthetic CDO Shell Game", May 16, 2005.

Josh Friedlander, "Copycats Unlikely For Citi/Legg Trade", Jul. 4, 2005.

Coleen Marie O'Connor, "Financial Sponsors Change IPO Landscape", Aug. 22, 2005.

Janet Lewis, "Banks Shift the Way They Cover Hedge Funds", Sep. 12, 2005.

Jeff French, "Sacrificed By The Bigs", Sep. 26, 2005.

Suzanne McGee, "Where No Fund Has Gone Before"; Oct. 24, 2005.

Jeff French, "Loan-Linked Swaps Set for Takeoff", Nov. 14, 2005a.

Avital Louria Hahn, "Fleming Leads Merrill Renascence in Banking", Nov. 14, 2005b.

Janet Lewis, "Shark on Shark", Nov. 28, 2005.

Christopher O'Leary, "Credit Derivatives To Get Riskier in '06", Dec. 5, 2005.

Avital Louria Hahn, "Reinventing the Four Horsemen Model", Dec. 12, 2005.

Dan Freed, "AMC Takes Advantage Of Frothy Loan Market", Jan. 16, 2006a.

Judy McDermott, "CLO Issuance Poised To Set Another Record", Jan. 16, 2006b.

Janet Lewis, "Citi/Legg Asset swap An Innovative Solution", Jan. 16, 2006c.

Colleen Marie O'Connor, "Housing Market Worries Unsettling CDO Bonanza", Jan. 23, 2006.

Colleen Marie O'Connor, "A New ABS Index Boosts Synthetic CDOs", Jan. 30, 2006.

Janet Lewis, "Alternative Engine Drives Street's Q1", Mar. 20, 2006.

Avital Louria Hahn, "I-Banks Pull Back From Stapled Financing", Apr. 3, 2006.

Janet Lewis, "More Banks Rethink 'Financial Supermarket'", Apr. 17, 2006.

Avital Louria Hahn, "Barclays HomeEq Buy Caps ABS Integration Trend", Jul. 3, 2006.

Avital Louria Hahn, "LBO Deals Continue To Drive Middle Market", Aug. 7, 2006a.

John Hintze, "Strategic Moves In Prime Brokerage", Aug. 7, 2006b.

Ken MacFadyen, "Citigroup's PE Team Re-emerges as Court Square", Sep. 18, 2006.

Christopher O'Leary, "Hedge Funds: The Big Question", Oct. 2, 2006a.

Ken MacFadyen, "PE Puzzlement", Oct. 2, 2006b.

Alison Pyburn, "TCW Talks CDOs", Oct. 23, 2006.

John Hintze, "Miniprime Business Discovers Entropy", Nov. 6, 2006.

Avital Louria Hahn, "CFOs: The Latest Securitization Serves Hedge Funds", Dec. 4, 2006a.

Christopher O'Leary, "The genie Is Out of the Bottle", Dec. 4, 2006b.

Allison Pyburn, "Will ABS CDS Contracts Stand Up?", Dec. 4, 2006c.

Avital Louria Hahn, "Merger Bankers Keep Eye Trained on the Middle Market", Dec. 18, 2006.

Christopher O'Leary, "The Upcoming Shake-Up in CDOs", Jan. 15, 2007.
Gabrielle Stein, "Junk Credit Weakens on Lack of Covenants", Feb. 5, 2007.

The Banker
David Lascelles, "Supermarkets on Wall Street", Sep. 1982.
Dimitri Vittas, "How far is the US ahead in financial innovation?", May 1985.

The New York Times
Terry Robards, "Issues Sold at $28 by Merrill Lynch", Jun. 24, 1971.
Robert A. Bennett, "Salomon Bros. Investment House to Be Sold to Commodity Trader", Aug. 4, 1981.
Robert A. Bennett , "Loans in Latin America May Hurt U.S. Banks", Late Edition (East Coast), Dec. 2, 1982.
Vartanig G. Vartan, "Morgan Stanley's Stock Soars to Big Premium", Mar. 22, 1986.
Saul Hansell, "A Banking Powerhouse of Cards; MBNA Continues to Build on Its Foundation of Plastic", Oct. 22, 1997.
Peter Truell, "BankBoston Deal Seen for BankAmerica Securities Unit", Late Edition (East Coast), May 29, 1998.
Michael J. De La Merced and Eric Dash, "Citigroup finds itself pushed to abandon its universal banking model", Jan. 14, 2009 (Online).
Kevin Roose, "Citigroup to Sell Last of Its Stake in Primerica", Dec. 13, 2011 (Online).
Michael J. De La Merced, "Morgan Stanley to Take Over Smith Barney, With Citigroup's Blessing", Sep. 11, 2012 (Online).

索　引

【アルファベット】

ABCP　xiv, 51, 52, 53, 54, 253
ABS　63, 64, 65, 66, 67, 69, 70, 107, 136, 153, 154, 171, 230, 235, 236, 237, 238, 242, 248, 249, 267
AFP（Association for Financial Professionals）181
AFSA（American Financial Services Association）66
ASF（American Securitization Forum）xiv
Banc of America Securities LLC　116–117
BankAmerica　8, 85, 91, 99, 110
BankBoston　8
Bankers Trust　6, 20, 40, 140, 157, 197
Bank of America（BoA）　8, 9, 85, 91, 92, 104, 110, 113, 116, 117, 118, 119, 120, 121, 178, 180, 183, 237, 239
Bank of New York　194
Bank One　9, 91, 99, 111
Bear Stearns（Bear）　183, 186, 222, 224, 228, 231, 242
BIS　xv
BlackRock　192, 234
Blackstone　221, 244
BNP Paribas　xiv
CAMEL（CAMELS）　16
CDO　229, 230, 236, 247, 248, 249, 250, 251, 252, 253, 254
CDS　49, 50, 84, 113, 226, 227, 230, 248, 249, 250, 253, 254
CFO（Collateralized Fund Obligation）　231
Charles Schwab　190
Chase Manhattan（Chase）　4, 9, 91, 98, 99, 104, 111, 178, 180
Chemical　8, 9, 91, 98, 140
Citibank　8, 9, 18, 40
Citicorp　5, 11, 18, 86, 89, 97, 98, 102, 108, 111, 149, 178, 183

Citigroup（Citi）　86, 88, 89, 99, 100, 102, 104, 108, 113, 115, 117, 119, 120, 173, 178, 180, 181, 183, 192, 221, 234, 236, 237, 239, 242, 253
Citigroup Global Markets Holdings（CGMH）115
CLO　49, 50, 53, 230, 247, 248
CMA　149, 189
CMBS　54, 55, 56
CMO　63, 68, 143, 195, 196, 197
Continental Bank　8
Continental Illinois　14
CRA（1977 年）　12, 16
Credit Suisse　163, 173, 186
CSE（Consolidated Supervised Entities）　21, 267
CSFB　173, 220, 235, 239, 253
CS First Boston　163, 186
Dean Witter　147, 149, 188, 194, 204
Deutsche Bank　149, 183, 235
DIDMCA（Depository Institutions Deregulation and Monetary Control Act）（1980 年）　2, 12
DLJ　173, 180, 239
DLJ Merchant Banking Partners　222
Dodd＝Frank 法（2010 年）　xxiii
Drexel Burnham Lambert（Drexel）　143, 153, 159, 161, 162, 163, 180
ERISA（1974 年）　69
Fair, Isaac　59
FDIC　13, 14, 17, 18
FDICIA（Federal Deposit Insurance Corporation Improvement Act）（1991 年）15, 16
Fedwire　17
FFIEC　68
FIA Card　8
First Boston　64, 132, 134, 144, 145, 153, 163
Fleet Boston　92

索　引　295

FRB　xiii, 2, 6, 13, 14, 15, 17, 18, 19, 20, 42, 52, 59, 60, 97, 138, 164, 198
FSF（Financial Stability Forum）　xiv
GAO　xvi
GLB 法（Gramm＝Leach＝Bliley 法）（1999 年）　16, 18, 82, 178, 188, 265
Goldman Sachs（Goldman）　xxiii, 131, 134, 149, 153, 161, 163, 171, 173, 178, 181, 186, 191, 192, 205, 208, 222, 228, 234, 235, 236, 241, 253
Goldman Sachs Asset Management　234
Greenspan, Alan　xvi, xviii, 17
GS 法（Glass＝Steagall Act）（1933 年）　2, 15, 137, 157
Hawke, John D., Jr.　18
HEL　61, 69, 102, 104, 238, 239, 241, 249
HELOC　61, 68
ICBA　21
ILSA（International Lending Supervision Act）（1983 年）　13, 14
IMF　xv
IOSCO　20
IPO　153, 171, 173, 176, 182, 217, 219, 220, 221, 244
JP Morgan（JPM）　6, 9, 89, 91, 98, 99, 104, 108, 111, 140, 149, 157, 178, 180, 194, 230
JP Morgan Securities Inc.　116
JPMorgan Chase（JPMC）　8, 9, 86, 89, 98, 99, 100, 104, 107, 108, 110, 111, 113, 116, 117, 119, 120, 173, 178, 180, 181, 183, 234, 236, 237, 239, 244
JPM Partners　222, 223
LBO　xiii, 44, 45, 47, 92, 136, 159, 160, 161, 162, 171, 184, 195, 218, 219, 220, 221, 222, 229, 230, 242, 243, 244, 246, 247, 268
Legg Mason　192
Lehman Brothers（Lehman）　xiv, 56, 132, 147, 153, 163, 186, 222, 228, 239, 241, 253
Levitt, Arthur　xxiii
LSTA　48
LTCM（Long-Term Capital Management）　xv, 199, 223, 224
LTV　55, 67
Ludwig, Eugene A.　17
M&A　45, 134, 152, 153, 156, 157, 158, 159, 160, 163, 171, 173, 176, 177, 178, 181, 183, 184, 186, 188, 217, 219, 220, 221, 222, 229, 243, 244, 245, 266
Manufacturers Hanover　8
MBNA　8, 92, 119, 237
MBS　54, 62, 63, 67, 70, 134, 135, 136, 143, 153, 154, 171, 186, 195, 230, 239, 240, 241, 242, 249, 253, 267
McFadden 法（1927 年）　2
Mercury Asset Management（Mercury）　192, 208
Merrill Lynch（Merrill）　113, 131, 132, 134, 135, 140, 143, 144, 146, 149, 152, 153, 154, 155, 171, 173, 178, 188, 190, 191, 192, 198, 199, 200, 204, 208, 217, 224, 228, 234, 236, 238, 245, 253
Merrill Lynch Investment Managers（MLIM）　192, 234
Montgomery Securities（Montgomery）　116
Moody's　47, 51, 69, 70, 227, 236, 248
Morgan Guaranty Trust　9
Morgan Stanley　130, 131, 132, 133, 140, 143, 145, 149, 152, 153, 155, 160, 161, 171, 173, 176, 178, 184, 188, 191, 192, 194, 204, 205, 208, 220, 222, 228, 234, 237, 241
NationsBank　8, 9, 59, 92, 100, 116, 178
NatWest　49
NY 連銀　21, 224
NYSE　131, 140, 146, 186, 205, 226
OCC　13, 14, 17, 18
OECD　xv
OTD（Originate To Distribute）　xx, 40, 41, 44, 45, 46, 48, 94, 160
pay-to-play　180, 181, 182, 183, 221
Primerica　120
RAROC　132
Raymond James　189, 190
REMIC　63, 143, 195
Riegle 法（1994 年）　68
Riegle＝Neal 法（1994 年）　6, 8, 92
RMBS　248, 249
S&L 危機　2, 240
S&P　47, 48
Salomon Brothers（Salomon）　88, 108, 111, 112, 115, 131, 132, 134, 147, 153, 159, 161,

296　索　引

163, 173, 178, 180, 183, 188, 191, 199, 237, 239
SBA　56, 57, 58
SEC　xxiii, 15, 18, 20, 21, 128, 176, 191, 201, 224
Security Pacific　8
Shearson（Shearson Lehman）　147, 149, 153, 163
SIA　15, 16, 153, 189
SIV　xiv, 253
Smith Barney　120, 188, 190, 191
SOR（Smart Order Routing）　201
SOX 法（2002 年）　182
SP（sub-participation）　41, 42
SPV　68
TBTF（Too Big To Fail）　xxiii
Travelers　18, 86, 88, 98, 102, 111, 188
UBS　149
VaR　20
Wachovia　8
Wells Fargo　8, 59, 200

【あ行】

アサインメント　42, 49
一括登録制度　131, 133, 134, 146
イングランド銀行　14
オーバーライン融資　40, 41

【か行】

回転信用　47, 49, 53, 102
銀行持株会社法（1956 年）　2, 4, 5
国際銀行法（1978 年）　5
国法銀行　13, 18

【さ行】

財務省　15, 18, 224
サブプライムローン（サブプライム）　xiii, 241, 242, 249
自己勘定トレーディング　xxiii, 145, 199, 231, 252, 267
資本構造裁定　227, 247, 252
ジャンク債　xxi, 47, 48, 143, 153, 159, 162, 163, 178, 182, 183, 184, 198, 221, 226, 227, 229, 230, 241, 244, 246, 247, 248
州法銀行　13, 18

主体投資　xxiii
主体取引　xxiii
証券法（1933 年）　128, 191
証券取引所法（1934 年）　128
シンジケートローン　45, 46, 48, 50, 159, 178, 180, 181, 246
信用デリバティブ　41, 49, 226, 228
信用補完　52, 54, 57, 58, 67, 68
スコアリング　11, 58, 59, 94, 96
スーパーシニア　253
スーパーリージョナル　xxii, 5, 6, 8, 9, 11, 99, 100, 110, 113, 117, 180
スピンオフ　176, 182, 183, 222
制限条項　26, 27, 28, 29, 30, 246, 248
相対価値裁定　145, 226

【た行】

タイイング　176, 180, 181
第二リーエン　246, 247, 248
タームA　47
タームB　47, 221, 244, 246
地域間コンパクト　5
地域再投資法→CRA
トライパーティー・レポ　xiv

【な行】

20 条子会社　15, 16, 177, 178, 186
ネット資本ルール　20
ノベーション　42

【は行】

バーゼルI　14
バーゼルII　20, 21, 267, 268
バーゼル合意　14, 19, 51, 84
バルジ　129, 132, 153, 154, 159, 163, 171, 173, 236, 266
ファンド・オブ・ファンズ　231, 234, 267
プライム・ブローカー　xiv, 194, 228, 246
プライム・ブローカレッジ　xxiii, 228, 235
プロラタ　47, 244
ボラティリティ裁定　226

【ま行】

マネーセンター銀行　xxii, 3, 4, 5, 6, 8, 9, 12, 20, 43, 92, 99, 160, 265

索　引　297

メザニン　159, 217, 221, 230, 246
モニタリング　25, 26, 28, 29, 30, 128, 246, 265, 268

【や行】

預金機関法（1982 年）　2

【ら行】

リーマンショック　xiii, xiv, xv, xvi, xvii, xix, xx, xxii
流動性補完　54, 253
レバレッジド貸出　43, 44, 45, 46, 47, 48, 49, 208, 220, 221, 226, 227, 230, 244, 246, 248, 249
レバレッジド金融　160, 178, 184, 221, 244, 247, 248, 266
連邦準備制度　12, 13

著者紹介

神野　光指郎（かみの・みつしろう）

略歴
1969 年 7 月　大阪市生まれ
1994 年 3 月　大阪市立大学商学部卒業
1999 年 3 月　大阪市立大学経営学研究科後期博士課程単位取得退学
1999 年 4 月　福岡大学商学部専任講師
2009 年 4 月　福岡大学商学部教授
2018 年 4 月　大阪市立大学商学部准教授（現在に至る）

学位
2002 年 3 月　博士（商学）大阪市立大学
学位論文
2002 年 3 月　「アメリカの対外資本取引と金融仲介の発達」（学位論文，大阪市立
　　　　　　　大学経営学研究科）

主要業績
2011 年 9 月　「1980 年代における金融革新とドル体制の展開」（岡本惠也，楊枝嗣
　　　　　　　朗編『なぜドル本位制は終わらないのか』文眞堂，第 3 章）

アメリカ金融仲介システムの動態

2019 年 1 月 10 日　第 1 版第 1 刷発行　　　　　　　　　　　　検印省略

著　者　神　野　光　指　郎
発行者　前　野　　　　隆

発行所　東京都新宿区早稲田鶴巻町 533
　　　　株式会社　文　眞　堂
　　　　電　話　03（3202）8480
　　　　FAX　03（3203）2638
　　　　http://www.bunshin-do.co.jp
　　　　郵便番号〔162-0041〕振替 00120-2-96437

印刷・美研プリンティング㈱／製本・高地製本所
©2019
定価はカバー裏に表示してあります
ISBN978-4-8309-5011-7　C3033